# REVISTA TRIMESTRAL DE

# DIREITO PÚBLICO

32/2000

MALHEIROS EDITORES

# *Revista Trimestral de Direito Público*

Órgão do

INSTITUTO GERALDO ATALIBA
IDEPE — INSTITUTO INTERNACIONAL
DE DIREITO PÚBLICO E EMPRESARIAL



*RTDP*
Publicação trimestral de
MALHEIROS EDITORES LTDA.
Rua Paes de Araújo, 29, cj. 171
CEP 04531-940 - São Paulo, SP - Brasil
Tel.: (011) 3078-7205 - FAX.: (011) 3168-5495

Diretor responsável: Álvaro Malheiros
Diretora: Suzana Fleury Malheiros

Assinaturas e comercialização:
CATAVENTO DISTRIBUIDORA DE
LIVROS S.A.
Rua Conselheiro Ramalho, 928
CEP 01325-000 - São Paulo, SP - Brasil
Tel.: (011) 289-0811 - FAX (011) 251-3756

Supervisão Gráfica: Vânia Lúcia Amato
Editoração Eletrônica: Letra por Letra Studio

# SUMÁRIO

*DOUTRINA*


AS GARANTIAS INSTITUCIONAIS DOS DIREITOS HUMANOS
— *Fábio Konder Comparato* ........ 5

ARBITRAGEM E CONTRATO ADMINISTRATIVO
— *Eros Roberto Grau* ........ 14

NATUREZA JURÍDICA DO PEDÁGIO: TAXA? PREÇO?
— *Celso Antônio Bandeira de Mello* ........ 21

A LEGALIDADE DA COBRANÇA DE REMUNERAÇÃO, PELO MUNICÍPIO, PELA UTILIZAÇÃO DO SUBSOLO
— *Toshio Mukai* e *Alberto J. Marques* ........ 27

VERTENTES HERMENÊUTICAS DE RISCO
— *José Sérgio Monte Alegre* ........ 31

O NOVO REGRAMENTO DA PROPAGANDA ELEITORAL
— *Edilson Pereira Nobre Júnior* ........ 37

A CONTRATAÇÃO DE EMPRESAS PARA SUPORTE DA FUNÇÃO REGULADORA E A "INDELEGABILIDADE DO PODER DE POLÍCIA"
— *Floriano de Azevedo Marques Neto* ........ 65

CLASSIFICAÇÃO DOS ATOS ADMINISTRATIVOS INVÁLIDOS NO DIREITO ADMINISTRATIVO BRASILEIRO
— *Vladimir da Rocha França* ........ 83

O EDITAL E OS "ESCLARECIMENTOS RELATIVOS À LICITAÇÃO" (LEI 8.666/1993, ART. 40, INC. VIII)
— *Egon Bockmann Moreira* ........ 101


*PARECERES*


PRIVATIZAÇÃO PARCIAL DA CEMIG — ACORDO DE ACIONISTAS — IMPOSSIBILIDADE DE O CONTROLE SOCIETÁRIO SER COMPARTILHADO ENTRE O ESTADO DE MINAS GERAIS E O ACIONISTA ESTRANGEIRO
— *Lúcia Valle Figueiredo* ........ 107

UNIVERSIDADE MUNICIPAL — AUTARQUIA — TUTELA ADMINISTRATIVA — AUTONOMIA UNIVERSITÁRIA — COMPETÊNCIA PARA LEGISLAR SOBRE OS CRITÉRIOS DE ESCOLHA DO REITOR
— *Adílson Abreu Dallari* ........ 124

CONSIDERAÇÕES A RESPEITO DA "OUTORGA ONEROSA" (SOLO CRIADO) NO PROJETO DE LEI N. 5.788, DE 1990
— *Marcelo Figueiredo* ........ 135

VENDA DE CRÉDITOS DE TITULARIDADE DE AUTARQUIA E CONCEITO DE OPERAÇÃO DE CRÉDITO NA LEI DE RESPONSABILIDADE FISCAL - LEGALIDADE DO DESCONTO DO VALOR DE FACE DOS CRÉDITOS A SEREM ALIENADOS — PARECER
— *Maurício Portugal Ribeiro* ........ 148

## *ESTUDOS E COMENTÁRIOS*

TUTELA MANDAMENTAL-INIBITÓRIA EM MATÉRIA TRIBUTÁRIA À LUZ DO PROJETO DE "CÓDIGO DE DEFESA DO CONTRIBUINTE"
— *Antônio Souza Prudente* ........ 162

A GARANTIA DO DEVIDO PROCESSO LEGAL NOS SISTEMAS DE PROTEÇÃO DOS DIREITOS HUMANOS INTERNACIONAL E NACIONAL
— *Nelson Saule Júnior* ........ 167

SEPARAÇÃO DE PODERES, MAIORIA DEMOCRÁTICA E LEGITIMIDADE DO CONTROLE DE CONSTITUCIONALIDADE
— *Ana Paula de Barcellos* ........ 184

LIMITES À CONTRATAÇÃO DIRETA DE INSTITUIÇÕES DE ENSINO, PESQUISA E DESENVOLVIMENTO INSTITUCIONAL
— *Joel de Menezes Niebuhr* ........ 207

POR UMA REVISÃO DA TEORIA DA APLICABILIDADE DAS NORMAS CONSTITUCIONAIS
— *Sergio Fernando Moro* ........ 214

O TRIBUNAL DE CONTAS E AS APOSENTADORIAS
— *José Luiz Levy* ........ 220

PROPOSIÇÃO REFERENTE A SERVIÇOS SOCIAIS AUTÔNOMOS DO ESTADO DO PARANÁ
— *Rafael Iatauro* ........ 233

A PROCESSUALIDADE DAS LICENÇAS AMBIENTAIS COMO GARANTIA DOS ADMINISTRADOS
— *Derly Barreto e Silva Filho* ........ 249

FUNÇÃO ADMINISTRATIVA E LACUNAS DA LEI
— *Marcio Augusto de Vasconcelos Diniz* ........ 259

AS CONSEQÜÊNCIAS DA PRESTAÇÃO DE SERVIÇOS À ADMINISTRAÇÃO PÚBLICA, APÓS O FIM DO PRAZO CONTRATUAL
— *Alexandre Santos de Aragão* ........ 273

# DOUTRINA

# AS GARANTIAS INSTITUCIONAIS DOS DIREITOS HUMANOS*

FÁBIO KONDER COMPARATO

Professor Titular da Faculdade de Direito da Universidade de São Paulo.
Doutor em Direito da Universidade de Paris.
Doutor *Honoris Causa* da Universidade de Coimbra

A instituição-matriz dos direitos humanos, na História, foi a limitação institucional do poder político.

A experiência histórica, com efeito, tem demonstrado que a proteção da dignidade humana depende, fundamentalmente, da solução de um problema, cuja magnitude representa um perpétuo desafio à argúcia dos governantes de todos os tempos: como pôr o direito acima da vontade dos homens.

A causa primeira da desordem ética é, geralmente, o abuso de poder, individual ou coletivo. Por isso mesmo, a função primordial da ordem jurídica, como sustentaram com inteira razão os defensores da idéia de contrato social, consiste em refrear a liberdade natural, que conduz ao conflito e ao senhorio dos mais fracos pelos mais fortes, a fim de se instaurar a liberdade política, fundada no mútuo respeito da pessoa humana, em todas as suas múltiplas diferenças biológicas e culturais.

### *O princípio da separação de poderes como garantia institucional*

É nessa perspectiva que se deve apreciar a importância da tese defendida por Montesquieu.

Na preservação da liberdade humana, dois extremos de desordem ética devem ser cuidadosamente evitados pela estrutura constitucional dos regimes políticos: a instituição de um só poder, absoluto e irresponsável — é a proposta bem conhecida de Hobbes —, ou a supressão de todo poder institucional, com a volta ao hipotético estado da natureza.

A solução, como percebeu Montesquieu, consiste em criar um mecanismo de equilíbrio gravitacional de poderes, uma espécie de adaptação, para as sociedades hu-

* Aula de encerramento de um curso de direitos humanos, promovida pela Procuradoria da República no Rio de Janeiro, em 26 e 27 de julho de 2001.

manas, das leis da mecânica celeste expostas por Newton. "Para que se não possa abusar do poder, é preciso que, pela disposição das coisas, o poder refreie o poder";[1] da mesma forma que os corpos celestes, atraindo-se e contendo-se uns aos outros, impedem a desordem entrópica do universo. Note-se: "pela disposição das coisas", vale dizer, pela organização das instituições políticas, não pela vontade dos homens.

Nesse sentido, pode-se dizer que a proto-história dos direitos humanos começa nos séculos VI e V antes de Cristo, com a fundação da democracia ateniense e da república romana. Em ambos os casos, o objetivo maior era o mesmo: a garantia da liberdade dos cidadãos, após a dura experiência do poder arbitrário, que ambos os povos haviam sofrido. Mas os caminhos para a consecução desse resultado foram diversos: em Atenas, a limitação do poder político realizou-se por meio de mecanismos verticais, com a instituição da democracia direta, ao passo que em Roma preferiu-se criar um equilíbrio horizontal, com a separação de poderes.

Na verdade, as duas espécies de instituições devem combinar-se, a fim de que se possa proteger mais eficazmente a pessoa humana contra o arbítrio dos poderosos.

Escrevendo no segundo século antes de Cristo, o historiador grego Políbio não hesitou em atribuir ao refinado mecanismo republicano de *checks and balances* a grandeza de Roma, que em menos de cinqüenta e três anos logrou estender a sua dominação "à quase totalidade da terra habitada, fato sem precedentes".[2]

Três eram, com efeito, as espécies tradicionais de regimes políticos, citados por Platão e Aristóteles: a monarquia, a aristocracia e a democracia. Para Políbio, o gênio inventivo romano consistiu em combinar esses três regimes numa mesma constituição, de natureza mista: o poder dos cônsules, segundo ele, seria tipicamente monárquico; o do Senado, aristocrático; e o do povo, democrático. Assim é que o processo legislativo ordinário (para a edição das *leges latae*, também chamadas *leges rogatae*) era de iniciativa dos cônsules, que redigiam o projeto. Este passava em seguida ao exame do Senado, que o aprovava com ou sem emendas, para ser finalmente submetido à votação do povo, reunido nos comícios.

Tanto os cônsules, quanto os tribunos, nunca exerciam isoladamente as suas funções, mas eram sempre nomeadas duas pessoas para o mesmo cargo. Se um desses altos funcionários não concordava com um ato praticado pelo outro, podia vetá-lo (*intercessio*). O mesmo poder de veto foi atribuído aos tribunos da plebe, em relação às decisões tomadas pelos cônsules.

Foi esse "governo moderado" da república romana, muito mais do que a Constituição (puramente idealizada) da Inglaterra, que inspirou de fato Montesquieu na composição do Livro XI de sua obra famosa.

A partir das três grandes revoluções que instituíram o mundo político moderno — a inglesa de 1688, a americana de 1776 e a francesa de 1789 —, o sistema de proteção da dignidade humana contra o poder arbitrário fundou-se, concomitantemente, na declaração de direitos subjetivos e na organização de instituições estatais, como a supremacia do Parlamento, ou a distribuição equilibrada dos poderes políticos, segundo a proposta de Montesquieu. O art. 16 da Declaração dos Direitos do Homem e do Cidadão, aprovada pela Assembléia Nacional Francesa no início da Revolução, sintetizou a grande mudança, em forma lapidar: "Toda sociedade, em que a garantia dos direitos não é assegurada nem a separação dos poderes determinada, não têm constituição".

Acontece que, durante todo o século XIX, a doutrina jurídica, sobretudo nos países do sistema romano-germânico (ou seja, *grosso modo*, na Europa continental e na América Latina), preocupou-se muito mais

1. *Do Espírito das Leis*, Livro XI, Cap. IV.
2. *História*, Livro VI.

em analisar os direitos humanos sob o aspecto subjetivo, do que em teorizar sobre as instituições de organização estatal, destinadas a garantir o respeito a esses direitos. Foi somente após o grande abalo sísmico provocado pela guerra de 1914 a 1918 e pela revolução bolchevique no antigo império russo, que a separação de poderes passou a ser considerada, não como simples forma de organização do governo, mas como garantia institucional dos direitos fundamentais da pessoa humana, declarados na Constituição.

Essa nova construção teórica foi obra da doutrina publicista germânica, durante a República de Weimar. Para tanto, muito contribuiu a experiência negativa vivida pelos alemães, com a monarquia Hohenzollern. Com efeito, durante todo o período bismarckiano do império alemão, fundado em 1871, os poderes do monarca foram contrabalançados pelos do chanceler do *Reich*. Com a subida ao trono do novo *Kaiser* em 1888 e o afastamento de Bismarck da chancelaria, instaurou-se na Alemanha um regime de monarquia absoluta, que acabou levando o país à desastrosa guerra de 1914. Aos constituintes de Weimar, em 1919, pareceu, pois, indispensável estabelecer mecanismos de limitação dos poderes governamentais, na República a ser criada.

Eles o fizeram pela instituição de um sistema, que poderia ser denominado, indiferentemente, semipresidencial ou semiparlamentar de governo. É, de fato, na Constituição de Weimar que se encontra o modelo original da organização política que o General De Gaulle deu à França, em 1958, e que foi depois adotado em Portugal. O Presidente da República é eleito diretamente pelo povo, para um mandato de sete anos. Ele nomeia os Ministros que compõem o gabinete governamental, responsável perante o Parlamento, o qual pode ser por ele dissolvido a qualquer tempo. Mas, sobretudo, a Constituição alemã de 1919 atribuiu ao Presidente da República a competência excepcional para editar medidas necessárias de cunho legislativo (*nötige Massnahmen*), em caso de perturbação ou de riscos de perturbação da segurança coletiva e da ordem pública, medidas essas que entravam imediatamente em vigor, embora pudessem ser revogadas pelo Parlamento. Aí está, em sua essência, o instituto dos "provimentos provisórios com força de lei", adotado pela Constituição italiana de 1947, e que os nossos constituintes de 1988 copiaram sob a denominação de medida provisória.

O fato é que, não obstante a sua inegável orientação no sentido da separação de poderes, a Constituição de Weimar, seja pelo extremo fracionamento partidário, criado pelo sistema eleitoral, seja pelo excesso de poderes atribuídos ao Presidente da República, permitiu ou, pelo menos, não impediu o suicídio da república e o assassínio coletivo das liberdades, com a ascensão de Adolfo Hitler à chancelaria em 1933.

À doutrina publicista alemã da época, não passou despercebida a importância do estabelecimento de mecanismos objetivos de organização do Estado, para a garantia dos direitos humanos, pois do funcionamento desses mecanismos depende, afinal, a aplicação das próprias garantias judiciais. Esse esforço doutrinário foi retomado com a reconstitucionalização do país, após a derrocada do regime nazista, embora ainda careça, a meu ver, de maior aprofundamento e precisão de conceitos.[3]

De modo geral, pode-se conceituar as garantias institucionais como formas de organização do Estado, ou institutos da vida social, cuja função é assegurar o respeito aos direitos subjetivos fundamentais, declarados na Constituição; não apenas das liber-

3. Manejando os termos de significado quase sinonímico — *Einrichtung*, *Institution* e *Institut* — a doutrina contemporânea alemã fala, genericamente, em *Einrichtungsgarantien*, subdividindo-as em *Institutionelle Garantien* e *Institutsgarantien*, conforme tenham ou não por função proteger os direitos humanos (cf. Klaus Stern, *Das Staatsrecht der Bundesrepublik Deutschland*, t. III/1, *Allgemeine Lehren der Grundrechte*, Munique, Verlag C. H. Beck, 1988, § 68).

dades individuais (*Freiheitsrechte*), como pareceu aos autores alemães, mas de todas as demais espécies de direitos humanos. Na primeira classe de garantias institucionais, situa-se, por exemplo, a separação de poderes. Na segunda, também exemplificativamente, os institutos componentes da seguridade social, ou o sistema público de ensino. Em qualquer das hipóteses, trata-se de instituições que, pela sua própria natureza, fazem parte das disposições constitucionais insuprimíveis, não só pela lei, mas até mesmo pela via do processo de emenda à Constituição.

De minha parte, penso que as garantias institucionais podem e devem, hoje, ser analisadas como princípios fundamentais do ordenamento constitucional. Nessa condição, apresentam elas as três características essenciais de todo princípio jurídico: 1) supremacia normativa; 2) ilimitado âmbito de aplicação; e 3) ilimitado grau de aplicação.

Vejamos como essas características essenciais se encontram no instituto da separação de poderes.

Em razão de sua supremacia normativa, o princípio da separação de poderes situa-se no ápice do ordenamento jurídico nacional, sobrelevando todas as regras, até mesmo de natureza constitucional, que não tenham o valor de princípios. Na hipótese de uma eventual colisão da separação de poderes com outro princípio fundamental, em determinado caso concreto, o intérprete deve escolher a solução que melhor assegure a proteção dos direitos fundamentais, segundo a técnica de sopesamento, que os alemães denominam *Güterabwägung*, e os anglo-saxônicos *balancing*.

Quanto à segunda característica da separação de poderes enquanto princípio jurídico — a ilimitação do seu âmbito de aplicação —, temos que os centros de poder político abrangidos não são apenas os três ramos clássicos do Estado: o Legislativo, o Executivo e o Judiciário. Entra, também, no âmbito de aplicação do princípio, o Ministério Público, na medida em que este é um poder orgânico de defesa judicial do interesse público, em seu sentido próprio, isto é, o interesse do povo, titular da soberania.

A ilimitação do grau de aplicabilidade de um princípio significa que ele nunca pode ser tido como integralmente cumprido, mas conduz sempre à ampliação continuada de seus efeitos. Uma norma ordinária — por exemplo, a de que o devedor deve cumprir a obrigação no lugar, tempo e modo convencionados (Código Civil, art. 955) — não só pode como deve ser integralmente cumprida. Não assim, quando se trata de um princípio, na medida em que este se vincula a um valor humano, que é por definição inexaurível. Nunca se poderá dizer que a dignidade de uma pessoa já foi integralmente respeitada, ou que uma sociedade é totalmente democrática.[4]

Ora, sob o aspecto da ilimitação do seu grau de aplicabilidade, enquanto princípio jurídico, a separação de poderes não se reduz a determinados efeitos, taxativamente declarados ou não no texto constitucional. Na Constituição de 1946, bem como na do regime militar, por exemplo, vedava-se a qualquer dos poderes delegar atribuições, determinando-se que o cidadão investido na função de um deles não poderia exercer a de outro. A Constituição de 1988 não reproduziu essas proibições. Mas é evidente que elas continuam em vigor, como corolários do princípio, a par de vários outros de vigência implícita, e que a experiência histórica vai revelando, diante de novas modalidades de concentração abusiva de poder.

### *A supremacia incontrastável do poder governamental na experiência política brasileira*

Desde que iniciamos a nossa vida de Nação independente, há um dado que per-

4. É por isso que o Prof. Robert Alexy caracteriza os princípios como *mandamentos de otimização* (*Optimierungsgebote*), em seu livro *Theorie der Grundrechte*, 3ª ed., Frankfurt a. Main, Suhurkamp, 1996, pp. 75 e ss.

manece constante na realidade política, indiferente às sucessivas formas de organização constitucional que adotamos no correr dos tempos: todo poder estatal tende a concentrar-se no cargo de chefe do Estado. Raymundo Faoro, em estudo já clássico,[5] enxerga nas origens do reino de Portugal, forjado que fora pelo rei, muito mais um chefe político do que um senhor feudal, a raiz primeira desse traço típico de nosso *ethos* político.

No império, a centralização e personalização do mando encontrava uma certa justificativa no chamado Poder Moderador, que a Constituição de 1824 instituiu, sob a inspiração de Benjamin Constant.[6] Mas os redatores daquela Carta Política, assim como os seus mais insignes comentadores e intérpretes, não reproduziram com fidelidade a idéia original do pensador franco-suíço. Enquanto este sustentava que a chave de toda organização política é a ***distinção*** entre o poder ministerial e o poder do rei, a nossa Constituição imperial preferiu declarar, sintomaticamente, que "o Poder Moderador é a chave de toda a organização política", sem acentuar a sua necessária separação do Poder Executivo dos ministros de Estado. Para Benjamin Constant, o poder do chefe de Estado é neutro, isto é, simplesmente arbitral ou mediador, enquanto o dos ministros é ativo, no sentido de que estes não atuam como meros agentes delegados do chefe de Estado. Daí a diferença fundamental e essencial, como ele frisou, entre a responsabilidade ministerial e a inviolabilidade do rei.

Entre nós, no entanto, José Antonio Pimenta Bueno (Marquês de São Vicente) não hesitou em afirmar que a prerrogativa conferida pelo art. 98 da Constituição de 1824 ao Imperador era "a mais elevada força social, o órgão político mais ativo, o mais influente, de todas as instituições fundamentais da Nação".[7] No mesmo diapasão, o Visconde de Uruguai, o primeiro grande cultor do direito administrativo entre nós, sustentou que "o Imperador não é o Poder Executivo, não constitui por si só o Poder Executivo. É simplesmente (*sic*) o Chefe do Poder Executivo".[8] Analogamente, o Poder Judicial "é uma mola da máquina administrativa, mas não é a máquina"[9] (tal seria!). Em conclusão, "a máxima — o Rei reina e não governa — é completamente vazia de sentido para nós, pela nossa Constituição".[10] Ao que o Marquês de Itaboraí (Rodrigues Torres) arrematou: "o Imperador reina, governa e administra".

Com isto, estava aberto o caminho à inevitável absorção das funções governamentais pelo monarca, declarado constitucionalmente imune de toda responsabilidade, com a inevitável conseqüência do avassalamento permanente dos demais órgãos constitucionais.

O parlamentarismo no império, como todos reconhecem, sempre foi uma ficção retórica. O velho Nabuco de Araújo em famoso discurso pronunciado no Senado em 17 de julho de 1868, logo após o Imperador despedir inopinadamente o Gabinete Zacarias de Góis, desnudou-a sob a forma de um sorites, ou silogismo encadeado: "O Poder Moderador pode chamar a quem quiser para organizar ministérios; esta pessoa faz a eleição, porque há de fazê-la; esta eleição faz a maioria. Eis aí está o sistema representativo do nosso país!".[11]

5. *Os Donos do Poder — Formação do Patronato Político Brasileiro*, t. 1, 2ª ed., Globo/EDUSP, cap. 1º.

6. Cf. *Principes de Politique*, cap. II, in *Oeuvres*, Paris, Gallimard, Bibliothèque de la Pléiade, pp. 1.112 e ss.

7. *Direito Público Brasileiro e Análise da Constituição do Império*, Ministério da Justiça e Negócios Interiores, 1958, p. 201.

8. *Ensaio sobre o Direito Administrativo*, t. II, Rio de Janeiro, Typographia Nacional, 1862, p. 55.

9. Mesma obra, p. 261.

10. Ibidem, p. 157.

11. Joaquim Nabuco, *Um Estadista do Império*, Rio de Janeiro, Editora Nova Aguilar, 1973, p. 663.

Instituído o regime republicano, essa concentração abusiva de poderes, de direito e de fato, na pessoa do chefe de Estado não recrudesceu; pelo contrário.

Os primeiros governos presidenciais não passaram de ditaduras militares, sob a justificativa teórica da ideologia positivista. Imaginava-se que o sistema federativo viesse quebrar, de algum modo, a onipotência do Presidente da República. Mas a solerte "política dos Governadores", instituída por Campos Sales, afastou desde logo qualquer ilusão a esse respeito. Os Governadores — na verdade, apenas dois, de São Paulo e Minas Gerais — fazem o Presidente, e este os apóia em retorno, na reprodução, em plano federal, do esquema coronelista instituído em cada Estado.

Discursando no Instituto dos Advogados, ao tomar posse no cargo de Presidente desse sodalício em 19 de novembro de 1914, Rui Barbosa não usou meias palavras para qualificar o sistema de governo instaurado com o regime republicano. "O presidencialismo brasileiro", disse ele, "não é senão a ditadura em estado crônico, a irresponsabilidade geral, a irresponsabilidade consolidada, a irresponsabilidade sistemática do Poder Executivo".[12] Vinte anos depois, um diplomata inglês, que aqui vivera durante um quarto de século, corroborou essa análise sem concessões do nosso sistema de governo, ao publicar um opúsculo com título sugestivo: "Sua Majestade o Presidente do Brasil".[13] A ousadia valeu-lhe a imediata expulsão do território nacional.

O fato é que, após os dois períodos de governo de exceção, chefiados por Getúlio Vargas — antes e depois da Constituição de 1934 — e após os vinte anos de regime militar, tínhamos ingenuamente a esperança de que, com a reconstitucionalização do País, o nosso sistema político se encaminhasse, afinal, para um estado de maior equilíbrio de poderes.

Pura ilusão! Já em fins da década de 80 faziam-se sentir por aqui as pressões internacionais para o nosso ingresso forçado no sistema de capitalismo globalizado. E este, como se viu em toda a América Latina, exige cada vez maior concentração de poderes na chefia do Executivo, com o avassalamento de todos os demais órgãos estatais. A análise dos "custos de transação", como dizem os economistas, tem aconselhado os centros de poder econômico e financeiro — as empresas transnacionais e as organizações internacionais de caráter econômico — a simplificar, ao máximo, os canais de interlocução com os países periféricos.

O Presidente da República já detém, em suas mãos, não só o Poder Legislativo, pela via da proliferação de medidas provisórias, como, até mesmo, o poder de reforma constitucional. Até meados de 2001, ou seja, em menos de treze anos de vigência, a Constituição de 1988 foi remendada 37 (trinta e sete) vezes, sempre por iniciativa direta, ou com o consentimento expresso do chefe do Poder Executivo.

A par disso, permanece a mesma subserviência do Congresso Nacional às determinações do chefe do Executivo. A eleição dos Presidentes das duas Casas Legislativas é rigorosamente controlada por ele. Demais, continuamos a assistir, impotentes, à mesma negociação indecorosa de liberação de verbas orçamentárias, quando não ao suborno puro e simples de parlamentares, no interesse privado do governo ou do próprio Presidente da República, como se viu recentemente, ao se impedir a instalação de Comissão Parlamentar de Inquérito sobre atos de corrupção.

O que assusta, porém, nesse processo de subordinação de todos os órgãos estatais à Presidência da República, é a facilidade com que o Judiciário e o Ministério Público deixam-se aniquilar sem resistência.

12. *Obras Completas*, Ministério da Cultura, Fundação Casa de Rui Barbosa, v. XLI, t. IV, 1914, p. 233.

13. Ernst Hambloch, *Sua Majestade o Presidente do Brasil — Um Estudo do Brasil Constitucional (1889–1934)*, Ed. UnB.

O Executivo vem criando múltiplos embaraços à judiciabilidade dos seus próprios atos, por meio de medidas provisórias, na consolidação de uma irresponsabilidade da qual Rui Barbosa nem chegara a cogitar, em suas mais ferinas objurgatórias. O chefe de Estado, de um só golpe, legisla em sustentação de suas políticas, ou mesmo em proveito próprio, e impede a censura de seus atos pelo Judiciário.

Este, na verdade, em nome da previsão e certeza das decisões em matéria econômica, como exigem os centros de dominação capitalista internacional, notadamente o Banco Mundial em seu anteprojeto-padrão de reforma do Judiciário na América Latina, vai se concentrando sempre mais nos tribunais superiores, de forma a coarctar, sem maiores escrúpulos, a jurisdição dos juízes de primeira instância e dos tribunais de segundo grau.

É nesse quadro de completo aviltamento da Justiça que se insere o despautério da chamada ação declaratória de constitucionalidade, criada pela Emenda 3, de 1993. Longe de ser uma defesa da cidadania contra o abuso governamental, segundo a boa tradição do *judicial review* que herdamos dos norte-americanos, aquela ação judicial foi criada como medida de proteção antecipada do governo contra as demandas que os cidadãos possam ajuizar contra ele, em defesa de seus direitos fundamentais. Trata-se de um verdadeiro *bill* de indenidade que o Supremo Tribunal outorga ao governo, habilitando-o a espezinhar impunemente a Constituição, com a imediata suspensão da jurisdição de todos os demais órgãos judicantes. Foi o que se acabou de ver, vergonhosamente, com a recente decisão do Supremo Tribunal, ao julgar compatível com a Constituição a medida provisória instituidora do racionamento de energia elétrica. Como previsível, o Procurador-Geral da República pronunciou-se pela sua constitucionalidade.

Na verdade, se essa desmoralização toda se abate sobre os órgãos encarregados de dizer o direito e fazer justiça em última instância, não é melhor a sorte reservada ao Ministério Público, nesta fase de recrudescimento da macrocefalia presidencialista.

A Constituição de 1988 deu ensejo, em matéria de nomeação do chefe do Ministério Público Federal, a uma situação de permanente desvio de poder. O Presidente da República, com a simples observância das formalidades extrínsecas, nomeia e renomeia, para aquele alto cargo, não um guardião do interesse público, mas um indisfarçável defensor do governo, quando não dele próprio, Presidente. E o Senado — fato inédito nos anais de nossa história republicana — decide abrir mão de seu poder de controle constitucional sobre o ato de nomeação, para se transformar em *lobby* do candidato oficial.

Perante essa situação de completa ruína das instituições republicanas, pondo ao desamparo todo o sistema de direitos fundamentais arquitetado na Constituição, parece óbvia a urgente necessidade de se elaborar um programa de regeneração institucional, com base nos veneráveis modelos que nos legaram a Atenas democrática e a Roma republicana. Para lutar com êxito contra o abuso de poder, é indispensável combinar as instituições da democracia participativa com o mecanismo da separação de poderes.

A instituição de um regime de efetivo governo do povo pelo povo compreende, antes de mais nada, a necessária participação popular na elaboração e reforma da Constituição, bem como a colaboração do povo, quando convocado, no desempenho da tarefa legislativa. Ela compreende, também, como é óbvio, a indispensável decisão popular para a aprovação de tratados internacionais, ou de políticas públicas, que determinem o futuro da Nação. Ela deve se estender, da mesma forma, ao processo de votação dos orçamentos, por meio da aprovação popular das leis de diretrizes orçamentárias.

Não só isso, na verdade. Se os governantes, a começar pelos principais deles — os chefes do Executivo — devem ser sempre tidos como mandatários ou delegados do povo soberano, nada mais lógico do que permitir a revogação popular de seus mandatos — o *recall* —, por iniciativa de uma minoria qualificada de parlamentares, ou do próprio povo.

Já no tocante ao equilíbrio autônomo dos poderes estatais, a futura Constituição republicana deverá incorporar, explicitamente, várias regras específicas, de modo a evitar que esse princípio fundamental não degenere em mero enunciado decorativo.

Assim é que a autonomia de funcionamento do Congresso Nacional seria singularmente favorecida por uma disposição muito simples: somente as bancadas partidárias teriam competência para oferecer emendas ao projeto de lei orçamentária, e tais só poderiam contemplar rubricas globais do orçamento.

No que tange à autonomia do Judiciário e do Ministério Público, a renovação institucional deve ser ampla e profunda.

Importa, em primeiro lugar, eliminar o poder dos chefes de Executivo para nomear os integrantes desses órgãos. Se, na lógica do regime presidencial de governo, não pode haver interferência do Legislativo na composição do Executivo, e vice-versa, com que fundamento a composição do Judiciário e do Ministério Público — tal como nas monarquias do *ancien régime* — há de depender de uma decisão do chefe de governo?

É preciso ir além, todavia. Cabe dar ao Judiciário e ao Ministério Público uma organização coesa, a fim de que eles possam realmente atuar, unitariamente, como poderes estatais, autônomos e independentes. Tal como presentemente organizados, eles não dispõem de condições estruturais de manifestação de uma vontade coletiva, contraposta à dos demais órgãos do Estado.

O Executivo atua unitariamente, com base no critério hierárquico. O Legislativo manifesta a sua vontade, a partir de decisões coletivas. Não assim com o Judiciário e o Ministério Público, cujo funcionamento não obedece a nenhum desses critérios. A independência funcional dos magistrados e membros do Ministério Público impede que entre eles exista, mesmo de uma instância para outra, uma relação, mínima que seja, de hierarquia. Em sua atuação funcional, ninguém, nesses órgãos, pode dar ou receber ordens. Por outro lado, nenhum deles é estruturado, globalmente, para tomar decisões coletivas, que manifestem uma vontade comum.

Com isto, tanto o Judiciário, quanto o Ministério Público vêem-se singularmente enfraquecidos, em seu relacionamento com os demais poderes do Estado.

Não se entende, assim, por que razão a proposta de lei complementar sobre o estatuto da magistratura, ou sobre o estatuto do Ministério Público, deva ser da iniciativa exclusiva, respectivamente, do Supremo Tribunal Federal e dos Procuradores-Gerais, na União e nos Estados (arts. 93 e 128, § 5º da Constituição), sem refletir a opinião comum entre todos os magistrados. Tampouco se entende por que razão a propostas mencionadas no art. 96, II,[14] devam competir ao Supremo Tribunal Federal, aos Tribunais Superiores e aos Tribunais de Justiça nos Estados (art. 96, II). Essas disposições constitucionais acentuam a fratura interna do Judiciário e do Ministério Público, tornando-os órgãos menos aptos à vigorosa defesa de sua independência, como garantia institucional dos direitos humanos.

Também não se compreende como as emendas constitucionais, ou as leis — sem falar na aberração das medidas provisórias —, que alterem a jurisdição e a competência de juízes e tribunais, possam ser aprovadas sem a concordância do Poder Judiciário respectivo, como um todo, nele englobados juízes e tribunais.

14. "A) a alteração do número de membros dos tribunais inferiores; b) a criação e a extinção de cargos e a remuneração dos seus serviços auxiliares e dos juízos que lhes forem vinculados, bem como a fixação do subsídio de seus membros e dos juízes, inclusive dos tribunais inferiores, onde houver."

Como se vê, a solução para os nossos males crônicos não está na mudança, pura e simples, de governos. Ela exige muito mais. O dever público que nos cabe, neste momento crucial de nossa história, no qual se decide, efetivamente, o futuro do Brasil como Nação independente, é a reconstitucionalização substancial do país, com o objetivo de substituir a regime oligárquico e o sistema capitalista, pela democracia radical e a economia humanista, no respeito integral da dignidade do povo brasileiro.

# ARBITRAGEM E CONTRATO ADMINISTRATIVO

EROS ROBERTO GRAU

Professor Titular da Faculdade de Direito da USP.
Professor Visitante da Faculdade de Direito da Universidade de Montpellier I (França) (1995/1998)

*1.* O debate a respeito da juridicidade da solução, mediante arbitragem, de conflitos entre as partes nos contratos administrativos segue inúmeras vezes por vias inadequadas. Os argumentos em favor e contra a adoção do instituto da arbitragem nesses contratos não atingem, em regra, o núcleo da questão.

O seu deslinde reclama o exame de três pontos, o primeiro deles extremamente singelo.

## *Jurisdição e arbitragem*

*2.* O primeiro aspecto a considerar está em que a arbitragem não encerra jurisdição.[1]

Ao contrário, a arbitragem previne a jurisdição. Sua origem é contratual.[2-3]

Desfaça-se de pronto, pois, a confusão freqüentemente estabelecida entre uma e outra.

## *A equivocada noção de "contrato administrativo"*

*3.* O segundo ponto respeita à noção de contrato administrativo.

1. Entre outros, Piero Calamandrei, *Instituciones de Derecho Procesal Civil*, v. II, trad. Sentís Melendo, Buenos Aires, El Foro, 1996, p. 279; Salvatore Satta, *Manual de Derecho Procesal Civil*, v. II, trad. Sentís Melendo, Buenos Aires, EJEA, 1972, p. 289 e J. J. Calmon de Passos, *Da Jurisdição*, Salvador, Progresso, 1957, p. 46.

2. Nesse sentido, o magistério de Calmon de Passos (*Da Jurisdição*, cit., p. 46): "De tudo se conclui, na verdade, que os árbitros não têm jurisdição. E porque não a têm é que os autores, diante da perplexidade, procuram fugir com afirmativas de nenhum conteúdo, quais as de jurisdição extraordinária, ou menos plena, ou quase ordinária. Não têm jurisdição, disse-o Manoel Gonçalves da Silva, com propriedade que Pontes de Miranda ressalta elogiosamente, porque apenas conhecem jurisdicionalmente das causas que lhes são submetidas — *neque jurisdictione habent, sed tantum cognitionei*. Jurisdição é conhecimento (*ratio*), julgamento (*judicium*) e execução (*imperium*) do julgado. Ausente qualquer desses elementos não há jurisdição. O laudo arbitral, ensina Redenti, em si e por si, não pode ser tido como sentença, porque os árbitros não são investidos de uma função pública e muito menos de um poder soberano, donde o seu pronunciamento, em si e por si, não ser munido de nenhuma autoridade ou eficácia própria, originária".

3. Há quem pretenda que a arbitragem tenha cunho jurisdicional, como Nelson Nery Jr., *Princípios do Processo Civil na Constituição Federal*, 3ª ed., São Paulo, Saraiva, 1996, p. 75. O argumento de que lança mão esse autor não impressiona, contudo. O fato de o laudo arbitral constituir título executivo e transitar em julgado é absolutamente irrelevante. A transação celebrada para prevenir um lití-

Permito-me contudo inicialmente anotar a circunstância de que, ainda que o uso da arbitragem por entidades da Administração não seja comum, a ponto de atiçar a curiosidade dos acadêmicos da atualidade, essa não é questão que tenha passado despercebida pelos nossos juristas.

O fenômeno, até certo ponto paradoxal, pode encontrar inúmeras explicações. E uma delas pode ser o erro, muito comum, de relacionar a indisponibilidade de direitos a tudo quanto se puder associar, ainda que ligeiramente, à Administração.

Um pesquisador atento e diligente poderá todavia facilmente verificar que não existe qualquer razão a inviabilizar o uso dos tribunais arbitrais por agentes do Estado.

Aliás, os anais do Supremo Tribunal Federal[4] dão conta de precedente muito expressivo, conhecido como "caso Lage", no qual a própria União submeteu-se a um juízo arbitral para resolver questão pendente com a Organização Lage, constituída de empresas privadas que se dedicavam a navegação, estaleiros e portos.

A decisão nesse caso unanimemente proferida pelo Plenário do Supremo Tribunal Federal é de extrema importância porque reconheceu especificamente "a legalidade do Juízo Arbitral, que o nosso Direito sempre admitiu e consagrou, até mesmo nas causas contra a Fazenda". Esse acórdão encampou a tese defendida em parecer da lavra de Castro Nunes e fez honra a acórdão anterior, relatado pelo Ministro Amaral Santos.

*4.* Não só o uso da arbitragem não é defeso aos agentes da Administração, como, antes, é recomendável, posto que privilegia o interesse público. São candentes, nesse sentido, as palavras de Themístocles Cavalcanti,[5] que transcrevo a seguir: "Parece-me que a administração realiza muito melhor os seus fins e a sua tarefa, convocando as partes que com ela contratarem, a resolver as controvérsias de direito e de fato perante o juízo arbitral, do que denegando o direito das partes, remetendo-as ao juízo ordinário ou prolongando o processo administrativo, com diligências intermináveis, sem um órgão diretamente responsável pela instrução do processo".

De todo modo, ainda que não exista impedimento absoluto ao uso da arbitragem pela Administração, é natural que nem toda matéria possa ser resolvida por essa via. A questão se transporta, então, para a definição do que possa e do que não possa ser objeto de arbitragem.

A melhor doutrina manifesta-se no sentido de que só podem ser arbitradas as questões de natureza contratual ou privada. "São essas relações que podem comportar o juízo arbitral" — pondera Castro Nunes[6] — "Aquelas em que o Estado age como Poder Público, estão de seu natural excluídas, pois que, em linha de princípio, não podem ser objeto de transação".[7]

*5.* A doutrina faz distinção entre os *contratos administrativos por determinação da lei* e *por natureza*, sendo extremamente rico, e complexo, o debate travado em torno do critério destes últimos, os *contratos administrativos por natureza*.[8]

gio também faz coisa julgada entre as partes (art. 1.030 do CCB) e é título executivo. Mas ninguém irá tão longe, a ponto de atribuir caráter jurisdicional a esse negócio jurídico.

4. *Revista Trimestral de Jurisprudência* 68/382.

5. *RDA* 45/517.

6. *Da Fazenda Pública em Juízo*, 2ª ed., São Paulo, Freitas Bastos, 1960, p. 284.

7. Lembre-se, ademais, as judiciosas observações de Sérgio de Andréa Ferreira (*Lições de Direito Administrativo*, Rio de Janeiro, Ed. Rio, 1972, p. 183): "A autoridade administrativa não poderá, sem autorização legislativa, firmar *compromisso*, quando se trate de matéria em que aja *iure imperii*, quando esteja em jogo a ordem pública. Mas nenhum problema há, quando se cuida de um contrato, que prevê, ele mesmo, *a cláusula compromissória*" (destaques no original).

8. Vide a sintética, mas suficiente, exposição de Luís Solano Cabral de Moncada ("O pro-

Esse debate perde, contudo, relevância entre nós, visto que não existem, em face do direito positivo brasileiro, *contratos privados da Administração* (= contratos estatais de direito privado, por oposição aos *contratos administrativos*). Pois é certo a própria Constituição atribui a todos os contratos celebrados pela Administração a denominação de *contratos administrativos*.[9]

*6.* Tem sustentado a doutrina que a procura da qualificação do contrato significa procura do regime jurídico a ele aplicável.[10]

O fato, no entanto, é que, para azar da doutrina, não existe um regime jurídico próprio aos chamados *contratos administrativos*.

A alusão a *regime jurídico* apenas se torna útil, na ciência do direito, quando atrelada àqueles conceitos jurídicos que Ascarelli[11] — distinguindo-os dos *conceitos jurídicos meramente formais* e dos *conceitos tipológicos* (*fattispecie*) — chama de *regulae juris*.

As *regulae juris* consubstanciam expressões que sintetizam o conteúdo de um conjunto de normas jurídicas, sem que lhes corresponda um significado próprio. Limitam-se a exprimir, condensadamente, um sistema normativo, a modo — diz Fábio Konder Comparato[12] — de autêntica estenografia legal.

Tome-se como exemplo dessa espécie de conceito o de *propriedade*, que apenas assume alguma significação na medida em que tenhamos sob consideração a função, por ele cumprida no discurso do direito, de resumir toda disciplina normativa atinente ao modo de aquisição e aos poderes, faculdades e deveres decorrentes da aquisição de uma posição jurídica subjetiva em relação a um bem.[13] A utilidade do conceito de *propriedade* — e isso o torna na prática insubstituível — está na enorme economia de tempo e de energia que o seu uso permite a quem pretenda expor o conteúdo do subsistema normativo aplicável à *propriedade* (Meroni, 1989/285).[14]

Mas é certo, porém, que *contrato administrativo* não sintetiza o conteúdo de um conjunto de normas jurídicas; nem exprime, condensadamente, um sistema normativo. Logo, e até porque não há distinção jurídica entre contrato administrativo e contrato privado, como passo a demonstrar, inexiste um "*regime jurídico dos contratos administrativos*". Portanto, a alusão a tal regime é juridicamente irrelevante.

*7.* E assim é porque a circunstância de um contrato ser regido pelo direito público — isto é, pelo "*regime de direito público*" — no que equivocadamente insistem muitos, ainda que fosse veraz não importaria em que os atos de uma das partes no dinamismo da relação contratual, a Administração, deixassem de caracterizar "atos de gestão" e pudessem ser concebidos como "atos de soberania".

Desejo dizer, com isso, que, embora a Administração disponha, nesse dinamismo, de poderes que se toma como expressão de *puissance publique* (alteração unilateral da relação, *v.g.*), essa relação não deixa de ser contratual. Pois é certo que esses mesmos

blema do critério do contrato administrativo e os novos contratos-programa", separata do número especial do *Boletim da Faculdade de Direito de Coimbra — Estudos em Homenagem ao Prof. Dr. José Joaquim Teixeira Ribeiro*, Coimbra, 1979).

9. V., por todos, Carlos Ari Sundfeld, *Licitação e Contrato Administrativo*, 2ª ed., São Paulo, Malheiros Editores, 1995, pp. 199-200.

10. Cf. Luís Solano Cabral de Moncada, pp. 16-17.

11. *Studi di Diritto Comparato e in Tema di Interpretazione*, Milão, Giuffrè, 1952, pp. XIII-XVII.

12. "Direito de recesso de acionista de sociedade anônima", in *RT* 558/269.

13. Vide Massimo Meroni, *La Teoria dell'Interpretazione di Tullio Ascarelli*, Milão, Giuffrè, 1989, p. 285.

14. No mesmo sentido, Alf Ross, "Tû-tû", in *Diritto e Analisi del Linguaggio*, a cura di Uberto Scarpelli, Milano, Edizioni di Comunità, 1976, pp. 165-181.

poderes são contemplados como estipulações de ordem contratual, ainda que por imposição legal. Isso negássemos e, por força, teríamos de admitir que toda e qualquer limitação disposta em lei ao pleno exercício da liberdade de contratar teria a virtude de sonegar aos acordos de vontade celebrados, sob a égide do chamado *dirigismo contratual*, o caráter de contratos. Não seriam contratos, destarte, mesmo os celebrados entre agentes privados em um regime de controle de preços; e também não o seriam aqueles cujas condições de validez dependem de preceitos normativos ou atos administrativos externos à vontade das partes. Da mesma forma, contratos não seriam aqueles dotados de cláusulas padronizadas por ato estatal, dos quais fazem exemplo os contratos de loteamento, de seguro, as convenções condominiais, inúmeras fórmulas contratuais praticadas no mercado financeiro; nesta última hipótese, sem dúvida, efetivamente surgem modelos contratuais inteiramente padronizados — tal como no caso de contratos celebrados com o BNDES e com o extinto BNH.

*8.* Em todos esses casos, bem assim naqueles nos quais é afetada a própria liberdade de contratar,[15] as partes estão entre si relacionadas por vínculo obrigacional. Permanecem a celebrar contratos, ainda que vinculadas também pelo *dever* de adotar determinadas estipulações contratuais ou mesmo de contratar, o que significa *dever* de assumir *obrigação* perante terceiro.

A propósito, entenda-se por *dever jurídico* uma vinculação ou limitação imposta à vontade de quem por ele alcançado. *Obrigação*, em sentido estrito, como vínculo em razão do qual uma pessoa (devedor) deve à outra (credor) o cumprimento de certa prestação. O *dever* é um vínculo imposto à vontade; a *obrigação*, embora suponha uma situação de dever, na qual se coloca o devedor, é conseqüência da manifestação da vontade do devedor. Quando o Estado impõe ao particular o *dever de contratar* ou de *admitir a alteração unilateral da relação pela Administração, v.g.*, vincula sua vontade no sentido de manifestá-la em determinada direção. Esse *dever de contratar* ou de *contratar determinadas cláusulas contratuais*, é *dever de assumir obrigação*. Assumida a *obrigação*, por imposição do *dever* que o vincula, o particular, no contrato coativo, coloca-se sob *situação obrigacional*.

*9.* Por isso — repita-se — embora a Administração disponha, no dinamismo do *contrato administrativo*, de poderes que se toma como expressão de *puissance publique* (alteração unilateral da relação, *v.g.*), essa relação não deixa de ser contratual, os atos praticados pela Administração enquanto parte nessa mesma relação sendo expressivos de meros *atos de gestão*.

Em suma, é preciso não confundirmos o Estado-aparato com o Estado-ordenamento. Na relação contratual administrativa o Estado-aparato (a Administração) atua vinculado pelas mesmas estipulações que vinculam o particular; ambos se submetem à lei (Estado-ordenamento); ou seja, a Administração não exerce atos de autoridade no bojo da relação contratual.[16-17]

15. Mencione-se, *v.g*, determinados contratos de seguro, e os contratos coativos de que tratam os incs. XIII, XIV, XVI e XXII do art. 21 da Lei 8.884, de 11.6.1994; anote-se ainda o dever, dos bancos comerciais, de aplicar parte de seus recursos disponíveis na concessão de crédito rural e de crédito às pequena e média empresas.

16. São bastante oportunas as observações de Laurent, transcritas por Pedro Lessa (*Do Poder Judiciário*, Rio de Janeiro, Livraria Francisco Alves, 1915, p. 208): "É o Estado uma pessôa civil, isto é, póde exercer os direitos privados de que são titulares os individuos. Assim, é proprietario, póde adquirir e possuir bens; diariamente está em condições de contractar. Os actos que pratica o Estado como pessôa civil, não differem na essencia dos que realisam os particulares: uma compra e venda não se altera em sua natureza, porque o Estado é comprador ou vendedor, e as obrigações permanecem identicas, inalteradas, quando o Estado contracta. Ahi temos, pois, relações de direito e de inte-

Daí porque, como observa García de Enterría,[18] contrato administrativo e contrato privado não podem ser considerados como realidades radicalmente diferentes e rigorosamente separadas; qualquer contrato pode refletir elementos de Direito Administrativo e de Direito Privado.

Vale dizer: não há diferença entre uns e outros senão na medida em que a ambos se aplicam múltiplos regimes jurídicos.

Toda a razão, pois, a Juan Alfonso Santamaría Pastor:[19] "En nuestra opinión, el problema carece de interés. En sus términos más estrictos, se trata de una más de tantas logomaquias estériles que tanto abundan en la ciencia del Derecho (...) Una discrepancia, pues, de mera perspectiva que, además, carece de consecuencias prácticas: lo que importa, exclusivamente, es saber a qué normas se sujetan uno y otro tipo de contratos, cuestión que sólo puede resolver el Derecho positivo".

***10.*** Alcançada essa verificação, um último aspecto resta ainda a examinarmos, o relacionado à indisponibilidade do interesse público e à disponibilidade de direitos patrimoniais.

Cogitando dos *contratos de direito público*, em Conferência pronunciada em São Paulo, em 9.3.1977, Orlando Gomes[20] diz serem eles: "a) os que celebram entre si algumas pessoas jurídicas de direito público interno, tais como os estipulados entre a União e algum Estado-membro, entre unidades da Federação, entre qualquer destas e um Município ou entre Municípios. Tais *acordos* se realizam para que as partes alcancem o mesmo fim; b) os que o Estado conclui com particulares ou outros entes públicos para a satisfação de interesses comuns, implicando disposição de direitos subjetivos patrimoniais (Virga) — o que não sucede com os acordos primeiramente enunciados; c) os *contratos administrativos* que se ajustam entre a Administração Pública e particulares para a execução e desempenho de atividade do Estado, de interesse geral, que este não pode ou não quer exercer diretamente".

***11.*** A exposição de Orlando Gomes, precisa e incisiva, como costumavam ser suas manifestações, tem as virtudes (i) de distinguir os contratos que a Administração celebra com particulares visando à atribuição, a estes, de funções próprias do Estado — a concessão de serviço público, *v.g.* — daqueles celebrados com particulares tendo em vista a satisfação de interesses comuns e (ii) observar que estes últimos implicam (= podem implicar) disposição de direitos subjetivos patrimoniais.

Essa derradeira observação assume fundamental importância, na medida que a doutrina tem tropeçado em injustificada confusão entre *indisponibilidade do interesse público* e *disponibilidade de direitos patrimoniais*.

Um e outro não se confundem.

## *Indisponibilidade do interesse público e disponibilidade de direitos patrimoniais*

***12.*** Para demonstrá-lo lembro, inicialmente, que indisponível é o *interesse públi-*

resse privados: qualquer ideia de poder, de soberania, é estranha aos actos em que intervem o Estado como pessôa privada. Por conseguinte, quando o Estado age num processo como proprietario, como credor ou devedor, não está em questão a soberania, não é o Estado como poder que litiga, é o Estado a exercer direitos de um particular; é, pois, um particular cujos direitos apreciam os tribunaes, e que por estes é condemnado a pagar, e não um soberano, nem um orgam de soberania".

17. Veja-se também Fábio Konder Comparato, *Novos Ensaios e Pareceres de Direito Empresarial*, Rio de Janeiro, Forense, 1981, especialmente pp. 304-305.

18. *Curso de Derecho Administrativo*, v. 1, com Tomás-Ramón Fernández, 4ª ed., Madri, Civitas, 1983, p. 639.

19. *Principios de Derecho Administrativo*, v. II, Madrid, Editorial Centro de Estudios Ramón Arecees, 1999, p. 194.

20. "Os contratos e o Direito Público", in *Revista da Procuradoria-Geral do Estado de São Paulo* 10/45-46.

*co primário*, não o *interesse da Administração*.

Ensina Renato Alessi[21] que os interesses públicos, coletivos, cuja satisfação deve ser perseguida pela Administração, não são simplesmente o interesse da Administração enquanto aparato organizacional autônomo, porém aquele que é chamado interesse coletivo *primário*. Este é resultante do complexo dos interesses individuais prevalentes em determinada organização jurídica da coletividade, ao passo que o interesse do aparato organizacional que é a Administração, se pode ser concebido um interesse, desse aparato, unitariamente considerado, será simplesmente um dos interesses *secundários* que se fazem sentir no seio da coletividade e que podem ser realizados somente na medida em que coincidam, e nos limites dessa coincidência, com o interesse coletivo primário.

21. *Principi di Diritto Amministrativo*, I, 4ª ed., Milão, Giuffrè,1978, pp. 232-233: "Questi interessi pubblici, collettivi, dei quali l'amministrazione deve curare il soddisfacimento, non sono, si noti bene, semplicemente l'interesse dell'Amministrazione intesa come apparato organizzativo autonomo, sibbene quello che è stato chiamato l'interesse collettivo *primario*, formato dal complesso degli interessi individuali prevalenti in una determinata organizzazione giuridica della collettività, mentre l'interesse dell'apparato, se può esser concepito un interesse dell'apparato unitariamente considerato, sarebbe semplicemente uno degli interessi *secondari* che si fanno sentire in seno alla collettività, e che possono essere realizzati soltanto in caso di coincidenza, e nei limiti di siffatta coincidenza, con l'interesse collettivo primario. La peculiarità della posizione giuridica della pubblica Amministrazione sta appunto in ciò, che la sua funzione consiste nella realizzazione dell'interesse collettivo, pubblico, primario. Anche volendosi concepire un interesse, secondario, dell'Amministrazione considerata comme apparato organizzativo autonomo, esso non potrebbe esser realizzato se non in vista della coincidenza con l'interesse primario, pubblico". Carnelutti distingue interesses que são *individuais na modalidade* e *coletivos na finalidade*, chamando-os *interesses coletivos mediatos ou secundários* (*Sistema di Diritto Processuale Civile*, I, Padova, Cedam, 1936, pp. 11-12).

A distinção — fundamental e necessária — entre *interesse público primário* e *interesse da Administração* (interesse público secundário) também está pacificada entre nós.[22]

22. Diz Celso Antônio Bandeira de Mello (*Curso de Direito Administrativo*, 4ª ed., São Paulo, Malheiros Editores, 1993, p. 22), após averbar que os interesses públicos ou interesses *primários* são os interesses da coletividade como um todo e os interesses *secundários* são os que o Estado (pelo só fato de ser sujeito de direitos) poderia ter como qualquer outra pessoa, isto é, independentemente de sua qualidade de servidor de interesses da coletividade: "Poderia, portanto (o Estado, a Administração), ter o interesse secundário de resistir ao pagamento de indenizações, ainda que procedentes, ou de denegar pretensões bem fundadas que os administrados lhe fizessem, ou de cobrar tributos ou tarifas por valores exagerados. Estaria, por tal modo, defendendo interesses apenas 'seus', enquanto pessoa, enquanto entidade animada do propósito de despender o mínimo de recursos e abarrotar-se deles ao máximo. Não estaria, entretanto, atendendo ao interesse público, ao interesse primário, isto é, àquele que a lei aponta como sendo o interesse da coletividade: o da observância da ordem jurídica estabelecida a título de bem curar o interesse de todos. Por isso os interesses secundários não são atendíveis senão quando coincidirem com interesses primários, únicos que podem ser perseguidos por quem axiomaticamente os encarna e representa. Percebe-se, pois, que a Administração não pode proceder com a mesma desenvoltura e liberdade com que agem os particulares, ocupados na defesa das próprias conveniências, sob pena de trair sua missão própria e sua própria razão de existir". E insiste ainda, o mesmo autor (p. 46): "Interesse público ou primário é o pertinente à sociedade como um todo e só ele pode ser validamente objetivado, pois este é o interesse que a *lei* consagra e entrega à compita do Estado como representante do corpo social. Interesse secundário é aquele que atina tão-só ao aparelho estatal enquanto entidade personalizada e que por isso mesmo pode lhe ser referido e nele encarnar-se pelo simples fato de ser pessoa. Para exemplificar o importante discrímen entre um e outro, comparem-se as seguintes hipóteses. Se o Estado causar danos a terceiros e indenizá-los das lesões inflingidas estará revelando-se obsequioso ao interesse público, pois é isto o que determina o art. 37, § 6º, da Constituição. Se tentar evadir-se a

Por certo é possível tomarmos como *interesse da Administração* o de pagar o mínimo a seus credores, com o que ela, Administração, permaneceria "*mais rica*". Mas esses interesses — *interesses públicos secundários* — diz Alessi, "possono essere realizzati soltanto in caso di coincidenza, e nei limiti di siffatta coincidenza, con l'interesse collettivo primario" — interesse como tal "non potrebbe esser realizzato se non in vista della coincidenza con l'interesse primario, pubblico"; ou, na dicção de Celso Antônio Bandeira de Mello,[23] esses interesses "não são atendíveis senão quando coincidirem com interesses primários, únicos que podem ser perseguidos por quem axiomaticamente os encarna e representa".

*13.* De outro lado, a medida do *interesse público* é a *legalidade*.

Assim, é evidente que quando se afirma que a arbitragem se presta a "dirimir litígios relativos a direitos patrimoniais disponíveis"[24] isso não significa não possa, a Administração, socorrer-se dessa via visando ao mesmo fim. Pois não há qualquer correlação entre disponibilidade ou indisponibilidade de direitos patrimoniais e disponibilidade ou indisponibilidade do interesse público.

Dispor de direitos patrimoniais é transferi-los a terceiros. Disponíveis são os direitos patrimoniais que podem ser alienados.

A Administração, para a realização do interesse público, pratica atos, da mais variada ordem, dispondo de determinados direitos patrimoniais, ainda que não possa fazê-lo em relação a outros deles. Por exemplo, não pode dispor dos direitos patrimoniais que detém sobre os bens públicos de uso comum.

Mas é certo que inúmeras vezes deve dispor de direitos patrimoniais, sem que com isso esteja a dispor do interesse público, porque a realização deste último é alcançada mediante a disposição daqueles.

Bem a propósito, as observações de Alessi e de Celso Antônio Bandeira de Mello, acima reproduzidas, permitem-nos salientar a circunstância de, *v.g.*, realizar-se o interesse público na omissão, pela Administração, do uso de recursos judiciais meramente protelatórios, que se prestam unicamente a retardar, em benefício exclusivo do interesse da Administração, secundário, o cumprimento de suas obrigações.

Daí porque, sempre que puder contratar, o que importa disponibilidade de direitos patrimoniais, poderá a Administração, sem que isso importe disposição do interesse público, convencionar cláusula de arbitragem. Retorno, à esta altura, às observações de Themístocles Cavalcanti para afirmar que precisamente o fazendo a Administração estará a prestar acatamento ao interesse público.

*14.* O debate a respeito da juridicidade da solução, mediante arbitragem, de conflitos entre as partes nos "contratos administrativos" será, como se vê, facilmente espancado se um mínimo de reflexão vier a ser praticado em torno do núcleo da questão.

este dever de indenizar (mesmo consciente de haver produzido os danos) estará *contrariando o interesse público*, no afã de buscar um interesse secundário, concernente apenas ao aparelho estatal: interesse em subtrair-se a despesas (conquanto devidas) para permanecer 'mais rico', menos onerado patrimonialmente, lançando, dessarte, sobre ombros alheios os ônus que o Direito pretende sejam suportados por todos. Tal conduta não é de interesse público, pois interesses secundários só podem ser satisfeitos quando coincidirem com interesses primários".

23. Ob. cit., p. 22.

24. Art. 1º da Lei 9.307/1996.

# NATUREZA JURÍDICA DO PEDÁGIO: TAXA? PREÇO?

CELSO ANTÔNIO BANDEIRA DE MELLO

Professor Titular da Faculdade de Direito
da Pontifícia Universidade Católica de São Paulo

*1.* Como é sabido e ressabido, pedágio é a designação atribuída a uma cobrança passível de ser exigida dos usuários de via pública, a fim de acobertar despesas de construção, remunerar os trabalhos aí implicados ou relativos a sua permanente conservação, bem como serviços complementares disponibilizados a quem dela se utilize.

Este tipo de cobrança é historicamente muito antigo. Deveras, ainda que a utilização do pedágio não seja forma remuneratória exclusiva das concessões de obra pública (pois nada impede que o próprio Estado por órgão seu ou por pessoa de sua administração indireta dele se sirva para custeio de obra viária que efetue ou conserve) é certo que se constitui na modalidade remuneratória especificadora da concessão de obra pública viária, a qual é instituto de notável vetustez.

*2.* André de Laubadère (*Traité Élémentaire de Droit Administratif*, v. II, 5ª ed., LGDF, 1970, pp. 280) e Auby e Ducos-Adler (*Précis de Droit Administratif*, Dalloz, 1967, p. 427) registram que, antes da Revolução Francesa, freqüentemente pontes se edificaram por este meio, isto é, a expensas do concessionário, o qual se remunerava cobrando diretamente dos usuários pela utilização dessas obras.

Observa o primeiro dos autores citados que, no curso do século XIX, a concessão de obra pública teve grande desenvolvimento, efetuando-se com um caráter *misto* de concessão de serviço público, pois esta última emergia da missão confiada ao concessionário de construir a obra e operar o serviço sobre ela assentado, ressaltando ser este o caso típico das concessões de estrada de ferro. Anota o eminente administrativista: "durante todo o século XIX, o elemento obra pública apareceu, nestes casos, como predominante e estas concessões eram denominadas 'concessões de obra pública'; depois, o ponto de vista foi invertido e a concessão de obra pública, no plano de análise jurídica, desapareceu, fundida na concessão de serviço público" (ob. e v. cits., p. 281).[1]

*3.* A fusão entre os dois aspectos (exploração da obra e do serviço) pareceu tão marcante a Duez et Debeire que, referindo-se à concessão de obra pública, disseram: "Na obra não há senão uma missão: construir. Na concessão, o construtor não encerra quando completa a obra a construir: sua principal tarefa apenas começa: ele deve

1. No original: "durant tout le XIX$^{e}$ siècle, l'élément travail public parut, dans ces cas, prédominat e ces concessions étaient denommées 'concessions de travaux publics'; puis, le point de vue fut inversé et la concession de travail public, au plan de l'analyse juridique, disparut, fondou dans la concession de service public".

explorar um serviço por meio da obra" (*Traité de Droit Administratif*, Dalloz, 1952, p. 927).[2]

Georges Vedel e Pierre Devolvé anotam que a concessão de rodovias e de parques de estacionamentos são *simultaneamente* concessões de obras e de serviços públicos (*Droit Administratif*, t. 2, 12ª ed., Thémis, 1992, p. 769) e Charles Debbasch observa que concessão de serviço e de obra pública comumente se *embricam* (*Droit Administratif*, Ed. Cujas, 1968, p. 196). René Chapus averba que o concessionário, com freqüência, tem primeiramente o encargo de construir as obras necessárias à execução do serviço. Em tal caso, a concessão é simultaneamente de obra e de serviço público (*Droit Administratif Général*, t. I, 6ª ed., Montchrestien, 1992, p. 467).

Sem prejuízo de que ambos os institutos têm autonomia conceitual própria, muitas vezes ocorre, de fato, como que uma superposição deles. Isto sucede, por exemplo, quando em concessão de rodovias para obras de construção, reparos ou simplesmente de manutenção delas, o concessionário está igualmente obrigado a certos serviços acessórios, *exempli gratia*, os de assistência e socorro aos veículos e passageiros, os de instalação e funcionamento de postos de reparo ou de oferta de comunicação telefônica e/ou de informações aos usuários sobre o tráfego nas sobreditas rodovias.

São estes traços fundamentais, encontradiços nos dois institutos, que levam à sua parificação no que concerne a aturadas cautelas, quer na *formação* do vínculo constitutivo das concessões em apreço, quer no reconhecimento de ampla *disponibilidade do concedente* sobre o objeto entregue à compita do concessionário, quer no regime que se lhes dispensa, de tal sorte que são *institutos gêmeos*.

2. No original: "Dans le marché n'a q'une mission: construire. Dans la concession, le constructeur n'a pas fini quand il achève l'ouvrage a construire: sa tâche principal commerce seulemente: il doit exploiter un service au moyen de l'ouvrage".

*4.* Em sua forma clássica, a concessão de obra era a via pela qual o concessionário pagava-se da construção, efetuada a suas expensas, mas, como se disse, é utilizada, igualmente, para melhoramento, serviços de conservação ou reparos de obra pública, notadamente rodovias e, inclusive, de prestação dos serviços acessórios de assistência aos usuários.

Pode-se, pois, definir a concessão de obra pública *viária* como uma via jurídica através do qual o Poder Público defere a alguém o poder de explorá-la, cobrando *diretamente dos usuários um pedágio por sua utilização*, a fim de que este, o concessionário, por tal modo se pague da construção dela, de seu melhoramento, manutenção ou reparo, bem como de serviços acessórios previstos como nela implicados.

Com efeito, ela é como disse Osvaldo Maximo Bezzi, "un sistema de contratación singularizado por la modalidad del pago del precio" (*El Contrato de Obra Pública*, t. I, Ed. Lex, 1977, cap. XIX-1). Deveras, "é o modo de remuneração que distingue o contrato de obra pública (*marché de travaux publics*) da concessão"[3] (Marcel Waline, ob. cit., p. 575). Este modo de remuneração, que a peculiariza, consiste precisamente em assistir ao concessionário o direito de explorar a obra, cobrando-se diretamente dos usuários dela, ou seja, recebendo uma contraprestação que se denomina *pedágio, quando se trate de obra viária.*

*5.* Em nossa legislação, os institutos mencionados (concessão de obra e de serviço público) foram confundidos e unificados, pois o art. 2º da Lei 8.987, de 13.2.1995, que "dispõe sobre o regime de concessão e permissão da prestação de serviços públicos previsto no art. 175 da Constituição e dá outras providências, dispõe, em seu inciso III, que, para os fins da citada lei, considera-se: concessão de serviço público prece-

3. No original: "c'est le mode de rémunération qui distingue le marché de travaux publics de la concession".

dida de obra pública: a construção, total ou parcial, conservação, reforma, ampliação ou melhoramento de quaisquer obras de interesse público, delegada pelo poder concedente, mediante licitação, na modalidade de concorrência, à pessoa jurídica ou consórcio de empresas que demonstre capacidade para sua realização, por sua conta e risco, de forma que o investimento da concessionária seja remunerado e amortizado mediante a exploração do serviço *ou da obra* por prazo determinado".

Do quanto se disse, já se percebeu tratar-se de instituto jurídico largamente conhecido, contemplado nas obras gerais de direito administrativo pátrio (citem-se, como exemplo, as de Diógenes Gasparini, *Direito Administrativo*, 5ª ed., Saraiva, 2000, p. 580; de Maria Sylvia Zanella Di Pietro, *Direito Administrativo*, 11ª ed., Atlas, 1999, p. 275; e a de Hely Lopes Meirelles, *Direito Administrativo Brasileiro*, 24ª ed., Malheiros Editores, 1999, atualizada por Eurico de Andrade Azevedo, Délcio Balestero Aleixo e José Emmanuel Burle Filho) devidamente legislado e inclusive utilizado entre nós.

*6.* Não há duvidar, pois, que o *pedágio*, modalidade característica da remuneração do concessionário de obra viária, não é novidade alguma para quem quer que seja. Daí não se segue, todavia, que a natureza jurídica dele haja sido reconhecida de modo pacífico, entre nós. Sobretudo no passado, discutiu-se muito se seria uma "taxa", isto é, uma espécie de tributo, ou se corresponderia a uma "tarifa", entendida esta como cobrança despida de caráter tributário e muitas vezes designada sob o rótulo, ao nosso ver infeliz, de "preço público".

Consoante nos parece, em sintonia com o excelente estudo de Antônio Carlos Cintra do Amaral ("Concessão de rodovias e cobrança de pedágio", constante da obra coletiva *Direito Constitucional e Administrativo*, v. II, Malheiros Editores, 1997, pp. 127 e ss., publicado como *Estudos em Homenagem a Geraldo Ataliba*), o pedágio, *dependendo da hipótese*, ora será uma "tarifa", instrumento despido de caráter tributário, ora será uma "taxa".

Ao nosso ver, será "tarifa" quando se constitui na remuneração de *concessionário*. Inversamente, será taxa quando consistir em pagamento devido ao Poder Público.

*7.* Nos casos em que o Estado presta serviço público ou acoberta obras públicas por ele exploradas terá de se submeter ao regime tributário, o que, segundo nos parece, é notavelmente claro em relação aos *serviços públicos*.

Com efeito, o Texto Constitucional vigente (art. 145, II), tal como ocorria na Carta de 1969 (art. 18, I) e na de 1967 (arts. 18 e 19, II) prevê que o Estado poderá instituir taxas pela "prestação de serviços públicos específicos e divisíveis, prestados aos contribuintes ou postos à sua disposição". Demais disto, como os artigos em questão prevêem, igualmente, taxas em razão do exercício do "poder de polícia", por este tipo de atuação nas rodovias, se algo coubesse, seria uma taxa. Parece, então, plausível depreender que o mesmo ocorreria com a cobrança pela utilização das vias públicas administradas pelo próprio Estado.

Já no que concerne às *concessões* de serviço ou obra pública, a solução teria de ser necessária e inadversavelmente outra, isto é, a de que, em hipótese deste jaez, o pedágio é uma tarifa.

Com efeito, aqui, razões de tomo muito mais fortes do que as que concorreram para a conclusão de que o pedágio seria taxa quando a prestação do serviço ou exploração da obra fossem estatais, concorrem para que forçosamente se entenda que será tarifa quando a exploração do serviço ou obra houver sido dada em concessão.

*8.* O primeiro ponto a ser referido — ainda que não o mais importante — é o de que, ao tempo da Constituição de 1946 (art. 151, parágrafo único) e das Cartas de 1967 (art. 160, II e III) e 1969 (art. 167, II e III), estes textos falavam explicitamente em "tarifas" para se reportarem à modalidade de retribuição das *concessionárias de serviços públicos*. Conquanto o dispositivo correspondente da Constituição de 1988 (art. 175) não repita estas mesmas expressões, de toda sorte fala em "política tarifária", o que, do mesmo modo, torna claro que a remuneração das sobreditas concessionárias se faz mediante "tarifa".

Ora, não faria sentido o uso de tal nominação específica senão para explicitar que estava sendo referido *algo distinto das taxas* e, pois, *estranho às figuras de tributo* e *do regime tributário*, tanto mais porque as "tarifas" em tempo algum foram incluídas nos dispositivos enumeradores das espécies integrantes do sistema constitucional tributário.

Eis, pois, que o próprio exame da linguagem constitucional, de ontem como de hoje, já induzia e induz, veementemente, ao entendimento de que a retribuição de concessionário de serviço público não se faz por via de uma taxa, mas por via de uma figura por definição estranha ao regime tributário, isto é, a "tarifa".

Assim, seja porque nas concessões de obra pública freqüentemente serviço e obra estão embricados (cf. ns. 2 e 3), seja porque, na atualidade, a Lei 8.987/1995, disciplinadora das concessões de serviços e obras públicas, tratou unificadamente dos dois institutos, não há duvidar que, em tais casos, a retribuição do concessionário é uma "tarifa" e não uma taxa. Dessarte, o "pedágio" — nome específico utilizado para nominar a retribuição do concessionário de obra viária — outra coisa não pode ser senão uma tarifa, revisível pelo próprio Poder Executivo sempre que se proponham as hipóteses em que tal revisão deva ser feita, independentemente dos cerceios que existiriam se de tributo se tratasse.

***9.*** Ainda que as razões aduzidas sejam de grande tomo, não são, como se disse, as mais importantes para forçar à conclusão a que se aportou.

O que torna, ao nosso ver, incontendivelmente certa a conclusão de que a retribuição do concessionário de serviço ou obra pública tem que ser efetuada por tarifa, ou seja, *por um regime estranho ao regime constitucional tributário brasileiro*, é o fato de que — como em seguida se dirá —, a ser de outro modo, *não poderiam existir nem a concessão de serviço nem a concessão de obra pública*, tal como universalmente existiram e existem, estando, aliás, a primeira delas prevista de modo expresso no direito constitucional brasileiro, seja genericamente no art. 175, seja para hipóteses específicas nos arts. 21, XI e XII; 25, § 2º; 30, V; e 223.

***10.*** De acordo com o sistema constitucional tributário brasileiro, os tributos, de modo geral, e entre eles as taxas, estão sujeitos aos princípios da legalidade, da anterioridade e da anualidade, a teor do art. 150, I e III, *a* e *b*. Ora bem, *tais caracteres são visceralmente incompatíveis com as referidas concessões*, pois não se ajustam às exigências de garantia do equilíbrio econômico-financeiro delas.

É sabido e ressabido que a mencionada garantia do chamado "equilíbrio econômico-financeiro do contrato" é um traço característico e absolutamente inafastável dos contratos administrativos. Como síntese das lições doutrinárias sobre isso, pode ser colacionada a seguinte lição de Jean Rivero: "As disposições relativas à remuneração escapam do poder de modificação unilateral da administração. Mas, além disto, o elemento de associação já assinalado se manifesta neste ponto com uma força particular: é o princípio do equilíbrio financeiro do contrato, *que é uma das características essenciais do contrato administrativo* e a contrapartida das prerrogativas da administração" (*Droit Administratif*, 3ª ed., Dalloz, 1965, p. 111).

***11.*** Acresce que, no direito positivo brasileiro, tal garantia está asseverada de modo incontendível, a começar da própria Constituição, cujo art. 37, em seu inc. XXI, determina que obras, serviços, compras e alienações serão contratados com obediência a cláusulas de pagamento "mantidas as condições *efetivas* da proposta". Parece óbvio, pois, que há uma correlação entre estas obrigações de pagamento e as condições efetivas da proposta. Vale dizer, como os contratantes se obrigam em face daquelas condições *efetivas*, são elas que presidem, por uma parte, a obrigação de prestar fielmente o convencionado para fazer jus ao correspectivo e, por outra parte, a obrigação de que este seja mantido em correlação com as condições *efetivas* que residiram na proposta. Posto que ela é feita na presença de certas *condições efetivas*, para que as obrigações de pagamento se façam com mantença delas, obviamente é necessário que conservem a correlação inicial entre prestações e remuneração, ou seja, que conservem a equação econômico-financeira original.

No nível infraconstitucional, a lei impositiva de normas gerais sobre licitação e contratos, isto é, a Lei 8.666, de 21.6.1993, com alterações decorrentes da Lei 8.883, de 8.6.1994, em seus arts. 5º, § 1º, 7º, § 7º, 40, XI e XIV, *b*, 57, § 1º, 58, § 1º, 65, II, *d* e § 5º, proclama a necessidade de se assegurar cabalmente o respeito à equação econômico-financeira do contrato. Ademais, a lei de *concessões*, ou seja, a Lei 8.987, de 13.2.1995, é claríssima em estabelecer no art. 9º, § 4º que: "Em havendo alteração unilateral do contrato que afete o seu inicial equilíbrio econômico-financeiro, o poder concedente *deverá restabelecê-lo, concomitantemente à alteração*".

*12.* Ora bem, se o pedágio estivesse atrelado aos princípios concernentes ao regime tributário ficaria *inviabilizada* a *contratualidade do equilíbrio econômico-financeiro*, que, como visto, é da essência destas concessões.

Deveras, se a tarifa nominada pedágio estivesse, maiormente para suas alterações, pendente do princípio da *legalidade*, seria necessária a edição de uma lei cada vez que se tornasse necessário restaurar o equilíbrio inicial. Ocorre que não se pode obrigar o Legislativo a legislar. Donde, na omissão deste, o concessionário ficaria impedido de obter o reequilíbrio do contrato. Poderia, apenas, ajuizar a correspondente ação para ser *indenizado* pela diferença entre o valor prefixado do pedágio e aquele que lhe corresponderia, o que é coisa perfeitamente distinta de ter *revisto o próprio valor do pedágio* a ser cobrado dos usuários, para não se falar das delongas aí implicadas.

Assim também, se o valor em questão se subordinasse aos princípio da *anterioridade* e da *anualidade*, como ocorre com a taxa, é bem de ver que a restauração do equilíbrio econômico-financeiro quando menos ficaria protraída, podendo, inclusive, pelo decurso do tempo nisto implicado, colocar-se para o concessionário situação de sufocação econômica, impossibilidade fática de prosseguir no ritmo das obras pressupostas na concessão, ou de declínio das atividades de conservação da via pública se este for o objeto concedido, dos reparos necessários ou da prestação dos serviços complementares, o que, a toda evidência, sobre contrariar o interesse público substanciado na relação jurídica e a utilidade que lhe serve de justificativa. Foram argumentos deste teor que o precitado Antônio Carlos Cintra do Amaral desenvolveu em seu valioso estudo dantes referido.

*13.* Ressalte-se que é perfeitamente comum em relações do gênero a sobrevinda de eventos que afetem o equilíbrio econômico-financeiro estipulado. Este, a qualquer tempo, pode sofrer ruptura, seja pela ocorrência de fatos supervenientes e imprevistos, seja por medidas gerais do Poder Público (que tantas vezes necessita editá-las a bem do interesse público), seja pela expedição de providências concretas emitidas na qualidade de concedente e por força das quais agrega encargos suplementares para o concessionário para melhor atendimento das conveniências públicas.

Assim, não sendo nem anormal nem incomum tais ocorrências, é óbvio que a concessão de obra pública (tal como a concessão do serviço) não seria concebível sem que nela estivesse suposta solução igualmente normal e hábil para conservar ao longo de todo o período da concessão a igualdade de início estabelecida, em despeito dos eventos desconcertantes que a atinjam. Ou seja, é claro que o instituto da concessão, para suster-se ou prosperar, depende de que a remuneração prevista em favor do concessionário esteja assegurada como uma inerência do contrato e que o resguardo de sua persistência em face dos desconcertantes eventos aludidos possa se efetivar na *intimidade da relação administrativa*, de maneira a poder se efetuar com presteza. Relembre-se que, nos termos do art. 9º, § 4º, da Lei 8.987, retrotranscrito, reguladora das concessões, a restauração do equilíbrio deve se efetuar "concomitantemente" à alteração gravosa, nos casos de alteração unilateral do contrato.

Sobretudo, é claro que a recomposição do equilíbrio nas hipóteses que lhe dão ensejo não pode estar de antemão obstada ou necessariamente protraída por sua submissão a um regime que traz consigo — e de modo inexorável — a ereção de peias, de obstáculos, ou, no mínimo, de retardamentos ao cumprimento daquilo que é essencial no vínculo conformador destas concessões: o resguardo da equação econômico-financeira.

Que candidato sério e responsável — como têm que ser os contratados do poder público — se abalançaria a travar um vínculo no qual tanto seu interesse econômico, quanto sua possibilidade de cumprir satisfatoriamente as obrigações que teria de assumir, ficariam sujeitos a tais imprevistos, sobressaltos e áleas, sem a segurança de uma recomposição fluida e natural dos termos econômicos em vista dos quais se engajou?

Seria um contra-senso abicar, por via interpretativa, na conclusão de que o Direito, incongruentemente, prevê e regula um certo instituto, mas, ao mesmo tempo, propõe-se a levantar óbices a que ele se viabilize. Tal contra-senso é ainda mais chocante, ao se relembrar que a composição da sobredita exegese, para suster-se, necessita fazer *tabula rasa* da distinção terminológica entre "taxa" e "tarifa" residente no Texto Constitucional. Cabe aqui trazer à balha a lição da Carlos Maximiliano, o príncipe de nossos mestres de exegese: "Deve o Direito ser interpretado inteligentemente, não de modo a que a ordem legal envolva um absurdo prescreva inconveniências, vá ter a conclusões inconsistentes ou impossíveis" (*Interpretação e Aplicação do Direito*, 2ª ed., Ed. da Livraria do Globo, 1993, p. 183).

# A LEGALIDADE DA COBRANÇA DE REMUNERAÇÃO, PELO MUNICÍPIO, PELA UTILIZAÇÃO DO SUBSOLO

TOSHIO MUKAI

Mestre e Doutor em Direito e Professor da USP

e

ALBERTO J. MARQUES

Procurador Federal aposentado.
Coordenador Jurídico da Comissão Especial — Comfibra, que instituiu no DNER a cobrança pelo uso, pelas prestadoras de serviços públicos, das faixas de domínio das rodovias federais. Consultor Jurídico da FUBRAS

*1.* Tem sido discutido, inclusive na via judicial, a legalidade e a constitucionalidade, ou não, do fato de alguns municípios pretenderem cobrar uma remuneração pela utilização do seu subsolo, por empresas privadas ou por concessionárias de serviços públicos; em alguns casos pretende-se cobrar também pela instalação de postes na base física do solo e subsolo, nas vias públicas.

Temos visto as mais absurdas afirmações e decisões em liminares, dando pela eventual inconstitucionalidade da "taxa" de cobrança; tratar-se-ia de propriedade da União (o subsolo); faltaria competência ao Município para efetuar tal cobrança; competência da União, por lei federal, para efetivação da referida cobrança.

Mas o principal problema que tem sido levado aos tribunais é que a Constituição Federal impede a incidência de tributos sobre serviços públicos, conforme disposto no seu art. 155, § 3º ("À exceção dos impostos de que tratam o inc. II, do *caput* deste artigo e o art. 153, I e II, nenhum outro *tributo* poderá incidir sobre operações relativas a energia elétrica, serviços de telecomunicações, derivados de petróleo, combustíveis e minerais do País").

Ora, a cobrança pela utilização de bens públicos, de há muito, se constitui em preço público e não em taxa (tributo). Daí a absoluta improcedência, no caso, da invocação dessa disposição constitucional.

Aliás, temos duas situações distintas, quanto à remuneração do subsolo ao Município: a primeira, quando uma entidade não concessionária de serviços públicos pretenda se utilizar do subsolo, por exemplo, passando fibras ópticas por ele; a segunda, quando empresa concessionária de serviço público (energia elétrica, serviços de telecomunicações, água e esgoto, gás etc.) pretender se utilizar do subsolo.

Na primeira hipótese, teremos a cobrança de um preço público; na segunda hipótese, teremos a cobrança de uma indenização, pela servidão de passagem que a concessionária tem o direito (desde que delegado esse direito pelo poder concedente) de impor servidão administrativa ao Município, para as passagens dos fios pertinentes.

Vejamos, detalhadamente, como e por que, o Município pode obter uma remuneração pela utilização, por terceiros (sejam entidades delegatárias de serviços públicos ou não) do seu subsolo.

*2.* A remuneração por particulares não concessionárias (fibras ópticas).

A pretensão do Município de cobrar um preço público, por decreto (não se trata do tributo taxa), é legal, constitucional e absolutamente procedente.

No caso, o Município, ou por concessão administrativa de uso, ou por permissão de uso, outorgará ao particular o direito de se utilizar dos seus bens públicos, mediante tal remuneração.

Como se sabe, os bens públicos, comuns do povo e de uso especial, são de domínio, quando locais, do Município (a Lei 6.766/1979, no seu art. 22, diz que as ruas, praças, áreas livres e os equipamentos comunitários passam para o domínio do Município, pelo registro do loteamento).

Ora, se alguém pretende se utilizar do subsolo, acima do solo que pertence ao Município, nada mais curial que obtenha a concessão de uso ou a permissão de uso, desse Município, pois o subsolo também pertence a este (o art. 526 do CC dispõe que: "A propriedade do solo abrange a do que lhe está superior e *inferior* em toda a altura e em toda a profundidade, úteis ao seu exercício...").

Portanto, se o subsolo pertence ao Município, para que alguém possa dele usufruir, terá de obter concessão ou permissão daquele, para esse uso, devendo pagar um preço público, para tal. Advirta-se que a assertiva de que o subsolo pertenceria à União, *data venia* dos que assim dizem, é equivocada. O que a Constituição afirma ser de propriedade da União, não é o subsolo como um todo, mas apenas as jazidas, em lavra ou não, e demais recursos minerais e os potenciais de energia hidráulica (constituem propriedade distinta da do solo, para efeito de exploração ou aproveitamento — art. 176 da CF).

Outrossim, não se trata de taxa, mas sim de preço público, pois "esse uso pode ser consentido gratuita ou *remuneradamente*, por tempo certo ou indeterminado, consoante o ato ou contrato administrativo que o autorizar, permitir ou conceder" (cf. Hely Lopes Meirelles, *Direito Administrativo Brasileiro*, 15ª ed., p. 428).

O mesmo autor (ob. cit., p. 201) diz que "os preços semiprivados surgem de atos negociais da Administração com o particular para aquisição ou *utilização de bens públicos*, ou para fruição especial de certas utilidades administrativas (...) sendo exemplos os que se pagam ao Poder Público pela compra de seus bens, alienados mediante licitação; a *remuneração pelo uso especial de certos logradouros públicos*".

O certo é que, como fica patente, a cobrança que o Município faz do *particular pela utilização que a esta faculta, de um bem público, deve ser* considerada como um preço (não taxa — tributo), que, para nós, é público, sem distinção, sendo, nesse sentido, "a importância paga em razão de um contrato de prestação de serviço, ou pela aquisição, uso e gozo, também contratual, de um bem" (cf. Joaquim Castro Aguiar, *Regime Jurídico das Taxas*, IBAM, 1982, p. 33).

Como frisou Carlos de Carvalho ("Nova Consolidação das Leis Civis", cit. por Brandão Cavalcanti, *Tratado*, 4ª ed., v. III, 1956, pp. 374-375), "o uso comum pode ser gratuito ou oneroso. As leis administrativas determinam as modalidades desse uso", ao mesmo tempo em que o Código Civil, com precisão, determina: "o uso comum dos bens públicos pode ser gratuito *ou retribuído*, conforme as leis da União, dos Estados, ou dos Municípios, a cuja Administração pertencerem" (cf. Brandão Cavalcanti, ob. cit., p. 375).

Portanto, o uso do subsolo por entidades não concessionárias de serviços públicos (ou mesmo sendo, em certos casos), implica a possibilidade legal da cobrança de um preço público, por essa utilização, pelo Município. Inclui-se aí também cobrança pela instalação de postes, eis que aqui também há a utilização do solo e do subsolo do Município.

*3.* A remuneração por concessionárias de serviços públicos.

A outra forma de utilização do subsolo é pelas concessionárias de serviços públicos (de eletricidade, de telecomunicações etc.). Neste caso, evidentemente, em se tratando de serviços públicos, se a concessionária recebeu delegação do poder concedente para efetivar desapropriações e servidões administrativas, há que se entender que não há falar em permissão ou concessão de uso, mas sim de um direito da concessionária de ter a passagem dos seus fios e outros equipamentos necessários, pelo subsolo. É o que prevê o Código de Águas, a Lei federal que instituiu a ANEEL e, no caso, o Decreto Regulamentar 2.335/1997, que no seu art. 4º dá competência à ANEEL para: XXXV — Declarar a utilidade pública, para fins de desapropriação ou instituição de servidão administrativa dos bens necessários à execução de serviços ou instalação de energia elétrica, nos termos da legislação específica. Já o Código de Águas previu no art. 29 que o poder concedente declararia a necessidade ou utilidade pública, para fins de desapropriação ou de servidão administrativa de bens necessários às obras ou serviços, podendo outorgar poderes à concessionária, *caso em que será desta a responsabilidade pelas indenizações cabíveis.*

Entretanto, contraditoriamente (e inconstitucionalmente), o Decreto 84.398, de 14.1.1980, no seu art. 2º diz que as "autorizações serão por prazo indeterminado e *sem ônus* para as concessionárias de serviços públicos de energia elétrica".

Adílson Abreu Dallari também diz ser inconstitucional esse dispositivo: "Salta aos olhos que não cabe à União dispor sobre o uso de bens públicos municipais, e muito menos por meio de simples decreto. Nem se diga, no caso, que a mencionada norma estaria apenas disciplinando um serviço público federal. Se assim for entendido, será forçoso concluir que a gratuidade aí afirmada poderia estender-se também sobre bens privados, pois o serviço continuaria a ser federal.

"Para sustentar a constitucionalidade desse dispositivo, argumentou-se com o despropositado entendimento (já afastado pela melhor doutrina e jurisprudência) de que os bens públicos pertencem à coletividade, aos cidadãos, e não a esta ou aquela específica pessoa jurídica de direito público. Obviamente, tal entendimento não tem como sustentar-se à luz dos princípios da autonomia municipal e da legalidade.

"Com efeito, a autonomia municipal compreende a titularidade de todos os bens municipais e especialmente a plena liberdade, sem qualquer turbação não expressamente fundada na Constituição Federal, de sua administração. Além disso, decreto não é lei; é mero ato administrativo, de conteúdo normativo, dispondo sobre meios e modos de execução de alguma específica lei (que no caso não existe) e dirigido aos subordinados de seu signatário (coisa que o Município não é, com relação ao Presidente da República).

"É evidente que o Município não pode proibir, impedir ou prejudicar o funcionamento de um serviço público federal. Mas é também verdade que *a execução de serviço público federal não pode servir de pretexto, nem tem força suficiente, para destroçar o princípio constitucional da autonomia municipal e, por extensão, o próprio princípio federativo, que integra o chamado cerne fixo da Constituição, não podendo ser abolido nem mesmo por Emenda Constitucional (confira-se, CF, art. 60, § 4º, I).*

"O Município pode ser até mesmo compelido judicialmente a ceder o domínio ou o uso de seus bens para viabilizar o funcionamento de um serviço público federal, por meio de desapropriação ou constituição de servidão administrativa; mas não gratuitamente" ("Uso oneroso de bens públicos por concessionárias de serviços públicos", in *Temas de Direito Municipal — ADM*, Serra Negra, maio de 2001, pp. 9-10).

Aliás, a Lei 9.472, de 16.7.1997, que dispõe sobre a "Organização dos Serviços de Telecomunicações, a criação do órgão Regulador", no parágrafo único do art. 73 reza expressamente: "Caberá ao órgão regulador do cessionário dos meios a serem utilizados definir as condições para adequado atendimento do disposto no art. 74. A concessão, permissão ou autorização de serviço de telecomunicações *não isenta* a prestadora do atendimento às normas de engenharia e às *leis municipais*, estaduais ou do Distrito Federal, relativas à construção civil, e às instalações de cabos e equipamentos em logradouros públicos".

E o art. 100 da mesma Lei dispõe que aos concessionários cabem os ônus.

Comentando os arts. 73 e 74 da Lei 9.472/1997, Lúcia Valle Figueiredo ("Telecomunicações e infra-estrutura: arts. 73 e 74 da Lei n. 9.472/97", in *BDA* 6, NDJ) afirma: "Quando se tratar de implantação de infra-estrutura no subsolo, parece-nos hipótese típica de servidão de passagem. A servidão, tanto quanto a desapropriação, poderá ser feita por acordo entre as pessoas jurídicas, e homologado judicialmente. Se não houver acordo deverá ser feito o processo de constituição de servidão, com a declaração de utilidade pública, *a avaliação dos ônus à municipalidade*, e pedido de imissão provisória, feito o depósito inicial, e *fixado posteriormente o que 'quantum' indenizatório*" (pp. 424-425).

E arremata: "E, de qualquer modo, seja o *concessionário que arque com os ônus*, seja o concedente, sempre haverá, *do outro lado, a União, o Estado federado ou o Município, detentores de direitos indisponíveis*" (p. 425).

Portanto, é perfeitamente natural, jurídica e possível a cobrança de uma indenização, pelo Município, pois se trata, no caso das concessionárias de telecomunicações (ou de eletricidade e outros serviços públicos), de uma servidão administrativa, que, como é de sabença elementar, implica o pagamento, pela sua imposição, de uma indenização ao proprietário do imóvel. Essa indenização não tem um valor fixo estipulado em lei, mas tem sido objeto de construção jurisprudencial, que oscila, no mínimo, de um terço do valor do bem e, no máximo, em 60% do valor do bem.

Em se tratando de atividade econômico-lucrativa, preferível seria o arrendamento, mais condizente com o atual estágio das relações econômicas entre as instituições.

Destarte, conclui-se que, no caso das concessionárias de serviços públicos, desde que tenham recebido delegação do ente concedente para efetuar servidões administrativas no subsolo, deverão pagar indenizações ao Município. Se não tiverem tal delegação, deverão obter concessão de uso ou permissão de uso, como se particular fosse, do Município, para se utilizar do subsolo e pagar o preço público fixado para tal.

Deve-se afirmar, por derradeiro, que a cobrança pelo uso dos bens municipais é inquestionável, vez que se constitui em receita prevista no art. 2º, IV da Lei Complementar 101/2000 (Lei de Responsabilidade Fiscal).

# VERTENTES HERMENÊUTICAS DE RISCO

José Sérgio Monte Alegre

Professor da Universidade Tiradentes/SE.
Procurador do Ministério Público Especial junto ao TCE

*1.* Conta-se que, abordado por irmãos de cor em um aeroporto de Estado exacerbadamente segregacionista, na Federação norte-americana, que lhe reclamavam das leis locais, o líder negro Martin Luther King respondeu com presteza: "Não me interessam as leis do vosso Estado, mas sim qual seja a jurisprudência dos vossos Tribunais". Sem dúvida, mesmo nas entrelinhas, o pacifista deixava enfatizado o que Piero Calamandrei, no seu bem afamado livro *Apologia aos Juízes, ou Eles, os Juízes, Vistos por Nós os Advogados*, houvera dito acerca dos magistrados: que eles têm um poder mágico, não compartilhado por nenhum outro homem sobre a face da Terra, o de dizer que o negro é branco e que o quadrado é redondo, pela coisa julgada.

*2.* Aceitemos que seja assim. Pois bem. Distinguidos com tão formidável poder, hão de exercê-los não em proveito de si próprios, posto que jurisdição é função do Estado. E função existe no Direito quando se outorga poder para a realização de uma finalidade alheia ao seu titular (Fábio Konder Comparato, em *Educação, Estado e Poder*, Brasiliense, pp. 28-29), ou então "apenas quando alguém está assujeitado ao dever de buscar, no interesse de outrem, o atendimento de certa finalidade. Para desincumbir-se de tal dever, o sujeito de função necessita manejar poderes, sem os quais não teria como atender à finalidade que deve perseguir para a satisfação do interesse alheio" (Celso Antônio Bandeira de Mello, em seu *Curso de Direito Administrativo*, 13ª ed., Malheiros Editores, p. 69). Todavia, não só isso.

*3.* Como a Constituição da República responde a um padrão normativo com o qual se hão de conformar todas as demais normas, formal e materialmente, isto pela sua natureza e pela sua hierarquia, então o norte para a correta apreensão dos fenômenos jurídicos deverá residir nela própria, Constituição, que encontra em *si mesma* o seu referencial de compreensão. E é a Lei Republicana que textualmente afirma ser o Brasil uma República Federativa, constituída sob a forma de *Estado Democrático de Direito* (art. 1º, *caput*). Pelo que configura equívoco lamentável, de graves conseqüências, qualquer esforço de compreensão das normas e princípios constitucionais a partir da legislação ordinária. Assentada a premissa, é preciso saber o que, *na Constituição brasileira*, se deve entender como tal. Trata-se de Estado submetido à lei e desta dependente? *Só isto*? Tenho como certo que não. A subordinação e a dependência da lei são elementos necessários para conformar-lhe o perfil. Contudo, *são insuficientes*.

*4.* Realmente. É visível, ainda hoje, o nível de comprometimento da Constituição atual com vertentes do pensamento revolucionário francês de 1789, inclusive e sobremodo com aquelas formalizadas na Declaração dos Direitos do Homem e do Cidadão. Se não, vejamos.

*4.1* Está acolhida na Constituição Federal a garantia a brasileiros e estrangeiros residentes no País da inviolabilidade do direito à vida, à liberdade, à segurança e à propriedade, nos termos que enuncia (art. 5º, *caput*). Ora, o que é isso senão a versão brasileira da fórmula francesa de que o fim de toda associação política é a conservação dos direitos naturais e imprescritíveis do homem e que esses direitos são a liberdade, a propriedade e a segurança, ademais da resistência à opressão, este último inexplicavelmente ausente do texto nacional? (Declaração dos Direitos do Homem e do Cidadão). Não é irrelevante que a Constituição brasileira tenha usado a palavra *garante*, em vez de outorga, de atribui, de concede: só se garante o que já existe! Também não é um indiferente jurídico a consagração da separação dos Poderes, sob o enunciado clássico (art. 2º). E não será verdadeiro que, para o ideário da Revolução, não tinha Constituição a sociedade em que os Poderes não estivessem separados nem garantidos os direitos naturais da pessoa humana? Pois bem: se é esta a ótica, então o Brasil tem Constituição...

*4.2* Contudo, há mais. Na Declaração, lê-se: "A liberdade consiste em poder fazer tudo quanto não incomode o próximo; assim, o exercício dos direitos naturais de cada homem não tem limites senão nos que asseguram o gozo destes direitos a outro homem. *Estes limites não podem ser determinados senão pela lei*" (sem o destaque no original). Logo a seguir: "A lei só tem o direito de proibir as ações prejudiciais à sociedade. Tudo quanto não é proibido pela lei não pode ser impedido e ninguém pode ser obrigado a fazer o que ela não ordena". Enquanto isso, na Constituição Republicana se afirma que ninguém é obrigado a fazer ou deixar de fazer alguma coisa senão em virtude de lei (art. 5º, II). Ou então: "A lei é expressão da vontade de todos. Todos os cidadãos têm o direito de concorrer pessoalmente ou por seus representantes para a sua formação. Ela deve ser a mesma para todos, quer proteja, quer castigue. Todos os cidadãos, sendo iguais aos seus olhos, sendo igualmente admissíveis a todas as dignidades, colocações e empregos públicos, segundo suas virtudes e seus talentos" (Declaração). Quais os seus equivalentes na Constituição Federal? "Todo o poder emana do povo, que o exerce por meio de representantes eleitos ou diretamente, nos termos desta Constituição" (art. 1º, parágrafo único) e "Todos são iguais perante a lei, sem distinção de qualquer natureza (...)" (art. 5º, *caput*). Prosseguindo, na Declaração se lê: "Todo homem será julgado inocente até quando for declarado culpado". Na Constituição: "Ninguém será considerado culpado até trânsito em julgado de sentença penal condenatória" (art. 5º, LVII). Outras identidades existem, mas parecem já suficientes as que ficaram citadas.

*4.3* Então, a referência à lei, pura e somente, não é bastante para traçar com fidelidade a silhueta do Estado de Direito, no Brasil. Há de se lhe acrescentar outros elementos de informação, resumidos na seguinte fórmula: leis que expressem uma opção fundamental pela prossecução de valores como a intangibilidade da vida humana, da liberdade, da segurança, da propriedade, ademais de obsequiosas à igualdade e resultantes do exercício da função legislativa, predominantemente exercida pelo Congresso Nacional, com a sanção presidencial, como órgão de expressão do Poder Legislativo, exercitado por delegação do titular da soberania, o povo. Isso, obviamente, sem esquecer que, no Brasil, o Executivo *não* apenas se movimenta dentro dos limites que lhe são traçados pelo Legislativo, mas também *o faz* sob o controle do juiz (art. 5º, XXXV, da CF). Aí, sim, a expressão Estado de Direito guardará sintonia material com a Constituição.

*4.4* Neste ponto, uma primeira conclusão já é possível. No sofisticado esquema de relações entre a autoridade e a liberdade, tudo se resume à cláusula da *proteção da liberdade mediante interdição do arbítrio do Estado e, dentro deste, do Poder mais perigoso para a cidadania, que é o Executivo.* Aliás, esta a razão de ser do Direito Administrativo, a sua filiação histórica, como rebento legítimo e não bastardo do Estado de Direito, tal como concebido pela Revolução Francesa. Sob essa perspectiva, *a liberdade é a regra e a sua restrição a exceção*; e toda exceção se interpreta restritivamente e nunca ampliativamente. A propósito, em recente decisão, o Supremo Tribunal deixou assentado que matéria de direito estrito não se presume nem comporta interpretação ampliativa (ADIn 724-6-RS, *DJU* 27.4.2001). Segue-se inclusive que, na dúvida, decide-se em favor da liberdade, à semelhança do que acontece no Direito do Trabalho (na dúvida, em favor do mísero) e no Direito Penal (na dúvida, em favor do réu). Ou deixou de ser exato que quem nasce livre (e igual em direitos) é o homem? Ou que só este é que é titular de uma *liberdade originária, nunca o Estado*? A ser assim verdadeiro, então como vem uma certa jurisprudência interpretando o Direito Administrativo, no Brasil, com o aplauso de determinada doutrina? Entre duas interpretações possíveis, ambas bem nutridas de argumentos, qual a que têm preferido? Aquela que melhor homenageia *esse* Estado de Direito ou a que o deprime? Pelo visto, em temas fundamentais, o que se tem visto são vertentes hermenêuticas de risco... para a cidadania, algumas delas aliás já identificadas muito tempo atrás pela argúcia do festejado Sérgio em *Justiça Social e algumas Vertentes Autocráticas de nosso Direito Administrativo* (Florianópolis, Conferência Nacional dos Advogados do Brasil, 1982), que, sem negar o Estado como um mal e exaltar o indivíduo como um bem, entende que não se pode buscar justiça social, no Brasil, pelo reforço teórico dos comportamentos estatais autocráticos (p. 26).

*5.* Confira-se, a seguir. Sobre:

*5.1 a ação popular*: esta tem tido a sua legitimidade adstrita ao cidadão-eleitor, com o que são excluídos do pólo ativo as pessoas jurídicas, os estrangeiros residentes no Brasil, os septuagenários não inscritos como eleitores, os que tiveram os seus direitos políticos suspensos, os conscritos etc. E, com isso, descura-se de que à República interessa sobremaneira que sejam muitos os habilitados a defendê-la. Não só. A palavra cidadão nem sempre está empregada no sentido de eleitor. Veja-se o art. 58, § 2º, V, e art. 64 do ADCT. Além do que, a ação popular acha-se predisposta à preservação ambiental e a Constituição, sobre assegurar *a todos* o direito ao meio ambiente ecologicamente equilibrado, qualifica-o como bem de *uso comum do povo* e essencial à *sadia qualidade de vida*, impondo-se ao Poder Público e à coletividade o dever de defendê-lo e reservá-lo para as presentes e futuras gerações (art. 225, *caput*). Note-se que *a vida* é o primeiro dos direitos da *pessoa humana*, cuja inviolabilidade é assegurada na Constituição, que não distingue entre brasileiros e estrangeiros residentes no País (cf. art. 5º, *caput*).[1]

*5.2 a ação civil pública*: não tem merecido melhor sorte: A legitimidade fica circunscrita a pessoas jurídicas e ao Ministério Público. Conseqüência: predisposta, por exemplo, à proteção do meio ambiente ou do patrimônio público, não está disponível ao indivíduo enquanto tal, com o que se reduzem as possibilidades de exercício do controle do Estado pela cidadania, atuando sem intermediação de quem quer que seja. E, sem dúvida, leva o indivíduo a ter de associar-se compulsoriamente, e a permanecer associado, *o que contraria o art. 5º, XX, da CF.* Esquece-se aqui que a pessoa jurídica surgiu como reforço à causa do indivíduo e *não* para substituí-lo. O que se deseja é que o indivíduo escolha o que mais lhe convém, se agir isoladamente ou então reunido a outros, formando pessoas jurídicas.[2] Aliás, não

1. Ver "Ação popular não é direito político", na *RDA* 189/123-38.

2. Ver "Ação civil pública e legitimidade para agir", na *RTDP* 14/67-77.

é outra coisa o que ressai do § 1º do art. 129, *verbis*: "A legitimação do Ministério Público para as ações civis previstas neste artigo não impede a de terceiros, nas mesmas hipóteses, segundo o disposto nesta Constituição e na lei". Repare-se que a linguagem do texto é aberta, ao aludir a *terceiros* e não unicamente a pessoas jurídicas. Além disso, é óbvio que a lei referida no texto há de conter-se ao sistema de princípios e normas constitucionais, caminhando na mesma direção e não em sentido contrário, razão pela qual lhe é vedado comprimir o que a Constituição quis dilatado, ou valorizar a pessoa jurídica em detrimento da dignidade do indivíduo.

*5.3 o mandado de segurança*: padece do mesmo destino. Aferrada inclusive a expressão *já não* mais reproduzida na Constituição de 1988 — ato de autoridade, contida na Carta de 1934, sob a qual foi editada a primeira lei do mandado de segurança, a Lei 191/1936, que repetia a locução —, essa hermenêutica de risco recusa a impetração de mandado de segurança contra ato do Estado ou de quem lhe fizer as vezes, sempre que atue *como* se fora um particular, despido portanto de prerrogativas de Poder Público. E, então, encurtam-se as pernas de uma garantia constitucional inspirada exatamente na sadia idéia de salvaguardar o indivíduo contra eventuais desvios de comportamento estatal, *atuando por si ou mediante interposta pessoa*. E sociedades de economia mista e empresas públicas exploradoras de atividade econômica são criaturas auxiliares ou instrumentos de atuação de quem, senão o Estado, contra o qual se busca acautelar o indivíduo com a via expedita do mandado de segurança? Ainda aqui, o que se faz é comprimir indevidamente o alcance de franquias constitucionais, debilitando-as das suas virtualidades protetivas dos administrados e, na mesma medida, colocando-se o Estado a salvo de um controle do qual não se poderia evadir. Com efeito, sobre não constar do texto constitucional a expressão *ato de autoridade* (diferentemente do que acontecia com a Carta de 1934 e a Lei 191/1936), o que se lê no art. 5º, inc. LXIX, é a referência a *atribuições do Poder Público*, sem qualquer qualificação de *típicas ou atípicas* (como o faz o Decreto-lei 200, no tocante às finalidades das autarquias, no art. 5º, inc. I), em regime de direito público, ou de direito privado. E a exploração direta de atividade econômica é atribuição do Poder Público, conquanto não lhe seja típica ou peculiar. *Mas atribuição é*.[3]

*5.4 a desapropriação*: também aqui o que há é desalentador. Doutrina e jurisprudência vêm tolerando a *ampliação de uma exceção!!!* E, na seqüência, a propriedade torna-se suscetível de violabilidade *sem observância ao devido processo legal*, nada obstante a peremptória garantia de que "ninguém será privado da liberdade ou de seus bens sem o devido processo legal" (art. 5º, LIV). Isso, entretanto, não parece importar muito, porque não é verdade que o Supremo Tribunal Federal já disse, a respeito do Decreto 20.910/37, que "todo e qualquer direito ou ação, seja de que natureza for", não é todo e qualquer direito ou ação e sim somente os direitos pessoais?...[4]

*5.5 a presunção de legitimidade, ônus da prova e autotutela, e seu consectário da auto-executoriedade*: a respeito, a unanimidade impressiona, e muito. O que se diz é que os atos administrativos povoam o universo jurídico adornados por presunção de legitimidade e admitem execução, inclusive com o concurso da compulsão física, sem a prévia intervenção do Judiciário. E mais: provar-lhe a ilegitimidade é encargo do administrado, com o que se dá uma formidável inversão do ônus da prova. O entendimento, dos mais tradicionais, vai ao ponto de obscurecer que o princípio consagrado na Constituição *é o da dignidade da pessoa*

3. Ver "Mandado de segurança: uma proposta de interpretação", na *RTDP* 23/119-123.

4. Ver "Desapropriação indireta, sua inconstitucionalidade e obrigatória invalidação pelo Judiciário", na *RDP* 74/242-257.

*humana*, não o da Administração Pública, como um dos fundamentos da República Federativa do Brasil (art. 1º, III), e que um seu desdobramento é exatamente a presunção de inocência do indivíduo, mesmo o acusado de crime, ainda que hediondo (art. 5º, LVII). Nessa linha, não se compreende como é que o acusado de crime, mediante provas da maior robustez, possa continuar presumido inocente e o cidadão livre de qualquer acusação seja privado dela! O paradoxo, aqui, é manifesto. Quando se relaciona com o Estado sob a disciplina do Direito Penal, ou Processual Penal, o indivíduo-réu é dado como inocente, até sentença penal condenatória transitada em julgado; contudo, ao se envolver com o Estado sob o regime jurídico-administrativo, a presunção inverte-se em detrimento da de quem é indivíduo e nada tem de réu... Isso sem falar da ampliação da teoria da *decisão executória* para a do *ato administrativo*! E sem que se esclareça que, alhures, especialmente na França, o privilégio é decorrência da original teoria da *dualidade de jurisdições*, a comum e a administrativa especializada, à sua vez resultante de que se proíbe terminantemente ao Judiciário interferir por qualquer modo na atividade dos corpos administrativos, *o que não ocorre no Brasil, nem nunca ocorreu*.[5]

*5.6 a urgência como pressuposto de expedição válida de medida provisória*: neste tema, o STF consolidou a sua jurisprudência no sentido de que "Os requisitos de relevância e urgência para a edição de medida provisória são de apreciação discricionária do Chefe do Poder Executivo, não cabendo, salvo os casos de excesso de poder, seu exame pelo Poder Judiciário. Entendimento assentado na Jurisprudência do STF" (ADIMC, 2.150-DF, Tribunal Pleno, em 23.3.2000, *DJU* 28.4.2000, relator o Ministro Ilmar Galvão). Daí resulta que, embora *integrando* a estrutura da norma, como um seu *pressuposto* de aplicação, a *urgência* deixa de ser tratada como conceito jurídico indeterminado, cuja delimitação derradeira *cabe*, isto sim, ao Judiciário, como sua atividade jurisdicional de absoluta normalidade, segundo doutrina de largo prestígio na Espanha tanto quanto na Alemanha. Ou então recusa a discricionariedade na utilização de conceitos vagos, imprecisos, plurissignificativos, porém suscetíveis de determinação caso a caso, até pela interferência do critério da razoabilidade, dado às peculiaridades que o individualizam. Por essa doutrina, recobrindo o conceito palavras dessa compostura, só haverá discricionariedade quando forem possíveis duas ou mais interpretações razoáveis diante do caso concreto (Celso Antônio Bandeira de Mello, *Curso de Direito Administrativo*, 13ª ed., Malheiros Editores). Caso contrário, não. A interpretação do STF tudo distorce, qual Rei Midas, e, assim, o que é normalidade vira exceção e o que é exceção se transforma em normalidade. Neste ponto, e nada obstante o ostracismo atual do autor, nunca é excessivo lembrar que "Perante um fato determinado pela ordem jurídica como pressuposto de uma conseqüência, a primeira pergunta do jurista tem de ser: qual o órgão jurídico que, segundo o ordenamento jurídico, é competente para verificar este facto no caso concreto e qual é o processo determinado pela ordem jurídica segundo o qual essa verificação deve ser feita?" (Hans Kelsen, na sua *Teoria Pura do Direito*, 3ª ed., p. 330). Deplorável é que, na jurisprudência assentada do STF, esse órgão, no caso da urgência, seja o Executivo, via de regra. Com isso, ressuscita-se uma doutrina de vinco autoritário, expressada no caso Francisco Dualiby *versus* Estado de São Paulo, apreciado nessa Corte no RE 73.296, de 14.4.1972, sobre a quem caberia qualificar como boa ou má conduta o só indiciamento em três inquéritos policiais. A resposta foi a de que caberia à Administração, ao Judi-

5. "Presunção de legitimidade, ônus da prova e autotutela: o quê diz a Constituição Federal?", ainda inédito, porém encaminhado para publicação na *RTDP*.

ciário restando somente o exame da existência material do fato, mas não a justiça ou injustiça do seu conteúdo, ressalvada apenas a eventual ocorrência de desvio de finalidade, cumpridamente demonstrada. Com esse modo de entender, o STF parece negar sua tese anterior de que "Cabe ao Poder Judiciário apreciar a realidade e a *legitimidade* dos motivos em que se inspira o ato discricionário da Administração" (sem o destaque, RE 17.126-MG, em 31.8.1951). E parece persistir na exaltação da discricionariedade, *quanto a quem há de fixar o sentido de expressões fluidas*, como antecedente a que se liga um conseqüente. Realmente, na ação originária 476-4-Roraima, em 16.10.1997, o Excelso Pretório sentou praça: "O requisito *notório saber* é pressuposto subjetivo a ser analisado pelo Governador do Estado, a seu juízo discricionário".

*6. O que há de comum a todas essas interpretações?* Por sem dúvida, todas elas deprimem o alcance de garantias constitucionais de reconhecida dignidade, em vez de mantê-las em suas exatas dimensões e até mesmo ampliá-las. O resultado é um controle acanhado, contrito e incompleto, com inegáveis proveitos para o Poder Público, em detrimento do controle amplo e eficaz do Judiciário, *pedra de toque do Estado Democrático de Direito* (art. 1º da CF c/c o art. 5º, XXXV) e a verdadeira trincheira da liberdade humana. Interpretação, aquela, que caminha no sentido contrário ao da Constituição Federal; que lhe é inamistosa, hostil, e, pois, inaceitável. Com efeito: em favor de um mais completo e aperfeiçoado controle do Poder, exprimindo cláusula de interdição de toda e qualquer modalidade de excesso ou arbítrio, é que a Constituição atual não apenas declarou que a República Federativa do Brasil se constituía sob a forma de Estado Democrático de Direito, exigente não só de submissão à lei — entenda-se: razoável e proporcional, obediente ao *due process of law* em sentido substantivo — (art. 1º); mas manteve a garantia de eternidade para determinadas matérias (art. 60, § 4º); como ainda explicitou a extensão do contraditório e da ampla defesa no âmbito do processo administrativo (art. 5º, inc. IV); ampliou a proteção judiciária (art. 5º, inc. XXXV) com a criação de novos institutos, tais como o mandado de segurança coletivo (idem, inc. LXX), o mandado de injunção (idem, inc. LXXI), o *habeas data* (idem, inc. LXXII); a ação de inconstitucionalidade por omissão (art. 103, § 2º); ademais de esclarecer a aplicabilidade do devido processo legal para a privação temporária ou permanente de bens ou da liberdade dos indivíduos (art. 5º, inc. LIV); e de constitucionalizar a ação civil pública (art. 129, inc. III); e, enfim, de assegurar aplicabilidade imediata às normas definidoras dos direitos e garantias fundamentais (art. 5º, § 1º), rompendo com o silêncio das Constituições que a precederam no tempo, sem exceção alguma. Surpreendente, pois, é que tais teses ainda hoje freqüentam com desembaraço gabinetes de homens de leis. No entanto, é sempre possível uma enérgica correção de rumos, para que afinal se possa repetir com a graça e o encanto do cancioneiro popular: "Nada do que foi será do jeito que já foi um dia...".

# O NOVO REGRAMENTO DA PROPAGANDA ELEITORAL

EDILSON PEREIRA NOBRE JÚNIOR

Juiz Federal no Rio Grande do Norte. Juiz do TRE/RN.
Professor da UFRN e Mestrando pela UFPE

*I — A liberdade de expressão e sua limitação pela legislação eleitoral. II — Conceito de propaganda eleitoral e sua disciplina normativa. III — Da propaganda eleitoral em geral. IV — Da propaganda eleitoral mediante "outdoors". V — Da propaganda eleitoral na imprensa escrita. VI — Da propaganda eleitoral no rádio e na televisão. VII — Do direito de resposta. VIII — Da publicidade institucional. IX — Diretrizes aplicáveis às sanções decorrentes da propaganda eleitoral ilícita. X — Normas procedimentais. XI — A propaganda ilícita e seus efeitos. XII — Palavras finais. Referências bibliográficas.*

## *I — A liberdade de expressão e sua limitação pela legislação eleitoral*

A derrocada do *ancien régime* pela aura liberal do último quartel do século XVIII produziu o reconhecimento, em detrimento do então onipotente poder estatal, de direitos e garantias individuais. Um destes foi, sem sombra de dúvidas, a liberdade de pensamento e de sua manifestação.

Esse sentimento foi bem expresso pelos arts. 10º e 11º da Declaração dos Direitos do Homem e do Cidadão, de 26 de agosto de 1789, ao susterem: "Ninguém pode ser inquietado pelas suas opiniões, incluindo opiniões religiosas, contanto que a manifestação delas não perturbe a ordem pública estabelecida pela lei" (art. 10º); "A livre comunicação dos pensamentos e das opiniões é um dos mais preciosos direitos do homem; todo o cidadão pode, portanto, falar, escrever, imprimir livremente, respondendo, todavia, pelos abusos desta liberdade nos termos previstos em lei" (art. 11º).

Ratificado pela Constituição da França do Ano I, de 24 de junho de 1793 (art. 7º, 1), influenciou o constitucionalismo então em voga, servindo de exemplo as Constituições de Portugal, de 23 de setembro de 1822 (art. 7º), a do Brasil, de 25 de março de 1824 (art. 179º, 4º), a da Bélgica, de 7 de fevereiro de 1831 (art. 14º), e a I Emenda à Norma Ápice dos Estados Unidos da América do Norte, aprovada em 25 de setembro de 1789. A nossa vigente Lei Maior, promulgada há aproximadamente um decênio atrás, contempla-a em duas passagens, destacadas nos arts. 5º, IV, e 220, *caput*, § 1º.

Ao modo dos demais direitos e liberdades, inclusive do direito à vida, que sucumbe ante a legítima defesa, a livre expressão dos pensamentos e opiniões não se apresenta ilimitada. O seu exercício, em nenhuma ocasião, poderá colidir com o interesse público. Atento à questão, o documento da França revolucionária não passou despercebido em prever que a liberdade de expressão não poderia enfrentar a ordem pública, podendo o seu titular ser responsabilizado nos termos de previsão legal.

A Suprema Corte americana, comenta Lêda Boechat Rodrigues,[1] mediante longa pesquisa em precedentes, nunca entendeu como absoluta a liberdade de expressão de pensamento, validando, com base na regra do perigo real e atual, a atividade restritiva do legislador quando este tende a preservar outras liberdades essenciais ao equilíbrio democrático. No mesmo sentido, ressalta Bernard Schwartz,[2] ao reconhecer que o Excelso Tribunal anunciara uma nova doutrina, salientando que a lei, desde que justificada pela necessidade de preservar a segurança pública, poderá suprimir a livre veiculação de palavra, de imprensa, de religião e de reunião. Alguns julgados podem ser mencionados: Chaplinsky *v.* New Hampshire, 315 US 568, 1942; American Communications Ass. *v.* Douds, 339 US 382, 1950; Bridges *v.* California, 314 US 252, 1941; Pennekamp *v.* Florida, 323 US 516, 1945.

Na França, o tema também voltou ao centro das atenções, servindo de relevo a intervenção do Conselho de Estado no *Arrêt Societé Les Films Lutetia et Syndicat Français des Producteurs et Exportateurs de Films*, de 18 de dezembro de 1959, onde se entendeu legítima a interdição, pela governo municipal de Nice, da projeção de exibição cinematográfica tida por imoral e, portanto, contrária à ordem pública.

Às voltas com a tarefa de demarcar os contornos do art. 5º da Lei Fundamental de Bonn, de 1949, Wolfgang Hoffman-Riem estabelece que as intervenções estatais na liberdade de expressão e de informação estão sujeitas às mesmas exigências das limitações dos demais direitos individuais, devendo ser processadas através de lei e, mesmo assim, com atenção ao cânon da proporcionalidade. Diz o autor: "La limitación está sujeta a reserva de ley material o formal, y su meta sólo se considera legítima si consiste en la protección de un bien jurídico protegido a su vez por el ordenamiento jurídico com independencia de que resulte amenazado por los contenidos de la comunicación, los medios o de cualquier outra forma. (...) El *planteamiento normativo* está sujeto, además, a exigencias propias. La medida tiene que ser adecuada, necesaria y conveniente para la protección del bien jurídico (interdicción de la desmesura), com observancia del principio fundamental que exige concordancia práctica. A pesar de tener un objetivo legítimo — por ejemplo, de protección de la Constitución — son constitucionalmente problemáticas las autorizaciones que optan por un planteamiento normativo que entrañe una sanción negativa de los *contenidos* de la comunicación. En todo caso son justificables, si existe un peligro concreto y directo inminente para un bien protegido de rango superior, contra el que no pueda combatirse de outra forma y cuya protección es indepediente de que la amenaza provenga o no de la comunicación. Si se duda de que el objetivo normativo de la medida limitadora esté justificado, o de que el planteamiento normativo resulte conveniente, necessario o adecuado, debe interrumpirse la medida".[3]

Na doutrina patrial, manifestam-se pelo caráter relativo da liberdade de expressão vozes abalizadas, entre as quais a de Fávila Ribeiro,[4] Celso Ribeiro Bastos[5] e Geraldo Brindeiro.[6]

1. *A Corte Suprema e o Direito Constitucional Americano*, pp. 268-288.

2. *Direito Constitucional Americano*, pp. 268-269.

3. "Libertad de comunicación y de medios", *Manual de Derecho Constitucional*, pp. 172-173.

4. *Direito Eleitoral*, pp. 294-301.

5. *Comentários à Constituição do Brasil*, p. 42.

6. "A liberdade de expressão e a propaganda eleitoral ilícita", *Revista de Informação Legislativa* 110/175-177.

Às voltas com a tarefa de demarcar os contornos da liberdade de expressão, não foi distinta a deliberação do Tribunal Superior Eleitoral: "Propaganda eleitoral fora do período legal (Lei n. 8.713/1993, art. 59). 1. Inexiste o alegado cerceamento de defesa porque publicada a pauta. 2. É do Tribunal Regional a competência para julgar a representação por propaganda ilegal, até porque é opcional a designação dos juízes eleitorais (Lei citada, art. 84, 1º). 3. A limitação temporal da propaganda eleitoral não fere a liberdade constitucional de expressão do pensamento porque equilibra essa expressão com a isonomia legal dos candidatos, princípio também de fonte constitucional. Recurso não conhecido".[7]

Posicionando o assunto no plano eleitoral, tem-se que a liberdade de expressão deve sofrer o influxo dos limites exigidos para a preservação do ideal democrático, consagrado como princípio fundamental no art. 1º da Constituição, o qual sucumbirá caso seja solapada a igualdade daqueles que almejem concorrer à direção dos negócios públicos. O poder econômico, reforçado pela apropriação por grupos determinados dos meios de comunicação, poria em risco a democracia à medida em que inviabilizasse a disputa entre as diversas facções políticas concorrentes.

Para tanto, faz-se mister a observância de duas balizas: a) a de que a postura restritiva encontre espeque em lei formal e material, à vista da reserva expressa do art. 220, § 1º, da CF; b) o instrumento legislativo deverá ater-se à proporcionalidade, preservando o conteúdo essencial do direito.

## *II — Conceito de propaganda eleitoral e sua disciplina normativa*

O vocábulo propaganda, na feliz síntese de Fávila Ribeiro, pode ser definido como "um conjunto de técnicas empregadas para sugestionar pessoas na tomada de decisão".[8] Quando tais práticas voltam-se à obtenção de sufrágios em embates destinados à eleição para determinados cargos públicos, no âmbito dos Poderes Executivo e Legislativo, tem-se o que cabe denominar de propaganda eleitoral. Embora não seja próprio dos textos legais traçar definições, vislumbra-se ser, basicamente, essa a idéia que nos é fornecida pelo art. 61º da Lei Eleitoral para a Assembléia Eleitoral de Portugal, ao reputar propaganda eleitoral como sendo "toda actividade que vise directa ou indirectamente promover candidaturas, seja dos candidatos, dos partidos políticos, dos titulares dos seus órgãos ou seus agentes ou de quaisquer outras pessoas, nomeadamente a publicação de textos ou imagens que exprimam ou reproduzam o conteúdo dessa actividade".

Distingue-se da propaganda partidária, consistente na divulgação das metas programáticas dos partidos políticos, cuja regência está na Lei 9.096/1995 (arts. 45 a 49), realizada fora da época das eleições e com vistas a atrair àqueles seguidores.

Na classificação alvitrada por Joel José Cândido,[9] a propaganda eleitoral pode ser lícita, irregular ou criminosa. A primeira é toda aquela, qualquer que seja a sua forma de execução, não vedada por lei comum ou criminal. A irregular incide em conduta não proibida, mas que enfrenta uma restrição ao princípio da liberdade de expressão da propaganda política. Por último, a propaganda criminosa recai sobre condutas que o legislador reputa como infringentes da ordem jurídica criminal, ensejando as conaturais sanções.

Com a Lei 9.504, de 30.9.1997, foram estabelecidas as normas regentes dos embates eleitorais, legando-se ao tema da propaganda eleitoral novo estatuto nos seus arts.

7. TSE, REsp 12.374-TO, rel. Ministro Torquato Lorena Jardim, *DJ* 3.2.1995, p. 1.083. Idem no REsp 15.270-CE, relatado pelo Ministro Costa Porto.

8. Loc. cit., p. 289.

9. *Direito Eleitoral Brasileiro*, pp. 145-151.

36 a 58 e 73, VI, *b* e *c*, VII, regulamentada através da Resolução 20.106-TSE. Isto, porém, não conduz à revogação dos dispositivos do Código Eleitoral que fixam prescrições gerais sobre o assunto, tendo em vista o disposto no art. 2º, § 2º, da Lei de Introdução ao Código Civil.

### *III — Da propaganda eleitoral em geral*

O art. 36, *caput*, da Lei 9.504/1997, menciona o *dies a quo* do prazo para que os candidatos, partidos e coligações possam iniciar a propaganda com vistas à eleição. Alterando orientação legislativa anterior (art. 240, CE; Lei 8.713/1991, art. 59; Lei 9.100/1995, art. 50), que fixava a escolha do candidato em convenção, a novel legislação estipulou termo certo, com início no dia 6 de julho do ano da competição (art. 1º, Resolução 20.106/1998-TSE). O termo final, por seu turno, coincide com as 48 horas antes do pleito, conforme o art. 240 do CE.

Permite, na quinzena anterior à escolha pelo partido, a realização de propaganda intrapartidária, no escopo do beneficiário obter a indicação de seu nome, defesa a utilização de rádio, televisão ou *outdoor*. O § 1º do art. 36 da Lei 9.504/1997, em atitude elogiável, especificou, por exclusão, os instrumentos da propaganda no âmbito interno do partido.

Quando da vigência da Lei 8.713/1993, a omissão desta em especificar o que deveria se entender por tal espécie de propaganda levara o TSE[10] a entender o uso indevido do *outdoor*, ante a forte potencialidade de divulgação deste meio, extensiva a grande universo de eleitores e, por isso, meio hábil para, com facilidade, extravasar o restrito âmbito partidário.

Veda-se, no segundo semestre de ano eleitoral, também a realização de propaganda partidária gratuita no rádio e na televisão, bem assim de qualquer tipo de propaganda paga nos referidos veículos de comunicação.

À violação dos prescritores do art. 36 da Lei 9.504/1997 é cominada, em detrimento do responsável da propaganda, e igualmente de seu beneficiário, caso comprovado o seu prévio conhecimento, multa entre vinte mil a cinqüenta mil UFIRs, ou equivalente ao custo da publicidade, se este for maior. Para que haja punição não se faz indispensável que o infrator tenha sido escolhido candidato em convenção, conforme já entendera o TSE no REsp 12.868-RN.[11] É indispensável, todavia, que o beneficiário tenha prévia ciência da propaganda, não se suficiente mera presunção, ainda que relativa. Essa exigência foi ressaltada pelo TSE no AI 1.273-DF: "Recurso eleitoral. Propaganda eleitoral extemporânea. Art. 36, § 3º. Aplicação da multa ao beneficiário. Imprescindibilidade da comprovação de ter ele tido prévio conhecimento da propaganda. Insuficiência da mera presunção, ainda que *juris tantum*. Inexigibilidade da apresentação pela representada de prova de que não tinha conhecimento da referida propaganda. Violação do art. 333 do Código de Processo Civil. Recurso conhecido e provido".[12]

Nos bens públicos de uso comum do povo e de uso especial é proibida a pichação, inscrição a tinta e veiculação de propaganda. Excetua-se a fixação de placas, estandartes, faixas e assemelhados, nos postes de iluminação pública, viadutos, passarelas e pontes, e, mesmo assim, desde que não lhes cause dano, ou não dificulte ou impeça a sua utilização e o bom andamento do tráfego. Outra ressalva dirige-se ao Poder Le-

10. REsp 11.940-MG, ac. un., rel. Ministro Torquato Jardim, *Jurisp. Trib. Sup. Eleit.*, v. 7, n. 2, abr.-jun. 1996, pp. 236-238, no qual é referenciado precedente na Consulta 14.330.

11. Rel. Ministro Ilmar Galvão, ac. un., *Ementários — Decisões do TSE — Eleições 1996*, p. 193.

12. Rel. Ministro Eduardo Alckmin, *DJU* 4.9.1998, p. 58.

gislativo, em cujas dependências a prática da propaganda ficará a critério da Mesa Diretora da respectiva Casa. Desobedecida a interdição, o responsável está exposto a multa no valor de cinco mil a quinze mil UFIRs. Bem andou aqui o legislador ao descriminalizar as posturas contraventoras de tais proibições, como previam os arts. 328, 329 e 333, todos do CE, situação ainda mantida pelo art. 51, § 1º, da Lei 9.100/1995, transformando-as em infrações administrativas, a que são cominadas sanção pecuniária. A derrogação é expressa, estando contida no art. 107 da Lei 9.504/1997.

Na propriedade privada, a realização de propaganda por meio de faixas, placas, cartazes, pinturas ou inscrições, é livre, no sentido de não depender de permissão da edilidade ou da Justiça Eleitoral. Necessário, entretanto, o consentimento do proprietário.

Da mesma forma, prescindem de autorização da Justiça Eleitoral ou da municipalidade, a distribuição de folhetos, volantes e outros impressos, a serem editados sob a responsabilidade do partido, coligação ou candidato.

A Resolução 20.106/1998-TSE (art. 2º, *caput*, e §§ 1º e 2º), reavivando a continuidade da vigência dos comandos gerais do Código Eleitoral, como é o caso do seu art. 242, afirma que a propaganda, qualquer que seja a forma ou maneira de exprimir-se, deverá mencionar sempre a legenda partidária, e, na hipótese de coligação, as legendas que a integram, salvo se visar à promoção de candidatura à eleição proporcional, em que cada partido usará a sua legenda sob o nome da coligação. Igualmente, só poder-se-á utilizar vocábulos do vernáculo, exceto quando, conforme o caso concreto, seja indispensável a utilização de palavra que ainda não tenha encontrado versão para o português, e não poderá conter meios publicitários destinados a criar, artificialmente, na opinião pública, estados mentais, emocionais ou passionais. Da mesma maneira, não será tolerada propaganda nas hipóteses do art. 4º da aludida Resolução, a qual relembra o art. 243, I a IX, do CE.

Em conformidade com o direito de reunião, assegurado sobranceiramente (art. 5º, XVI, CF), independe de licença do Poder Público a realização de atos de propaganda partidária ou eleitoral em recinto aberto ou fechado.

No escopo de atender a exigência contida na parte final do dispositivo magno, o art. 39, § 1º, da Lei 9.504/1997, é expresso em esclarecer que, como antecedente necessário ao ato, caberá ao seu promotor (partido, coligação ou candidato) em, no mínimo 24 horas antes, fazer a devida comunicação à autoridade policial, a fim de que, de acordo com a prioridade do aviso, em cujo recibo deverá ser aposta a hora do recebimento, garanta-lhe a realização contra quem tencione usar o local no mesmo dia e horário. Idem deverá diligenciar as providências necessárias para assegurar a tranqüilidade do ato, juntamente com o regular funcionamento do trânsito e os serviços públicos que o evento possa afetar. Surgindo litígio sobre os locais de realização de comícios caberá àquele que se considerar prejudicado dirigir reclamação, a ser apreciada, nas capitais, pelos juízes auxiliares designados pelos TREs, e nas demais localidades, aos respectivos juízes eleitorais.

O funcionamento, pelos partidos e candidatos, de auto-falantes ou amplificadores de som, somente é facultado no horário das 8 às 22 horas, vedada a sua instalação ou uso em distância inferior a duzentos metros: a) das sedes dos Poderes Executivo e Legislativo da União, Estados, Distrito Federal e Municípios, das sedes dos Tribunais Judiciais, e dos quartéis e outros estabelecimentos militares; b) dos hospitais e casa de saúde; c) das escolas, bibliotecas públicas, igrejas e teatros, quando estiverem em funcionamento, significando dizer, por exemplo, que nada impedirá o uso de tais equipamentos nas proximidades de estabelecimento de ensino, numa distância inferior à legal, em dia feriado ou durante as férias escolares. Superados, então, os limites do art. 244, II, e parágrafo único, do CE, ao enquadrar tal funcionamento entre as 14 e 22 horas, bem como estabelecer a distância acima em, no mínimo, quinhentos metros, bem assim o desaparecimento da necessidade de qualquer intervalo espacial desses equipamentos sonoros com relação aos quartéis e demais estabelecimentos militares. Os comícios, por sua vez, são permitidos das 8 as 24 horas (art. 39, §§ 3º e 4º, Lei 9.504/1997). Restou revogado o tipo do art. 322 do CE, ao incriminar a realização de propaganda, por instrumentos sonoros, nos edifícios partidários, ou em veículos, fora do período autorizado, ou dentre deste, em horários não permitido.

A utilização, no dia do pleito, de autofalantes ou amplificadores de som, a promoção de comício ou carreata, a distribuição de material de propaganda política, inclusive volantes e outros impressos, ou a prática de aliciamento, coação ou manifestação tendente a influir nos desígnios do eleitor,[13] configura crime, punido com detenção de seis meses a um ano, com a possibilidade de sua substituição pela prestação de serviços à comunidade. Além disso, há a pena administrativa de multa, oscilante entre cinco mil a quinze mil UFIRs.

Inovando, a Lei 9.504/1997 reputa criminosa a utilização de símbolos, frases ou imagens, associadas ou semelhantes às empregadas por órgão de governo, empresa pública ou sociedade de economia mista, punindo-a com detenção, de seis meses a um ano, com a alternativa de prestação de serviços à comunidade, além de multa no valor de dez mil a vinte mil UFIRs.

### *IV — Da propaganda eleitoral mediante "outdoors"*

Antes de analisados os regramentos específicos, impende seja demarcada uma idéia do que se possa, para fins eleitorais, ser reputado como *outdoor*. Tal tarefa já fora operada, com maestria, por José Gerim Mendes Cavalcante,[14] a tomar como ponto de partida a circunstância de que a palavra cuja origem inglesa significa "tudo aquilo que é realizado ou vivido ao ar livre, fora de casa, a partir da porta de casa", ainda não encontrou recepção em nosso vocabulário, estando encerrada ao jargão publicitário, como veículo de propaganda comercial. Apesar disso, adianta que a legislação eleitoral, como se percebe do cotejo dos arts. 246 e 247 do CE, já lhe fixou um conceito jurídico, consubstanciado nos cartazes afixados em quadros ou painéis vocacionados exclusivamente a essa finalidade, muito embora o uso do termo *outdoor* somente tenha vindo à baila com o art. 31 da Lei 8.214/1991. Tem-se, assim, a conclusão: "(...) de que o *outdoor* é espécie do gênero *cartaz*, mas espécie que se distingue por se tratar de *cartaz afixado em quadro ou painel*, de sorte que, quando a legislação refere-se a cartaz, há de se entender o cartaz propriamente dito, ou cartaz simples, ou cartaz comum, destinado a fixação permitida em paredes e muros de prédios particulares, mas usualmente utilizado, ilegalmente, em bens públicos, como postes de iluminação pública e sinais de trânsito. Tem-se, destarte, o gênero cartaz, compreendendo o cartaz propriamente dito, ou cartaz comum, ou cartaz simples, e o *outdoor* que é o cartaz afixado em quadro ou painel".[15]

O momento que demarca a possibilidade de prática de tal modalidade de propaganda é a realização de sorteio pela Justiça Eleitoral. Para tanto, as empresas de publicidade deverão relacionar os pontos disponíveis em quantidade não inferior à metade do total dos espaços existentes no território municipal. Vê-se, de logo, não haver plena liberdade para a afixação desses cartazes nos

13. Se o fato não for perpetrado no dia do pleito, incide o art. 299 do CE.

14. "*Outdoors* em propriedade particular", *Cadernos de Direito Constitucional e Eleitoral do TRE/SP*, v. 8, n. 29, pp. 24-30.

15. Loc. cit., p. 28.

bens de propriedade particular, como acontece nas situações no art. 37, *caput*, parte final, e § 2º da Lei 9.504/1997. Assim decidiu o TSE no AI 354-AP: "Agravo de instrumento. Propaganda eleitoral por meio de *outdoors* instalados em propriedades particulares. Necessidade da observância das regras previstas no art. 55 da Lei 9.100/1995. Agravo não provido".[16]

A distribuição dos locais obedece aos seguintes critérios: a) 30%, entre partidos e coligações que tenham candidato a Presidente da República; b) 30%, entre partidos e coligações que tenham candidato a Governador e a Senador; c) 40%, entre os partidos e coligações que tenham candidatos a Deputado Federal, Estadual ou Distrital; d) nas eleições municipais, metade entre os partidos e coligações que tenham candidato a Prefeito e metade entre os que tenham candidato a Vereador. Esses logradouros deverão ser divididos em grupos eqüitativos de pontos com maior e menor impacto visual, tantos quantos forem os partidos e coligações concorrentes, a fim de serem sorteados e usados durante a propaganda eleitoral. O rol das localidades, com a indicação dos grupos acima, deverá ser entregue pelas empresas de publicidade aos Juízes Eleitorais, nos Municípios, e ao Tribunal Regional Eleitoral, nas Capitais, até o dia 25 de junho de ano eleitoral.

Os Tribunais Regionais Eleitorais encaminharão à publicação, até o dia 8 de julho do ano da eleição, a relação de partidos e coligações que requereram registro de candidatos, devendo o sorteio ser realizado até o dia 10 de julho. Para esse fim, equipara-se a coligação a um partido, qualquer que seja o número de agremiações partidárias que a componha.

Levado a cabo o sorteio, os partidos e coligações deverão cientificar as empresas, por escrito, da maneira como usarão os *outdoors* de cada grupo, com especificação de tempo de quantidade.

Competirá a cada partido ou coligação distribuir, entre os seus candidatos, os espaços que lhe couberem. Os espaços não utilizados serão redistribuídos entre os demais concorrentes interessados.

O preço a ser cobrado pela propaganda em causa não poderá superar ao normalmente cobrado para a publicidade comercial. O dispositivo, apesar de, à primeira vista, colidir com o postulado da livre iniciativa, encontra amparo no objetivo de se assegurar a igualdade dos concorrentes, dificultando o predomínio do poder econômico na liça eleitoral.

Diz o art. 42, § 1º, da Lei 9.504/1997, que a violação ao *caput* e qualquer de seus parágrafos sujeita a empresa de publicidade, os partidos, coligações, à imediata retirada da propaganda irregular e ao pagamento de multa, no montante de cinco mil a quinze mil UFIRs. Na hipótese do § 7º, o publicitário responderá sozinho quando, a despeito das instruções regulares recebidas por escrito do partido ou candidato, prestar os seus serviços em desacordo com a ordem jurídica.

A Resolução 20.106/1998, no seu art. 11, dispõe que as regras acima enunciadas se aplicam aos *outdoors* eletrônicos, agregando-se as seguintes providências: a) as empresas de publicidade deverão relacionar os horários disponíveis para a veiculação de propaganda eleitoral em quantidade não inferior à metade do respectivo tempo de funcionamento diário; b) os horários com maior e menor impacto deverão ser divididos eqüitativamente, tantos quantos forem os partidos e coligações concorrentes, para serem sorteados e utilizados durante a propaganda eleitoral.

## *V — Da propaganda eleitoral na imprensa escrita*

No que concerne à possibilidade, a contar do dia 6 de julho, de realização de

16. Rel. Ministro Eduardo Alckmin, *DJU* 31.8.1998, p. 69.

propaganda paga na imprensa escrita, o art. 43, parágrafo único, da Lei 9.504/1997, estabeleceu, com vistas a evitar possível desequilíbrio entre candidatos diferenciados economicamente, limites, os quais em nada diferem do anterior art. 54, parágrafo único, da Lei 9.100/1995.

Desse modo, poderão os candidatos, partidos ou coligação fazê-lo, contanto que não excedam ao espaço máximo de 1/8 de página de jornal padrão, elevado para 1/4 quando se tratar de página de revista ou tablóide.

A violação da regra importará para o infrator, no caso os responsáveis pela direção dos veículos de comunicação e os partidos, coligações ou candidatos beneficiários, a multa entre mil a dez mil UFIRs, podendo também ser equivalente ao custo da propaganda paga, se este for maior.

A veiculação de publicidade política paga em jornais ou revistas será facultada até o dia da votação.

Não há, ao contrário do candidato apresentador ou comentador de programa em rádio ou televisão, impedimento a que jornalista profissional, candidato a cargo eletivo, continue a exercer a sua atividade profissional. A franquia, que deflui da ausência de vedação em lei, não lhe autoriza a utilizar a coluna que assina para promover a sua imagem, de acordo com posição assentada pelo TSE na Consulta 14.559-DF.[17]

### *VI — Da propaganda eleitoral no rádio e na televisão*

Trata-se, em virtude da eficácia e da abrangência do meio empregado, do ponto crucial onde o princípio da igualdade entre os concorrentes clama por maior atenção. Por essa razão, justifica-se plenamente a preocupação do legislador em circunscrever a sua realização ao horário gratuito previsto na Lei 9.504/1997. Ressalva-se, apenas, a propaganda partidária, levada a cabo dentro dos limites dos arts. 45 a 49 da Lei 9.096/1995, a qual se vocaciona à divulgação das linhas programáticas dos partidos políticos, sendo vedada o seu manejo desvirtuado, a fim de promover, em ano eleitoral, determinado candidato. Esse possível desvirtuamento já teve, em casos concretos, o seu reconhecimento pelo TSE, mais precisamente nas Representações 58-DF e 67-DF, ambas da relatoria do Ministro Eduardo Ribeiro.[18] Nestas oportunidades, a Alta Corte aplicou à agremiação a pena do art. 45, § 2º, da Lei 9.096/1995 (a cassação do direito de transmissão do programa partidário gratuito no semestre seguinte), uma vez que este fora o pedido contido na representação, inserida em sua competência originária. Não se antolha o impedimento da incidência de outras reprimendas como, por exemplo, a do art. 36, § 3º, da Lei 9.504/1997, quando evidenciada ainda propaganda eleitoral antes do período legal, ou a do art. 45, § 2º, do mesmo diploma, na hipótese de propaganda eleitoral no rádio e na televisão fora do horário gratuito.

Atento ao princípio da isonomia, o art. 45 e seus incisos listam, em detrimento do atuar das emissoras de rádio e televisão, algumas condutas proibidas a partir do dia 1º de julho de ano eleitoral, a saber: a) transmitir, ainda que sob a forma de entrevista jornalística, imagens de realização de pesquisa ou qualquer outro tipo de consulta popular de natureza eleitoral em que seja possível identificar o entrevistado ou em que haja manipulação de dados; b) usar trucagem, montagem ou outro recurso de áudio ou vídeo que, de qualquer forma, degradem ou ridicularizem candidato, partido ou coligação, ou produzir ou veicular programa com esse efeito; c) veicular propaganda política ou difundir opinião favorável ou contrária a candidato, partido, coligação, a seus ór-

17. Ac. un., rel. Ministro Cid Flaquer Scartezzini, *DJU* 8.9.1994, p. 23.339.

18. Cf. *DJU*-I 13.8.1998 e 10.9.1997, p. 50.

gãos ou representantes; d) dar tratamento privilegiado a candidato, partido ou coligação; e) veicular ou divulgar filmes, novelas, minisséries ou qualquer outro programa com alusão ou crítica a candidato ou partido político, mesmo que dissimuladamente, exceto programas jornalísticos ou debates políticos; f) divulgar nome de programa que se refira a candidato escolhido em convenção, ainda quando preexistente, inclusive se coincidente com o nome do candidato ou com a variação nominal por ele adotada. Sendo o nome do programa o mesmo que o do candidato, fica proibida a sua divulgação, sob pena de cancelamento do respectivo registro. Essas interdições são extensíveis às emissoras não autorizadas a funcionar pelo poder competente, conforme dispõe o art. 16, parágrafo único, da Resolução 20.106/1998. Seria enorme contra-senso se as rádios e televisões titulares de concessão pública não pudessem realizar tais condutas, enquanto que aquelas desprovidas de tal requisito e, portanto, funcionando ilegalmente, pudessem fazê-lo sem qualquer possibilidade de punição.

Não é só. O § 1º do mencionado dispositivo salienta ser defesa às emissoras a transmissão de programa apresentado, ou simplesmente comentado, por candidato escolhido em convenção, não importando se este já tivera seu pedido de registro aceito. Nessa proibição, inclui-se a de veicular propaganda comercial de produtos ou serviços, com a participação de candidato.[19]

Tais vedações é peremptório do § 3º do art. 45 da Lei 9.504/1997, estendem-se ainda aos sítios mantidos pelas empresas de comunicação social na *internet* e demais redes destinadas à prestação de serviços de telecomunicações de valor adicionado. Apesar do preceptivo empregar o vocábulo genérico (empresas de comunicação social), o que, numa leitura apressada, poderia dar a idéia de abranger a imprensa escrita, a inteligência correta é a que harmoniza o alcance da vedação ao seu *caput* e ao objetivo que procurou regulamentar, de sorte que a tanto somente estarão obrigadas as emissoras de rádio e televisão. Em seguida, inclui-se nos cuidados da legislação eleitoral as televisões por assinatura.

O maltrato ao art. 45 da Lei 9.504/1997 importará, em detrimento da emissora, no pagamento de multa a oscilar entre vinte mil a cem mil UFIRs, duplicada em caso de reincidência. A responsabilidade é exclusiva de empresa de rádio e televisão. A esta também é aplicável, em caso de reiteração, ou de infrações que se revistam de maior gravidade, a sanção do art. 56, ou seja, a suspensão da sua programação normal por 24 horas, podendo, igualmente, incidir em dobro se a conduta se renovar.

Por outro lado, como maneira de permitir o conhecimento, pelo eleitorado, das propostas dos candidatos, faculta-se a transmissão, pelo rádio ou televisão, de debates entre os competidores às eleições majoritária e proporcional, assegurando-se, com obrigatoriedade, a participação de candidatos de partidos com representação na Câmara dos Deputados, sendo facultativa a das demais agremiações.

Nas eleições majoritárias, a apresentação dos debates poderá ser feita em conjunto, com a presença de todos os candidatos a um mesmo cargo eletivo, ou em grupos, estando, no mínimo, presentes três candidatos. Com relação à disputa proporcional, os debates, considerando-se o número elevado de postulantes, deverão ser organizados de maneira a assegurar a participação de número equivalente de candidatos de todos os partidos e coligações a um mesmo cargo eletivo, podendo abranger mais de um dia.

Cabe às emissoras, além da inclusão do debate no anúncio de sua programação previamente estabelecida, proceder a sorteio para a escolha do dia e da ordem de fala de cada candidato, ressalvada a celebração de acordo entre os partidos e coliga-

19. Cf. TSE, Consulta 432-DF, rel. Ministro Néri da Silveira, *DJU* 19.6.1998, p. 65.

ções interessadas. Para que a discussão tenha lugar sem a presença de candidato de algum partido, quando este possuir assento na Câmara dos Deputados, faz-se indispensável a comprovação, pela emissora, de que o convidara com a antecedência mínima de 72 horas. Quanto a candidato à eleição proporcional, é proibida a participação do mesmo postulante em mais de um debate promovido pelo mesmo veículo de comunicação.

A propaganda eleitoral, que aqui se cinge ao horário gratuito, é de ser veiculada pelas emissoras de rádio, de televisão, que operem em VHF e UHF, e os canais por assinatura referidos no art. 57 da Lei 9.504/1997, quais sejam exclusivamente aqueles mantidos sob a responsabilidade do Poder Legislativo das entidades federadas. Para esse fim, reservarão, nos quarenta e cinco dias anteriores à antevéspera do dia do pleito, horário, em rede, para a divulgação da publicidade política, na forma abaixo discriminada pelo art. 47, § 1º, do diploma legal acima. Tais horários serão distribuídos entre todos os partidos e coligações que, na legislatura ainda em curso, tenham representação na Câmara dos Deputados, nos seguintes termos: a) 1/3, igualitariamente; b) 2/3, em proporção ao número de representantes na Câmara dos Deputados, considerado, no caso de coligação, o resultado da soma do número de representantes de todos os partidos que a integram, levando-se em conta, em ambos os casos, o início da legislatura em curso. Em caso de fusão ou incorporação de partido em outro, considerar-se-á a soma dos representantes que as agremiações de origem possuíam na referida data. Na hipótese de, em qualquer fase do processo eleitoral, algum candidato a Presidente ou Governador deixar de concorrer, sem que haja a substituição prevista no art. 13 da Lei das Eleições, obrigatória nova distribuição do tempo entre os candidatos remanescentes. Aos partidos e coligações que obtiverem tempo inferior a trinta segundos, será permitido o direito de acumulá-lo para uso em tempo equivalente.

Mais consentâneo com o princípio isonômico, concebido pela Constituição, seria o perfilhar o modelo do direito de antena alvitrado pelo art. 40, § 3º, da Constituição de Portugal, combinado com o art. 63 da Lei Eleitoral para a Assembléia da República, porquanto tendem à distribuição eqüitativa do tempo entre os vários candidatos. Veda-se, para isso, a utilização de critérios pretéritos, como, por exemplo, o número de votos obtidos por determinada agremiação partidária no último pleito. Certo que não se preconiza a repartição em frações absolutamente iguais de tempo para cada partido. A partilha há de atender a requisitos objetivos, relacionados ao número de circunscrições onde sejam lançadas candidaturas e ao número de postulantes inscritos em cada uma delas. Esse critério mais se aproxima da igualdade substancial em detrimento da igualdade unicamente formal privilegiada pela representatividade aferida em eleição passada.

Dentro dos interregnos acima, as emissoras vinculadas à propaganda eleitoral gratuita destinarão trinta minutos diários a serem utilizados em inserções, de até sessenta segundos, a critério do respectivo partido ou coligação, e distribuídas das 8 as 24 horas, com a adoção dos seguintes parâmetros: a) divisão, em partes iguais, para as campanhas majoritária e proporcional, bem como de suas legendas partidárias, se for o caso, salvo se cuidar de eleição municipal, em que tais inserções destinar-se-ão, com exclusividade, aos candidatos a Prefeito e Vice-Prefeito; b) atentar-se-á aos blocos de audiência compreendidos entre as 8 as 12 horas, as 12 as 18 horas, as 18 as 21 horas e as 21 as 24 horas; c) proibição de gravações externas, montagens ou truncagens, computação gráfica, desenhos animados e efeitos especiais, a veiculação de mensagens que degradem ou ridicularizem candidato, partido ou coligação. Às inserções, a Justiça Eleitoral, a partir do dia 8 de julho de ano eleitoral, convocará os partidos, coligações e representantes das emissoras para a elaboração de plano de mídia, devendo restar garantida a todos a participação eqüitativa nos horários de maior e menor audiência. Nada impede, a critério do partido ou coligação, a reunião de tempos desde que não importem em inserções com mais de sessenta segundos.[20]

Havendo segundo turno, as emissoras de rádio e televisão reservarão, no período compreendido entre as 48 horas a partir da proclamação dos resultados do primeiro turno até a antevéspera da eleição, horário destinado à divulgação da propaganda eleitoral gratuita, dividido em dois intervalos diários de vinte minutos para cada eleição, com início das 7 as 12 horas, no rádio, e das 13 as 20:30 horas, na televisão. Na unidade federada onde, ao mesmo tempo, houver segundo turno para Presidente e Governador, o horário reservado à propaganda deste terá início imediatamente após o horário reservado ao primeiro.

Considerando-se que, em segundo turno classificam-se os candidatos com maior expressão perante o eleitorado, independente da representatividade de seus partidos ou coligações, andou bem o legislador em dividir o tempo diário de maneira igualitária. Do contrário, o comando normativo poderia sujeitar-se à fiscalização abstrata de sua constitucionalidade frente ao art. 5º, I, da CF.

Tratando-se de eleições para Prefeito e Vereadores, em comunas desprovidas de emissoras de rádio e de televisão em seus limites, embora atingidos pela geração dos seus programas, poderão os órgãos regionais de direção da maioria dos partidos disputantes solicitar à Justiça Eleitoral a reserva de 10% do tempo destinado à propaganda eleitoral gratuita para a divulgação em rede da propaganda dos seus candidatos. Consoante o art. 48, § 1º, da Lei 9.504/1997, a Justiça Eleitoral editará a competente regulamentação, buscando equacionar a repartição do tempo entre os candidatos dos Municípios vizinhos, de sorte que o número máximo das localidades beneficiadas seja igual ao de emissoras geradoras disponíveis. À Resolução 20.106/1998, por versar sobre eleição a nível estadual, não coube solucionar o assunto.

Ao início das veiculações precederá sorteio, a ser realizado pela Justiça Eleitoral,[21] a fim de ser definida a ordem de apresentação de cada partido ou coligação no primeiro dia do horário eleitoral gratuito. Nos dias seguintes, a publicidade, veiculada por último no dia anterior, será a primeira, apresentando-se as demais na ordem do sorteio.

Durante a exibição da propaganda eleitoral gratuita não são admitidos cortes instantâneos ou qualquer tipo de censura prévia, a atuar antes da expressão ou informação originária. Isto, porém, não vai ao ponto de permitir a exposição de propaganda capaz de degradar ou ridicularizar candidatos, sujeitando, se assim o fizer, o partido ou coligação infrator à perda do direito à apresentação da propaganda no horário gratuito do dia posterior. Da mesma forma, poderá o Judiciário, instado por partido, coligação ou candidato, impedir a reapresentação de propaganda ofensiva à honra de postulante, à moral e aos bons costumes, implicando dizer se encontrar ser aceitável a censura posterior, representada no impedimento da difusão ou divulgação de idéias já construídas. Nesse sentido, evoco passagem do voto do Minstro Octávio Gallotti, ao votar no MS 1.362-SP, quando afirmara: "Também não considero comprometido, na espécie, o princípio da proibição de censura prévia. Nele não se compreende — tenho sempre aqui sustentado — a repressão ou a interrupção da continuidade da conduta já revelada, analisada pelo Tribunal e por este considerada nociva à regularidade do pleito".

20. V. Resolução 20.265-TSE, *DJU* 1.7.1998, p. 50, cujo relator fora o Ministro Eduardo Alckmin.

21. De acordo com o art. 21 da Resolução 20.106/1998, o sorteio, que deverá concretizar-se até o dia 18 de agosto de 1998, far-se-á pelo TSE, para a eleição presidencial, e pelos TREs, para as demais.

Assim se impõe ante a circunstância de que o princípio da liberdade de propaganda, fundado na liberdade de expressão de pensamentos e opiniões, por não ser absoluto, cede frente ao princípio da licitude da propaganda. Este arquétipo, consagrado pelo art. 133º/1 da Lei Eleitoral para a Assembléia da República de Portugal, com redação alterada pela Lei 10/1995, mereceu de Bernardo Diniz de Ayala o seguinte comentário: "O *princípio da licitude* consubstancia um limite da maior importância à liberdade de propaganda, significando, em grandes linhas, que a liberdade de expressão e de promoção de candidaturas que se reconhece aos titulares do direito de antena deve manter-se dentro de determinados parâmetros de legalidade e de continência verbal. Não é fácil definir quais os contornos exactos deste *princípio da licitude*. Numa formulação simplista, dir-se-ia que ao candidato estão vedadas quaisquer expressões ou imagens geradoras de responsabilidade civil ou criminal. Ou seja, a liberdade de propaganda termina nas fronteiras dos ilícitos civil e criminal".[22] Apesar da lição haver sido ministrada com base no direito positivo lusitano, não enxergamos sua incompatibilidade entre nós, porquanto, em terras ultramarinas, as liberdades de expressão e de imprensa também foram alçadas a nível constitucional (arts. 37º e 38º).

A exemplo da propaganda partidária (art. 45, § 1º, I, Lei 9.096/1995), é proibida também a presença, no programa eleitoral gratuito, de pessoa filiada a outra agremiação partidária, ou a partido que não integre a coligação responsável. A exigência é amenizada quando do segundo turno, onde se permite a participação de pessoa filiada a outro partido, contanto que este não tenha formalizado apoio ao candidato adversário. Facultada, doutro lado, que qualquer cidadão, não filiado a partido político, participe da propaganda eleitoral no rádio e na televisão, desde que o faça gratuitamente.

Vedadas também, na propaganda gratuita, as condutas referidas no art. 45, I (transmissão, ainda que sob a forma de entrevista, de pesquisa ou outro tipo de consulta popular) e II (uso de trucagem, montagem, ou recursos que degradem ou ridicularizem candidato), da Lei 9.504/1997, aplicáveis às programações das emissoras de rádio e televisão a partir de 1º de julho de ano eleitoral.

O desrespeito, pela emissora de comunicação social, das disposições da Lei 9.504/1997 poderá resultar na suspensão, pela Justiça Eleitoral, a requerimento de partido, coligação ou candidato, da sua programação normal por 24 horas, ficando aquela, durante o intervalo de quinze minutos, a emitir a informação de que se encontra fora do ar por haver infringido a lei eleitoral. Renovada a conduta, o período da pena será duplicado.

## *VII — Do direito de resposta*

Considerando-se que a liberdade de expressão no exercício da propaganda eleitoral não poderá servir de instrumento para a emissão de juízos e informações que representem ilícitos civis e criminais, restou assegurado ao ofendido que, *in casu*, poderá recair em candidato, partido ou coligação, o direito de respondê-la, prestando os esclarecimentos que entender necessários.

Possui estatura constitucional (art. 5º, VI, CF), já estando disciplinado, no plano infraconstitucional, pela Lei 5.250/1967 (arts. 29 a 36). A regulamentação da Lei 9.504/1997 (art. 58) é de cunho específico, voltada apenas para reparar desvio de informação durante o período eleitoral, sendo a competência para o seu processo e julgamento exclusiva da Justiça Eleitoral. Nada impede, contudo, que o diploma legislativo específico encontre, em caso de omissão, achegas, por integração analógica, em passagem da lei geral.

22. "O direito de antena eleitoral", in *Perspectivas Constitucionais nos 20 Anos da Constituição Portuguesa de 1976*, v. I, p. 605.

Para que isso venha a ocorrer, mister que haja a depreciação, ainda que de forma indireta, da honra do ofendido por conceito, imagem ou afirmação caluniosa, difamatória, injuriosa ou sabidamente inverídica. As três primeiras situações possuem suas formas conceituais nos tipos dos arts. 138 a 140, todos do Código Penal. A afirmação sabidamente inverídica constitui figura nova que, a despeito de não consistir em delito, poderá ser suscetível de prejudicar a imagem do ofendido perante a opinião pública.

Por fato sabidamente inverídico não se configura uma possível inverdade, mas somente a falta de verdade que diga respeito a acontecimento de conhecimento notório pela coletividade, ou por um determinado círculo social. Penso que não se pode buscar a conceituação dessa nova figura senão com o auxílio da exegese do art. 334, I, do CPC. Esclarecendo o que se deva entender do fato notório, para fins de dispensa de sua prova, lecionou o eminente Pontes de Miranda: "A notoriedade pode ser *iuris* ou *facti*. O *notorium iuris* é absoluto, se se trata de regra jurídica; relativo se resulta de sentença trânsita em julgado. O *notorium facti* resulta de fato que é conhecido de todos os que fazem parte de determinado círculo social, de modo que não há dúvida a respeito de tal fato. Há notoriedade de coisa estável (o edifício, a rua, o monumento, a sede do governo), de fato transeunte, periódico ou contínuo (a passagem de certa pessoa a tantas horas pelo lugar A, a invasão de terrenos pelo mar)".[23] No mesmo diapasão, elucida Ernane Fidélis dos Santos: "Fatos notórios não são os de exclusivo conhecimento do julgador, mas os que caem no domínio público, de forma tal que o juiz se torne deles também sabedor, como qualquer pessoa do povo".[24]

A circunstância de um determinado fato haver sido objeto de noticiário pela imprensa não é capaz de, só por só, granjear-lhe notoriedade e qualificá-lo, para fins eleitorais, como sabidamente inverídico. Assim se manifestou STJ: "A circunstância de o fato encontrar certa publicidade na imprensa não basta para tê-lo como notório, de maneira a dispensar a prova. Necessário que seu conhecimento integre o comumente sabido, ao menos em determinado estrato social, por parcela da população a que interesse".[25]

O sujeito passivo do direito de resposta é qualquer veículo de comunicação social, integrante da imprensa escrita, de radiodifusão ou televisiva.

De acordo com o art. 58, § 1º, da Lei 9.504/1997, ao ofendido, ou seu representante legal, se relativamente incapaz,[26] tocará postular o direito de resposta nos seguintes prazos: a) 24 horas, quando se tratar do horário eleitoral gratuito, incluindo-se aqui não somente o programa partidário em rede, mas, de igual modo, as inserções, segundo se infere do art. 51; b) 48 horas, quando se cuidar da programação normal das emissoras de rádio e televisão; c) 72 horas, quando a suposta ofensa for noticiada por órgão da imprensa escrita. Recebido o requerimento, notificar-se-á o ofensor para, em prazo de 24 horas, apresentar defesa, devendo a decisão ser proferida em até 72 horas, contados do ingresso do pedido em juízo.

Veiculada a ofensa pela imprensa escrita, o pedido deverá ser instruído com um exemplar da publicação e, ao mesmo tempo, com o texto da resposta. Deferido, a divulgação da resposta dar-se-á no mesmo órgão, espaço, local, página, tamanho, caracteres e outros elementos de realce usados

23. *Comentários ao Código de Processo Civil*, t. IV, p. 230.

24. *Manual de Direito Processual Civil*, v. 2, p. 84.

25. 3ª T., REsp 7.555-SP, rel. Ministro Eduardo Ribeiro, *DJU* 3.6.1991, p. 7.425.

26. A hipótese é de ocorrência com relação a candidatos a Deputado Federal, Estadual ou Distrital, Prefeito, Vice-Prefeito e Vereador, cujo requisito etário de elegibilidade, de 21 e 18 anos (art. 14, VI, letras *c* e *d*, CF), deverá, a partir da Lei 9.504/1997 (art. 11, § 2º), ser preenchido até a data da posse.

na ofensa, devendo ocorrer em 42 horas após a decisão, ou se o veículo possuir periodicidade maior, na primeira vez em que vier a circular. Não se observarão tais prazos se o ofendido preferir que a resposta seja divulgada no mesmo dia da semana da ofensa, mesmo que ultrapassado o prazo de 48 horas. Vindo à lume a ofensa em dia e hora que inviabilize sua reparação em tais prazos, poderá a Justiça Eleitoral determinar a sua imediata divulgação.

O cumprimento do julgado deverá ser demonstrado pelo ofensor através do fornecimento aos autos de dados relativos à regular distribuição dos exemplares, da tiragem e da abrangência espacial da distribuição do jornal ou periódico.

Havendo obtido a ofensa espaço na programação das emissoras de rádio ou televisão, o Judiciário, ao analisar o pedido, notificará imediatamente o responsável pela emissora para que, no prazo de 24 horas, entregue, sob as penas do art. 347 do CE, cópia da fita da transmissão, a ser devolvida após a decisão, devendo a gravação ser preservada até o final do processo. Nada impede que se expeça um só mandado, tendente à notificação para a apresentação da fita e, ao mesmo tempo, para apresentação de defesa.

Deferido o pedido, a resposta irá ao ar em até 48 horas após a decisão, por tempo igual ao da ofensa, respeitado o limite mínimo de um minuto.

Tratando-se de agravo cometido durante o horário eleitoral gratuito, tem-se que a resposta será veiculada na programação destinada ao partido ou coligação ofensora, em tempo igual ao da ofensa, não inferior a um minuto. Se o tempo do partido ou coligação ré for inferior a um minuto, a resposta deverá ir tantas vezes ao ar até o necessário à integralização desse limite.

Antes da execução do direito de resposta, a emissora geradora e o partido ou coligação atingidos deverão ser notificados imediatamente da decisão, a qual indicará o período (diurno ou noturno) da veiculação da réplica, devendo ter lugar no início do programa partidário. Para esse fim, a gravação magnética da refutação deverá ser entregue à emissora geradora em até 36 horas após a ciência da gravação, cabendo a sua divulgação no programa subseqüente do partido ou coligação em cujo espaço se cometeu a ofensa.

Em qualquer caso, a temática da resposta deverá guardar conexão com os fatos veiculados na ofensa. Não havendo, pelo candidato, partido ou coligação favorecido, a utilização do tempo concedido sem a resposta aos fatos que originaram o pedido, terá subtraído, no seu horário gratuito, tempo idêntico do respectivo programa eleitoral. Havendo terceiro sido beneficiado com o direito de responder, como o permite o art. 58, III, *f*, da Lei 9.504/1997, o descumprimento dessa obrigação acarretará multa, arbitrada entre duas a cinco mil UFIRs, sem prejuízo da suspensão de igual tempo em novos pleitos. Referido comando normativo, ao estabelecer punição a terceiro, conduz, sem nenhuma dúvida, à ilação de que, no horário eleitoral gratuito, terceiro poderá ser beneficiário de direito de resposta. Neste sentido, há recente decisão do TSE no Recurso na Representação 82-DF, embora com ponto de vista contrário do relator.[27]

## *VIII — Da publicidade institucional*

De logo, impende ressaltar que a ordem jurídica não proscreve a realização de publicidade por parte da Administração. Antes a confirma.

Prova disso o art. 37, *caput*, da CF, impôs à gestão estatal estreita vinculação ao cânon da publicidade, a ganhar maior ênfase com a democracia representativa, pois segundo afirma Cármen Lúcia Antunes Ro-

27. M. v., decisão publicada durante a Sessão de 1.9.1998.

cha[28] "(...) o exercício ético do poder exige que todas as informações sobre o comportamento político dos agentes sejam oferecidas ao povo. Antes mesmos que alguém possa ocupar a condição de agente público, especialmente nos casos de agentes públicos conduzidos aos cargos por eleições, as informações a serem oferecidas ao povo são imprescindíveis e devem ser honestas. Por este princípio da publicidade é que se assegura o direito ao governo ético, à administração honesta".

Em excelente estudo sobre o assunto, desenvolvido a pretexto de analisar a legalidade de periódico *Informativo Municipal*, editado sob os auspícios da Assessoria de Imprensa da Prefeitura de São Sebastião (SP), destinado a veicular matérias inerentes a atividades administrativas e comunitárias desenvolvidas pela Administração Municipal, frisou Adílson de Abreu Dallari[29] que tal se impõe ante a circunstância de que a Constituição de 1988, ao consagrar os modelos republicano e democrático, implementou, como decorrência, os princípios da transparência e da participação, os quais se interagem mutuamente. Desse modo, o cidadão, para bem participar dos atos de governo, precisa ser informado do que este está fazendo ou pretende realizar. Por isso, a atividade da Administração Pública não pode ser algo secreto, oculto, do conhecimento de poucos, fazendo-a necessária a publicidade da atuação governamental.

Aderindo ao pensamento do jurisperito bandeirante, Geraldo Brindeiro[30] não enxerga propaganda eleitoral ilícita na simples realização de propaganda institucional, concebendo como salutar para o aperfeiçoamento da democracia a divulgação de obras e realizações administrativas da mesma maneira que a séria crítica política a candidatos.

Mais à frente, atento ao problema em torno da publicidade *versus* propaganda, sustenta o Constituinte, no art. 37, § 1º, da CF, que esta, na forma de propaganda administrativa, consiste na divulgação dos atos, programas e campanhas dos órgãos públicos, devendo ter caráter educativo, informativo ou de orientação social. Vedada, por outro lado, a propaganda que visa promoção pessoal do agente público.

Nesse particular, tenho como correta a lição de Adílson de Abreu Dallari,[31] desmistificadora de pruridos e inquietações exageradas, no sentido de que o caráter informativo da publicidade oficial não é desnaturado com o fato deste destacar atuações positivas, tocando à imprensa livre, aos membros do Parlamento, aos partidos e à sociedade civil constatar a veracidade do noticiado. Igualmente, enfatiza não poder ser reputado como abusivo a referência, ao longo do texto do nome do chefe do Executivo, ou de auxiliares diretos, desde que não extravase os lindes da razoabilidade. Cabe, assim, ao magistrado, no caso concreto, sopesar se a necessária divulgação dos atos de governo se mantém em patamar razoável, ou se transborda para o favorecimento pessoal.

No mesmo sentido, a Lei 9.504/1997 (art. 73, VI, *a*, VII), bem como o seu regulamento, aprovado pela Resolução 20.106/1998, reconhecem a permissibilidade da propaganda institucional, traçando-lhe limites. Há restrição de ordem temporal, ditada pela possível influência que a publicidade institucional teria nas proximidades das eleições, de maneira que se encontra vedada nos três meses antecedentes ao pleito. Admitidas apenas duas exceções, concernentes a: a) a propaganda de produtos ou serviços que possuam concorrência no mercado; b) a autorização da Justiça Eleitoral, em caso de

28. *Princípios Constitucionais da Administração Pública*, p. 241.

29. "Divulgação das atividades da Administração Pública — Publicidade administrativa e propaganda pessoal", *RDP* 98/245-247. O autor volta ao tema no artigo "Abuso de poder político", in *Direito Eleitoral*, pp. 243-246.

30. Loc. cit., p. 179.

31. Loc. cit., p. 247.

grave e urgente necessidade pública. Permite-se, ainda, a realização de pronunciamento em cadeia de rádio e televisão, fora do horário eleitoral gratuito, quando, a critério da Justiça Eleitoral, cuidar-se de matéria urgente, relevante e característica das funções de governo. Noutro passo, tem-se limitação quantitativa, proibida, em ano eleitoral, mas antes de três meses da disputa, a realização de gastos com publicidade dos órgãos públicos federais, estaduais, ou municipais, inclusive das entidades da Administração indireta, excedentes a média dos gastos três anos anteriores. A não observância dessas interdições acarreta a inflição ao responsável de multa, oscilante entre vinte mil e cem mil UFIRs, duplicada em caso de reincidência.

No plano doutrinário, Torquato Jardim[32] se manifesta pela incompatibilidade vertical entre os dispositivos de lei ordinária que, no período eleitoral, restringem a publicidade institucional. Funda-se em que, nos termos da Lei Máxima (art. 37, § 1º), não se está ante um direito do chefe do Executivo, mas, ao inverso, diante de um direito da cidadania e, em contrapartida, obrigação do governante, que é o de conhecer as ações de governo. Deveria caber à lei ordinária, no anelo de alcançar um equilíbrio entre os princípios da isonomia e o da prestação de contas à sociedade civil, estatuir preceitos hábeis a vedar que à publicidade governamental seja desvirtuada em benefício pessoal do agente político. A despeito da opinião, demasiado abalizada, penso que a Lei 9.504/1997 não apresentou, neste ponto, inconstitucionalidade, uma vez que, em compensação, os instrumentos de crítica dispostos ao alcance da oposição também passam, na mesma época, a sofrer limites, como se pode observar, por exemplo, das proibições do seu art. 45. A ausência de uma cultura nacional de reeleição, aliada à possibilidade do governante manter-se, durante a peleja, no desempenho do mandato, poderia conduzir a uma situação de desigualdade frente aos demais concorrentes.

O assunto inerente à publicidade institucional também foi alvo de preocupações no terreno pretoriano. Antes mesmo da Constituição de 1988, permitira o TSE a continuidade de propaganda institucional, contanto que excluído *slogan* de publicação de Governo do Estado, por traduzir propaganda cuja utilização se vislumbrava fins nitidamente eleitorais.[33] O argumento que embasou a decisão serve também, a princípio, como motivo para afastar a alegação de incompetência da Justiça Eleitoral para o exame de pedido fundado em possível desvirtuamento de finalidade quanto ao art. 37, § 1º, da Lei Fundamental em vigor. A possibilidade de manejo do poder jurisdicional da justiça comum, na hipótese de apuração de suposto ato de improbidade administrativa, não impede que a justiça especializada atue quanto aos seus reflexos que a propaganda possa ter no campo eleitoral.

Podemos apontar mais quatro oportunidades em que o TSE se defrontou com o problema, sendo as duas primeiras anteriores à Lei 9.504/1997. No MS 1.362-SP, discutiu-se a liceidade da propaganda das obras e programas do Governo do Estado. Acolhendo representação do PSDB, a Corregedoria Regional Eleitoral entendeu, à míngua de óbice legal, legítima a publicidade governamental de obras e programas, desde que retirados logotipo e a expressão *Novo Tempo*, caracterizadores de anterior campanha do Senhor Orestes Quércia, então Governador do Estado. Não se conformando, o representante interpôs agravo regimental, obtendo sucesso, com vistas a suspender integralmente a realização de dita publicidade, em face da época pré-eleitoral dos fatos. Submetida questão ao TSE, apesar deste indeferir o pedido, por entender que perdera seu objeto em virtude de posterior comunicação da Presidência do TRE/SP, informando o relaxamento parcial da determinação desta Corte, ficou esclarecido, no voto-

32. *Direito Eleitoral Positivo*, pp. 120-121.

33. MS 813-MG, rel. Ministro Aldir Guimarães Passarinho, *DJU* 24.9.1987, p. 20.213.

condutor do Ministro Octávio Gallotti, ser permitida a continuidade da divulgação publicitária, pelo seu caráter objetivamente informativo, excluindo-se apenas o elemento capaz de, direta ou indiretamente, influenciar a vontade do eleitorado em favor de determinado candidato ou partido.[34]

Por ocasião do recurso especial 12.806-MT, apreciou-se representação ministerial, julgada improcedente pelo Juízo da 49ª Zona Eleitoral, onde se questionava a validade da divulgação, no jornal *Diário de Cuiabá*, da atividade dos vereadores de Várzea Grande, por parte destes já estarem escolhidos em convenção como candidatos a reeleição. Improvido o recurso pela Corte Regional, ao entendimento de que não constituía propaganda irregular a veiculação, através da imprensa, de boletim informativo dos trabalhos dos vereadores, interpôs a Procuradoria Regional Eleitoral nova irresignação. O TSE, acolhendo parecer da Procuradoria-Geral Eleitoral, não vislumbrou a existência de propaganda em violação ao art. 50, § 2º, da Lei 9.100/1995.[35]

Durante a vigência da Lei 9.504/1997 que, como vimos, estatui termo final à veiculação da propaganda institucional (três meses antes da eleição), veio a lume a suspensão de liminar 16-DF, requerida pelo Governo do Distrito Federal contra decisão do TRE que acolhera pedido do PMDB, formulado no sentido de sua proibição. Em seu despacho, o Ministro Ilmar Galvão suspendera parcialmente o ato impugnado, facultando a continuidade da propaganda governamental, contanto que retirado o *slogan* "Governo Democrático e Popular" — GDP, por identificar o nome do Governador, candidato a novo mandato.

Outro exemplo se operou na representação 57-DF, na qual o Ministro Fernando Neves harmonizou a proibição temporal, constante do art. 73, VI, *b*, da Lei 9.504/1997, com o art. 16 da Lei 5.194/1966, permitindo, em despacho publicado no *DOU* de 17.8.1998,[36] a continuidade das placas alusivas a obras da Administração Federal, contanto que retiradas as expressões "Brasil em Ação" e "Um dos 42 Projetos do Programa Brasil em Ação". Salientou que o art. 16 da Lei 5.194/1966, lei administrativa, não revogável por norma de disciplina do processo eleitoral, determinando que, enquanto perdurar a execução de obras, instalações e serviços de qualquer natureza, é obrigatória a aposição e manutenção de placas visíveis e legíveis ao público, contendo o nome do autor e co-autores do projeto, mencionando todos os seus aspectos técnicos e artísticos, inclusive os responsáveis pela respectiva execução. Desenvolvendo sua argumentação, entendeu S. Exa. nada justificar a continuidade da presença de placas relativas a obras já concluídas, situações onde o registro há de se resumir à praxe da anotação da inauguração.

Pelos julgados, constata-se a licitude da propaganda institucional, voltada para satisfazer a obrigação dos governantes de tornarem as suas atuações transparentes aos cidadãos, propiciando a estes, após o conhecimento dos programas e ações dos Poderes Públicos, a oportunidade de participação na condução dos negócios públicos. Excluída, é certo, a divulgação que, exasperando os parâmetros normais, tenda primacialmente à promoção pessoal de determinado agente público.

A abusividade no exercício da publicidade institucional, resultante da infringência do art. 37, § 1º, da CF, configura abuso de autoridade, para os fins do art. 22 da Lei Complementar 64/1990, podendo importar, se for o caso, no cancelamento da candidatura do responsável.

Ainda quanto ao tema, há de se considerar o art. 77 da Lei 9.504/1997, ao proibir nos três meses antecedentes ao pleito,

34. Ementa publicada no *DJU* 14.2.1991, p. 867.

35. A ementa do julgado se acha no *DJU* 21.3.1997, p. 8.571.

36. S. I, pp. 53-55.

pena de cassação do registro, a participação dos candidatos a cargos do Poder Executivo, quer o atual exercente, ou seu adversário, nas inaugurações de obras públicas.

Veja-se que o legislador empregou a expressão, em sua forma plural, obra pública, a qual, no atual desenvolvimento do direito pátrio, possui conceito legislativo. Tal se encontra no art. 6º, I, da Lei 8.666/1993, ao ditar que considera-se obra "toda construção, reforma, fabricação, recuperação ou ampliação, realizada por execução direta ou indireta", podendo estar concluída ou em andamento.[37]

É preciso esclarecer que o disposto nos arts. 73 a 78 da Lei 9.504/1997 veicula proibições aos agentes da Administração, cuja atividade requer o interesse público seja contínua, a sua exegese não pode enveredar pelo método extensivo. Por esse motivo, não se encontra, no art. 77 do referido diploma, vedada a assinatura, por candidato ao Executivo, nos três meses anteriores às eleições, de convênios ou instrumentos similares. Idem na instalação de programas de governo. Em nenhum momento, a lei eleitoral visou decretar o recesso no Poder Executivo, de cujo desempenho depende a concretização da função administrativa.

À derradeira, dispõe o art. 75 da Lei 9.504/1997 ser vedada, durante as inaugurações, a contratação de *shows* artísticos estipendiados com recursos do erário.

### *IX — Diretrizes aplicáveis às sanções decorrentes da propaganda eleitoral ilícita*

A definição do regime jurídico das penalidades aplicáveis à propaganda eleitoral ilícita pressupõe, de início, o descortinar da natureza da atividade exercida para coibir a sua prática.

Vem indicada, às expressas, no art. 249 do CE, ao apontá-la como poder de polícia, embora seu desempenho constitua apanágio atípico de agentes integrantes do Judiciário.

Ainda que assim não dispusesse o legislador, a conclusão assomaria da circunstância de que normas como as dos arts. 36 e ss. da Lei 9.504/1997 autorizam integrantes de um dos poderes estatais a conter liberdade constitucional (direito de opinião e de expressão do pensamento) em prol do bem-estar geral. A própria jurisprudência do Tribunal Superior Eleitoral respalda essa conclusão, ao haver reputado sanção de índole administrativa a prevista no art. 48, § 4º, da Lei 9.100/1995, conforme se colhe do agravo regimental no agravo de instrumento 807-SP: "Agravo regimental. Pesquisas eleitorais. Registro. Divulgação. 1. A penalidade de multa prevista no § 4º do art. 48 da Lei 9.100/1995, sanção administrativa, é cominada ao candidato beneficiário independentemente da comprovação de sua participação. 2. Responsabilidade pela divulgação irregular de pesquisa de opinião, sem prévio registro na justiça eleitoral, nesta caso é objetiva. Agravo regimental improvido".[38]

Ao pensar pretoriano não é estranho o da doutrina. Joel José Cândido constitui exemplo preciso: "A propaganda lícita poderá sofrer uma outra espécie extraordinária de restrição, determinada pelo Poder de Polícia que, em matéria eleitoral, é sempre e exclusivamente, de competência dos órgãos da Justiça Eleitoral (CE, art. 249). No exercício do Poder de Polícia a Justiça Eleitoral age como Justiça-Administração-Pública, regulando, controlando e contendo os excessos no exercício da propaganda, em nome do interesse público".[39]

Daí decorre a vinculação das penas a serem aplicadas aos princípios da legalidade e da proporcionalidade.

37. Nesse particular, cf. os Pareceres AGU/LA-02/96 e AGU/LA-02/98, publicados no *DOU*-I, de 29.10.1996 e 7.7.1998, respectivamente.

38. Ac. un., rel. Ministro Maurício Corrêa, *DJU* de 12.9.1997, p. 43.814. Digno de leitura também passagem do voto do Ministro Octávio Gallotti no citado MS 1.362-SP.

39. *Direito Eleitoral Brasileiro*, p. 149.

Por legalidade se entende que a sanção aplicável deva se encontrar prevista em comando normativo. De advertir-se, como fincado no início deste trabalho, que, em face do art. 220, § 1º, da CF, qualquer restrição à liberdade de propaganda, na qualidade de vertente do direito de expressão, há de ser estatuída em lei em sentido estrito, isto é, aquela que, além de prescrever abstratamente determinado padrão de conduta (lei material), haja sido editada pelo órgão constitucionalmente incumbido da função legislativa, consoante procedimento adequado (lei formal).

Não podem diplomas de cunho regulamentar proibirem ou conterem o campo da propaganda eleitoral. Da mesma forma, não lhes cabe cominar penas para os transgressores de suas normas.

No campo do Direito Eleitoral particular atenção provoca a afirmativa de que as resoluções editadas pelos Tribunais Eleitorais, por não configurarem lei, não podem traçar limites à manifestação do pensamento, bem como a imposição de punições. Hão apenas de explicitar o modo de sua aplicação, sem inovar na órbita jurídica. Vale aqui a reserva absoluta da lei.[40]

Igualmente, não se pode perder de vista o princípio da proporcionalidade, já aqui em ótica diversa, voltada à sua significação no Direito Administrativo, de sorte a preconizar que a intervenção estatal nessa área se realize através dos meios legais estritamente necessários ao resguardo do interesse público. Mister que se balize pelo binômio necessidade-adequação.

Palmar a advertência de Celso Antônio Bandeira de Mello: "A utilização de meios coativos, por parte da Administração, conforme o indicado, é uma necessidade imposta em nome da defesa dos interesses públicos. Tem, portanto, na área de Polícia, como em qualquer outro setor de atuação da Administração, um limite conatural ao seu exercício. Este limite é o atingimento da finalidade legal em vista da qual foi instituída a medida de polícia. Mormente no caso da utilização de meios coativos, que, bem por isso, interferem energicamente com a liberdade individual, é preciso que a Administração se comporte com extrema cautela, *nunca se servindo de meios mais enérgicos que os necessários à obtenção do resultado pretendido pela lei*, sob pena de vício jurídico que acarretará responsabilidade da Administração. Importa que haja *proporcionalidade* entre a medida adotada e a finalidade legal a ser atingida".[41]

Assim parece haver-se lastreado o TSE em recente julgamento no REsp 12.567-GO,[42] no qual, levando em consideração que, com a só ordem liminar, o presumível infrator cessara a mensagem propagandística inquinada de ilegal, entendeu que havia sido alcançado o objetivo proposto pela legislação eleitoral, não mais então se justificando o agravamento da situação do particular, mediante ato estatal de inflição de pena pecuniária. O objetivo da Justiça Eleitoral consiste, primacialmente, no restabelecimento da ordem pública violada pela propaganda indevida, restando secundária a imposição de obrigação de dar dinheiro ao Estado. Caso viesse à lume veredicto contrário, poder-se-ia falar em desprezo à regra da proporcionalidade dos instrumentos postos à ação estatal.

Além da legalidade e proporcionalidade, reflexos inseparáveis da ação de polícia, a fiscalização judiciária não pode perder de vista outras máximas de observância obrigatória, quais sejam: o contraditório regular, a proscrição da *reformatio in pejus*, a solidariedade, a culpabilidade e o *non bis in idem*.

Implicando controle estatal sobre a propaganda na imposição de atos e absten-

40. Sobre a natureza regulamentar do poder normativo da Justiça Eleitoral, consultar o escólio de Víctor Nunes Leal (*Problemas de Direito Público*, p. 216).

41. *Curso de Direito Administrativo*, pp. 366-367.

42. Rel. Ministro Maurício Côrrea, ac. un., *DJU* 19.9.1997, p. 45.646.

ções aos particulares, com a cominação de pena, não se pode perder de vista a incidência aqui do princípio do contraditório. Essa premissa ganha alento com o art. 5º, LV, da CF, a exigir que aos litigantes, nos processos administrativo e judicial, são assegurados o contraditório e a ampla defesa, com os correspondentes meios e recursos. Nenhuma medida restritiva poderá ser tomada sem a ouvida da parte contra a qual a sua postulação é dirigida. Da mesma forma, encontra-se o sucumbente garantido com a possibilidade de rediscutir as decisões que lhe foram desfavoráveis.

Outro princípio relevante é o que não admite a possibilidade de *reformatio in pejus*, de longa tradição jurídica. Significa que a parte vencida não poderá, em virtude do exercício da sua legítima pretensão em recorrer, ver a sua situação agravada quando para tanto nada postulou o litigante adversário. Não constitui franquia exclusiva do Direito Penal, mas, ao inverso, possui aplicabilidade nas lides onde viceja a possibilidade de aplicação de pena.

Feliz síntese sobre os contornos da vedação à reforma para pior fora realizada pelo Tribunal Constitucional de Espanha (*Sentencia* de 19 de dezembro de 1988), conforme transcrito por José Maria Quirós Lobo: "Es un principio general de nuestro Derecho en el ámbito sancionador, tanto penal como administrativo, que en las segundas o sucesivas instancias cualquiera que fuere la naturaleza del recurso utilizado, ordinario ou extraordinario, no pueda agravarse la condena del recurrente por encima de la que había impuesto la sentencia impugnada, salvo que la parte contraria — el acusador en suma — hubiera recurrido independientemente, o se adhiera al recurso ya formulado. Esto conlleva la vinculación del juez *ad quem* o superior por los límites subjetivos y objetivos que hayan marcado la acusación y la defensa, en este ulterior grado jurisdicional".[43]

No plano específico das infrações relativas à propaganda eleitoral, há reconhecimento do cânon pelo TSE: "Recurso especial. Multa pela utilização de *outdoors* fora dos casos especificados em lei. Agravamento da sanção pelo Tribunal Regional Eleitoral ao julgar recurso do transgressor. Inviabilidade. Aplicação do princípio do *reformatio in pejus*. Recurso conhecido e provido".[44]

Voz abalizada contra a reforma para agravar a situação do recorrente são as de García de Enterría e Tomás-Ramón Hernández: "Uma última peculiaridade, também negativa, da técnica de impugnação das sanções, embora limitada à impugnação em via administrativa, é a admissão comum, até uma jurisprudência muito recente, da grosseira e arcaica técnica processual da *reformatio in pejus*. Esta técnica permite ao órgão que conhece e decide o recurso agravar as sanções do recorrente ou de terceiros não recorrentes. (...) A Administração abusou destas técnicas (especialmente em matéria de contrabando) até limites não facilmente imagináveis pelos processualistas penais, que expulsaram de seu âmbito essa possibilidade, como contrária à função elementar da justiça, séculos atrás. De novo encontramos enquistados no seio do Direito das repressões administrativas elementos arcaicos pré-modernos, de uma surpreendente vitalidade, e que resulta óbvio que o Direito Administrativo como tal não pode amparar de modo algum".[45]

Outro ponto que não pode passar em branco é o de que o art. 241 do Código Eleitoral alberga o princípio da solidariedade, nos excessos verificados no curso da propaganda, entre o partido, seus candidatos e

43. *Principios de Derecho Sancionador*, p. 117.

44. REsp 14.839-ES, ac. un., rel. Ministro Eduardo Rangel de Alckmin, *DJU* 29.8.1997. Merecedor de leitura o voto do relator, no qual, com apoio em precedentes do STF, sustenta que o postulado da *non reformatio in pejus* transcende o campo do processo penal.

45. *Curso de Direito Administrativo*, pp. 917-918.

adeptos. Assim os efeitos sancionatórios decorrentes da publicidade eleitoral irregular hão de ser suportados, em forma de obrigação solidária, por todos os envolvidos. Obrigação solidária, tal como definida pelo Direito Civil, é aquela a pressupor a pluralidade de credores (solidariedade ativa) ou devedores (solidariedade passiva), podendo cada um destes isoladamente exigir o seu cumprimento ou ser compelido a saldá-la, observado o rateio posterior entre os respectivos sujeitos.

O tema é inçado a forte controvérsia a partir do art. 36, § 2º, da Lei 9.504/1997, ao dizer que a sua violação sujeitará a pena de multa o responsável e, quando comprovado o seu prévio conhecimento, o beneficiário da propaganda antecipada. Poder-se-ia, ao primeiro olhar, falar na dualidade de multas. Penso que essa opinião, porque fundada na letra isolada do mencionado dispositivo legal, não é a dotada de maior razoabilidade. Preferível a exegese que atenda ao ideário perfilhado pelo sistema jurídico eleitoral. Sendo assim, faz-se necessária a sua conjugação com o art. 241 do CE, ao impor solidariedade entre os partidos, candidatos e adeptos, pela propaganda veiculada à margem da lei.

Não se alegue, por outro lado, que a edição da Lei 9.504/1997, por ser posterior, revogara, no particular da propaganda, o disposto no art. 241 do CE. Ledo engano. O comando contido na vigente codificação, por seu alcance genérico, não pode ter a sua vigência superada por dispositivos que visem atender a situação particularizada. Essa assertiva é justificada à luz do art. 2º, § 2º, da Lei de Introdução ao Código Civil, ao ditar que, à míngua de incompatibilidade, a lei nova, que estabeleça disposições gerais ou especiais além das já existentes, não revoga ou modifica a lei anterior. Assim, a superveniência de lei especial, como se apresenta a Lei 9.504/1997 frente ao Código Eleitoral (lei geral), não implica a perda de validade das normas deste.

Em segundo lugar, a circunstância do art. 36, § 2º, da Lei 9.504/1997, reportarse, além do responsável, ao beneficiário, na hipótese de conhecido, não está querendo dizer que devam haver duas punições. Absolutamente. Apenas está definindo o universo daqueles que, solidariamente, devam responder pela prática ilícita. Essa, com o merecido respeito, penso ser a melhor solução, por — desculpe-me o vício tautológico — prestigiar a hermenêutica sistemática, através do cotejo do dispositivo infringido com as regras gerais do Código Eleitoral.

No sentido do pensamento aqui defendido, há precedente do Tribunal Regional Eleitoral de Minas Gerais, ao reformar decisório de Juiz da Comissão de Fiscalização da Propaganda Eleitoral, ao impor a cada um dos três recorrentes multa equivalente a dez mil UFIRs, orientação que, a despeito de se referir à Lei 8.713/1993, ainda guarda atualidade por revelar os valores consagrados pelo *jus positum*. Eis a sua ementa: "Recurso contra decisão da Comissão de Fiscalização da Propaganda Eleitoral. Eleições de 1994. Publicação de propaganda eleitoral em tamanho superior ao permitido pela legislação vigente. Violação do art. 63 da Lei 8.713, de 1993. Aplicação da pena mínima prevista em seu parágrafo único. Multa reduzida a 5.000 UFIRs para todos os recorrentes, considerados solidariamente responsáveis. Recursos providos parcialmente".[46]

Por fim, vem à lume o questionamento em torno da culpabilidade, ou seja, se a infração pela propaganda indevida pressupõe, para a sua caracterização, elemento subjetivo, consistente em dolo ou culpa.

Sem negar que a tendência afirmativa vem ganhando cada vez mais corpo quando se trata de responsabilidade administrativa, impressiona-me a opinião, sempre abalizada, de Fávila Ribeiro,[47] para quem a existên-

46. Rel. Juiz Ernane Fidélis dos Santos, RO 118/94, m. v., *DJMG* 11.2.1995.

47. Loc. cit., p. 289.

cia de propaganda requer, por parte daquele que a veicula, o propósito deliberado de influir na opinião ou conduta do público a que é dirigida. Exige-se, em evocação ao Direito Penal, a presença de dolo específico, calcado no particular ânimo de sugestionar a preferência política da opinião pública.

Essa, contudo, não foi a opinião do TSE ao defrontar-se com o art. 59 da Lei 8.713/1993, similar do art. 36 da Lei 9.504/1997.[48]

Inaceitável também a dupla punição pelo mesmo fato. Isto, no entanto, não impede que, em virtude da propaganda irregular, haja responsabilidade em esferas diversas e autônomas, como a multa administrativa e a sanção por crime eleitoral. O que se proscreve é a imposição de mais de uma punição decorrente do exercício do poder de polícia.[49] A cumulação nesse campo somente se justifica quando há expresso permissivo legal que, na Lei 9.504/1997, somente se verifica com relação ao art. 45, § 2º c/c o art. 55, parágrafo único (programa eleitoral gratuito com violação do art. 45, I e II, da Lei 9.504/1997). Esclarecedora a seguinte decisão: "Administrativo. Infração cometida por barco pesqueiro, no transporte de mercadorias perecíveis para Ilha de Fernando de Noronha. Aplicação de multa e apreensão de embarcação. Art. 300 do Regulamento para o Tráfego Marítimo. Merece reforma parcial a sentença que anulou a sanção de apreensão da embarcação do impetrante, entendendo que a sua cumulatividade com a pena de multa transgrediria o princípio *non bis in idem*. É legal a aplicação de multa e apreensão da embarcação a infração comprovadamente cometida, eis que respaldada tal punição no art. 300 do RTM, que autoriza a cumulatividade das duas sanções. Remessa parcialmente provida".[50]

### *X — Normas procedimentais*

O art. 96 da Lei 9.504/1997 foi expresso em afirmar que as reclamações ou representações relacionadas com a malferições a seu texto podem ser feitas por qualquer partido político, coligação ou candidato, sendo originariamente competente para o seu processo e julgamento os: a) juízes eleitorais, quando se tratar de eleição municipal; b) Tribunais Regionais Eleitorais, nas disputas federais, estaduais e distritais; c) Tribunal Superior Eleitoral, na eleição para Presidente da República.

Nas eleições municipais, existindo numa determinada Comarca mais de uma Zona Eleitoral, competirá ao Tribunal Regional Eleitoral designar um magistrado, titular de funções eleitorais, para apreciar as reclamações e representações.

No particular das eleições federais, estaduais e distritais, com exceção à presidencial, os Tribunais Regionais Eleitorais designarão três juízes auxiliares para, originariamente, apreciarem as representações ou reclamações sobre a não observância da Lei 9.504/1997. Malgrado este diploma utilizar o vocábulo designarão, a dar a idéia de obrigatoriedade, há de se entender que se cuida de faculdade dos Tribunais Regionais Eleitorais. Inalterável, portanto, o entendimento do TSE, firmado por ocasião do art. 84, § 1º, da Lei 8.713/1993, a assentar que, mesmo tendo o legislador utilizado o vocábulo designarão, a instituição do juizado auxiliar da propaganda deveria ficar à discrição da Corte Regional.[51]

48. Recurso 12.399-MT, ac. un., rel. Ministro Marco Aurélio, *Jurisp. Trib. Sup. Eleit.*, v. 7, n. 2, abr.-jun. 1996, p. 281. Idem no REsp 12.438-TO (ac. un., rel. Ministro Marco Aurélio, *DJU*-I 9.6.1995, p. 17.352).

49. Maiores comentários sobre o assunto, consultar Enrique Bacigalupo, *Sanciones Administrativas: Derecho Espanõl y Comunitario*, p. 53.

50. TRF-5ª R., REO 330.762-RN, rel. Juiz Francisco Falcão, *DJU*-II 21.3.1994.

51. REsp 12.374-TO, ac. un., rel. Ministro Torquato Lorena Jardim, *DJU*-I 3.2.1995, p. 1.083; REsp 12.523-MA, ac. un., rel. Ministro Eduardo Rangel de Alckmin, *DJU* 18.4.1997, p. 13.862.

Sem embargo da celeridade que o Juizado Auxiliar da Propaganda vem imprimindo ao processo eleitoral, não posso olvidar a existência de quem vislumbre a inconstitucionalidade de sua criação pela Lei 9.504/1997. Assim se posiciona Joel José Cândido,[52] fazendo-o supedâneo no art. 122 da Lei Maior, que dispõe: "Lei complementar disporá sobre a organização e competência dos tribunais, dos juízes de direito e das Juntas Eleitorais". Contrariamente ao abalizado autor, penso que o problema possa ser contornado, a nível de compatibilidade vertical, com a inteligência de que o Constituinte apenas reservou à lei complementar, quando empregou a palavra competência, o apanágio de dispor sobre a matéria a ser apreciada pela Justiça Eleitoral, em contraposição às outras jurisdições especializadas e à justiça comum. Nada impedirá, assim, que o legislador ordinário disseque, de modo distributivo, a competência originária ou recursal dos diversos órgãos daquela.

O TSE, nessa linha, vem validando a atribuição deferida aos juízes auxiliares criados pela Lei 9.504/1997, inclusive entendendo que aos juízes eleitorais das zonas descabe o julgamento das representações previstas no seu art. 96. Digno de leitura o julgado proferido no recurso especial eleitoral 15.334-SC,[53] onde a Excelsa Corte, a despeito de preservar o poder de polícia dos juízes das zonas eleitorais, manifestou-se pela competência funcional — e, portanto, absoluta — dos juízes auxiliares para o processamento das representações, das quais poderão resultar a imposição de penalidades. Contrariando parecer da lavrado Dr. Eduardo Antônio Dantas Nobre, Subprocurador-Geral da República, que opinava, forte no art. 57 da Resolução 20.106/1998, no sentido de que a competência dos juízes auxiliares não afastaria, nos limites de sua circunscrição, a dos juízes das zonas, o voto do relator distinguiu: "É certo que cabe exclusivamente aos Juízes Eleitorais exercer o poder de polícia sobre a propaganda, significando dizer que podem estes determinar medidas como a retirada de determinada veiculação ocorrida exclusivamente no âmbito de sua jurisdição etc. A imposição de multa, entretanto, será sempre feita em representação a ser apreciada em sede originária pelo Tribunal Regional Eleitoral, quando se cuidar de eleições federais, estaduais ou distritais".

Por esse entendimento, a competência dos juízes das zonas eleitorais está adstrita à adoção de medidas tendentes a fazer cessar a postura contraveniente das limitações sobre propaganda. Não se estende à aplicação das penalidades legais, em processo regular, este da alçada exclusiva, nas eleições federais, estaduais e distritais, dos Tribunais Regionais Eleitorais ou, quando designados, dos magistrados auxiliares da propaganda. Com a máxima vênia, dissinto da respeitável orientação. Melhor a exegese que não afasta do poder de polícia a sua conseqüência conatural, consistente na inflição de penalidades, voltadas à preservação da ordem pública. A venerando aresto, embora apoiado em sólidas balizas, reduziu o alcance da atribuição deferida aos magistrados eleitorais pelo art. 249 do CE.

Protocolada a representação ou reclamação, caberá ao magistrado notificar imediatamente o reclamado ou representado, que necessariamente não deverá ser candidato, partido ou coligação, podendo igualmente recair em qualquer pessoa que atue no sentido da violação da Lei 9.504/1997, para, no prazo de 48 horas, apresentar defesa. Assestado o pedido contra candidato já escolhido em convenção, a notificação poderá recair no partido ou coligação a que esteja vinculado. Existindo nas secretarias dos Tribunais Eleitorais advogados cadastrados como patrono de candidatos, partidos ou coligações, deverão igualmente ser

52. "Organização e competência dos Juízes Auxiliares na Lei das Eleições", Anais do I Congresso Centro-Sul de Direito Eleitoral, Campo Grande, Mato Grosso do Sul, 1998, pp. 69-72.

53. Ac. un., rel. Ministro Eduardo Alckmin, *DJU* 2.10.1998.

notificados para o feito com a antecedência mínima de 24 horas do término do prazo para defesa, podendo, para tanto, ser utilizado *fax*, telex ou telegrama.

As súplicas, que deverão, de maneira satisfatória e objetiva, relatar fatos, com a indicação de provas e indícios, serão distribuídas igualitariamente para cada um dos juízes em função de auxílio, observada a ordem de protocolo do respectivo Tribunal Eleitoral.

Não há necessidade da intervenção do representante vir obrigatoriamente respaldada por advogado. Isto se justifica por a Lei 9.504/1997 (art. 96, *caput*) conferir, às expressas, não só legitimidade, mas também capacidade postulatória, a partido político, coligação ou candidato, prevalecendo orientação do TSE sedimentada desde a Lei Complementar 5/1970 (antiga Lei de Inelegibilidades),[54] ao ser, como a atual (Lei Complementar 64/1990, art. 3º), expressa que qualquer candidato, partido político, coligação ou o Ministério Público, possa apresentar pedido de impugnação de candidatura.

Ademais, a matéria inerente a propaganda, encontrando-se no poder de polícia da Justiça Eleitoral, poderá exigir desta ação de ofício, sem ao menos necessidade de representação. Com maior razão, não se afigura imprescindível o atuar privativo de advogado. Este entendimento consta da fundamentação do deliberado pelo TSE no REsp 15.094-SP.[55] Em reforço, é de se notar que o Supremo Tribunal Federal acolheu, no que pertine à revisão criminal, ponto de vista, no sentido de que o art. 1º do atual Estatuto da Advocacia não revogara o *jus postulandi* nas hipóteses em que autorizado legislativamente,[56] devendo-se notar, no que concerne à propaganda eleitoral, a existência de legislação específica e posterior.

Se entender necessário, o juiz auxiliar poderá remeter os autos ao representante do Ministério Público para ofertar, em 24 horas, parecer. Excedido o prazo sem pronunciamento, caber-lhe-á requisitar os autos para decisão.

Conclusos os autos, não havendo necessidade de dilação probatória, o magistrado prolatará a sua decisão, publicando-a em 24 horas. No prazo de 24 horas dessa publicação, a ser realizada em Secretaria, poderá o sucumbente interpor recurso, facultando-se ao recorrido, no mesmo prazo, apresentar contradita ao inconformismo. Para que se possa ter por realizada publicação em Secretaria, é mister, como determina a Resolução 20.279, publicada no *DJU*-I, edição de 13.8.1998, a afixação da sentença em quadro próprio, a ocorrer no intervalo das 14:00 as 19:00 horas, certificando-se a ocorrência nos autos.

Caberá ao Tribunal Regional Eleitoral, no intervalo de 48 horas, após o recebimento dos autos pelo relator, julgar o recurso, independentemente de publicação de pauta, ficando a decisão publicada em sessão.

Ocorrendo excesso injustificado nos prazos, poderá a parte dirigir-se ao órgão superior, o qual deverá, observado o rito aqui estabelecido, efetuar o julgamento da causa.

Gostaria aqui de fazer um breve comentário quanto ao curso dos prazos, bem como a publicação das decisões em cartório ou em sessão. Não se pode negar que o processo eleitoral, nesse particular, recebe o influxo subsidiário das normas do CPC, quais sejam as dos seus arts. 184 e 506.[57] É certo que também não se pode desconhecer a existência de peculiaridades no processo

54. TSE-BE 376/645-646.

55. Ac. un., rel. Ministro Eduardo Rangel de Alckmin, *DJU* 19.12.1997, p. 145.

56. Interessante a leitura do HC 72.981-SP, relatado pelo Ministro Moreira Alves (1ª T., *DJU* 9.2.1996), ocasião em que se assentou a continuidade da vigência do art. 627 do CPP, condizente com a revisão criminal.

57. Cf. o magistério de Adriano Soares da Costa (*Direito Processual Eleitoral*, p. 229) e Joel José Cândido (loc. cit., p. 211), dirigido justamente ao assunto dos recursos.

eleitoral a informar a ligeireza nos seus atos, de maneira a validamente serem adotadas hipóteses em que se dispense a publicação das decisões na forma regular, bem como se faculte o curso dos prazos em sábados, domingos e feriados. Indispensável, no entanto, que haja dispositivo legal em contrário, autorizando a fuga do prescrito no Código de Ritos.

Prova insofismável disso é que os traços especiais dos recursos eleitorais, tais como o efeito suspensivo, o prazo exíguo de três dias, sempre tiveram sua admissibilidade condicionada à previsão legal, como ocorre com os arts. 257 e 258 do CE. Não é por outra razão que o recurso extraordinário, a ser interposto das decisões do TSE que versem debate constitucional, tem seu prazo regido pelo CPC.

No particular da contagem dos prazos para recorrer, o TSE, atento à questão, deliberou: "Prazo. Curso em sábados, domingos e feriados. Propaganda eleitoral. Impertinência. Os preceitos insertos no art. 16 da Lei Complementar 64/1990 e no art. 50 da Resolução-TSE 14.002, de 18.11.1993, aplicam-se, tão-somente, às controvérsias relativas a registro de candidato e impugnações. Descabe empolgá-los para glosar a situação em que o recurso foi interposto contra acórdão proferido em processo versando sobre propaganda eleitoral. Tanto vulnera a lei aquele que afasta do campo de aplicação caso contemplado, como o que inclui hipótese que lhe é estranha".[58] Compulsando o voto do relator vê-se que, nas suas razões, nada mais acolhe senão o raciocínio aqui desenvolvido, segundo o qual a contagem de prazo aos sábados, domingos e feriados somente se legitima quando houver expressa previsão legal, e que esta é alheia à matéria inerente à propaganda eleitoral. No nosso ordenamento, a única hipótese contemplada é a do art. 16 da Lei Complementar 64/1990, que repetia o art. 18 da sua antecessora (Lei Complementar 5/1970), mas que se destina a universo restrito, não abrangendo as contendas oriundas da propaganda eleitoral indevida. Purgando qualquer dúvida, o esclarecedor voto do Ministro Diniz de Andrada no recurso 12.475, cls. 4ª, Ag/TO: "O fundamento do despacho agravado é o de que o Tribunal Regional se achava de plantão no domingo 16 de outubro de 1994 e então, nesse dia, se consumou o prazo recursal. Com a devida vênia, parece-me improcedente. A regra geral de ordem processual, aplicável também no campo eleitoral, é a da extensão do prazo para o dia útil imediato quando o final recai em sábado, domingo ou feriado. É certo que a Lei Complementar 64 consagrou exceção, ao dispor diferentemente em ser art. 16. Mas, aí cogitava-se da disciplina do registro dos candidatos, quando o processo está a exigir celeridade em favor da ordem pública e das próprias partes. O princípio geral pode ser excepcionado, mas há de sê-lo expressamente. De outra forma, impera a contagem a molde do art. 184 do Código de Processo Civil. Na hipótese *sub judice*, o especial inadmitido versava assunto ligado à realização de pesquisas eleitorais, totalmente diverso daqueles cuja urgência inspirou o legislador a tratamento excepcional. Por fim, o fato de se achar em funcionamento naquele domingo a Secretaria do TRE autorizava a apresentação do recurso na oportunidade, mas não tem a força de se transformar em termo final do prazo, diante da ausência de determinação legal a respeito. Meu voto é no sentido de dar provimento ao agravo para o fim de determinar a subida do especial,

58. Recurso 12.364-SC, ac. un., rel. Ministro Marco Aurélio, *DJU*-I 28.4.1995, p. 11.219. Na mesma linha, vislumbra-se antigo precedente na consulta 3.051, rel. Ministro Milton Sebastião Barbosa, publicada no *Boletim Eleitoral*, v. 214, t. 1, p. 376. Perfilham a mesma inteligência ainda os seguintes arestos: recurso 5.285-RJ (ac. un., rel. Ministro Moreira Alves, publicado em sessão em 27.9.1982); consulta 3.051-MG (ac. un., rel. Ministro Oscar Corrêa Pina, j. 19.11.1968); recurso 10.219-CE (ac. un., rel. Ministro José Cândido, *Jurisp. Trib. Sup. Eleit*. 4/284, out.-dez. 1993).

dentro da orientação adotada, em tais hipóteses, pelo TSE".[59]

No plano doutrinário, bem expresso sobre a particularidade aqui comentada Tito Costa[60] quando, ao depois de asseverar a aplicação das disposições do CPC, com ênfase para o seu art. 184, não vislumbra nenhuma incompatibilidade com a possibilidade, mas não obrigação, dos recursos serem interpostos nos sábados, domingos e feriados, caso aberto se encontrem os cartórios eleitorais e as secretarias dos TREs. O costume, que recua a longa data, dos calendários das eleições preverem permaneçam abertas tais repartições 90 dias antes do embate visa facilitar a todos os interessados amplo amparo jurisdicional nestes dias, principalmente no caso de registro de candidaturas, cujos prazos, aqui sim, podem ter início e curso em sábados, domingos e feriados, conforme previsto na Lei de Inelegibilidades. No entanto, silente a lei eleitoral quanto a tal possibilidade, imperioso o recurso ao CPC.

É certo que o art. 4º da Resolução 20.279 dispõe: "Os prazos relativos às reclamações são contínuos e peremptórios e não se suspendem aos sábados, domingos e feriados". Algumas conclusões podem ser extraídas: a) a necessidade, como atrás alvitrado, de previsão normativa para esse fim, antes não existente; b) a impossibilidade da aplicação retroativa de tal diploma, porquanto o seu art. 5º prevê a sua entrada em vigor na data da publicação; c) mencionado diploma, ao servir de meio integrativo à Resolução 20.106, somente é aplicável a fatos relacionados com as eleições de 1998.

O mesmo se diga com a intimação através de publicação em cartório ou em sessão. Para que tal supra a intimação na forma regulada pelo CPC é preciso haja lei expressa, tanto que, em virtude disto, o TSE entende que a ciência das decisões sobre registro de candidatura, para fins de recurso, principia da leitura do acórdão na sessão de julgamento, ou do depósito da sentença em cartório, conforme o art. 11, § 2º, da Lei Complementar 64/1990.

O art. 96, § 6º, da Lei 9.504/1997, ampliando o rol da norma acima, menciona que as decisões dos juízes auxiliares e dos Tribunais Regionais Eleitorais, versando discussão sobre o seu descumprimento, são publicadas em cartório e em sessão.

Do julgamento do TRE caberá recurso especial para o TSE, no prazo de três dias. Das deliberações deste poder-se-á ainda falar em recurso extraordinário, caso discutida infringência a dispositivo constitucional.

Antes de encerrar este tópico, não posso deixar de frisar que as decisões sobre propaganda desafiam a interposição de embargos declaratórios. A ausência de sua menção na Lei 9.504/1997 não permite que se opte pelo seu descabimento, principalmente quando cada vez mais é acentuada a tendência de permitir a sua utilização, na qualidade de recurso integrativo, com relação a qualquer provisão judicial que contenha carga decisória, como os despachos interlocutórios.

O CE, ao admiti-los no seu art. 275, mostra não haver qualquer incompatibilidade no processo eleitoral. O fato desse dispositivo reportar-se a acórdão não implica no seu não cabimento quanto às decisões monocráticas. Absolutamente. A aplicação supletiva do CPC volta à baila. Ensina Tito Costa: "Pode parecer, à primeira vista, que no processo eleitoral esse recurso só seja possível em relação a decisões do Juízo Superior. Já dissemos anteriormente que o CPC admite os embargos contra sentenças de primeiro grau e acórdãos da instância superior. Sendo a lei processual civil aplicável, subsidiariamente, no processo eleitoral, e por ser mais ampla a sua abrangência no tocante a esse tipo de recurso, parece-nos curial que se amplie, também no procedimento eleitoral, a sua utilização, ao ponto de alcan-

59. TSE, recurso 12.475, cls. 4ª, Ag/TO, rel. Ministro Diniz de Andrada, j. 25.4.1995.

60. *Recursos em Matéria Eleitoral*, pp. 55-56.

çar seu cabimento em relação a sentenças de Juízes ou Juntas Eleitorais".[61] Por seu turno, a jurisprudência do TSE é pela admissão dos embargos declaratórios no processo eleitoral contra sentença e acórdãos, afastando-os apenas quando se tratar de despacho.[62] Concebe-se inclusive a sua interposição por terceiro prejudicado com a decisão embargada.[63]

### *XI — A propaganda ilícita e seus efeitos*

A violação às regras inerentes à propaganda eleitoral é apta a ensejar conseqüências as mais distintas. Além das medidas relacionadas com o poder de polícia da Justiça Eleitoral, já comentadas linhas atrás, poderá haver repercussão no campo penal ou no concernente à legitimidade da eleição.

Na esfera criminal, tem-se a previsão de vários crimes eleitorais relacionados com a propaganda. No Código Eleitoral, encontramos os arts. 323 (divulgação de fatos inverídicos), 324 (calúnia), 325 (difamação), 326 (injúria), 331 (inutilizar, alterar, ou perturbar meio de propaganda), 332 (impedimento da propaganda eleitoral legítima), 334 (utilizar atividade comercial para fins de propaganda), 335 (fazer propaganda em língua estrangeira) e 337 (ato de propaganda com a participação de estrangeiros desprovido de direitos políticos). Na Lei 9.504/1997, encontramos os arts. 39, § 5º, I e II (uso de alto-falantes e amplificadores de som, promoção de comício ou carreata e distribuição de material de propaganda) e 40 (utilização na propaganda de símbolos, frases ou imagens, associadas ou semelhantes às empregadas por órgão governamental ou entidade da Administração indireta). Não esquecer que as determinações dos magistrados eleitorais sobre propaganda, caso descumpridas, caracterizam, em tese, o crime de desobediência, tipificado no art. 347 do CE.

Considerando-se a influência que a propaganda poderá induzir no eleitorado, graves infringências no seu exercício poderão conduzir ao reconhecimento de abuso de poder econômico, conforme já salientara a jurisprudência,[64] a ser reconhecido em investigação judicial, a qual, se julgada antes do pleito, poderá implicar na cassação do registro e na inelegibilidade para as eleições a se realizarem nos três anos seguintes (art. 22, Lei Complementar 64/1990). Caso a investigação judicial venha a ser julgada após a eleição, cabível, para fins de declaração da perda do mandato, o uso da ação de impugnação prevista no art. 14, § 10, da CF.

### *XII — Palavras finais*

Esperamos haver obtido nosso intento, no sentido de assentar a possibilidade do Estado, através de lei, limitar a liberdade de expressão em prol da igualdade dos embates eleitorais, com a exposição das situações em que tal é permitido, diante da Lei 9.504/1997, juntamente com as conseqüências que a violação poderá acarretar aos beneficiários da propaganda eleitoral irregular.

Sugere-se, como bússola para o intérprete dos comandos legais, a observância dos postulados da legalidade e da proporcionalidade.

### *Bibliografia*

AYALA, Bernardo Diniz. "O direito de antena eleitoral", in MIRANDA, Jorge, *Perspectivas*

61. Loc. cit., p. 98.

62. Agravo regimental no agravo de instrumento 918-BA, rel. Ministro Maurício Corrêa, *DJU* 14.8.1998, p. 54; embargos de declaração no recurso especial eleitoral 15.143, rel. Ministro Eduardo Alckmin, *DJU* 18.8.1998, p. 61.

63. Recurso especial eleitoral 15.233-BA, rel. Ministro Maurício Corrêa, *DJU* 25.9.1998, p. 70.

64. Recurso ordinário 11.925-RO, ac. un., rel. Ministro Torquato Lorena Jardim, *DJU* 29.3.1996, p. 6.428; recurso ordinário 12.394-RS, m. v., rel. Ministro Torquato Lorena Jardim, *DJU* 1.3.1996, p. 5.084.

*Constitucionais nos 20 Anos da Constituição de 1976*. Coimbra: Coimbra Editora, 1996, pp. 573-653.

BACIGALUP, Enrique. *Sanciones Administrativas: Derecho Español y Comunitario*. Madri: Colex, 1991.

BANDEIRA DE MELLO, Celso Antônio. *Curso de Direito Administrativo*. 4ª ed. São Paulo: Malheiros Editores, 1993.

BASTOS, Celso Ribeiro e MARTINS, Ives Gandra. *Comentários à Constituição do Brasil*. v. 2. São Paulo: Saraiva, 1988/1989.

BRINDEIRO, Geraldo. "A liberdade de expressão e a propaganda eleitoral ilícita", *Revista de Informação Legislativa* 28 (110):175-180, Brasília, abr.-jun. 1991.

CÂNDIDO, Joel José. *Direito Eleitoral Brasileiro*. 6ª ed. Bauru: Edipro, 1996.

CAVALCANTE, José Gerim Mendes. "*Outdoors* em propriedade particular", *Cadernos de Direito Constitucional e Eleitoral do TRE/SP* 8 (29):24-30, São Paulo, jan.-mar. 1995.

I CONGRESSO CENTRO-SUL DE DIREITO ELEITORAL, Campo Grande, Tribunal Regional Eleitoral de Mato Grosso do Sul, 1998, 215 pp.

COSTA, Adriano Soares. *Direito Processual Eleitoral*. Belo Horizonte: Ciência Jurídica, 1996.

COSTA, Tito. *Recursos em Matéria Eleitoral*. 3ª ed. São Paulo: Ed. RT, 1990.

DALLARI, Adílson Abreu. "Divulgação das atividades da Administração Pública — Publicidade administrativa e propaganda pessoal", *Revista de Direito Público* (98):245-247, São Paulo.

GARCÍA DE ENTERRÍA, Eduardo e FERNÁNDEZ, Tomás-Rámon. *Curso de Direito Administrativo*. São Paulo: Ed. RT, 1990.

HOFFMANN-RIEM, Wolfgang. "Libertad de comunicación y de medios", in BENDA, Ernst *et alii*. *Manual de Derecho Constitucional*. Madri: Marcial Pons, 1996.

JARDIM, Torquato. *Direito Eleitoral Positivo*. 2ª ed. Brasília: Brasília Jurídica, 1998.

LEAL, Víctor Nunes. *Problemas de Direito Público*. Rio de Janeiro: Forense, 1960.

LOBO, José María Quirós. *Principios de Derecho Sancionador*. Granada: Editorial Comares, 1996.

PONTES DE MIRANDA, Francisco Cavalcanti. *Comentários ao Código de Processo Civil*. t. IV. Rio de Janeiro: Forense, 1974.

RIBEIRO, Fávila. *Direito Eleitoral*. 2ª ed. São Paulo: Forense, 1986.

ROCHA, Cármen Lúcia Antunes. *Princípios Constitucionais da Administração Pública*. Belo Horizonte: Del Rey, 1994.

RODRIGUES, Lêda Boechat. *A Corte Suprema e o Direito Constitucional Americano*. Rio de Janeiro: Forense, 1958.

SANTOS, Ernane Fidélis dos. *Manual de Direito Processual Civil*. v. 2. São Paulo: Saraiva, 1986.

SCHWARTZ, Bernard. *Direito Constitucional Americano*. Rio de Janeiro: Forense, 1966.

# A CONTRATAÇÃO DE EMPRESAS PARA SUPORTE DA FUNÇÃO REGULADORA E A "INDELEGABILIDADE DO PODER DE POLÍCIA"

FLORIANO DE AZEVEDO MARQUES NETO

Doutor em Direito Público pela Universidade de São Paulo.
Professor da Pontifícia Universidade Católica de São Paulo

*1.* Procura-se no presente texto enfocar a questão da contratação de empresas privadas de engenharia consultiva para a prestação de serviços de gerenciamento, acompanhamento e apoio à fiscalização das concessionárias de sistemas rodoviários.

O interesse em enfocar tal tema advém, imediatamente, do crescente interesse que o poder concedente destes serviços tem de lançar mão de empresas especializadas para apoiá-lo nas suas funções e da emergência (melhor seria ressurgimento) de questionamentos relacionados à suposta impossibilidade de contratação destas atividades, porquanto seriam elas intransferíveis aos particulares.

Porém, o interesse também é suscitado, de forma mediata, pelo fato de que o tema permite-nos palmilhar questões sempre candentes para os administrativistas.

*2.* A natureza das atividades estatais; a indelegabilidade do poder de polícia; o caráter insubstituível das carreiras públicas; as fronteiras do serviço público. Enfim, voltar à discussão acerca da legalidade da contratação de empresas privadas para gerenciar empreendimentos do poder público é sempre uma irresistível oportunidade para tangenciar (sem pretender esgotá-lo, por impossível) o manancial polêmico destas questões. É o que pretendemos fazer, tendo por vetor a contratação cogitada no item 1 supra.

## *I — Introdução*

*3.* Muito já se controverteu acerca da contratação de terceiros (empresas privadas) para a execução de obras ou serviços públicos. Tempo houve em que todos os cometimentos de interesse público (da abertura de estradas ao calçamento de ruas com paralelepípedos) eram executados por funcionários do Estado. O próprio instituto da concessão de serviços públicos foi precedente à simples contratação de empresa para mera execução de obras e serviços, afigurando-se, ainda no século passado, como uma primeira iniciativa para ensejar a participação de particulares na realização de intervenções necessárias à coletividade, mormente nas áreas de ferrovias, fornecimento de gás e eletricidade.[1]

1. Cf. Arnoldo Wald, Luiza R. Moraes e Alexandre Wald: *O Direito de Parceria e a Nova Lei de Concessões*, Ed. RT, 1996, pp. 57 e ss.

*4.* O fato é que nem o mundo nem o Direito são estáticos. No curso do desenvolvimento humano, crescem as necessidades de provimento de necessidades coletivas pelo poder público. Cresce a complexidade das atividades necessárias a este atendimento. Incrementam-se as técnicas e as especializações aptas a realizar tais atividades. Remodela-se o desenho e a estrutura dos entes estatais. Torna-se inconveniente, quando não inviável, para o Estado absorver os recursos humanos, tecnológicos e financeiros necessários à realização direta, por prepostos seus, de todas as atividades que se lhe são impostas pela coletividade.

*5.* Neste sentido, a Lei e, posteriormente, a própria Constituição passam a prever expressamente a possibilidade de contratação pelo Estado de terceiros para executar obras e serviços, bem como para fazer fornecimentos, que sejam demandados pela atividade administrativa. A partir daí, o gestor da coisa pública exerce sua margem de discricionariedade[2] para, a partir de critérios políticos e administrativos, optar por realizar uma dada atividade direta ou indiretamente voltada ao atendimento do interesse público — pois que se interdita a utilização de recursos públicos para a consecução de atividades que não se prestem, mediata ou imediatamente, a estes fins — ou por pessoas físicas (indivíduos que se tornam genericamente servidores) recrutadas para este fim, ou por pessoas jurídicas (empresas).

*6.* A verificação de uma crescente tendência dos administradores preferirem a segunda alternativa (contratação de pessoas jurídicas) em detrimento da primeira (contratação de pessoas físicas) decorre menos de questões de Direito, e mais do emergente consenso acerca das dificuldades e das contra-indicações geradas pelo inevitável crescimento dos quadros de servidores. A ciência da administração se enreda desde sempre na discussão das teorias sobre a melhor forma de administrar a máquina pública. Digno de nota, este debate aqui contudo não cabe. Apenas a título de referência, pelo respeitável resumo dos debates mais recentes, vale citar o vasto material que vem sendo ventilado pela *Revista de Serviço Público*, órgão de divulgação da Escola Nacional de Administração Pública.[3]

A propósito dessa tendência, cabe trazer à colação, com o objetivo de enfatizar a necessidade do aperfeiçoamento da ação fiscalizatória do Poder Público (carente de pessoal especializado para atender à demanda sempre crescente de melhoramentos públicos), os contratos de gerenciamento firmados por diversos órgãos públicos para o acompanhamento das obras integrantes de programas e objeto de financiamento de agências internacionais de fomento, mormente o Banco Interamericano de Desenvolvimento — BID.

O elenco de encargos previstos nos contratos do BID demonstra, de maneira inequívoca, que os órgãos públicos, sem prejuízo de suas atribuições legais, adotaram um sistema de fiscalização e acompanhamento de obras condizente com a importância, a complexidade e o vulto do empreendimento, entendendo o órgão financiador que não seria conveniente a utilização de pessoal e estrutura das unidades que integram a Administração Pública.

*7.* O Estado, é cediço, é ente personalizado apenas para fins jurídicos. A partir da

2. Ensina Carlos Pinto Coelho Motta: "Cumpre, neste ínterim, mencionar que foge à competência institucional do Tribunal de Contas julgar a oportunidade e a conveniência das decisões administrativas destinadas a viabilizar a licitação e o correspondente contrato de terceirização. É sua competência (art. 76, XIV, da Constituição do Estado) examinar a legalidade do contrato" ("Terceirização e funcionalização: conflito ou complementariedade", in *Boletim de Direito Administrativo*, v. 12/97, Ed. NDJ, dez. 1997, p. 805).

3. Dentre todos, cite-se L. C. Bresser Pereira: "Da Administração Pública burocrática à gerencial", in *Revista do Serviço Público*, n. 1, v. 120, ano 47, jan.-abr. 1996.

separação público e privado (subjacente à idéia de República[4]) faz-se necessário dotar a idéia de Estado de mecanismos jurídicos que lhe permitam ser sujeito de direitos e obrigações. Em última instância, o que caracteriza o Estado é o monopólio do poder decisório, a capacidade de decidir quando, como e por que meios serão alocados recursos coletivos para exercer função pública[5] com vistas ao atendimento de necessidades comuns à coletividade. Daí a razão por que, sempre, a consecução de uma finalidade pública dependerá do concurso de pessoas (físicas ou jurídicas).

*8.* Assim, a viabilização das atividades estatais sempre dependerá, em última instância, do estabelecimento de vínculo com particulares. Afinal, os agentes públicos nada mais são do que pessoas privadas que travam relacionamento obrigacional com o Estado para executar uma dada atividade ou função públicas. Afora aqueles que exercem o poder estatal, recebendo a atribuição (mandato ou investidura) para exercer função pública (*v.g.*, os detentores de mandato parlamentar, os governantes eleitos, os magistrados), os demais servidores estatais firmam com o Estado um vínculo de contraprestação obrigacional, pelo qual executam um trabalho (subjacente ao exercício da função) recebendo por isso.

*9.* O que difere uma da outra hipótese de contratação de particulares é o tipo de relacionamento do ente estatal (personificado juridicamente como centro de direitos e obrigações) com estas pessoas físicas ou jurídicas. O recurso do Estado às pessoas físicas (servidores) para o exercício de suas atividades estabelece um vínculo contínuo e permanente (o "funcionário" é contratado, via de regra após concurso público, para exercer uma dada função pelo tempo em que permanecer na carreira). Já o concurso de pessoas jurídicas é estatuído de forma pontual e segmentada (a empresa é contratada, no mais das vezes após licitação pública, para executar um dado cometimento, certo, determinado e aprazado). Isso porque, ao contrário do que ocorre com a contratação de empresas, a execução de atividades públicas por indivíduos (servidores) leva, necessariamente, à mantença do vínculo.

*10.* A partir desta diferença essencial, pode-se lobrigar os limites à discricionariedade referida no item 5 acima. Haverá algumas atividades que, por previsão implícita ou explícita no texto constitucional, não se coadunam com a realização através de particulares pessoas jurídicas. Aqui estamos diante das funções essenciais do Estado que envolvem, necessariamente, uma margem de exercício do poder decisório ou que envolvem, indelevelmente, o exercício do poder de coerção. Refira-se, desde já (e ao tema voltaremos mais adiante), que aquelas atividades que o Estado executará somente por intermédio de pessoas físicas (seus servidores ou mesmo empregados públicos) são apenas aquelas que consubstanciam, concretamente, o poder decisório ou o poder coercitivo, não atingindo outras atividades preparatórias, instrumentais, incrementais ou de suporte que possam (ou que, dentro daquela margem de discricionariedade de que falava há pouco, devam) ser efetivadas por meio de pessoas jurídicas privadas.

4. Ver G. Ataliba: *República e Constituição*, 2ª ed. atualizada por Rosoléa Miranda Folgosi, Malheiros Editores, 1998, pp. 19 e ss.

5. Aqui é indesviável registrar, já que estamos recorrentemente fazendo referência à função pública, a delimitação do princípio da função, um dos eixos fundantes do Direito Público. Aqui servimo-nos de Carlos Ari Sundfeld que assim o define: "A atividade pública — cujo exercício é regulado pelo direito público — constitui função. Função, para o Direito, é o poder de agir cujo exercício traduz verdadeiro dever jurídico e que só se legitima quando dirigido no atingimento da específica finalidade que gerou sua atribuição ao agente. O legislador, o administrador, o juiz, desempenham função: os poderes que receberam da ordem jurídica são de exercício obrigatório e devem necessariamente alcançar o bem jurídico que a norma jurídica tem em mira" (in *Fundamentos de Direito Público*, Malheiros Editores, 1992, p. 156).

*11.* Em suma, afora aquelas atividades que sejam, desde o texto constitucional, inerentes ao poder estatal (legislar, implementar a jurisdição, cercear as liberdades individuais, por exemplo), será sempre lícito que, para execução destas atividades, o Estado se socorra de particulares pessoas jurídicas e não de pessoas físicas. Aqueles que exercem a chefia da Administração (e que no Estado Democrático de Direito são eleitos para tanto) podem optar por construir uma usina hidrelétrica recorrendo apenas aos seus funcionários, comprando equipamentos e concursando especialistas. Seria uma catástrofe do ponto de vista da gestão da coisa pública, mas nem por isso ilegal. Do mesmo modo, pode o administrador optar por contratar empresas para gerenciar ou subsidiar a atividade de fiscalização de um dado cometimento executado por particulares sem que com isso violente o ordenamento jurídico.

*12.* Note-se, porém, que quando se faz referência à execução de um determinado serviço ou obra públicos por meio da contratação de particulares, não se está referindo especificamente ao instituto da concessão deste serviço ou obra a particulares. Dentro do gênero (contratação de empresas para cometer estas atividades) situam-se diversas modalidades de execução destes cometimentos. Pode-se ter tal execução por concessão, permissão, empreitada ou tarefa. Destas duas últimas, a concessão se difere porque, nela, o particular executa o serviço por sua conta e risco, conforme prenota a própria definição legal do instituto (cf. art. 2º, II da Lei n. 8.987/1995). Na empreitada (por preço global, unitário ou integral) e na tarefa, não há delegação e a execução é contratada às expensas e sob responsabilidade da Administração (cf. art. 6º, VIII e art. 7º, § 2º, III da Lei n. 8.666/1993). Nuance-se aqui também a distinção, a qual retomarei na seqüência.

*13.* As notas introdutórias acima servem para, mais que introduzir o tema, mostrar o quão relativas são algumas formulações feitas na doutrina e mesmo por vezes nos Pretórios. A indelegabilidade do poder de polícia, a intransferibilidade da atividade fiscal ou sancionadora, a vedação de contratação de empresa para executar atividades-fim, enfim, as formulações generalizantes que cercam o tema e, inadvertidamente, adquirem peso de sentenças fundamentais, devem ser questionadas para que não nos aprisionemos por sentenças tão peremptórias quanto vazias, que obumbram a complexidade e riqueza do debate. Em torno desta idéia central é que pretendemos desenvolver a seguir as questões nodais subjacentes ao tema.

## *II — Algumas notas sobre os contratos de gerenciamento*

*14.* A contratação em torno da qual gira a presente reflexão envolve várias atividades de engenharia consultiva, todas elas correlacionadas, basicamente, ao gerenciamento dos serviços rodoviários concedidos. De fato, as atividades de "acompanhamento da execução de obras", "aferição do cumprimento das metas contratadas", "suporte técnico na atividade de fiscalização das obrigações contratuais", enfim, todas as atividades compreendidas no assessoramento do poder concedente relacionado ao devir das atividades das concessionárias podem bem ser albergadas sobre o gênero dos contratos de gerenciamento[6] de obras e programas da Administração Pública. Daí porque cremos convir adentrar um pouco nas especificidades desta espécie de contratos.

6. Em homenagem ao seu caráter precursor, cite-se Hely Lopes Meirelles, um dos primeiros a tratar do tema, com o didatismo que lhe era peculiar: "Contrato de gerenciamento (*Contract of Management* dos norte-americanos), é aquele em que o contratante, no caso, o Governo, comete ao gerenciador a condução de um empreendimento de engenharia, reservando para si a competência decisória final e responsabilizando-se pelos encargos financeiros da execução das obras e serviços pro-

***15.*** Há quase um lustro, publicamos estudo versante especificamente sobre os contratos de gerenciamento.[7] Retornando a este texto verificamos que as linhas ali traçadas calham perfeitamente ao que ora sustentamos. Tomamos a liberdade de sumariar o que lá disséramos.

Possuem, dizíamos à época, os contratos de gerenciamento, algumas notas características que lhes são próprias e definidoras de sua especificidade.

*15.1* A primeira delas se refere ao caráter eminentemente *acessório* dos contratos de gerenciamento. Como dizíamos à época, "os contratos de gerenciamento não existem *de per si*. Pelo contrário, os contratos de gerenciamento só encontram razão de ser em virtude das especificidades de outros contratos, estes últimos de obra ou serviço".[8] Deste caráter acessório, temos que os contratos de gerenciamento dependem sempre da realização do contrato principal, cujo objeto é gerenciado. Presta-se, pois, a dar suporte à atividade gerencial da Administração contratante no que toca à boa e plena execução do contrato gerenciado. Se este último se extingue, perde sentido o gerenciamento. Inobstante, se a execução dele se atrasa, automaticamente se protela o contrato de gerenciamento.

*15.2* Outro traço peculiar que destacávamos nestes contratos é o seu caráter de especialização técnica "[o gerenciamento é] um contrato cujo objeto é a execução de um serviço que envolve, fundamentalmente, a posse de uma tecnologia, de conhecimento técnico-científico específico, singular, por parte da empresa gerenciadora".[9] Tanto caracteriza um serviço dotado de uma especialização técnica que a própria Lei n. 8.666/1993 coloca o gerenciamento no rol dos serviços denominados técnico-especializados (cf. art. 13, inciso IV).

*15.3* A terceira nota que destacávamos naquele trabalho se refere ao conteúdo bastante peculiar destes contratos. Dissemos: "Em termos teóricos, poderíamos dizer que em tais contratos o particular pode ser encarregado de planejar, coordenar, supervisionar, oferecer subsídios técnicos, fiscalizar execução e produto final e, no caso de programas, prestar contas das atividades e dos desembolsos efetuados às entidades de financiamento. Todas estas atividades, imprescindível dizer, devem ser articuladas por um método, científico, por um padrão de racionalidade".[10] Todas estas atividades, detectadas no escopo do gerenciamento, devem ser vistas dentro de seu parâmetro de acessoriedade. O gerenciador presta todos estes serviços dentro de um quadrante de suporte e assessoria do órgão contratante da obra, serviço ou programa gerenciado. Aporta, pois, a tecnologia gerencial que desenvolveu e possui para permitir a racionalização, o melhor desempenho e o incremento da atividade de acompanhamento, fiscalização, pagamento e eventual sanção por parte do órgão contratante.

***16.*** Esta tentativa de delimitar o que seja o conteúdo e a natureza mesma dos contratos de gerenciamento permite-nos focá-

jetados, com os respectivos equipamentos para sua implantação e operação. Nessa moderna modalidade contratual — já escrevemos em estudo anterior — todas as atividades necessárias à implantação do empreendimento são transferidas ao gerenciador (empresa ou profissional habilitado) pela entidade ou órgão interessado, *que apenas retém o poder de decisão sobre os trabalhos e propostas apresentados, e, uma vez aprovados, passa a responsabilizar-se pelo seu custo, nas condições ajustadas com seus elaboradores e executores*" (in *Licitação e Contrato Administrativo*, 10ª ed., São Paulo, Ed. RT, 1991, p. 320).

7. Cf. nosso "Contratos administrativos — Gerenciamento de obras e programas de obras públicas — Conceito e características — Pertinência do gerenciamento externo", in *Revista do Tribunal de Contas do Estado de São Paulo* 75/35 e ss., jan.-fev. 1994.

8. Ob. cit., p. 38.

9. Ob. cit., p. 40.

10. Ob. cit., p. 40.

los à luz das preocupações que motivam o presente estudo.

Em outros tempos, tais contratos já enfrentaram questionamentos semelhantes aos aqui abordados. Imaginávamos que estivessem superados. Ao que parece, estávamos enganados.

Desde logo deve-se frisar que, dado o seu caráter acessório e de especialização técnica, nunca o gerenciador irá substituir a Administração naquilo que é irrenunciável: suas prerrogativas decorrentes da função pública (poder-dever inerente à autoridade e voltado exclusivamente à consecução de uma finalidade pública).

Dito de um outro modo: a Administração, ao firmar um contrato de gerenciamento não se desfaz de suas prerrogativas, nem transfere atividades ínsitas à autoridade. Pretende, isto sim, recorrer ao concurso de uma empresa especializada, reunidora de uma *expertise* que a Administração não possui e nem pretende (ainda dentro daquela margem de opções administrativas) empregar esforços para desenvolver. Antes de importar o gerenciamento na renúncia a qualquer prerrogativa ou atividade inerente ao poder público, ele permite — em tese — o aperfeiçoamento desta, a partir da utilização de meios tecnologicamente mais desenvolvidos.

Seja permitido um exemplo um tanto fora de moda, mas ainda assim cabente à espécie. Antigamente, era comum as famílias abastadas recorrerem a preceptores, pessoas de cultura e erudição destacada, que se incumbiam da formação dos jovens bem-nascidos. Ora, o trazimento pelo pai de um preceptor para contribuir na formação do seu filho não significaria, nunca, a renúncia ao pátrio poder ou abdicação de sua autoridade paterna sobre seu rebento. Aristóteles foi fundamental na formação de Alexandre, o Grande. Nem por isso deixou o príncipe Alexandre de se curvar à autoridade de seu pai, Felipe da Macedônia.

*17.* O que importa é que o gerenciador não tem *poder decisório* no tocante à atividade gerenciada. É certo que ele influencia as decisões do poder público contratante do gerenciamento. Porém, não adquire, por força de contrato, qualquer laivo de autoridade. Não é difícil demonstrar o que afirmamos.

A autoridade, o poder, as prerrogativas intransferíveis do poder público decorrem, sempre, da Lei (princípio da reserva legal, decorrência por seu turno do princípio da legalidade[11] ). "A atividade administrativa deve ser desenvolvida nos termos da lei. A Administração só pode fazer o que a lei autoriza: todo ato seu há de ter base em lei, sob pena de invalidade".[12] Pois se o exercício das atividades inerentes à autoridade pública só existe porque a Lei outorgou ao órgão ou agente público a competência para efetivá-lo, não seria por meio de contrato que ser-lhe-ia retirada tal competência.

*18.* O fato de a Administração firmar contrato com empresa privada, para que esta gerencie obra ou serviço executado por outro particular, não representa, nem juridicamente nem na prática, a transferência de qualquer poder.

*18.1* Não o é na prática porque é intrínseca ao gerenciamento a distinção entre o dono da obra (ou do serviço, ou do bem, ou do empreendimento) e o gerenciador. Se

11. Celso Antônio Bandeira de Mello assim assevera acerca do princípio da legalidade: "Para avaliar corretamente o princípio da legalidade e captar-lhe o sentido profundo cumpre atentar para o fato de que ele é a tradução jurídica de um propósito político: o de submeter os exercentes do poder em concreto — o administrativo — a um quadro normativo que embargue favoritismos, perseguições ou desmandos. Pretende-se através da norma geral, abstrata e por isso mesmo impessoal, a lei, editada pois pelo Poder Legislativo — que é o colégio representativo de todas as tendências (inclusive minoritárias) do corpo social — garantir que a atuação do Executivo nada mais seja senão a concretização desta vontade geral" (in *Curso de Direito Administrativo*, 8ª ed., 1996, p. 57).

12. C. A. Sundfeld, *Fundamentos de Direito Público*, cit., p. 152.

houver confusão entre os dois papéis, desaparece a figura do gerenciador (já que, por óbvio, dono e gerente não podem ser a mesma pessoa, ainda que aquele possa acumular as funções deste), emergindo uma substituição do titular da obra. Se o contratante de uma obra ou de um serviço recorre a um gerenciador, é porque quer cometer a outrem a tarefa de gerenciar, preservando para si a capacidade de decidir, em última instância, sobre o devir da contratação gerenciada.

*18.2* Juridicamente, tampouco há transferência do poder. Além do já antes dito (acerca da base legal da autoridade) há também o fato de que o contratante não quer ser substituído na titularidade dos direitos e obrigações decorrentes do contrato principal cuja execução será gerenciada. Juridicamente, o plexo de obrigações contraídas pelo poder público num contrato de execução de obra, serviços ou mesmo de concessão destes, permanece sempre com o poder público.

Ao gerenciador se cometem aquelas atividades *de suporte, acessórias e técnicas* que referimos no item 15.3. E mesmo assim, tais atividades são executadas como suporte, como auxílio ao exercício das prerrogativas do contratante. Este é quem, em última instância, aprova orçamentos, autoriza pagamentos, anui com o recebimento da obra e, no caso dos contratos administrativos, decide aplicar sanções ou rescindir unilateralmente o ajuste. Ao gerenciador cabe acompanhar, relatar, noticiar, municiar os fatos derivados do contrato, dando subsídio e elementos para o exercício da autoridade.

***19.*** Em suma, o contrato de gerenciamento, pela sua própria definição, já afasta a alegação de que ele representa uma abdicação de função pública. Muito ao revés, ao contratar o gerenciamento externo, a Administração intenta adquirir um apoio técnico e especializado que, assessorando-a, permita-lhe melhor exercer a função pública que lhe é outorgada pela Lei. Daí a razão por que marcada, e bem marcada, a característica de acessoriedade intrínseca aos contratos de gerenciamento.

Ninguém duvida do caráter de indelegabilidade da função jurisdicional. Trata-se de exemplo paradigmático de função pública intransferível. Não obstante, ninguém discute a legalidade de o juiz se socorrer de peritos para apoiar sua decisão em processos que envolvam alguma complexidade técnica. Certo é que o Judiciário poderia criar cargos e mais cargos de contabilistas, engenheiros, peritos em explosivos, grafotécnicos. Poderia mesmo submeter os magistrados a anos de cursos de especialização nestas áreas do conhecimento humano. Porém, entendendo contraproducente fazê-lo, institui a Lei (no caso o Código de Processo Civil) a possibilidade de utilização de técnicos (e muita vez de empresas especializadas) para municiar a decisão judicial (cujo poder permanece nas mãos do juiz competente) do suporte técnico apto a tornar mais descortinado o exercício desta competência jurisdicional.

***20.*** Visto parece-nos estar que o recurso pela Administração a empresas de engenharia consultiva, especializadas e capacitadas, para cometer-lhes o gerenciamento de obras, programas, serviços, enfim, empreendimentos que envolvam a relação do ente público com outros agentes privados não caracteriza de forma alguma subtração, redução ou menoscabo do exercício de função pública. Totalmente ao contrário, caracteriza um reforço da capacidade do poder público de exercer as funções que lhe são outorgadas pela Lei, funções estas que se caracterizam pelo exercício da autoridade, do poder decisório e não pela prática das atividades e providências de suporte. Atenhamonos um pouco na dicotomia que subjaz a estas atividades.

### *III — A imprestabilidade da dicotomia atividade-meio e atividade-fim*

***21.*** A doutrina é pródiga em construir dicotomias. Estes recursos, normalmente, se prestam a tornar didáticas as classificações e para desbastar áreas nebulosas do Direito. Porém, trazem efeitos colaterais. O mais grave deles é que, muita vez, as dicotomias adquirem vida própria, autônoma, passando a ser verdades inquestionáveis, dogmas que para simplificar obnubilam o raciocínio do jurista. É o que parece ocorrer com a distinção entre atividade-meio e atividade-fim para estabelecer o que pode e o que não pode ter sua execução transferida a terceiros.

Justiça seja feita, a confusão parece ter sido estabelecida não por nós, administrativistas. Foi-nos emprestada da Justiça Trabalhista. Com efeito, tentando equacionar os crescentes problemas surgidos com a chamada "terceirização de mão-de-obra", o Tribunal Superior do Trabalho editou o Enunciado n. 331 em que normatizou o tema, consagrando a distinção (que parece hoje desprovida de conteúdo jurídico) para dizer que não estabelece vínculo empregatício a contratação de serviços especializados ligados à atividade-meio do tomador. Por agora, impende demonstrar o quão imprópria é a distinção por atividade.[13]

*22.* No mundo hodierno, pautado pela especialização e sinergia das atividades econômicas e, de outro lado, pela sofisticação tecnológica, coloca-se praticamente impossível distinguir o que seja e o que não seja atividade-meio. Ninguém desconhece que a atividade-fim de uma instituição financeira seja a captação e venda de disponibilidades financeiras. Porém, cada vez mais, os bancos (principalmente os seus ramos de investimentos) passam a oferecer novos produtos, financiamentos sofisticados que envolvem a participação da sua instituição na gestão da empresa financiada. Assim, a avaliação e posterior co-administração de companhias com os escopos mais diversos tornam-se atividade indissociável dos objetivos principais das instituições financeiras. Em uma palavra, confundem-se com as tais "atividades-fim" dos bancos.

Apenas mais um exemplo. As empresas de transporte, por óbvio, têm por escopo (atividade-fim) transportar cargas. Porém, o avanço tecnológico e a evolução dos métodos industriais de produção *just in time* tornaram imprescindível que estas grandes transportadoras se especializassem no planejamento, organização e estratégia de distribuição dos produtos que lhes são confiados. A tal ponto, que esta atividade (genericamente denominada de logística) tornou-se mais importante que o simples transporte. Baralhou-se meios com fins.

*23.* O fato é que a distinção por atividade em relação ao escopo do ente que contrata terceiros omite pontos relevantes. O principal deles é que não permite divisar com clareza a forma como é executada a atividade para a qual se firmam contratações externas.

O que importa, mormente em sede de direito administrativo, é que o exercício do poder decisório seja conservado com aqueles para quem a Lei outorgou competência. Para um órgão exercer a vigilância sanitária faz-se mister a realização de exames laboratoriais. Isso não impedirá que dito órgão (criado exclusivamente para exercer a atividade de vigilância sanitária) contrate

13. Impropriedade que, aliás, é notada pelos próprios estudiosos do Direito do Trabalho. Ricardo Azevedo Leitão perora que "Como já analisado acima, muitas vezes, é tênue a distinção entre atividade-meio e atividade-fim da empresa, porém, muito mais característico determinar se há ou não subordinação ou pessoalidade na prestação do serviço. Seja qual for a atividade executada, a partir do momento em que há uma interferência direta do tomador de serviços no trabalho executado, serve o contrato de prestação de serviços apenas como simulação da realidade. Neste sentido, as palavras de Vantuil Abdala, sintetizando a questão: '(...) se o tomador de serviços exige que quem vai executar os trabalhos sejam sempre pessoas certas e determinadas e, comanda, e dirige, e fiscaliza a realização de serviços, descaracteriza-se o contrato de prestação de serviços, para emergir claramente o vínculo de emprego entre o obreiro e o tomador de serviços. É que aí, nesta relação, verifica-se a presença de todos os elementos da definição de empregador e de empregado e, portanto, a relação de emprego'" (cf. "Terceirização e vínculo de emprego", in *Revista do Advogado* 54/83, Associação dos Advogados de São Paulo, dez. 1998).

uma universidade, um instituto ou um laboratório privado para realizar os testes químicos e biológicos com as amostras. O que realmente releva é que, verificadas irregularidades nos alimentos analisados, detectadas falhas puníveis nos exames laboratoriais, as sanções, as penas, as medidas administrativas sejam efetivadas pelos agentes para tanto competentes.

Isso, repita-se, inobstante uma ou mais atividades especializadas integrarem o núcleo das tais "atividades-fim" do órgão público (como ocorre no exemplo com a verificação das condições sanitárias dos estabelecimentos fiscalizados).

*24.* No direito público, o que nos parece relevante é que o cometimento para o qual se quer contratar terceiros não corresponda a atividades intrinsecamente estatais, porquanto caracterizadoras do exercício de função pública assim prevista na Constituição ou em Lei. De outra sorte, essa intransferibilidade é inerente ao poder, não atingindo as atividades que possam ou devam ser exercidas como preparação, suporte ou assessoria ao exercício deste poder.

*25.* Portanto, parece-nos absolutamente irrelevante saber se a atividade para o exercício da qual se contrata uma empresa de gerenciamento caracteriza ou não atividade-fim do órgão ou entidade contratante. O que releva saber é se a atividade em espécie envolve ou não o exercício de função pública (poder-dever ditado pela ordem jurídica para atendimento de uma finalidade de interesse público assumida pelo Estado), intrinsecamente estatal. E, como visto acima, não constitui escopo dos contratos de gerenciamento a assunção deste poder-dever que permanece, sempre, com a autoridade para tanto competente.

## *IV — A não caracterização das atividades enfocadas como intrinsecamente estatais*

*26.* Como já dito, o móvel de nossa reflexão é a irresignação que se tem verificado no tocante à contratação de empresas para executar o gerenciamento dos contratos de concessão de sistemas rodoviários em implementação pelo país. Não nos parece que os escopos compreendidos nestes contratos caracterizariam atividade intrinsecamente estatal.

*27.* Deveras. O que se intenta — como já dissemos — é a contratação de empresas que dêem suporte no acompanhamento da execução das obras e serviços objeto do contrato de concessão, monitoramento dos indicadores de qualidade, suporte na fiscalização, depuração e processamento de informações gerenciais, verificação da qualidade das obras de ampliação, recuperação e manutenção eventualmente realizadas, cruzamento do cronograma de investimentos com aqueles contratualmente obrigados, enfim, são fazeres eminentemente de suporte e apoio ao exercício das prerrogativas de poder concedente. Não se aproximam, nada disso, de atividade típica de Estado.

*28.* As atividades típicas de Estado são aquelas que correspondem apenas às providências que justificam a existência do poder estatal. Deve, pois, o conjunto destas atividades ser bastante restrito, ligado diretamente àquelas funções que envolvem um caráter de imperatividade.[14] Alude Diogo Figueiredo Moreira Neto, citando a Lei Básica de Bonn (Constituição alemã), que a solução que melhor se coaduna à moderna economia é aquela que reporta tais atividades exclusivamente ao núcleo coercitivo mínimo das atividades sociais. Diz ele que "o diploma constitucional alemão contém o protótipo de uma solução que assim se pode esquematizar: a exclusividade do Estado na

14. Ver neste sentido Fábio Giusto Morolli, "A evolução do Direito Público e a parceria com a iniciativa privada — Transferência de serviços públicos de natureza social", in *Boletim de Direito Administrativo*, v. 10/97, Ed. NDJ, out. 1997, p. 641 e Marcos Juruena Villela Souto, *Desestatização, Privatização, Concessões e Terceirização*, Rio de Janeiro, Lumen Juris, 1997, p. 249.

imposição de um núcleo coercitivo fundante, combinada com a colaboração do Estado com a sociedade em tudo o que possa ser objeto de negociação sem comprometer esse núcleo".[15]

Esse núcleo de atividades inerentes ao Estado (e portanto indelegáveis, intransferíveis) parece-nos cingir-se àquelas atividades para o exercício das quais seja imprescindível o poder político, o poder estatal. Resumem-se elas, ao nosso ver, ao exercício último da produção do Direito, do monopólio da força e da imposição dos tributos.[16] Ou seja, cuida-se apenas daquelas atividades que sejam exercidas como inerência do poder de coerção (balizado pela Lei) que justifica a existência do Estado. Nos dizeres de Max Weber, que pressuponham o monopólio da violência (efetiva ou simbólica) legítima.

***29.*** De outro bordo, não há na Constituição da República ou do Estado de São Paulo nenhum dispositivo que concentre as atividades cogitadas exclusivamente na Administração pública, vedando o concurso de terceiros. Mesmo porque, fugiria aos pressupostos da ordem econômica (*v.g.*, art. 170 da CR) a obrigatoriedade de execução direta de tais atividades pelo Estado.

Bem anota Carlos Pinto Coelho Motta que, "sob o prisma constitucional, não há qualquer obstáculo ao trespasse de atividades de pessoa jurídica pública ou governamental a particulares que possam desempenhá-las a contento. O inc. XXI do art. 37 da Constituição Federal não distingue os serviços que admitem, ou não, execução por terceiros: não caberia, pois, ao intérprete fazer tal distinção".[17]

*29.1* Note-se que as disposições constantes dos arts. 21, 23 ou 25 da Constituição da República não fazem qualquer alusão à competência exclusiva e indelegável para exercer atividades de acompanhamento e mesmo de fiscalização da execução dos ajustes firmados pelo poder público. De outro lado, nem o art. 20 nem o art. 26 (que prescrevem os bens da União ou dos Estados) trazem regra que vede a contratação de terceiros para tutelar, zelar ou fiscalizar o uso dos bens públicos. Fosse assim e um dos serviços cuja terceirização é mais comezinha (vigilância patrimonial) tornar-se-ia inconstitucional, pois se presta ele fundamentalmente à fiscalização e zeladoria de bens e patrimônio públicos.

*29.2* Frise-se por demais que o art. 23 da CR arrola competências comuns das três esferas da Federação, incluindo no inciso I aquela atinente à conservação do respectivo patrimônio. Ora, lobrigar aí uma competência indelegável ou uma vedação ao concurso de terceiros para o exercício desta competência significaria estender tal vedação para outras competências presentes no art. 23, como por exemplo a saúde pública, a proteção de obras e bens de valor histórico, o acesso à cultura, proteção do meio ambiente, abastecimento alimentar, atividades para o desempenho das quais o poder público se utiliza habitualmente dos serviços de terceiros.

***30.*** Da mesma forma, a Constituição estadual paulista nada traz no sentido de vedar a contratação de empresas para gerenciar obras, serviços ou empreendimentos públicos. Inclusive, nenhum impedimento contém para que esta contratação envolva o suporte e assessoramento à fiscalização da execução contratual. Aliás, ilustrativo neste ponto é o disposto no art. 115, XX da Carta Bandeirante. Neste dispositivo, en-

15. "O sistema de parceria entre os setores público e privado — Execução de serviços através de concessões, permissões, terceirizações e outros regimes — Aplicação adequada destes institutos", in *Boletim de Direito Administrativo*, v. 2/97, Ed. NDJ, fev. 1997, p. 76.

16. Ver neste sentido, D. F. Moreira Netto, *O Estado e o Futuro: Prospectiva sobre Aspectos da Instituição Estatal*, São Paulo, Ed. RT, 1995, p. 32, *apud* Morelli, ob. cit.

17. Ob. cit., p. 806.

contramos regra segundo a qual *compete privativamente aos agentes fiscais da administração fazendária a fiscalização dos tributos estaduais.* Ora, se o constituinte estadual houve por bem precisar que a atividade de fiscalização tributária é privativa dos seus agentes (servidores públicos, portanto) silenciando no que toca à fiscalização da execução de contratos, é lídimo concluir que não intentou o constituinte empecer o trespasse desta atividade, ainda que dele se cogitasse.

*31.* Resta-nos sobremodo claro que as atividades que se têm em vista contratar, mediante procedimentos licitatórios, junto a empresas especializadas, não caracterizam, nem de longe, atividades próprias de Estado. São, muito ao contrário, atividades acessórias, de apoio, desvestidas do caráter de imperatividade, independentes do poder de coerção estatal, e, portanto, de realização absolutamente trespassável a terceiros.

### *V — A absoluta inexistência de burla ao princípio do concurso público*

*32.* Dizer, como faz o Ministério Público Federal na ação acima noticiada, que a contratação de empresas gerenciadoras da forma como ventilado seria descumprir o art. 37, II, da Carta maior, parece-nos, vênia concedida, optar por uma leitura colegial da Constituição. Significa cometer o pecado de "ler a Constituição em tiras, aos pedaços" contra o qual adverte Eros Grau.[18]

*33.* De fato, o dispositivo em apreço determina que a investidura em cargo ou emprego público dar-se-á por concurso público. Nada mais justo e cediço. Contudo — e a isso voltaremos — o próprio art. 37 prevê (inciso XXI) a possibilidade de a Administração Pública contratar obras e serviços de terceiros. O que difere a contratação de serviços e obras da simples contratação de mão-de-obra é o fato de que naquela há um objeto claro e determinado.

*34.* Mesmo em se tratando de serviços de natureza continuada (e veja-se que a Lei n. 8.666/1993 admite expressamente a contratação deste tipo de atividades que se prolonga pelo tempo — cf. art. 57, II), não ocorrerá a mera contratação de pessoal se o cometimento avençado se revestir de especialidade e de peculiaridade nitidamente identificáveis. Aqui emerge forte o traço de especialização técnica que é característico dos contratos de gerenciamento, conforme demonstramos no item 15.2 supra.

Ademais, a possibilidade de a administração "terceirizar" a execução de serviço voltado ao atendimento de necessidades públicas é matéria fora de dúvida. Até mesmo Maria Sylvia Zanella Di Pietro, uma das doutrinadoras mais avessas às diversas modalidades de terceirização na Administração Pública, assevera que "no âmbito da administração pública também é plenamente aceitável a terceirização como contrato de obra, como contrato de serviço, até porque tem fundamento na própria Constituição e está disciplinada pela Lei n. 8.666".[19]

*35.* A se levar a sério o argumento, concluiríamos que todas as contratações de serviços de natureza contínua seriam inconstitucionais, na medida em que estaria uma empresa privada colocando pessoas (seus empregados) a executar uma atividade de interesse público. Bobagem. Visando a contratação administrativa à realização de um serviço bem determinado, por período certo, sob a responsabilidade da empresa contratada e com produtos finais identificados no objeto contratual, afasta-se a alegação de burla ao princípio do concurso público.

18. Cf., neste sentido, *A Interpretação da Ordem Econômica na Constituição de 1988*, São Paulo, Ed. RT, 1990.

19. "O sistema de parceria entre os setores público e privado — Execução de serviços através da concessão, permissão e terceirização — Aplicação adequada destes institutos", in *BDA — Boletim de Direito Administrativo* 9/586, Ed. NDJ, set. 1997.

*36.* Aqui que se colocam importantes as notas que destacamos no intróito deste trabalho: optar entre executar uma atividade de interesse ou relevância para a coletividade (e que não se caracteriza como atividade típica de Estado — cf. tópico anterior) por meio de pessoas físicas (base no art. 37, II da CR) ou por pessoas jurídicas (base no art. 37, XXI da CR) é algo que cabe apenas ao administrador, no exercício da sua margem de discricionariedade, impenetrável ao controle externo, mesmo do judiciário. Parte da doutrina, o Ministério Público, eu ou o leitor podemos, a partir de nossas convicções ideológicas, discordar da opção do administrador. Nem por isso será ela inconstitucional.

## *VI — A inexistência de ilegalidade pela alegada "delegação do poder de polícia"*

*37.* Outro argumento aparentemente forte para questionar a contratação de empresas para gerenciar a execução dos contratos de concessão tem sito o verdadeiro anátema da "indelegabilidade do poder de polícia". Esta alegação, porém, não serve para invalidar a contratação do gerenciamento de tais contratos. Vejamos.

*38.* Em primeiro lugar deve-se fazer uma *distinção entre a detença do poder de polícia e a disponibilidade dos meios para o exercício deste poder*. Se não se pode transferir a autoridade pública ao agente privado de molde que esta imponha sacrifícios ou restrições aos direitos dos outros particulares, nenhum óbice pode haver em se cometer a uma empresa privada o encargo de colocar à disposição do poder público recursos materiais e técnicos para efetivar o exercício desta autoridade.

*39.* Em segundo lugar, mesmo a tese da indelegabilidade deve ser vista dentro de alguns condicionantes. É o que nos ensina Cid Tomanik Pompeu, para quem "é clássica a afirmação de que o poder de polícia é indelegável. Convém, entretanto, que, preliminarmente, tal assunto seja estudado sob dois aspectos: o da *delegação genérica* e o da *delegação específica*. (...) De fato seria incompreensível que o Estado, titular do poder de polícia, pudesse delegá-lo *genericamente* às pessoas de direito privado, tanto físicas quanto jurídicas".[20]

E prossegue o autor: "Em casos específicos, entretanto, *a delegação do seu exercício sempre foi aceita, principalmente em relação às pessoas jurídicas de direito privado*, as quais, da mesma forma que as pessoas jurídicas públicas administrativas, são regidas pelo princípio da especialidade, isto é, só podem exercitar as atividades para as quais tenham sido constituídas. A concessão, a permissão e *a delegação para o desempenho de atividades de interesse público, anteriormente a cargo do Estado, são, portanto, exemplos de delegação do exercício do poder de polícia em setores determinados, de há muito tempo aceitos pelo direito*".[21]

Portanto, bem entendido que a titularidade do poder de polícia deve sempre permanecer com a Administração, *nada obsta que as providências para a efetivação deste poder sejam trespassadas ao particular*. E menos óbice ainda há em que os particulares concorram com os meios necessários para o exercício desta atividade.

***40.*** Retomemos, outra vez, as notas que introduziram este estudo. O que define se há ou não violação aos institutos constitucionais no tocante à transferência de atividades intrinsecamente estatais é a abdicação, pela Administração, do poder que a sociedade lhe atribui. Este poder se revela na capacidade de exercer a imperatividade, de exercitar a capacidade de coação administrativa.

20. "O exercício do poder de polícia pelas empresas públicas", in *Revista Forense* 258/438 e 439.

21. Ob. e loc. cits. Neste sentido, ver também Carlos Ari Sundfeld, "Empresa estatal pode exercer o poder de polícia", in *BDA* 2/93, pp. 98 e ss.

Carlos Ari Sundfeld, talvez o mais descortinado dos administrativistas que integram a Sociedade Brasileira de Direito Público, chega a obtemperar que "é preciso ter presente que poder de polícia e coação administrativa não caminham necessariamente juntos. Um órgão pode exercer atividade de polícia sem que esteja legitimado à coação administrativa".[22]

***41.*** Recorra-se outra vez a um exemplo.

Quem em última instância pode prender um indivíduo é a autoridade policial. Não obstante, qualquer indivíduo pode deter um meliante que pratique crime às suas vistas. A lei faculta mesmo a qualquer do povo prender aquele que flagrantemente pratica delito (cf. art. 301 do Código de Processo Penal). É óbvio que isso não autoriza o sujeito a manter em cárcere privado o criminoso. Porém, confere-lhe a lei autorização para, mesmo que desvestido do poder de polícia, deter o infrator para, tão logo quanto possível, entregá-lo ao agente da autoridade.

***42.*** O ordenamento jurídico tem consagrado a diferenciação entre exatamente o exercício do poder e o concurso dos meios para tanto necessários.

*42.1* A Lei n. 9.472/1997 (Lei Geral das Telecomunicações), um dos diplomas mais atuais e hodiernos de que se tem notícia, traz dispositivo bastante interessante para o que aqui se desenvolve. Diz seu art. 59 que a Agência Nacional de Telecomunicações "poderá utilizar, mediante contrato, técnicos ou empresas especializadas, inclusive consultores independentes e auditores externos, para executar atividades de sua competência, vedada a contratação para atividades de fiscalização, salvo para as correspondentes atividades de apoio".

No art. 22, parágrafo único, vem prevista regra semelhante, lavrada da seguinte maneira: "fica vedada a realização por terceiros da fiscalização de competência da Agência, *ressalvadas as atividades de apoio*".

Vê-se, pois, que o legislador, aberto à melhor doutrina, consagrou na Lei a distinção entre o exercício de uma atividade tida como de polícia (no caso, a fiscalização) e outras, consideradas mero suporte para aquelas (as correspondentes atividades de apoio). Releva notar que contra o art. 59, e outros, arvoraram-se os representantes dos partidos de oposição no Congresso Nacional, intentando Ação Direta de Inconstitucionalidade junto ao Supremo Tribunal. Pois, em sede de liminar, o STF apenas anotou (dando interpretação conforme a Constituição, sem redução de texto) que tais contratações deverão reger-se pela Lei n. 8.666/1993. Portanto, o próprio Excelso Pretório, indiretamente, anuiu com a distinção entre o que seja o exercício do poder ínsito à Administração e o que seja o oferecimento dos meios para exercício deste poder.

*42.2* Igualmente ocorre com a Lei Federal n. 9.503/1997 (Código Nacional de Trânsito). Aqui determinou o legislador que a lavratura do auto de infração de trânsito deverá ser efetuada por servidor civil (em qualquer regime) ou militar (cf. art. 280, § 4º). Inobstante, as providências anteriores à lavratura do auto poderão ser adotadas por terceiros que não servidores. Tanto é assim que se permite que o registro da infração seja feito por aparelho eletrônico ou equipamento audiovisual, os quais inclusive poderão ser fornecidos e operados por empresas especializadas (cf. art. 280, § 2º).

De igual modo, o Código, ao exigir a inspeção veicular (cf. art. 104) em todos os veículos em circulação, admite que tais aferições sejam feitas por entidades privadas, reservando-se por óbvio a adoção da medida administrativa de retenção dos veículos reprovados na inspeção para as autoridades competentes. Veja-se que ao vetar os §§ 1º ao 4º deste artigo, alegou o E. Presidente da República razões meramente de técnica le-

22. "Empresa estatal pode exercer o poder de polícia", in *Boletim de Direito Administrativo*, Ed. NDJ, fev. 1993, p. 101.

gislativa, não se voltando contra a expressa autorização para trespasse de tais atividades aos particulares.

*42.3* Há, portanto, fortes precedentes na ordem jurídica a admitir que, para exercer atividade entendida como "poder de polícia", pode a Administração contar com o apoio de empresas privadas que lhe prestem assessoria ou suporte.

***43.*** Ocorre que, ao nosso ver, as atividades que se quer cometer no âmbito do gerenciamento dos contratos de concessão não podem sequer ser caracterizadas como poder de polícia.[23]

Celso Antônio Bandeira de Mello, em texto de há mais de vinte anos, um clássico na matéria, ensina que a Polícia Administrativa (*v.g.*, que exerce poder de polícia) é "a atividade da Administração Pública, expressa em atos normativos ou concretos, de condicionar, com fundamento em sua supremacia geral e na forma da lei, a liberdade e a propriedade dos indivíduos, mediante ação ora fiscalizadora, ora preventiva, ora repressiva, impondo coercitivamente aos particulares um dever de abstenção (*non facere*) a fim de conformar-lhes os comportamentos aos interesses sociais consagrados no sistema normativo".[24]

É o exercício do poder de polícia (polícia geral), portanto, voltado a limitar o exercício da liberdade e da propriedade dos indivíduos quando preordenada a assegurar, especificamente, "a tranqüilidade, a segurança e a salubridade públicas".[25]

No mesmo sentido vem Bénoît, para quem "la tradition de législateur français est de fixer cer limites de la police administrative génerale à l'aide de trois mots: tranquillité, sécurité, salubrité. La traunquillité publique, c'est le bon ordre dans les rues et lieux publics, c'est-à-dire un état de fairt compatibler avec la distination de ces lieux;

23. Para adentrar no complexo tema do poder de polícia, vale citar, sem pretender ser exaustivo, as seguintes referências bibliográficas: Adolfo Merki, *Teoría General del Derecho Administrativo*, Madrid, 1993, p. 323; Alberto Elguera, *Policía Municipal*, Buenos Aires, 1963; Alberto Domínguez, *Policía Sanitaria*, Buenos Aires, 1946; Manuel Maria Diez, *Derecho Administrativo*, t. IV, Buenos Aires, 1969, pp. 17 e ss.; Álvaro Lazzarini e outros, *Direito Administrativo da Ordem Pública*; Bartolome Fiorini, *Manual de Derecho Administrativo*, v. II, pp. 645 e ss. e *Poder de Policía*, Buenos Aires, 1962; Celso Antônio Bandeira de Mello, *Elementos de Direito Administrativo*, pp. 240 e ss.; Clóvis Beznos, *Poder de Polícia*; Diógenes Gasparini, *Direito Administrativo*, pp. 98 e ss.; Diogo de Figueiredo Moreira Neto, *Curso de Direito Administrativo*, pp. 293 e ss.; Fernando Garrido Falla, *Tratado de Derecho Administrativo*, v. II, pp. 159 e ss.; Francis-Paul Bénoît, *Le Droit Administratif Français*, pp. 739 e ss.; Georges Vedel, *Droit Administratif*, pp. 779 e ss.; H. L. Laferrière, *Cours de Droit Public e Administratif*, v. I, pp. 368 e ss.; Germán J. Bidart Campos, *Derecho Constitucional*, t. II, Buenos Aires, 1966, p. 550; Héctor Eduardo Herraiz, *Poder de Policía*, Buenos Aires, 1970; Hely Lopes Meirelles, *Direito Administrativo Brasileiro*, pp. 113 e ss.; Henry Bethélemy, *Traité Élémentaire de Droit Administratif*, pp. 235 e ss.; Jean Rivero, *Droit Administratif*, pp. 450 e ss.; José Cretella Jr., *Curso de Direito Administrativo*, pp. 521 e ss.; Manuel Maria Diez, *Derecho Administrativo*, v. IV, pp. 17 e ss.; Miguel S. Marienhoff, *Tratado de Derecho Administrativo*, t. IV, Buenos Aires, 1973, pp. 510 e ss.; José Horácio Meirelles Teixeira, *Estudos de Direito Administrativo*, v. I, pp. 153 e ss.; Juan Francisco Linares, *Derecho Administrativo*, pp. 421 e ss.; Marcel Waline, *Manuel Élémentaire de Droit Administratif*, pp. 240 e ss.; Néstor R. Valeri, *Implicancias Constitucionales del Instituto de Policía Santa Fe*", 1961; Otto Mayer, *Derecho Administrativo Alemán*, v. II, pp. 3 e ss.; Pedro Guilhermo Altamira, *Policía y Poder de Policía*, Buenos Aires, 1963; Rafael Bielsa, *Régimen de Policía*, Buenos Aires, 1957; F. Ramón Vásquez, *Poder de Polícia*, Buenos Aires, 1957; Roger Bonard, *Précis Elémentaire de Droit Administratif*, pp. 397 e ss.; Renato Alessi, *Sistema Istituzionale del Diritto Amministrativo Italiano*, pp. 461 e ss.; Themístocles Brandão Cavalcanti, *Curso de Direito Administrativo*, pp. 115 e ss.

24. "Apontamentos sobre o poder de polícia", in *Revista de Direito Público* 9/62.

25. Celso Antônio Bandeira de Mello, *Curso de Direito Administrativo*, 8ª ed., São Paulo, Malheiros Editores, 1996, p. 494.

la sécurité publique, la limitation des risques d'accident; la salubrité publique, la limitation des risques de maladie".[26]

Trata-se, o poder de polícia, de exercício da supremacia da Administração sobre os particulares para cercear o livre exercício das faculdades (liberdade e propriedade) destes naquelas atividades em que a Administração não seja diretamente responsável.

***44.*** *Inconfundível*, portanto, *exercício de poder de polícia* (que recai sobre todos os particulares apenas no tocante à proteção do trinômio segurança, salubridade e tranqüilidade) com a *aplicação de cláusulas exorbitantes ou de prerrogativas de poder concedente* (as quais, obviamente, só atingem o particular que mantém vínculo contratual com o Estado e mesmo assim no âmbito daquela relação contratual).

Segue daí que nenhuma relação existe entre a fiscalização decorrente do poder de polícia (vigilância sanitária, de trânsito, de edificações etc.) com a fiscalização da execução contratual.

E aqui é absolutamente indiferente tratar-se o contrato fiscalizado de uma simples empreitada ou de uma concessão de serviços públicos. Isso porque a fiscalização a ser exercida de parte da Administração tem base contratual e intenta assegurar o pleno atingimento das metas e objetivos contratados. Não guarda relação direta com a salubridade, tranqüilidade ou segurança dos indivíduos.

Bem traçadas, e portanto perfeitas para arrematar este tópico, são as considerações de Celso Bastos,[27] que tomamos como se fossem nossas:

"Na prestação de serviço público, a Administração cria uma certa utilidade: sua atividade produz algo de fruível pelo indivíduo, quer isoladamente, quer em conjunto com os demais membros da sociedade. De qualquer maneira, não fora a ação administrativa e inexistiria o bem a ser desfrutado. Há, portanto, uma relação de causa e efeito entre as medidas tomadas pelo Poder Público e a aparição de uma utilidade".

E prossegue o autor:

"De um lado coloca-se a Administração oferecendo o serviço público, tornado realidade através do seu próprio atuar, e de outro situa-se o cidadão, acrescendo às suas comodidades mais esta, proporcionada pelo poder Público. No cumprimento, por outro lado, de suas funções de polícia administrativa, o Estado não chega a produzir diretamente uma utilidade pública. De pronto, a sua atuação limita-se a impor um 'não fazer', ou a levantar um óbice para que algo possa ser praticado, como no caso de expedição de autorização para o porte de armas. De qualquer maneira, tomada a sua atuação nas suas repercussões imediatas, dela não resulta nenhum bem à coletividade. A imposição de uma abstenção ao administrado, em hipótese alguma aumenta o rol de conveniências e comodidades à disposição do indivíduo. Ao invés de lhe trazer às mãos a satisfação de uma necessidade qualquer, como acontece na prestação de serviço público, o Estado vai, pelo contrário, infligir-lhe mais um gravame, representado pela regulamentação imposta à atividade a ser praticada".

***45.*** Dessarte, parece claro que o acompanhamento, o monitoramento e a fiscalização da execução dos contratos de concessão de rodovias não caracterizam atividade de polícia, já que são realizados pela Administração na condição de contratante ou de poder concedente, posição bastante diversa do que aquela que ocupa como autoridade de polícia. Fica fora de cogitação, portanto, tratar-se de delegação de poder de polícia (já que este não existe em sede de obrigações contratuais).

De mais a mais, mesmo que se tratasse do exercício de poder de polícia, inexistiria

26. Francis Paul Bénoît, *Le Droit Administrative Français*, 1968, p. 762. No mesmo sentido, Gabino Fraga, *Derecho Administrativo*, p. 557.

27. "Repartição constitucional da competência para o exercício do poder de polícia", in *RDP* 16/173.

a guerreada delegação, pois que se cogita de contratar a execução de simples atividades de suporte, de apoio à Administração Pública, como prenota a acessoriedade típica do gerenciamento.

Tanto é descabida a alegação de ilegal delegação que, apreciando a tese esposada pelo MPF na ação civil supradita, o juízo da 13ª Vara, Seção Judiciária Federal de Brasília consignou:

"A propósito, *data venia*, numa análise perfunctória da matéria, não vislumbrei o pressuposto do *fumus boni juris*. *Ao contrário, como consta das informações prestadas pelo DNER em sua contestação de fls. 1002 a 1020, dos documentos a ela acostados e dos próprios documentos trazidos com a inicial, verifico que não houve tal delegação, razão por que indefiro a liminar*".

***46.*** De outro lado, no caso do Programa de Concessão de Rodovias do Estado de São Paulo, parece-nos claro que as competências específicas para fiscalizar os contratos e as metas das concessões estão reservadas e garantidas a órgão público estadual. Efetivamente, dando cumprimento ao prescrito na Lei estadual paulista n. 7.836/1992, o Decreto n. 43.011, de 3 de abril de 1998, instituiu a Comissão de Monitoramento das Concessões e Permissões de Serviços Públicos no âmbito da Secretaria dos Transportes.

Esta Comissão, na verdade um embrião de um órgão regulador próprio, reúne as competências de acompanhamento pelo poder concedente, do devir das concessões. Contudo, nada obsta nestes diplomas normativos, que tal Comissão se socorra de empresas privadas para que estas lhes dêem apoio no seu mister. Não pretendendo construir uma macroestrutura de servidores, a Administração utilizar-se-á destas empresas para prover-lhes os meios necessários ao exercício de sua competência. Nada mais adequado ao ordenamento jurídico.

Descabe, portanto, também esta ordem de objeções.

### *VII — A base legal autorizadora da contratação em apreço*

***47.*** Chegamos pois ao derradeiro ponto da presente reflexão, atinente à existência ou não de lastro jurídico a permitir a contratação de gerenciamento externo. Fosse este tópico vestibular ao presente trabalho e, talvez, tudo o mais se tornasse despiciendo. Isso porque são fortes e vastas as disposições legais a permitir a contratação de empresas especializadas em gerenciamento para acompanhar o devir dos contratos de concessão.

***48.*** Inicialmente, destaque-se que a Lei n. 8.666/1993 prevê expressamente a hipótese de contratação de serviços técnico-especializados, dentre os quais destaca a fiscalização, supervisão e gerenciamento de obras e serviços (cf. art. 13, inciso IV).

Vai além o legislador e reitera tal possibilidade prevendo que (art. 9º, § 1º) "é permitida a participação do autor do projeto ou da empresa a que se refere o inciso II deste artigo, na licitação de obra ou serviço, ou na execução como *consultor ou técnico, nas funções de fiscalização, supervisão ou gerenciamento exclusivamente a serviço da Administração interessada*".

Fosse isto pouco, e a Lei federal de licitações escancara a possibilidade da fiscalização de a execução dos contratos da Administração ser apoiada e assistida por terceiros contratados. Fá-lo no art. 67 que transcrevemos: "Art. 67. A execução do contrato deverá ser acompanhada e fiscalizada por um representante da Administração especialmente designado, *permitida a contratação de terceiros para assisti-lo e subsidiá-lo de informações pertinentes a essa atribuição*".

Diz o brocardo que quando a lei é clara, cessa a interpretação. A ele acresceríamos que quando a lei é clara e peremptória, a interpretação não deveria sequer ser cogitada.

***49.*** Apenas por pertinência com o tema, vale referir o claro escólio de Antônio Roque Citadine, que não deixa margem de dúvida quanto ao cabimento da contratação de empresas para gerenciar a execução de contratos complexos. Diz o doutrinador e Conselheiro do Tribunal de Contas do Estado de São Paulo que: "*Poderá a Administração contratar o gerenciamento do contrato, especialmente quando envolver matéria de maior complexidade, e o objeto do contrato tiver ligações com outras obras, serviços ou bens, de forma que a fiscalização exercida venha a ter o respaldo técnico adequado, apontando as falhas no cronograma contratado, propondo correções, etc.* Na contratação de empresa ou pessoal para gerenciar e fiscalizar a execução de contrato, deverá o administrador precaver-se para que não exista ligação, pessoal, familiar, técnica, comercial ou empresarial, *entre quem fiscaliza e gerencia, e quem executa a obra, serviço ou compra (...)*".[28]

*49.1* Se nos contratos administrativos em geral é lícita a contratação de empresa especializada para acompanhar, gerenciar e dar suporte à fiscalização de outros contratos administrativos, diverso não ocorre com os contratos de concessão. Afinal, já é bastante firme na doutrina o entendimento de que a concessão tem caráter contratual, em que pese a relevância dos que disso discordam.[29] A própria Constituição assim determina (cf. art. 175, parágrafo único, I).

*49.2* Como contrato administrativo, são aplicáveis à concessão, necessariamente, as regras da Lei n. 8.666/1993 que não colidam com aquelas específicas previstas na Lei n. 8.987/1995. Tal aplicabilidade é expressamente determinada pelo art. 2º da Lei de Licitações quando faz referência à regência pelos termos das concessões (art. 2º, *caput*) e quando define que os contratos por ela disciplinados são todos os ajustes que estipulem obrigações recíprocas entre as partes (art. 2º, parágrafo único).

*49.3* Portanto, as disposições acima referidas da Lei n. 8.666/1993 são aplicáveis diretamente aos contratos de concessão, o que já demonstra haver sobeja base legal para a contratação do gerenciamento externo destes contratos.

***50.*** Tampouco serviria para impedir tal contratação a disposição constante do art. 30, parágrafo único, da Lei federal n. 8.987/1995, segundo a qual "a fiscalização do serviço concedido será feita por intermédio de órgão técnico do poder concedente ou por entidade com ele conveniada".

Ora, é certo que o poder de fiscalização da execução de um contrato é do ente contratante. Afinal, trata-se de fiscalização de execução contratual e, portanto, o contratado (concessionária) somente está vinculado ao contratante (poder concedente). Isso não quer afastar a possibilidade deste órgão (concedente) se socorrer de suporte técnico para bem exercer seu poder de fiscalização.

É exatamente este o entendimento da melhor doutrina. Eurico de Andrade Azevedo leciona que: "A fiscalização deve ser efetuada por intermédio de órgão técnico do poder concedente ou por entidade com ele conveniada (art. 30, parágrafo único). Abre-se uma nova fase para o Estado, que passa de executor de serviços a seu agente controlador (...) *Convém distinguir, contudo, o poder de fiscalização e os serviços técnicos a ela necessários. Nada impede que tais agências venham a contratar os serviços técnicos indispensáveis à sua atuação. O que não podem é delegar as funções públicas que lhes foram atribuídas por lei*".[30]

Marçal Justen Filho é ainda mais enfático ao dizer, comentando este mesmo art. 30, que: "Ademais, a fiscalização deverá ser

28. *Comentários e Jurisprudência sobre a Lei de Licitações Públicas*, São Paulo, Max Limonad, 1996, p. 353.

29. Celso Antônio Bandeira de Mello é hoje o mais forte expoente desta linha doutrinária. Apesar disso, reconhece que "no Direito brasileiro a concessão de serviço público tanto quanto a de obra pública são pura e simplesmente nominadas de contrato administrativo" (*Curso...*, cit., p. 436).

30. In *Concessões de Serviços Públicos*, São Paulo, Malheiros Editores, 1998, p. 122.

efetuada segundo regras técnicas apropriadas, por pessoal capacitado para tanto. Se a Administração não contar com recursos humanos capacitados para esse fim, caberá recorrer a terceiros especializados. *Não teria sentido a Administração realizar fiscalização meramente formal, através de servidores não habilitados para apurar a regularidade do serviço*".[31]

A citação calha perfeitamente ao que acima peroramos acerca da especialidade dos contratos de gerenciamento e do aporte técnico que a eles subjaz. Desnecessário alongar-se no tema.

***51.*** Diga-se apenas que o próprio art. 30, parágrafo único, da lei de concessões prevê a possibilidade de o poder concedente firmar convênio com entidade (que não diz dever ser pública) para execução das atividades de fiscalização. Tendo a Lei n. 8.666/1993 igualado o convênio ao contrato administrativo (cf. seu art. 116), resta também por isso autorizadíssima a contratação de empresas para realizar o assessoramento do órgão concedente nestas atividades.

Parece-nos, portanto, sobrar amparo legal para a contratação de que aqui se trata.

## *VIII — Conclusão*

***52.*** Cremos ter chegado a hora de concluir. Por tudo que afirmamos, parece indubitável que o recurso pelo poder concedente a empresas privadas especializadas para que estas gerenciem os contratos de concessão é medida absolutamente ajustada ao ordenamento legal e constitucional. Mais ainda, cuida-se de providência necessária para bem atingir o dever do poder público nas concessões, traduzido no cumprimento dos objetivos para os quais se concedeu o bem ou serviço público.

*52.1* De outra banda, não há qualquer delegação (de poder de polícia ou de poder de fiscalização) que possa ser tida como írrita à ordem jurídica. Isto porque simplesmente o que se está a contratar são os meios para a atuação do poder concedente, meios estes de que não dispõe.

*52.2* Amparo legal há, e bastante claro. A Lei n. 8.666/1993 é pródiga e expressa em admitir tais contratações. E a própria Lei n. 8.987/1995 admite, ainda que de forma indireta, tal contratação (que trata inadvertidamente por convênio).

*52.3* Pretender exigir que as atividades de acompanhamento, monitoramento, suporte à fiscalização, enfim, que o gerenciamento das concessões seja executado diretamente por servidores ou mesmo empregados públicos importaria invadir o campo de discricionariedade administrativa, fazendo prevalecer concepção ideológica de Estado (elogiável, mas não única) contra aquela legitimada pelo voto popular para o período que vivemos.

Eram essas as ponderações que nos ocorrem, sabendo contudo que o debate certamente prosseguirá.

31. In *Concessões de Serviços Públicos*, São Paulo, Dialética, 1997, p. 301.

DOUTRINA

# CLASSIFICAÇÃO DOS ATOS ADMINISTRATIVOS INVÁLIDOS NO DIREITO ADMINISTRATIVO BRASILEIRO


Vladimir da Rocha França

Mestre em Direito Público pela Faculdade de Direito do Recife (UFPE).
Doutorando em Direito do Estado pela PUC/SP.
Professor de Direito Administrativo da Universidade Potiguar
e da Faculdade Natalense para o Desenvolvimento do Rio Grande do Norte. Advogado em Natal/RN



*1. Introdução. 2. Requisitos dos atos administrativos. 3. Invalidades dos atos administrativos. 4. Regimes jurídicos dos atos administrativos inválidos. 5. Considerações finais. Referências bibliográficas.*


## 1. Introdução

Um capítulo crucial para a dogmática jurídica do Direito Administrativo reside no fenômeno das invalidades dos atos administrativos. Relevância que se assenta no próprio arcabouço normativo do controle dos atos da administração pública e, naturalmente, na própria garantia da cidadania no exercício da função administrativa.

Função administrativa é aqui entendida como a atividade do Estado que tem por escopo a satisfação do interesse público constitucional ou legalmente fixado, mediante a expedição de normas jurídicas complementares às normas legais e sujeitas a controle jurisdicional, numa posição privilegiada e superior diante dos particulares.

Não há posição pacífica quanto à classificação dos atos administrativos fulminados por ilegalidade. Ávidos, procuram os administrativistas, dentre os dispersos enunciados do regime jurídico-administrativo, critérios para agrupá-los e rotulá-los.

O trabalho que lhe apresentamos tem por fim oferecer uma classificação desses atos administrativos. Também é um modo de fazer um reajuste e uma revisão das idéias que andamos compartilhando com a comunidade jurídica. Trata-se de uma reflexão que gostaríamos de compartilhar com o leitor.

## 2. Requisitos dos atos administrativos

### *2.1 Pertinência, validade e eficácia dos atos administrativos*

Postos no sistema do Direito Positivo mediante declarações unilaterais imputadas ao Estado, os atos administrativos são normas concretas que têm por escopo a realização do interesse público no caso específico. Encontram-se subordinados às leis — por força do princípio da legalidade — e sujeitos ao controle do Poder Judiciário — injunção do princípio da inafastabilidade do controle jurisdicional.

Como todas as normas jurídicas (numa acepção estrita), possuem uma estrutura hipotético-condicional. No antecedente do ato administrativo, há um enunciado, mesmo que elíptico,[1] que declara a ocorrência de um evento previamente tipificado pela lei ou demarcado pela autoridade administrativa (nos casos de discricionariedade); e, em seu conseqüente, a prescrição de uma relação jurídico-administrativa, na qual há a qualificação de uma conduta (prestação) como obrigatória, proibida ou permitida em relação ao Estado no exercício da função administrativa. Os atos administrativos podem ser individuais ou gerais, consoante a identificação ou não dos destinatários da prescrição, em termos numéricos.

Num sentido estrito, somente os comandos administrativos que possuem a estrutura hipotético-condicional acima descrita podem ser denominados atos administrativos.

O evento jurídico é a ocorrência da realidade social ou natural que foi previamente tipificado por uma norma jurídica ou qualificado como relevante pela autoridade estatal (no exercício de competência discricionária) ou pelo particular (na atuação da potestade da autonomia da vontade); já o fato jurídico, em se tratando do antecedente normativo do ato, o enunciado produzido pelo agente que torna esse acontecimento conhecido pelo Direito positivo.[2] Aderimos recentemente a essa distinção.[3]

A relação jurídica administrativa constitui um fato jurídico relacional ou fato-conduta. É um efeito imputado ao fato jurídico predicativo ou fato-evento. O fato-evento administrativo (fato jurídico administrativo) e o fato-conduta administrativo (relação jurídica administrativa) põem-se no sistema do Direito Positivo no fluxo de causalidade jurídica constituído pela autoridade administrativa, em vista da norma abstrata e geral que aplicou no caso específico com a expedição do ato. A lei não incide sozinha no evento jurídico administrativo: é a autoridade administrativa que a faz incidir no evento, declarando-o no fato jurídico, e acarretando a inevitável imputação de uma relação jurídica administrativa.

Isso constitui o conteúdo do ato administrativo, que, por força do princípio da legalidade administrativa, não deve ter apenas uma relação de não-contradição (como nos negócios jurídicos), mas também um vínculo de subsunção em relação à lei.

Também integra o ato administrativo o instrumento que o introduziu no sistema do Direito Positivo. Cuida o veículo introdutor do ato administrativo de registrar os elementos pessoal, espacial e temporal da declaração jurídica que lhe deu origem material, bem como indícios do procedimento empregado pelo emissor para a expedição do comando. É o instrumento introdutor que posiciona a norma jurídica dentro da hierarquia do ordenamento jurídico.

Representa o instrumento introdutor a forma do ato administrativo, o seu revestimento exterior, que, junto ao conteúdo, pertence ao conjunto dos elementos dos atos administrativos.[4] Empregamos "elementos"

1. Miguel Seabra Fagundes, *O Controle dos Atos Administrativos pelo Poder Judiciário*, pp. 21-22; e Eurico Marcos Diniz de Santi, *Lançamento Tributário*, pp. 85-86.

2. Cf. Paulo de Barros Carvalho, *Direito Tributário — Fundamentos Jurídicos da Incidência*, pp. 85 ss.; Tércio Sampaio Ferraz Júnior, *Introdução ao Estudo do Direito*, pp. 278-279; e Eurico Marcos Diniz de Santi, *Decadência e Prescrição no Direito Tributário*, pp. 56-59.

3. Cf. Vladimir da Rocha França, "Aspectos constitucionais da hipótese tributária da taxa pela prestação de serviço público", *Revista de Informação Legislativa* 149/195-196.

4. Celso Antônio Bandeira de Mello, *Curso de Direito Administrativo*, pp. 350-351.

para designá-los porque a norma jurídica e o seu veículo introdutor constituem uma unidade que somente pode ser separada para a sua análise teórica. Não há norma sem instrumento introdutor, e este careceria de qualquer utilidade se comando algum veiculasse.

Recorde-se que "forma" é, não raras vezes, também empregada para designar o procedimento que deve ser empregado (ou que foi empregado) para a expedição do ato.

Outra observação necessária: é possível que dois ou mais atos administrativos compartilhem o mesmo instrumento introdutor. O ato administrativo, como norma jurídica em sentido estrito, é encontrado pela conjugação dos enunciados veiculados pelo seu instrumento introdutor. Temos, como exemplo, o auto de infração em matéria tributária, que constitui o veículo introdutor dos seguintes atos administrativos: (i) o ato administrativo de lançamento tributário, que constitui a obrigação tributária pela declaração do evento imponível em fato jurídico tributário; (ii) o ato administrativo de imposição da multa pelo fato jurídico do inadimplemento do tributo; (iii) o ato administrativo de imposição da multa pelo fato jurídico da mora; (iv) e do ato administrativo de imposição de multa pelo descumprimento de dever instrumental tributário ("obrigação acessória").[5]

O ato administrativo tem a característica da pertinência (ou existência), em relação ao Direito Positivo, quando a declaração unilateral é reconhecida como fonte material pelo ordenamento jurídico, mediante o instrumento introdutor que a formaliza. Aqui, não há qualquer consideração se o ingresso do comando jurídico no ordenamento jurídico ocorreu de modo conciliado ou não com os demais comandos jurídicos. É preciso o esgotamento do processo de formação do ato; que o mesmo tenha sido emitido por um agente que detinha poder genérico de introduzir um comando de tal natureza;[6] e, assim como que haja uma norma jurídica de estrutura que confira ao veículo introdutor a condição de fonte formal do Direito Positivo.

Como bem leciona Paulo de Barros Carvalho:[7] "(...) o estudo *das* chamadas fontes materiais do direito circunscreve-se ao exame do processo de enunciação dos fatos jurídicos, de tal modo que neste sentido, a teoria dos fatos jurídicos e a teoria das fontes dogmáticas do direito. Paralelamente, as indagações relativas ao tema das fontes formais correspondem à teoria das normas jurídicas, mais precisamente daquelas que existem no ordenamento para o fim primordial de servir de veículo introdutório de outras regras jurídicas".

Outro aspecto fundamental: a recognoscibilidade social do ato administrativo.[8] O comando pode até ter o seu conteúdo negado pelo administrado, mas jamais, sob a ótica da pertinência, admite-se que este ignore aquele como norma jurídica. Colocamos no lastro dessa assertiva, esse ensinamento de Tércio Sampaio Ferraz Júnior:[9] "(...) a relação de autoridade admite uma rejeição, mas não suporta uma desconfirmação. A autoridade rejeitada ainda é autoridade, sente-se como autoridade, pois a reação de rejeição para negar antes reconhece (só se nega o que antes se reconheceu). Mas a desconfirmação elimina a autoridade: uma autoridade ignorada não é mais autoridade)".

A enunciação consiste na fonte material do direito, quando o seu produto, o enunciado, institucionaliza-a perante o Direito Positivo; faz isso através do instrumento introdutor, a fonte formal do Direito Positi-

5. Cf. Eurico Marcos Diniz de Santi, *Lançamento...*, pp. 195-201.

6. Marcelo Neves, *Teoria da Inconstitucionalidade das Leis*, p. 43.

7. *Curso de Direito Tributário*, p. 51. Cf. Tércio Sampaio Ferraz Júnior, ob. cit., p. 226.

8. Antônio Carlos Cintra do Amaral, *Extinção do Ato Administrativo*, pp. 26-28.

9. Ob. cit., p. 149.

vo, que registra os aspectos pessoal, espacial, temporal daquela declaração.[10] É interessante anotar, ainda, que não raras vezes se utiliza a expressão "ato administrativo" — tal como "ato jurídico" — para designar justamente a enunciação jurídica, dada a ambigüidade do termo.[11] Vê-se claramente que optamos por reservar "ato administrativo", bem como "ato jurídico", para designar o enunciado, a norma jurídica, observando os passos de boa doutrina.[12]

Como já tivemos oportunidade para dizer,[13] essa estrutura do Direito Positivo afasta do conceito de ato administrativo as ordens orais ou emitidas por meio de gestos, assim como aquelas estritamente oriundas de máquinas programáveis. São, na verdade, eventos jurídicos que demandam o seu registro formal para que possam ser referidos em fatos jurídicos. Sem a memória formalizada, inexiste o evento para o Direito Positivo.

Os atos administrativos delimitam o campo de atuação da administração pública no caso específico. Preparam a ação material necessária para a satisfação do interesse público.[14] É excepcional a licitude da imediata execução concreta das normas legais e constitucionais, sem a expedição do ato administrativo prévio.[15] Essas situações especiais demandam, contudo, a expedição de um ato administrativo que legitime essa atuação material.

Pertinente, o ato administrativo permanece no ordenamento jurídico até sua expulsão por outro comando jurídico:[16] pela declaração de razões de conveniência ou oportunidade (revogação[17]); pela constatação de vício na formação ou na substância (invalidação); pela enunciação do descumprimento pelo destinatário dos requisitos para o usufruto do direito subjetivo (cassação); pela declaração do advento de invalidade superveniente à expedição do ato retirado (caducidade ou decaimento[18]); ou, por fim, por ter efeitos contrapostos ao ato retirado (contraposição). O ato administrativo, quando também se extingue pelo cumprimento de seus efeitos, seja pelo esgotamento de seus efeitos jurídicos, seja pela implementação de seus efeitos sociais, ou, ainda, pelo advento de termo final ou condição resolutiva.[19]

Uma coisa é a admissão do comando no ordenamento jurídico; outra, é a admis-

10. Eurico Marcos Diniz de Santi, *Decadência...*, pp. 65-66.

11. Cf. Antônio Carlos Cintra do Amaral, "Conceito e elementos do ato administrativo", *Revista de Direito Público* 32/36, e Eurico Marcos Diniz de Santi, *Decadência...*, pp. 101-104. Acresça-se, ainda, a aparente opção de Paulo de Barros Carvalho (*Curso...*, pp. 397-398) em reservar "ato jurídico" para designar o veículo introdutor.

12. Cf. Carlos Ari Sundfeld, *Fundamentos de Direito Público*, p. 86; Celso Antônio Bandeira de Mello, *Curso...*, pp. 337 ss.; e Lúcia Valle Figueiredo, *Curso de Direito Administrativo*, pp. 100 ss.

13. Cf. Vladimir da Rocha França, "Ato jurídico administrativo e ato administrativo *stricto sensu*", p. 7 e "Invalidação administrativa na Lei federal n. 9.784/99", pp. 11-12.

14. Renato Alessi, *Principi di Diritto Amministrativo*, t. I, pp. 267-269.

15. Michel Stassinopoulos, *Traité des Actes Administratifs*, pp. 22-24.

16. Cf. Celso Antônio Bandeira de Mello, *Curso...* , pp. 396-399.

17. Passamos a enquadrar a revogação como modo de extinção do ato administrativo. Efetivamente, o ato administrativo de revogação retira o ato administrativo inconveniente ou inoportuno do ordenamento jurídico, interrompendo o fluxo de efeitos jurídicos produzidos pelo ato ou impedindo que este comando os produza, quando ineficaz. Em trabalho anterior (Vladimir da Rocha França, *Invalidação Judicial da Discricionariedade Administrativa no Regime Jurídico Administrativo Brasileiro*), visualizamos a revogação como uma das hipóteses de perda de validade do ato administrativo, posição equivocada pelo próprio conceito de validade que lá empregamos.

18. Cf. Márcio Cammarosano, "O decaimento e extinção dos atos administrativos", *Revista de Direito Público* 53-54/168-172.

19. Cf. Celso Antônio Bandeira de Mello, *Curso...*, pp. 396-399.

são regular ou irregular de tal comando.[20] Seguindo a lição de Celso Antônio Bandeira de Mello:[21] "(...) a norma permanecerá no sistema enquanto não desconstituída sua existência, isto é, sua pertinência ao sistema — o que é absolutamente verdadeiro — mas poderá, sobre o fundamento de que é válida, ser desaplicada pelo juiz no exame de constitucionalidade *incidenter tantum*, como já se disse, nisto se confirmando e comprovando inadversavelmente a distinção jurídica entre existência e validade".

A validade do ato administrativo consiste no vínculo que se estabelece entre essa norma jurídica e o ordenamento jurídico, por terem sido obedecidos os requisitos para sua regular formação e ingresso no sistema. Todos os comandos jurídicos gozam de presunção *juris tantum* de validade,[22] desde sua admissão no ordenamento jurídico. Por sua vez, esse comando jurídico é inválido quando esse vínculo é quebrado em virtude do fato jurídico do vício.

O ato administrativo válido somente passa para inválido quando há expedição de um ato judicial ou de outro ato administrativo, enquadrando o provimento dentro da moldura das invalidades prescrita pelo Direito Positivo. Como já dissemos:[23]

"Sem a manifestação normativa competente, o ato administrativo portador de vício permanece no sistema. Embora o ato implique em atentado à ordem jurídica, a restauração da juridicidade ferida depende da expedição de outro ato administrativo. A invalidação e a convalidação são meios estabelecidos pelo próprio regime jurídico-administrativo para a eliminação material do vício, *preservando a segurança jurídica e a integridade dos princípios que regem essa parcela do sistema do direito positivo*. Se assim não fosse, bastaria confiarmos no administrador, e o controle da administração pública, por conseguinte, seria algo inútil.

"Se a administração não convalida, o ato se torna passível de invalidação pelo Poder Judiciário, se, é claro, este for provocado para fazê-lo. O mesmo serve para a hipótese da administração se abster de invalidar quando deveria tê-lo feito" (grifo no original).

E, pode ainda ocorrer que o ato administrativo inválido se estabilize, sem perder sua pertinência, saneando-se o defeito pela declaração do evento jurídico do vício e da decadência do exercício da competência para invalidá-lo, por exemplo. O provimento judicial ou administrativo que determina isso deve ser denominado de ato administrativo de estabilização. Afinal, se a invalidade nunca for declarada pela autoridade estatal, jamais terá existido para o Direito Positivo.

Hans Kelsen[24] propunha que a pertinência e a coerência das normas no Direito Positivo estivessem agregadas num único conceito: a vigência ou a validade. Entretanto, essa posição encontra forte resistência. O Direito Positivo admite antinomias, contradições entre as normas jurídicas, haja vista a pluralidade de agentes portadores de poder para emiti-las.[25] Mas isso não significa dizer que o sistema não disponha de meios para restaurar a coerência e fulminar a antinomia.

20. Marcelo Neves, ob. cit., p. 41.

21. Leis originariamente inconstitucionais compatíveis com emenda constitucional superveniente, *Revista Trimestral de Direito Público* 23/17-18. Ver Lei federal n. 9.898/1999, arts. 27 e 28, e Lei federal n. 9.882/1999, art. 11.

22. Paulo de Barros Carvalho, *Direito...*, p. 239.

23. Vladimir da Rocha França, *Invalidação Judicial...*, p. 132.

24. *Teoria Pura do Direito*, pp. 10-16. Esse paradigma kelseniano de validade já nos seduziu, por influência das lições de Paulo de Barros Carvalho (cf. Vladimir da Rocha França, "Aspectos constitucionais da hipótese tributária da taxa pela prestação de serviço público", *Revista de Informação Legislativa* 149/188).

25. Marcelo Neves, ob. cit., p. 35; e Celso Antônio Bandeira de Mello, "Leis originariamente inconstitucionais compatíveis com emenda constitucional superveniente", *Revista Trimestral de Direito Público* 23/17-18.

Em ensaio anterior[26] fizemos uma tentativa de conciliação do conceito kelseniano de validade com a distinção entre a pertinência da norma ao sistema e a regularidade de seu ingresso no mesmo. Nesse esforço, utilizamos o vocábulo "validade" para designar a relação de pertinência e, "legalidade", para indicar a regularidade da inserção da norma no Direito Positivo, buscando dar uma resposta não tão distante de Kelsen para essa crítica. Nesse trabalho, chamou-nos a atenção a necessidade de que haja um mínimo de regresso à norma fundamental para que a norma pertença ao ordenamento jurídico. E isso, com base no seguinte ensinamento de Kelsen:[27] "Mesmo quando a norma superior só determine o órgão, isto é, o indivíduo pelo qual a norma inferior deve ser produzida, e deixe à livre apreciação deste órgão tanto a determinação do processo como a determinação do conteúdo da norma a produzir, a norma superior é aplicada na produção da norma inferior: *a determinação do órgão é o mínimo que tem de ser determinado na relação entre uma norma superior e uma norma inferior. Com efeito, uma norma cuja produção não é de forma alguma determinada por uma norma superior não pode valer como norma posta dentro da ordem jurídica e por isso pertencer a essa ordem jurídica; e um indivíduo não pode ser considerado órgão da comunidade jurídica, a sua função não pode ser atribuída à comunidade jurídica, quando não é determinado através de uma norma da ordem jurídica que constitui a comunidade, o que significa: quando não lhe é atribuída autorização ou competência para sua função por uma norma superior*. Todo ato criador de Direito deve ser um ato aplicador de Direito, que dizer: deve ser a aplicação de uma norma jurídica preexistente ao ato, para poder valer como ato da comunidade jurídica. Por isso, a criação jurídica deve ser concebida como aplicação do Direito, mesmo quando a norma superior apenas determine o elemento pessoal, o indivíduo que tem de exercer a função criadora de Direito. É esta norma superior determinadora do órgão que é aplicada em cada ato deste órgão" (grifamos).

Por isso, naquele trabalho reservamos "legalidade" para indicar a compatibilidade da norma jurídica com os cânones do ordenamento jurídico, com os requisitos exigidos para a regularidade do ingresso e da permanência do comando nesse sistema.

Entretanto, uma análise mais detida sobre o enunciado do art. 82 do Código Civil nos fez voltar à antiga terminologia:[28] "Art. 82. A *validade* do ato jurídico requer agente capaz (art. 145, I), objeto lícito e forma prescrita ou não defesa em lei (arts. 129, 130 e 145)" (grifamos).

Note-se que os dispositivos referidos nesse dispositivo referem-se a aspectos referentes à regularidade do ingresso e permanência do negócio jurídico no Direito Positivo. Para manter maior proximidade possível com a terminologia do ordenamento jurídico-positivo, fizemos tal retorno.

Como leciona Hospers,[29] as palavras são apenas rótulos que pomos às coisas para viabilizar o discurso em torno destas. Entretanto, ao batizar os fenômenos do Direito Positivo, deve a dogmática jurídica buscar maior fidelidade aos conceitos jurídico-positivos.

Mas, observe-se: *sem um mínimo de regresso à norma fundamental, o ato administrativo não integra o ordenamento jurídico*. É uma contribuição da teoria kelseniana para o estudo da existência das normas jurídicas.

O ato administrativo pertinente tem idoneidade para produzir os seus efeitos jurídicos, caso a sua esteja impedida por ter-

26. Vladimir da Rocha França, *Invalidação Administrativa...*, pp. 11-16. Cf. Lourival Vilanova, *Causalidade e Relação no Direito*, p. 322.

27. Ob. cit., pp. 253-254.

28. Ver art. 104 do Projeto do Novo Código Civil. Observe-se que no projeto, passa-se a empregar "negócio jurídico" para indicar o que se definia no art. 81 do Código Civil ainda em vigor.

29. *Apud* Agustin Gordillo, *Tratado de Derecho Administrativo*, t. I, pp. I-12.

mo inicial, condição suspensiva ou ato de controle. Sem tais embaraços, o ato administrativo pertinente tem eficácia.

Por fim, a eficácia compreende a produção dos efeitos jurídicos do ato administrativo.[30] São efeitos jurídicos do ato administrativo: a juridificação do evento jurídico administrativo mediante sua enunciação em fato jurídico, deflagrando imediata e inefavelmente a relação jurídica administrativa que a autoridade administrativa lhe imputou, diante da norma legal.

A relação jurídica administrativa representa um vínculo entre o Estado e o administrado (especificado ou não), em torno de uma prestação qualificada (deonticamente modalizada, em termos lógico-jurídicos) como obrigatória, proibida ou permitida. Caso a prestação devida não seja cumprida, o titular do direito subjetivo pode pedir a prestação jurisdicional ou, se for o Estado, proceder à imediata execução da pertinente sanção administrativa nos casos admitidos em lei.

A eficácia deve ser distinguida da efetividade, que consiste na observância espontânea ou imposta da prestação devida.

Os atributos da imperatividade, da exigibilidade e, excepcionalmente, da executoriedade, surgem quando o ato adquire eficácia. Elucidando: imperatividade representa o poder extroverso que viabiliza a constituição unilateral de obrigações administrativas; a exigibilidade, o poder do Estado ou do administrado de exigir a observância da conduta prescrita; e, por fim, a executoriedade, a viabilidade da imposição material da sanção administrativa pela inobservância do dever administrativo.

### *2.2 Pressupostos dos atos administrativos*

Outros requisitos são necessários para que o ato administrativo seja válido. Eles se referem a vínculos que o ato administrativo deve manter, com aspectos que lhe são exteriores, para que tenha o atributo da pertinência ou da validade. São os pressupostos dos atos administrativos.[31]

Sem o reconhecimento social do instrumento introdutor e da substância do ato jurídico, como próprios do ordenamento jurídico ou por este aceitos, tal norma não é pertinente, isto é, não existe no sistema do Direito Positivo. Aliado a isso, é mister que o ato jurídico seja administrativo, é preciso que guarde relação com o exercício da função administrativa. Em outras palavras, que o veículo introdutor seja qualificado pela norma jurídica como próprio para o exercício, em tese, de competência administrativa. Esse é um dos pressupostos de existência dos atos administrativos: pertinência com a função administrativa.

O objeto do ato administrativo significa aquilo sobre o que o ato administrativo dispõe, não se confundindo com o prescritor.[32] Noutro giro: a prestação devida, a conduta prescrita no comando como obrigatório, proibida ou permitida.

Celso Antônio Bandeira de Mello[33] e Weida Zancaner[34] entendem que a possibilidade material e jurídica objeto consubstancia-se num pressuposto de existência do ato administrativo. Posição, aliás, que endossamos.[35]

A possibilidade material integra a ontologia do Direito Positivo, pois o seu escopo máximo, a regulação das condutas humanas intersubjetivas, demanda que seus ele-

30. Cf. Flávio Bauer Novelli, "A eficácia do ato administrativo", *Revista de Direito Administrativo* 61/15.

31. Recentemente, adotamos a sistematização proposta por Celso Antônio Bandeira de Mello para os requisitos dos atos administrativos.

32. Cf. Celso Antônio Bandeira de Mello, *Curso...*, p. 352; e Weida Zancaner, *Da Convalidação e da Invalidação dos Atos Administrativos*, p. 31.

33. Idem.

34. Ob. cit., pp. 32-33.

35. Cf. Vladimir da Rocha França, *Invalidação Administrativa...*, pp. 29-30.

mentos determinem prestações fisicamente possíveis.[36]

Em se tratando da possibilidade jurídica, faz-se imprescindível que a conduta prescrita não se apresente como atentado ao Direito Positivo. Em outras palavras: que a prestação não seja um evento tipificado pela lei como ilícito. Um ato administrativo em que se prescreve a ordem de torturar um preso padece de inexistência.

O outro pressuposto de existência dos atos administrativos é a publicidade. A publicidade significa a efetiva disponibilidade do conteúdo do ato para a ciência dos administrados, sendo desnecessário —*para a identificação da pertinência do ato* —que o cidadão diretamente atingido tenha conhecimento da substância do comando. Tem por fundamento a injunção do art. 3º da Lei de Introdução ao Código Civil: "Art. 3º. Ninguém se escusa de cumprir a lei, alegando que não a conhece".

São pressupostos de validade dos atos administrativos: pressuposto subjetivo, pressupostos objetivos, o pressuposto formalístico, o pressuposto teleológico, e o pressuposto lógico. Ausentes ou falhos, tornam o ato administrativo viciado e, por conseguinte, passível de invalidação ou de convalidação.

O pressuposto subjetivo compreende o agente emissor do ato administrativo. Aquele que exerceu a competência administrativa no caso específico com a expedição desse comando.

Os pressupostos objetivos são: o motivo e os requisitos procedimentais.

O motivo representa o evento demarcado — no fato jurídico administrativo (antecedente do ato) — pela autoridade administrativa como relevante para o interesse público, seja diante da hipótese da norma legal, seja perante critérios de conveniência ou oportunidade do próprio agente. Não se confunde com o motivo legal — a norma legal que serve de fundamento de validade para o ato administrativo — nem com a motivação — requisito procedimental muito relevante para o controle dos atos administrativos.

Por fim, temos como pressuposto objetivo os requisitos procedimentais, que são os atos jurídicos que devem ser expedidos pelo particular ou pela autoridade administrativa para a validade do ato administrativo. Destacam-se, entre os requisitos procedimentais, a comunicação e a motivação.

A comunicação, que não se confunde com a publicidade, consiste no ato pelo qual a administração pública faz o interessado tomar ciência da iminência ou da expedição do ato administrativo. E a motivação compreende o ato através do qual a autoridade administrativa exterioriza para o administrado atingido a norma jurídica que serve de supedâneo para a expedição do ato, sua correlação com o motivo do ato, bem como a causa (em se tratando de competência discricionária).

O pressuposto formalístico consiste na formalização, no veículo que deve introduzir o ato administrativo no sistema. Não se confunde com a forma, que representa o instrumento introdutor empregado no ato.

O pressuposto teleológico trata da finalidade, do interesse público que justifica o conteúdo do ato administrativo. Por pressuposto lógico, temos a causa, a correlação de proporcionalidade entre o motivo e o conteúdo do ato administrativo, em vista da finalidade. São próprios dos atos administrativos de competência discricionária.

O vício em um desses pressupostos torna o ato administrativo passível de invalidação administrativa ou judicial, caso em que a invalidade é declarada em fato jurídico noutro ato administrativo ou numa sentença judicial. Entendemos pois, por invalidade, como o defeito em pressuposto de validade previsto pela lei para o ato jurídico.

Para que o evento jurídico da invalidade exista para o Direito Positivo, é preci-

36. Cf. Hans Kelsen, ob. cit., pp. 110-112; Lourival Vilanova, *As Estruturas Lógicas e o Sistema do Direito Positivo*, pp. 89 ss.; e Paulo de Barros Carvalho, *Direito...*, pp. 7-14.

so a sua prévia demarcação em lei. Sem a valoração do ordenamento jurídico, através dos seus elementos constitutivos (as normas jurídicas), as fronteiras entre o lícito e o ilícito não se formam. O binômio válido/inválido é interior ao sistema do Direito Positivo, tendo a sua aplicação condicionada pelas peculiaridades dessa ordem normativa. O ordenamento jurídico também pode estabelecer gradações entre as invalidades, concedendo regimes jurídicos distintos para eliminá-las do sistema. Assim o fez para os negócios jurídicos.[37]

E, sem a intervenção do agente portador de potestade de produzir normas jurídicas, *não há incidência dos preceitos legais que demarcam e classificam determinados eventos como invalidades.*

A verificação do evento jurídico da invalidade é um juízo prévio à invalidação (ou convalidação) do ato administrativo.[38] Se a autoridade estatal a faz, no curso do procedimento de invalidação (ou convalidação), o ato administrativo deve ser invalidado (ou convalidado). Identificando a invalidade, deve declará-la em fato jurídico no ato administrativo de invalidação (ou de convalidação).

### *3. Invalidades dos atos administrativos*

#### *3.1 Invalidação e convalidação*

Na identificação do regime jurídico de invalidação dos atos administrativos federais e dos atos administrativos das pessoas políticas que não possuem legislação própria, precisa-se conjugar dois diplomas legais: a Lei federal n. 9.784/1999 e a Lei federal n. 4.717/1965. Se houver diploma legislativo estadual ou municipal que regule a matéria, entendemos que a legislação federal é apenas aplicável para suprir eventuais lacunas legais. Trata-se de injunção do princípio federativo.

As invalidades dos atos administrativos podem ser sanáveis ou insanáveis.

As invalidades sanáveis, denominadas anulabilidades, são aquelas que não atingem de modo indelével o conteúdo do ato administrativo, permitindo a preservação de seus efeitos jurídicos mediante a expedição de um ato administrativo de convalidação. Consistem em vícios que não impediriam a repetição do comando.

São invalidades insanáveis, ou simplesmente nulidades, aquelas que vedam a válida repetição do ato viciado, por comprometer seu conteúdo, tornando-o ilegal ou ilegítimo. Torna o comando viciado passível de invalidação judicial ou administrativa.

O fundamento jurídico-positivo para essa distinção reside na finalidade que norteia a restauração da validade dos atos administrativos: a restauração da juridicidade com segurança jurídica.

A invalidação consiste no provimento — judicial ou administrativo — que demarca o evento concreto da invalidade administrativa, previsto em lei, ensejando: (i) a quebra da validade do ato administrativo defeituoso; e (ii) a desconstituição de sua eficácia. Pode vir acompanhado por um outro ato administrativo, determinando a restauração material da situação anterior aos seus efeitos sociais ou, se isso for impossível, a recomposição pecuniária pelos danos sofridos.

Todavia, não é o único modo de fulminar a invalidade e recuperar a coerência perdida com a expedição defeituosa do ato administrativo. O regime jurídico-administrativo também admite a convalidação dos atos administrativos que apresentem vícios sanáveis e, comprovada a ausência de lesão ao interesse público, o prejuízo a terceiros.[39]

37. Ver Código Civil, arts. 145 ss. e Projeto do Novo Código Civil, arts. 166 ss.

38. Jacintho de Arruda Câmara, "A preservação dos efeitos dos atos administrativos viciados", *Estudos de Direito Administrativo — Em Homenagem ao Professor Celso Antônio Bandeira de Mello*, p. 54.

39. Ver Lei federal n. 9.784/1999, art. 55.

O ato de invalidação do ato administrativo tem como efeitos jurídicos: o efeito declaratório da invalidade; e o efeito constitutivo negativo da pertinência do ato administrativo. Prescreve-se na invalidação que a generalidade dos administrados não mais reconheçam o ato invalidado como pertinente ao ordenamento jurídico.

A convalidação do ato administrativo decorre exclusivamente de competência administrativa. Esse provimento também demarca evento da invalidade administrativa legalmente tipificado, determinando a manutenção do ato administrativo viciado no sistema pelo saneamento do vício constatado. Tal como o ato de invalidação, o ato de convalidação tem o efeito jurídico de declarar a invalidade. Todavia, possui um efeito jurídico de natureza constitutiva positiva, pois prescreve a manutenção da imperatividade e da eficácia do ato convalidado.

Enquanto competências estatais, a invalidação e a convalidação do ato administrativo têm como interesse público regente a restauração da juridicidade violada pela ação administrativa, com respeito ao valor máximo do Direito Positivo, a segurança jurídica; que está condensada no conjunto de valores positivados nos princípios constitucionais da administração pública.[40] Têm como fundamento de validade o princípio da legalidade,[41] e, no âmbito da União, a Lei federal n. 9.784/1999.[42]

A invalidação e a convalidação são atos de competência vinculada, pois a lei define todos os seus pressupostos de validade, salvo numa única exceção.[43]

Não se confundem com a revogação, ato de competência discricionária que retira a pertinência do ato administrativo por razões de conveniência e oportunidade, possuindo interesse público regente e fundamento de validade inteiramente distinto.[44]

### *3.2 Classes de atos administrativos inválidos*

Quando se vai investigar o regime jurídico da invalidação dos atos administrativos, não deve ser esquecido pelo intérprete o enunciado do art. 1º do Código Civil: "Art. 1º. Este Código regula os direitos e obrigações de ordem privada concernentes às pessoas, aos bens e às suas relações".

Embora os dispositivos do Código Civil (e do novo Código Civil) relativos às invalidades dos negócios jurídicos sejam úteis para a compreensão do fenômeno da invalidade no Direito Positivo, é mister ressaltar que esses dispositivos integram o regime jurídico de Direito Privado. Este é informado e regido pelo princípio da autonomia da vontade, que atribui aos particulares a potestade de expedir normas concretas — os negócios jurídicos — para a regulação de suas relações jurídicas privadas. Lembre-se, ainda, que a classificação das invalidades dos negócios jurídicos, bem como os regimes jurídicos de invalidação desses atos, têm em vista a segurança e a tutela de interesses privados.

É claro que a legislação civil estabelece preceitos de ordem pública.[45] Mesmo assim, esses preceitos são prescritos para que a regulação do interesse do particular não comprometa a segurança jurídica das relações privadas; acresça-se que as normas de ordem pública destinam-se à disciplina

40. Cf. Vladimir da Rocha França, *Invalidação Administrativa...*, pp. 20-23.

41. Ver Constituição Federal, arts. 5º, II, e 37, *caput*.

42. Ver arts. 53 ss.

43. No caso de incompetência da autoridade nos atos de competência discricionária. Cf. Vladimir da Rocha França, *Invalidação Administrativa...*, pp. 21-24.

44. Cf. Celso Antônio Bandeira de Mello, *Curso...*, pp. 399 ss.; e Vladimir da Rocha França, *Invalidação Judicial...*, pp. 126-129.

45. Maria Helena Diniz, *Curso de Direito Civil*, v. 1, p. 246.

de relações jurídicas nas quais o Estado (ou as pessoas que fazem as suas vezes) não participa no exercício de competência estatal.[46] Não se confundem com as normas jurídicas que integram o regime jurídico-administrativo, regente do exercício das competências administrativas, informado pelos princípios da prevalência do interesse público sobre o particular e da indisponibilidade do interesse público.[47]

Os regimes jurídicos de invalidação prescritos no Código Civil não são aplicáveis aos atos administrativos. Salvo de modo subsidiário, quando não existem normas jurídicas para tanto; e, principalmente, se não atentam os preceitos civis contra os cânones máximos do regime jurídico-administrativo.

No Direito Privado, os negócios jurídicos inválidos classificam-se em nulos ou anuláveis.

Os negócios jurídicos nulos e os negócios jurídicos anuláveis têm em comum o fato de que somente podem ser expulsos do sistema do Direito Positivo por um ato judicial.[48] Eles permanecem no sistema enquanto não houver o advento de uma decisão judicial, desconstituindo a pertinência do negócio jurídico defeituoso.

Outro ponto similar: a invalidação judicial do negócio jurídico impõe a reposição da situação material anterior à expedição do ato; quando não for possível, deve haver a recomposição dos danos.

Os negócios jurídicos nulos padecem de invalidades insanáveis ("nulidades absolutas", ou simplesmente "nulidades"), pois não podem ser supridas pelas partes mediante ratificação expressa ou tácita. O Ministério Público, assim como qualquer interessado, pode validamente argüir a nulidade; se comprovada, é cognoscível de ofício pelo juiz quando se depara com o negócio ou seus efeitos, habilitando-o a expedir o ato judicial de invalidação. A invalidação judicial da nulidade tem eficácia retroativa, desconstituindo todos os efeitos jurídicos produzidos pelo comando impugnado.

Os negócios jurídicos anuláveis são eivados de invalidades sanáveis ("nulidades relativas" ou "anulabilidades"), podendo ter os seus termos ratificados pelas partes. Somente o interessado tem legitimidade para argüir a anulabilidade e desta se beneficiar, salvo no caso de solidariedade ou indivisibilidade. A invalidação judicial da anulabilidade detém eficácia *ex nunc*, pois os efeitos jurídicos produzidos pelo negócio inválido são respeitados até o ingresso do ato judicial na ordem jurídica.

Os negócios nulos e os negócios anuláveis também se diferenciam pelo prazo prescricional estabelecido para a sua invalidação.

Pelo atual sistema, os negócios nulos são, em regra, imprescritíveis, ocorrendo as exceções quando a lei expressamente estabelece, ou se tiver o negócio jurídico fundo patrimonial. Neste caso, a prescrição da ação judicial cabível para invalidá-los segue o disposto pelo art. 179 do Código Civil. Pelo art. 169 do Projeto do Novo Código Civil, o negócio nulo aparentemente se torna absolutamente imprescritível.

Nos atos anuláveis, direito de ação prescreve em prazos mais ou menos inferiores aos prazos prescricionais estabelecidos para os atos nulos. No Projeto do Novo Código Civil, a invalidação do negócio jurídico anulável fica sujeita a prazo decadencial.[49]

Mas tal classificação é integralmente aplicável para os atos administrativos? Entendemos que não.

É certo que o ato nulo constitui uma categoria da Teoria Geral do Direito. Sem-

46. Oswaldo Aranha Bandeira de Mello, *Princípios Gerais do Direito Administrativo*, v. I, p. 19.

47. Celso Antônio Bandeira de Mello, *Curso...*, pp. 25 ss.

48. Cf. Maria Helena Diniz, ob. cit., pp. 347-348.

49. Ver arts. 119 e 178 do Projeto do Novo Código Civil.

pre houve uma preocupação do Direito Positivo em criar mecanismos que fulminassem determinados atos jurídicos que atentassem contra certos valores ou garantias. Quando o Direito Positivo qualifica o ato jurídico como passível de invalidação por nulidade, isso significa que houve quebra de um elemento fundamental para a coerência do sistema. Mas, diga-se de passagem, essa valoração fica à discrição do legislador, observados os preceitos da Lei Maior.

Já a invalidação por anulabilidade, tal como regulada pelo Código Civil, mostra-se inaplicável para o Direito Administrativo.

Toda a função administrativa está sujeita ao interesse público. Este consiste na dimensão pública dos interesses individuais, constituída pelo Direito Positivo.[50] São interesses que os indivíduos mantêm enquanto integrantes do corpo social. O ordenamento jurídico os elege através da tipificação integral de seus meios — os atos administrativos — para a ação administrativa; ou restringe-se a indicá-los, deixando à discrição da autoridade administrativa a determinação parcialmente dos meios hábeis para sua concreção.[51]

Não há invalidade administrativa que não seja relevante para o interesse público. As gradações que o Direito Positivo pode estabelecer para as invalidades dos atos administrativos devem necessariamente seguir o interesse público. Em especial, a finalidade da restauração da juridicidade com segurança jurídica.

Isto posto, há ampla legitimidade para a argüição das invalidades administrativas pelos administrados. Todos têm o direito subjetivo de exigir uma atuação lícita das autoridades administrativas, assegurado tanto no plano constitucional como no plano infraconstitucional,[52] *independentemente da invalidade do ato impugnado ser sanável ou não*. Além do mais, o interesse público não pode ficar subordinado ao interesse privado dos administrados.[53]

A convalidação não é, em regra, uma faculdade da administração pública, como o é a ratificação dos atos anuláveis para os particulares. Não se pode obrigar o cidadão, no exercício da potestade da autonomia da vontade, a ratificar o negócio jurídico. Entretanto, há o dever da autoridade administrativa de convalidar o ato administrativo portador de invalidade sanável quando a permanência do conteúdo não implicar lesão à moralidade administrativa e não houver impugnação judicial ou administrativa, nem prejuízo a direitos de terceiros.

Impugnado, o ato passível de convalidação deixa de sê-lo, ingressando o provimento no mesmo regime jurídico aplicável para os atos nulos. Tudo isso, evidentemente, no Direito Administrativo.

Não há prazos prescricionais diferenciados para a invalidação judicial dos atos administrativos. O art. 1º do Decreto Federal n. 20.910/1932, recepcionado pela atual ordem constitucional como lei, é taxativo: "Art. 1º. As dívidas passivas da União, dos Estados e dos Municípios, bem assim *todo e qualquer direito ou ação contra a Fazenda federal, estadual ou municipal, seja qual for a sua natureza; prescrevem em 5 (cinco) anos, contados da data do ato ou fato do qual se originarem*" (grifamos).

Todos os atos administrativos federais viciados seguem um mesmo regime para a invalidação administrativa. A Lei Federal n. 9.784/1999[54] estabelece o prazo decadencial de cinco anos para a invalidação administrativa dos provimentos ampliativos vi-

50. Cf. Celso Antônio Bandeira de Mello, *Curso...*, pp. 57 ss.

51. Cf. Renato Alessi, *Principi di Diritto Amministrativo*, t. I, pp. 204-206; e Tércio Sampaio Ferraz Júnior, ob. cit., pp. 140-141.

52. Ver Constituição Federal, art. 5º, LXXIII e Lei federal n. 9.784/1999, art. 9º.

53. Hely Lopes Meirelles, *Direito Administrativo Brasileiro*, p. 189.

54. Art. 54, *caput*, e § 1º.

ciados que não estejam prejudicados pela má-fé do beneficiado. O prazo é contado da data de expedição do ato ou, no caso de efeitos patrimoniais contínuos, da percepção do primeiro pagamento.

Entendemos que diante da omissão do legislador federal, ou de regulação diversa no âmbito estadual ou municipal, as atos administrativos viciados que não se encontram sob o manto do art. 54, *caput*, da Lei Federal n. 9.784/1999, devem ser administrativamente invalidados a qualquer tempo, desde que os terceiros de boa-fé prejudicados tenham as suas perdas e danos ressarcidas, e, especialmente, que a má-fé do administrado seja comprovada, caso haja o decurso de tal qüinqüênio.[55]

Recorde-se que os particulares não dispõem da prerrogativa de invalidar os seus próprios atos viciados, apesar de portarem a potestade de ratificá-los. E que carece a administração pública do direito de pedir a invalidação judicial de seus próprios atos, uma vez que o ordenamento jurídico já lhe confere a via da invalidação administrativa.

Um último argumento: algumas hipóteses de invalidades, constantes nos arts. 145 e 147 do Código Civil não têm aplicação no Direito Público.[56] A incapacidade nos moldes do Direito Privado é exemplo manifesto.

Por essas razões, acreditamos que a categoria dos atos anuláveis não existe no regime jurídico-administrativo. Em regra, não há invalidação por anulabilidade do ato administrativo, *uma vez que a anulabilidade deve ensejar a convalidação no direito administrativo*. Acrescente-se que *se houver anulabilidade e se apresentarem os requisitos exigidos pela lei para a válida convalidação, não há outra demanda cabível para o interesse público da restauração da juridicidade com segurança jurídica que não seja a convalidação.* E mesmo quando a invalidação por anulabilidade do ato administrativo é viável, *o regime dos negócios jurídicos anuláveis prescrito no Código Civil mostra-se inteiramente inadequado nessa situação.*

Impugnado o ato administrativo portador de anulabilidade, esta converte-se em nulidade. Isso sujeita o ato anteriormente convalidável ao mesmo regime dos atos nulos no ordenamento jurídico-administrativo.

É importante salientar que na invalidação por anulabilidade do negócio jurídico, os efeitos jurídicos transcorridos são reconhecidos pelo Direito Positivo. Na excepcional hipótese de invalidação por anulabilidade do provimento administrativo, efeitos jurídicos deflagrados podem ser inteiramente desconstituídos.

Assim, classificamos os atos administrativos inválidos em duas categorias: atos nulos e atos convalidáveis.[57] Acreditamos que essa distinção feita pelo Direito Positivo não é exclusiva dos atos administrativos, sendo aplicável para todos os atos jurídicos regidos pelos cânones do Direito Público. Isso salta aos olhos em vários dispositivos do Código de Processo Civil.[58]

### *3.3 Espécies de invalidades*

Exporemos, agora, o rol de invalidades previsto pelo ordenamento jurídico para os atos administrativos. As invalidades são graduadas segundo a sua importância para o conteúdo do ato administrativo, como já visto. Agrupemos as invalidades consoante o pressuposto que afeta.

55. Cf. Vladimir da Rocha França, *Invalidação Judicial...*, p. 134 e *Invalidação Administrativa...* , pp. 25-27.

56. Miguel Seabra Fagundes, ob. cit., pp. 42-46. Os dispositivos citados correspondem aos arts. 166 e 171 do Projeto do Novo Código Civil, apresentando este algumas inovações interessantes.

57. Anteriormente, classificávamos os atos administrativos inválidos em invalidáveis e convalidáveis.

58. Ver arts. 243 ss.

Há vício no pressuposto subjetivo quando:[59] (i) a pessoa estatal não pode agir na matéria, por não integrar o seu elenco de atribuições constitucionais ou legais; (ii) a autoridade administrativa não detém a competência para expedição do ato administrativo; ou (iii) o agente mostra-se impedido ou suspeito para produzi-lo no caso específico.

Nos pressupostos objetivos, os seguintes defeitos podem se apresentar:

Tem-se invalidade quanto ao motivo, quando este evento não é compatível com o motivo legal ou materialmente não existe, comprometendo o fato jurídico que o declara.[60]

Há invalidade no requisito procedimental se este foi omitido ou observado de modo incompleto ou irregular.[61]

O pressuposto teleológico padece de vício quando o agente visou finalidade alheia ao interesse público ou interesse público impertinente para a categoria do ato administrativo.[62]

No pressuposto lógico se constata invalidade se o conteúdo do ato carece da necessária relação de proporcionalidade com o motivo, diante da finalidade.[63]

Finalmente, ocorre invalidade no pressuposto formalístico se a formalização prescrita para o ato não foi observada.

59. Ver Lei federal n. 4.717/1965, art. 2º, *a*, e parágrafo único, *a* e Lei federal n. 9.784/1999, arts. 11 ss.

60. Ver Lei federal n. 4.717/1965, art. 2º, *d*, e parágrafo único, *d*.

61. Ver Lei federal n. 4.717/1965, art. 2º, *b*, e parágrafo único, *b* e Lei federal n. 9.784/1999, art. 2º, *caput*, e parágrafo único, incs. V, VII, VIII, IX, XI e XII. Na Lei da Ação Popular, "forma" vem no sentido de conjunto dos requisitos procedimentais exigidos para a validade do ato.

62. Ver Lei n. 4.717/1965, art. 2º, *e*, e parágrafo único, *e* e Lei n. 9.784/1999, art. 2º, *caput*, e parágrafo único, incs. II, III e IV.

63. Ver Lei n. 4.717/1965, art. 2º, *c*, parágrafo único, *c* e Lei n. 9.784/1999, art. 2º, *caput*, e parágrafo único, VI.

Dentre as invalidades administrativas, são sanáveis: (i) a incompetência da autoridade administrativa, desde que a pessoa estatal seja capaz para agir e tenha o agente idoneidade para o caso concreto; (ii) o defeito ou omissão no requisito procedimental não compromete o exercício dos direitos dos administrados; (iii) a forma do ato difere da formalização. Contudo, esses vícios devem ser considerados insanáveis se o ato for impugnado ou a sua manutenção implicar lesão ao interesse público. Também deixam de ser sanáveis se a lei assim determinar.

## *4. Regimes jurídicos dos atos administrativos inválidos*

### *4.1 Atos nulos*

Os atos nulos são aqueles atos administrativos que são portadores de nulidade comprovada, em sede de provimento administrativo ou sentença judicial de invalidação.

Em regra, a eficácia dos atos nulos é desconstituída na invalidação por nulidade, devendo a situação material anterior ser restaurada ou, caso não seja possível, resolver-se em perdas e danos. Daí dizer-se que a invalidação por nulidade tem eficácia *ex tunc*, quando o provimento inválido era, evidentemente, ineficaz.

Entretanto, a boa-fé do administrado constitui limite à eficácia retroativa da invalidação por nulidade. Afirmamos em outra oportunidade:[64] "(...) para que o ato administrativo defeituoso seja convalidável, é preciso que o vício seja sanável, respeito à boa-fé e a ausência de impugnação judicial ou administrativa. Se o último requisito não se configura, os efeitos jurídicos que ainda permanecem no ordenamento jurídico são

64. Vladimir da Rocha França, *Invalidação Administrativa...*, p. 42. Recorde-se que, aqui, empregávamos validade como sinônimo de pertinência.

*interrompidos* pelo ato administrativo de invalidação, *devendo ser respeitada a eficácia correspondente ao período entre o termo no qual o ato invalidado se tornou eficaz e o termo de validade do ato de invalidação.* É interessante que invalidação administrativa aqui se apresenta com eficácia declaratória e constitutiva, *mas carente de retroatividade*" (grifo no original).

E deve ser adicionado que:[65] "(...) Do contrário, a desconsideração total dos efeitos do ato invalidado, neste caso, implicaria um paradoxal enriquecimento sem causa, bem como em violação dos princípios da isonomia, moralidade e da proporcionalidade. *Mesmo a invalidação judicial deve observar esses limites*" (grifo no original).

Não se trata de convalidação dos efeitos de um ato inválido, mas sim a manutenção da validade dos efeitos pretéritos, e o impedimento dos efeitos futuros, em prol dos princípios da indisponibilidade do interesse público e de sua prevalência sobre o interesse privado.[66]

Os atos nulos geraram efeitos jurídicos. Reafirmemos: o ato administrativo válido passa para nulo quando há provimento estatal que assim determine. Enquanto o ato passível de invalidação por nulidade permanece no sistema, ele produz seus efeitos jurídicos. Isso igualmente ocorre no Direito Privado, como bem demonstra Maria Helena Diniz:[67] "Mesmo sendo nulo ou anulável o negócio jurídico, é imprescindível a manifestação do Judiciário a esse respeito, porque a nulidade não opera *ipso iure*. A nulidade absoluta ou relativa só repercute se for decretada judicialmente; caso contrário surtirá efeitos aparentemente queridos pelas partes; assim o ato negocial praticado por um incapaz terá, muitas vezes, efeitos até que o órgão judicante declare sua invalidade".

Embora os atos nulos sejam insuscetíveis de convalidação, alguns são passíveis de conversão. A conversão é o provimento pelo qual o ato nulo é enquadrado numa categoria na qual seria válido, reconstituindo os seus efeitos pretéritos.[68]

Admite-se resistência passiva contra a implementação material dos atos passíveis de invalidação por nulidade, assumindo o administrado o ônus da confirmação judicial de sua validade. Celso Antônio Bandeira de Mello[69] explica com melhor precisão: "Já, quando alguém desobedece a um ato administrativo por mero descumprimento do que nele está determinado, evidentemente o faz por sua conta e risco. Seja inválido por nulo ou inválido por *anulável*, não há diferença alguma nesta resistência ao ato. O que o administrado resistente estará fazendo *é antecipar um juízo que será feito posteriormente pelo Judiciário sobre a invalidade do ato*. Se os juízos a final se revelarem coincidentes, a resistência será havida como legítima; se se revelarem descoincidentes, a resistência será havida como ilegítima. Não interfere para nada a questão do ato ser nulo ou anulável".

A resistência *manu militari* é vedada em relação aos atos passíveis de invalidação por nulidade, haja vista o princípio da segurança jurídica[70] e a não recepção da desobediência civil em nosso sistema.[71] Isso também se aplica aos atos convalidáveis.

Tanto o Ministério Público como qualquer administrado pode argüir a invalidade que acarreta a invalidação por nulidade. O Poder Judiciário também pode levantá-la de ofício, ainda que não o faça diretamente o interessado.

65. Idem, *Invalidação Judicial...*, p. 135.
66. Idem.
67. Ob. cit., p. 348.
68. Celso Antônio Bandeira de Mello, *Curso...*, p. 421.
69. *Curso...*, p. 427. O que o Professor Celso Antônio Bandeira de Mello chama de "atos anuláveis", denominamos de "atos convalidáveis", como se verá oportunamente.
70. Idem.
71. Vladimir da Rocha França, *Invalidação Judicial...*, p. 136.

Quanto aos prazos para a invalidação, revisemos: prazo prescricional de cinco anos para a invalidação judicial, contado da prática do ato; e o prazo decadencial de cinco anos para a invalidação administrativa dos provimentos ampliativos expedidos sem a mácula da má-fé, no âmbito federal e nas esferas das pessoas políticas desprovidas de legislação própria. Em se tratando de má-fé comprovada, a invalidação administrativa fica isenta de prazo decadencial.

### *4.2 Atos convalidáveis*

Por sua vez, os atos convalidáveis são aqueles portadores de anulabilidade comprovada, em sede de provimento administrativo de convalidação.

A eficácia dos atos convalidáveis é mantida, havendo a preservação de seu conteúdo pelo ato de convalidação sem prejuízo à moralidade administrativa ou a direito de terceiro.

No caso de vício de incompetência em ato administrativo expedido em razão de competência discricionária, pode haver a invalidação por anulabilidade ou a sua convalidação, conforme os critérios de conveniência e de oportunidade da autoridade validamente habilitada para essa discrição. Optando pela primeira escolha, os efeitos jurídicos do ato inválido podem ou não ser mantidos, conforme a discrição da autoridade competente e nos limites impostos pelo princípio da boa-fé. Uma situação excepcional que, talvez, seja a mais próxima dos atos anuláveis do Direito Privado.

A legislação é silente quanto ao prazo para a convalidação e dessa excepcional invalidação por anulabilidade. Pensamos que deve ser, no caso, empregado, por analogia, o mesmo prazo decadencial da invalidação administrativa, uma vez que tanto esta como a convalidação visam à restauração da juridicidade com segurança jurídica.

Se o ato passível de convalidação é impugnado, o provimento inválido é posto imediatamente sob o regime dos atos nulos. Isso ocorre porque a legitimidade para a impugnação administrativa ou judicial das invalidades dos atos administrativos é ampla, como já explicamos.

### *4.3 Sobre os atos inexistentes e os atos irregulares*

Respeitada doutrina enquadra como inválidos os chamados "atos inexistentes".[72] Seriam provimentos administrativos de objeto ilícito ou materialmente impossível.

Seu regime jurídico se caracterizaria: pela imprescritibilidade; pela total impossibilidade de convalidação ou de conversão; pela admissibilidade de resistência, inclusive *manu militari*, à sua implementação material; pela inadmissibilidade da preservação de quaisquer efeitos jurídicos.

Para nós, os "atos inexistentes" não chegam nem a ingressar no sistema do Direito Positivo como norma jurídica. São enunciados prescritos sem qualquer valor jurídico, inteiramente desprovidos da qualidade da pertinência. Daí, perder sentido a discussão quanto à sua imprescritibilidade, invalidação, convalidação ou ineficácia.

Se, por alguma insana razão, tenta a administração pública implementá-los, cabe ao administrado o direito de resistir *manu militari* a tresloucada medida, com supedâneo na regra da legítima defesa.[73] Trata-se de uma garantia contra a delinqüência dos agentes estatais.

Os atos irregulares ingressam no ordenamento jurídico sem vícios que comprometam decisivamente sua pertinência e validade. Não chegam a ser classificados como atos inválidos, uma vez que os vícios presentes nos atos irregulares restringem-se a ví-

72. Cf. Celso Antônio Bandeira de Mello, *Curso...*, p. 42.

73. Ver Código Civil, art. 160, II. Ver Projeto do Novo Código Civil, art. 188, I e Código Penal, art. 25.

cio de formalização, o qual a lei não considera essencial para a validade do ato administrativo e que não demande a convalidação para corrigi-lo.

## 5. *Considerações finais*

Como se viu, os atos administrativos inválidos são divididos em duas classes distintas: os atos nulos e os atos convalidáveis. Tal distinção procurou seguir critérios próprios do Direito Público, servindo o Direito Privado como auxílio na melhor compreensão das invalidades dos atos administrativos.

A majestade do Código Civil não reina do Direito Público, salvo quando este o permite. A inveja que a bela sistematização que o legislador ofertou para o Direito Civil não pode seduzir o administrativista a ponto de esquecer que nem sempre as categorias do Código Civil são categorias aplicáveis a todo o Direito Positivo.

Há muito ainda para se estudar e refletir. Mas entre uma crise epistemológica e outra, vamos seguindo em frente.

Natal, agosto de 2001.

## *Referências bibliográficas*

### *1) Livros*

ALESSI, Renato. *Principi di Diritto Amministrativo*. t. I, Milão, Giuffrè, 1966.

AMARAL, Antônio Carlos Cintra do. *Extinção do Ato Administrativo*. São Paulo, Ed. RT, 1978.

BANDEIRA DE MELLO, Celso Antônio. *Curso de Direito Administrativo*. 13ª ed., São Paulo, Malheiros Editores, 2001.

BANDEIRA DE MELLO, Oswaldo Aranha. *Princípios Gerais do Direito Administrativo*. v. I, 2ª ed., Rio de Janeiro, Forense, 1979.

CARVALHO, Paulo de Barros. *Direito Tributário — Fundamentos Jurídicos da Incidência*. 2ª ed., São Paulo, Saraiva, 1999.

_____. *Curso de Direito Tributário*. 13ª ed., São Paulo, Saraiva, 2000.

DINIZ, Maria Helena. *Curso de Direito Civil*. v. I.

FERRAZ JÚNIOR, Tércio Sampaio. *Introdução ao Estudo do Direito*. 2ª ed., São Paulo, Atlas, 1994.

FIGUEIREDO, Lúcia Valle. *Curso de Direito Administrativo*. 4ª ed., São Paulo, Malheiros Editores, 1999.

FRANÇA, Vladimir da Rocha. *Invalidação Judicial da Discricionariedade Administrativa no Regime Jurídico-Administrativo Brasileiro*. Rio de Janeiro, Forense, 2000.

GORDILLO, Agustín. *Tratado de Derecho Administrativo*. t. I, 5ª ed., Buenos Aires, Fundación de Derecho Administrativo, 1998.

KELSEN, Hans. *Teoria Pura do Direito*. 3ª ed., trad. João Baptista Machado, São Paulo, Martins Fontes, 1991.

MEIRELLES, Hely Lopes. *Direito Administrativo Brasileiro*. 20ª ed., atual. Eurico de Andrade Azevedo *et alli*, São Paulo, Malheiros Editores, 1995.

NEVES, Marcelo. *Teoria da Inconstitucionalidade das Leis*. São Paulo, Saraiva, 1988.

SANTI, Eurico Marcos Diniz de. *Lançamento Tributário*. São Paulo, Max Limonad, 1996.

_____. *Decadência e Prescrição no Direito Tributário*. São Paulo, Max Limonad, 2000.

SEABRA FAGUNDES, Miguel. *O Controle dos Atos Administrativos pelo Poder Judiciário*. 6ª ed., São Paulo, Saraiva, 1984.

STASSINOPOULOS, Michel. *Traité des Actes Administratifs*. Atenas, Sirey, 1954.

SUNDFELD, Carlos Ari. *Fundamentos de Direito Público*. São Paulo, Malheiros Editores.

VILANOVA, Lourival. *Causalidade e Relação no Direito*. São Paulo, Saraiva, 1989.

_____. *As Estruturas Lógicas e o Sistema do Direito Positivo*. São Paulo, Max Limonad, 1997.

ZANCANER, Weida. *Da Convalidação e da Invalidação dos Atos Administrativos*. 2ª ed., São Paulo, Malheiros Editores, 1993.

### *2) Artigos e ensaios*

AMARAL, Antônio Carlos Cintra. "Conceito e elementos do ato administrativo", *Revista de Direito Público* 32/36-42, São Paulo.

CÂMARA, Jacintho de Arruda. "A preservação dos efeitos dos atos administrativos viciados", *Estudos de Direito Administrativo — Em Homenagem ao Professor Celso Antônio Bandeira de Mello*. São Paulo, Max Limonad, pp. 49-86, 1996.

CAMMAROSANO, Márcio. "Decaimento e extinção dos atos administrativos", *Revista de Direito Público* 53-54/160-172, São Paulo.

FRANÇA, Vladimir da Rocha. "Aspectos constitucionais da hipótese tributária da taxa pela prestação de serviço público", *Revista de Informação Legislativa* 149/187-208, Brasília, ano 38, jan.-mar. 2001.

_____. "Ato jurídico administrativo e ato jurídico *stricto sensu*", São Paulo, Pontifícia Universidade Católica de São Paulo, 46 pp. (mimeografado), 2000.

_____. "Invalidação administrativa na Lei federal n. 9.781/99", São Paulo, Pontifícia Universidade Católica de São Paulo, 48 pp. (mimeografado), 2001.

MELLO, Celso Antônio Bandeira de. "Leis originariamente inconstitucionais compatíveis com emenda constitucional superveniente", *Revista Trimestral de Direito Público* 23/12-23, São Paulo, 1998.

NOVELLI, Flávio Bauer. "A eficácia do ato administrativo", *Revista de Direito Administrativo* 60/18-26, Rio de Janeiro, abr.-jun. 1960.

_____. "A eficácia do ato administrativo", *Revista de Direito Administrativo* 61/15-41, Rio de Janeiro, jul.-set. 1960.

# O EDITAL E OS "ESCLARECIMENTOS RELATIVOS À LICITAÇÃO" (LEI 8.666/1993, ART. 40, VIII)

EGON BOCKMANN MOREIRA

Mestre em Direito Administrativo da UFPR. Advogado em Curitiba

*I — Introdução. II — O edital de licitação e sua mutabilidade. III — Conseqüências do pedido de esclarecimentos frente ao edital. IV — O provimento ao pedido de esclarecimentos, seus limites e efeitos. V — O pedido de esclarecimento e a preclusão processual. VI — Conclusão.*

## *I — Introdução*

*1.* Nos termos do inc. VIII do art. 40 da Lei 8.666/1993, é obrigatório que o edital de licitação contenha indicação expressa de "locais, horários e códigos de acesso dos meios de comunicação à distância em que serão fornecidos elementos, informações e esclarecimentos relativos à licitação e às condições para atendimento das obrigações necessárias ao cumprimento de seu objeto".

Por óbvio, a previsão não envolve a mera possibilidade de facultar a apresentação de questionamentos por parte dos interessados, mas é instrumental a uma finalidade maior: a Administração tem o dever de, tempestivamente e de maneira fundamentada, apresentar todos os "elementos, informações e esclarecimentos" porventura requisitados pelos particulares. Assim, no edital deve constar a forma e os meios pelos quais os interessados no certame poderão formular suas consultas e deverão receber resposta a eventuais dúvidas, obscuridades ou contradições consignadas no corpo do ato convocatório.

*2.* Uma controvérsia que freqüentemente se instala diz respeito à natureza jurídica desses provimentos administrativos esclarecedores. Por um lado, cogita-se acerca dos limites cognitivos do ato que aprecia tais pleitos de elucidação. Por outro, se as respostas incorporar-se-iam ao edital ou seriam singelos dados acessórios, secundários, e, portanto, passíveis de ser futuramente ignorados ou modificados pela Administração Pública.

Através deste rápido estudo, pretendemos enfrentar o tema da natureza jurídica de tais "esclarecimentos" fornecidos pela Comissão de Licitação e elaborar uma proposta de transposição da controvérsia.

## *II — O edital de licitação e sua mutabilidade*

*3.* Como se sabe, é unânime o entendimento de que a vinculação aos termos do edital, na feliz expressão de Hely Lopes Meirelles, "é princípio básico de toda licitação. (...) O *edital é a lei interna da licitação*, e, como tal, vincula aos seus termos tanto os licitantes como a Administração que o expediu".[1]

Através do edital, a Administração Pública define o objeto da licitação, fixa os parâmetros de atuação e torna previsível sua conduta no curso da licitação e posterior execução do contrato. Lá estão definidos os direitos e deveres da Administração e dos licitantes, conferindo estabilidade e segurança ao certame. Depois de publicado o instrumento convocatório e transposto o prazo de impugnações e esclarecimentos, não se admite quaisquer alterações unilaterais ou supressão de comportamentos previstos. O edital impõe, de forma vinculante, os provimentos a serem concretizados pela Administração.

Nesse sentido, o E. STJ já decidiu que "O 'edital' no sistema jurídico-constitucional vigente, constituindo lei entre as partes, e norma fundamental da concorrência, cujo objetivo é determinar o 'objeto da licitação', discriminar os direitos e obrigações dos intervenientes e o poder público e disciplinar o procedimento adequado ao estudo e julgamento das propostas".[2]

*4.* Assim, uma vez publicado o edital, a Administração não pode modificá-lo substancialmente — seja em atendimento a pedido de interessado, seja *sponte propria*.

Contudo, tal assertiva não implica sustentar a absoluta imutabilidade do instrumento convocatório. Não se trata de ato administrativo pétreo, insusceptível de mudanças. Contanto que eventuais modificações não afetem a essência da licitação, elas podem ser processadas. Ainda assim, em cumprimento ao princípio da publicidade, tais mínimas alterações devem ser levadas ao conhecimento de todos os interessados.

1. *Direito Administrativo Brasileiro*, 25ª ed., Malheiros Editores, 2000, pp. 256-257.

2. MS 5.418-DF (1ª S., Ministro Demócrito Reinaldo, *DJ* 1.6.1998, p. 24).

## *III — Conseqüências do pedido de esclarecimentos frente ao edital*

*5.* Ao mesmo tempo em que firma o princípio da vinculação ao edital (arts. 3º, 41 e 55, XI, dentre outros), a Lei 8.666/1993 prevê a possibilidade da formulação de pedido de esclarecimentos por parte dos interessados. Tais requerimentos, por vezes denominados de "consultas", são usuais nas licitações, crescendo proporcionalmente na medida da complexidade técnica do certame.

*6.* Inicialmente, é importante destacar que ao pedido de esclarecimentos se aplica o art. 22, § 1º c/c art. 6º, *caput*, da Lei 9.784/1999 (Lei do Processo Administrativo Federal). Tanto a formulação por parte do interessado quanto a resposta da Administração devem ser produzidas por escrito, com subseqüente intimação formal das partes interessadas. O pedido e resposta verbais ou informais não geram efeitos jurídicos.

*7.* O pleito de esclarecimento resulta basicamente em duas alternativas à Administração: ou bem é rejeitado, ou acolhido. O que não pode se dar é uma terceira opção, aquela do "arquivamento" ou "esquecimento" de requerimento formulado com base no art. 40, VIII. O agente administrativo tem o dever de recebê-lo, processá-lo adequadamente e emitir a decisão.

*8.* Na hipótese de rejeição, a Comissão de Licitação deverá externar as razões de fato e de direito pelas quais nega o pedido de esclarecimento. Abrem-se duas variantes: ou o pedido não merece nem sequer ser conhecido (*v.g.*, por ser absolutamente intempestivo), ou não merece ser provido (*v.g.*, por exteriorizar pleito desnecessário ao conhecimento do certame ou retratar pedido cuja resposta é constatável a olho nu no edital).

Destaque-se que, nos termos do art. 50, I, e § 1º, da Lei 9.784/1999, o ato de rejeição deve trazer a "indicação dos fatos e dos fundamentos jurídicos", devendo essa motivação ser "explícita, clara e congruente".

*9.* Já para a hipótese de a Administração acolher o pedido de esclarecimento, surgem três novos caminhos.

*9.1* O mais simples é o de fornecer o esclarecimento pleiteado, desfazendo dúvidas, obscuridades ou aparentes contradições do texto. Rigorosamente, a Administração tem o dever de buscar atingir essa alternativa, demonstrando a perfeição do edital ao conteúdo e objeto da licitação. Não só porque o interessado tem direito ao esclarecimento, mas igualmente visando preservar o ato administrativo traduzido no edital. Sempre que o esclarecimento não implicar agressão ao ato convocatório, há de ser valorizado pela comissão de licitação.

Nesse caso não se dará qualquer alteração no teor do edital, mas singelo esclarecimento daquilo que já estava contido no instrumento convocatório.

*9.2* Em segundo lugar, o pedido de esclarecimento pode resultar na constatação de que o edital continha vício suprível. Trata-se de defeito de categoria secundária, acessória, irrelevante ao fim público visado pela licitação, que não afeta a formulação das propostas (Lei 8.666/1993, art. 21, § 4º).

Nesse caso, com lastro no princípio da razoabilidade, a Administração deve outorgar ao pleito de esclarecimento o efeito de retificar o edital — convalidando os defeitos porventura constatados. Em decorrência, deverá publicar novamente o ato inaugural, reabrindo os respectivos prazos.[3] Diógenes Gasparini denomina tal provimento de "*rerratificação* do ato convocatório (...) retifica-se o que se quer corrigir e ratifica-se o que não foi alterado".[4]

*9.3* Caso contrário, unicamente na hipótese de a Administração constatar, em decorrência do pedido de esclarecimento, a intransponível necessidade de modificação do edital em sua essência, deverá ser instalado novo certame (Lei 8.666/1993, art. 49). Frise-se que se trata de providência última, não obstada pela necessidade de eventuais modificações pontuais no ato convocatório.[5] Isso porque a eventual alteração do conteúdo e objeto do edital têm conseqüências radicais na licitação, nas propostas e no futuro contrato a ser celebrado.

Assim, o pedido de esclarecimento pode resultar na constatação de que a licitação, tal como definida no instrumento convocatório, não é conveniente e oportuna ao interesse público. Nesse caso, a Administração tem a competência discricionária de revogar o certame.

Porém, a detecção, via pleito de esclarecimento, de vício insuprível no ato convocatório, implica o dever da decretação de sua nulidade. Celso Antônio Bandeira de Mello traz os seguintes exemplos de vícios ensejadores do dever de decretar a nulidade do edital: *a)* indicação defeituosa do objeto ou delimitação incorreta do universo de propostas; *b)* impropriedade na delimitação do universo dos proponentes; *c)* caráter aleatório ou discriminatório dos critérios de avaliação de proponentes e propostas; *d)* estabelecimento de trâmites processuais cerceadores da liberdade de fiscalizar a lisura do procedimento.[6]

Em ambas as alternativas, o ato de anulação ou revogação deverá não apenas ser motivado, mas antecedido do devido processo legal e contraditório (Lei 9.784/1999, art. 50 c/c Lei 8.666/1993, art. 49, § 3º).

3. Para Marçal Justen Filho, é obrigatória a republicação e reabertura do prazo de apresentação das propostas no caso de a inovação ao edital não puder ser atendida no prazo remanescente (*Comentários à Lei de Licitações e Contratos Administrativos*, 8ª ed., Dialética, 2000, p. 193). No mesmo sentido a lição de Lúcia Valle Figueiredo (*Curso de Direito Administrativo*, 5ª ed., Malheiros Editores, 2001, pp. 460-461).

4. *Direito Administrativo*, 6ª ed., Saraiva, 2001, p. 395.

5. Nesse sentido, Adílson Abreu Dallari (*Aspectos Jurídicos da Licitação*, 5ª ed., Saraiva, 2000, pp. 93 e ss.) e Lúcia Valle Figueiredo (*Direitos dos Licitantes*, 4ª ed., Malheiros Editores, 1994, pp. 44 e ss.).

6. *Curso de Direito Administrativo*, 13ª ed., Malheiros Editores, 2001, p. 525.

*10.* Nem se diga que do pedido de esclarecimentos apenas poderia resultar um ato com efeitos limitados, puramente declaratórios. Ou que não poderia ser conhecido pleito dessa ordem que implique outros efeitos jurídicos, vez que a própria Lei 8.666/1993 prevê expressamente a impugnação ao edital (art. 41 e §§).

Essa ordem limitada de efeitos dar-se-á na primeira hipótese acima descrita — no caso de o requerimento ser provido e fornecido o esclarecimento. Porém, se do pedido de esclarecimento resultar a constatação objetiva de defeito no ato convocatório, em obediência ao princípio da legalidade, a Administração deve conhecê-lo e tomar a providência jurídica adequada — seja para corrigir o edital, seja para o revogar ou anular.

### *IV — O provimento ao pedido de esclarecimentos, seus limites e efeitos*

*11.* Desta forma, não é exata a compreensão de que o edital limitar-se-ia ao texto originalmente publicado pela Administração Pública. Os esclarecimentos fornecidos pela comissão de licitação integram-se ao instrumento convocatório, dele fazendo parte incindível.

Tais esclarecimentos são inerentes à boa interpretação do edital, pois dizem respeito à necessária transposição de dúvidas ou à mera supressão de incompreensões. A fim de evitar eventuais conflitos derivados de incertezas constantes do texto do ato convocatório (e de seus anexos), a legislação confere à parte interessada o direito de inquirir, objetivamente, a Administração licitante — a fim de que tais dúvidas não existam no momento de apresentação das propostas e na futura execução do contrato administrativo.

À toda evidência, tais provimentos esclarecedores apenas revelam dado preexistente no ato convocatório. Não inovam em absoluto, nem trazem acréscimo algum ao edital.

*12.* Além disso, os esclarecimentos não possuem limite subjetivo ou temporal. Trata-se de manifestação formal, vinculante à Administração e pessoas privadas, através da qual o ente licitante torna objetivamente incontroverso determinado aspecto do edital. A decisão esclarecedora vale para todos aqueles que participam do certame (e terceiros interessados), desde o momento de sua divulgação até a conclusão do futuro contrato.

*13.* Assim, uma vez fornecidos tais "elementos, informações e esclarecimentos", a manifestação administrativa que os exterioriza integra-se formalmente ao instrumento convocatório, tornando-se parte incindível do ato que instaurou a licitação, tal qual as cláusulas originais daquele instrumento.

Para todos os fins da licitação, os dados esclarecedores farão parte do edital e orientarão não só a conduta da comissão licitante, mas especialmente a execução do contrato e os futuros atos e decisões da pessoa contratante. Trata-se de manifestação que integra, de maneira indelével, o edital de licitação. Também com base nela são apresentadas as propostas, selecionada a vencedora, firmado e executado o contrato administrativo.

Além dessas considerações, a questão merece receber outro enfoque, com novos desdobramentos.

### *V — O pedido de esclarecimento e a preclusão processual*

*14.* É pacífico, em doutrina e jurisprudência, o enfoque processual conferido à licitação. Tal como o signatário firmou anteriormente, "não há dúvidas de que um processo de licitação representa um vínculo subjetivo entre pessoas privadas (licitantes) e a Administração. Existe uma relação intersubjetiva, desdobrada no tempo, que rege esse relacionamento específico. Assim, a validade e eficácia dos atos praticados no curso da licitação não advêm única e diretamente da Lei 8.666/1993: exige-se também a perfeição dos atos anteriores. Há uma seqüência lógica, ordenada e coerente, que se inicia com o edital e culmina na assinatura do contrato. A licitação é um processo: os atos devem ser praticados no prazo e forma previstos em lei, o posterior pressupondo o anterior, proibindo-se o retorno à situação anterior, sob um regime de preclusão (lógica, temporal e consumativa)".[7]

A preclusão processual significa a impossibilidade da prática de determinado ato — seja devido à ausência de sua concretização ao tempo previsto em lei (temporal), seja devido à impossibilidade da prática de ato incompatível com outro já realizado (lógica), seja quando efetivamente se pratica em concreto o ato previsto em lei (consumativa).[8]

Seria inadmissível que a Administração praticasse determinado ato num processo de licitação, para em seguida mudar unilateralmente de opinião e frustrar a segurança jurídica e boa-fé daqueles que foram afetados pelo ato pretérito.

*15.* Especificamente no que diz respeito à resposta aos esclarecimentos, o desrespeito à preclusão processual tem efeitos ainda mais graves, que transcendem o processo licitatório e se refletem na relação jurídica contratual.

Na medida em que a comissão de licitação exterioriza esclarecimento ao edital, lavra provimento administrativo certo, através do qual aclara determinado item do ato convocatório. À toda evidência, na justa medida em que a Administração manteve o certame em curso, tal ato tem a natureza de informação coerente e integrada no conteúdo e objeto da licitação.

Ou seja, uma vez que a licitação foi mantida e prestado o esclarecimento, a comissão de licitação reconhece peremptoriamente que aquelas informações por si prestadas já eram parte integrante do edital, desde a sua elaboração inicial. Trata-se de provimento elucidativo da essência, da substância da licitação então em curso.

Note-se bem: conforme acima descrito, a Administração tem uma série de alternativas (discricionárias e vinculadas), quando do recebimento do pedido de esclarecimentos. A opção concreta exercitada pela comissão sela o destino do processo licitatório: ou bem ele segue ou põe-se fim ao certame. Se a licitação permanecer em curso após o fornecimento dos esclarecimentos, isso significa que a Administração reconheceu expressamente que o edital continha aquela informação então aclarada.

*16.* Ora, depois de praticar e publicar o esclarecimento definidor de uma certa opção previamente contida no instrumento convocatório, é impossível à Administração voltar atrás.

A tentativa de modificação do entendimento consubstanciaria verdadeiro *venire contra factum proprium*: a Administração voltar-se-ia contra sua própria conduta, tal como externada no ato convocatório (e na decisão de esclarecimentos). Dar-se-ia violação ao princípio da boa-fé, aspecto essencial da moralidade administrativa (CF, art. 37, *caput*, e Lei 8.666, art. 3º). Violar-se-ia o princípio da segurança e estabilidade das relações jurídicas. Frustrar-se-ia a razão de ser do próprio edital.

*17.* Em suma, a publicação do esclarecimento ao edital faz operar a preclusão, lógica (pois foi praticado ato que exclui a futura adoção de outro que lhe seja contrário) e consumativa (pois foi praticado ato que

7. "O processo de licitação, a Lei 9.784/1999 e o princípio da legalidade", *ILC* 85/195, mar. 2001. Bem verdade que há doutrinadores que rejeitam o *nomen juris* "processo licitatório", defendendo o termo "procedimento". Porém, essa discussão tem outros desdobramentos, tal como exposto por Marçal Justen Filho (*Comentários...*, cit., pp. 386-387).

8. A respeito do fenômeno da preclusão no processo administrativo, veja-se a obra de Sérgio Ferraz e Adílson Abreu Dallari, *Processo Administrativo*, Malheiros Editores, 2001, pp. 38-47.

exauriu determinada faculdade de agir da Administração).

*18.* E, tal como firmou o E. STJ, "O procedimento licitatório é um conjunto de atos sucessivos, realizados na forma e nos prazos preconizados na lei; ultimada (ou ultrapassada) uma fase, 'preclusa' fica a anterior, sendo defeso, a administração, exigir, na (fase) subseqüente, documentos ou providências pertinentes àquela já superada. Se assim não fosse, avanços e recuos mediante a exigência de atos impertinentes a serem praticados pelos licitantes em momento inadequado, postergariam indefinidamente o procedimento e acarretariam manifesta insegurança aos que dele participam".[9]

*19.* Ao praticar atos incompatíveis com um eventual retorno à situação anterior, cumpre à Administração, em atendimento ao interesse público expressamente consignado no edital de licitação, só e tão-somente o cumprimento vinculado do critério fixado nos esclarecimentos.

*20.* Ao final, e por oportuno, cabe destacar decisão do E. STJ, em que foi acolhida a tese ora exposta. No REsp 198.665-RJ, aquela Corte firmou que "a resposta de consulta a respeito de cláusula de edital de concorrência pública é vinculante; desde que a regra assim explicitada tenha sido comunicada a todos os interessados, ela adere ao edital".[10]

## *VI — Conclusão*

*21.* Mais do que uma simples formalidade editalícia, o pedido de fornecimento de "elementos, informações e esclarecimentos" é verdadeiramente um aspecto da participação democrática das pessoas privadas na esfera pública. Os particulares passam a interagir com a Administração, colaborando no atingimento do interesse público definido no edital.

Por isso que o pedido de esclarecimentos não deve ser vislumbrado como uma crítica negativa ao ato convocatório, mas sim como uma oportunidade para a Administração aperfeiçoar esse instrumento. Mediante essa cooperação, dá-se o suprimento de omissões, a eliminação de contradições e o aclaramento de obscuridades que possam dificultar a perfeita compreensão do edital.

Daí por que deve ser estimulada a formulação de tais pedidos de esclarecimentos — visando, sobretudo, poupar tempo, esforços e prevenir litígios. Em decorrência, a resposta a tais pleitos deve ser mais valorizada e prestigiada pela Administração Pública.

Curitiba, junho de 2001.

9. MS 5.418-DF, 1ª S., Ministro Demócrito Reinaldo, *DJ* 1.6.1998, p. 24.

10. 2ª T., Ministro Ari Pargendler, *DJ* 3.5.1999, p. 137.

# PRIVATIZAÇÃO PARCIAL DA CEMIG — ACORDO DE ACIONISTAS — IMPOSSIBILIDADE DE O CONTROLE SOCIETÁRIO SER COMPARTILHADO ENTRE O ESTADO DE MINAS GERAIS E O ACIONISTA ESTRANGEIRO

LÚCIA VALLE FIGUEIREDO

Professora Titular de Direito Administrativo da PUC/SP. Juíza aposentada do TRF da 3ª Região. Advogada em São Paulo

## *Consulta*

Relata-nos a Sra. Procuradora-Geral do Estado de Minas Gerais que o Poder Executivo Estadual foi autorizado pela Lei 11.968/1995 a alienar ações da Companhia Energética de Minas Gerais - CEMIG, desde que mantivesse participação majoritária no capital votante da citada companhia.

Esclarece, ainda, que a CEMIG, resultante da mudança de denominação de "Centrais Elétricas de Minas Gerais — CEMIG", pela Lei 8.655/1984, é sociedade de economia mista, que tem o Estado de Minas Gerais como acionista controlador, por ter participação majoritária, desde sua criação pela Lei 828, de 14 de dezembro de 1951.

Nessa ocasião (Lei 8.655/1984), seu objeto social foi ampliado, conforme os termos do art. 2º, que transcrevemos:

"Art. 2º. A CEMIG passará a desenvolver atividade nos diferentes campos da energia, em qualquer de suas fontes, com vistas à exploração econômica, construindo e operando, dentre outros, sistema de geração, transmissão e distribuição de energia elétrica.

"§ 1º. O prazo de duração da sociedade é indeterminado.

"§ 2º. *O Estado deterá sempre a maioria das ações com direito a voto*" (grifamos).

Ainda, nos termos do parágrafo único do art. 6º da mesma Lei, a CEMIG, como concessionária da União, deveria respeitar a regulamentação federal no tocante aos serviços e contratos, que alcançasse a empresa.

Diz, ainda, que o Estado, nos termos da autorização legislativa, transferiu para a MGI — Participações S/A 32,94% do capital votante da CEMIG, permanecendo ainda com a maioria das ações ordinárias.

A autorização legislativa está nos seguintes termos (Lei 11.968/1995):

"Art. 1º. Fica o Poder Executivo autorizado a alienar ações preferenciais e ordinárias de propriedade do Estado que integram o capital social da Companhia Energética de Minas Gerais — CEMIG — e do Banco do Estado de Minas Gerais S/A — BEMGE.

"§ 1º. Excluem-se da alienação de que trata este artigo as ações que asseguram a participação majoritária do Estado do capital votante da CEMIG e do BEMGE.

"§ 2º. Os recursos obtidos com a venda das ações serão destinados ao pagamento da dívida pública e à execução de programas sociais previstos no Plano Plurianual de Ação Governamental."

A MGI de fato emitiu debêntures, que tiveram como garantia a participação acionária na CEMIG e foram integralmente subscritas pelo BNDES.

A MGI e o BNDES colocaram à venda, em leilão, as debêntures, "facultando" ao adquirente a transformação das debêntures da MGI em ações da CEMIG e, simultaneamente, a possibilidade de celebrar "Acordo de Acionistas" com o Estado de Minas Gerais, como previsto no art. 118 da Lei das S/A (Lei 6.404, de 15.12.1976).

Embora o Estado tenha mantido a maioria do capital votante, todavia transferiu indiretamente, por meio do dito "Acordo de Acionistas", parcela do controle, existindo, inclusive, direito de veto por parte dos "acordantes".

Alegou-se, ainda, em contestação na ação popular, instaurada com o objetivo de anular referido leilão e impedir a assinatura do acordo de acionistas (previsto no edital de leilão), segundo a Sra. Procuradora-Geral, "direito discricionário", pois o dito acordo trataria de questões pertinentes à gestão da companhia.

Em seguida formulou os seguintes quesitos:

*1.* Em face do princípio da legalidade aplicado à Administração Pública, e, portanto, às sociedades de economia mista com capital majoritário do Estado, se não for expressamente permitida a celebração do Acordo de Acionistas, é esse válido?

*2.* Qual a finalidade do "Acordo de Acionistas"?

*3.* A gestão compartilhada faz com que, efetivamente, o acionista controlador, que deve ser o Estado de Minas Gerais, perca os poderes reais de mando?

*4.* É possível prever-se, sendo o Estado o acionista majoritário, a arbitragem, afastando-se assim o Poder Judiciário, como expresso na cláusula 15.2 do mencionado "Acordo"?

*5.* Poderia ser invocada a boa-fé, princípio geral de direito, e, também, princípio do direito administrativo, pela empresa estrangeira, compradora das ações, boa-fé essa, de tal maneira forte, que impossibilitasse a anulação do contrato administrativo? Ou, então, que ensejasse a convalidação de contrato viciado?

## *Parecer*

A análise da consulta feita leva à necessidade de se colocarem as diferenças dos regimes jurídicos de direito público e de direito privado, como, também, ao exame do regime das empresas estatais como administração indireta do Estado.

Deveras, deve acentuar-se o regime dessas empresas, que não se parifica ao regime de direito privado.

Note-se, todavia, que o exame será procedido, obviamente, sem levar em consideração a Emenda Constitucional 19, de junho de 1998, bastante posterior aos fatos trazidos à consideração.

Assim, devemos, inicialmente, ainda que sumariamente, trazer a contexto os traços essenciais dos dois regimes jurídicos: o de direito público e o de direito privado.

## *Regime de Direito Público e de Direito Privado*

*1.* Desde o direito romano é feita a distinção entre direito público e direito privado. Embora tal divisão venha se esmaecendo, temos de reconhecer que os princípios informativos do chamado "direito público" são diferentes dos que norteiam o "direito privado".

Podemos dizer que o direito é uno, mas não podemos, de igual modo, afirmar que, quando o Estado está em campo (e obviamente estamos a falar de um Estado de Direito), não proceda diferentemente da atuação dos entes privados.

A aquisição da personalidade jurídica, na verdade, transforma as pessoas em centro de imputação e, assim entendido, quando este centro de imputação se coloca na relação jurídica direito-dever, ou seja, no exercício de função, e, em que uma das pontas do binômio está o Estado, determinados princípios afloram e, com estes, um conjunto de regras com características próprias. Em suma, a relação fundamenta-se em princípios diferentes.

*2.* Portanto, ter personalidade de direito público equivale, sem dúvida, a sujeitar-se à imputação do regime de direito público, cujos pontos nucleares estão na supremacia do interesse público e em sua indisponibilidade.

Se existem regimes jurídicos diversos, podemos dizer que a distinção formal entre direito público e privado é, pelo menos, útil, no sentido de que o intérprete, ao decodificar determinados conceitos, terá, evidentemente, de alargar ou estreitar sua "moldura", atendendo aos princípios basilares de um ou de outro regime, na análise dos institutos jurídicos.

O regime jurídico a que se submetem as pessoas de direito público, e que corresponde ao regime jurídico-administrativo, tem, em síntese, as peculiaridades que apontaremos a seguir, trazendo à evidência os princípios da legalidade e da supremacia do interesse público.

## *Princípio da legalidade*

*3.* A Administração somente pode fazer o expressamente autorizado por lei, e, diríamos nós, na verdade, no ordenamento jurídico. A Administração deve agir absolutamente coarctada pelos termos da lei, ou seja, agir sempre *secundum legem*, jamais *praeter legem*.

De seu turno, os particulares podem fazer tudo o que a norma não proibir. Tal distinção será fundamental para o entendimento do tema a enfrentar, tal seja a possibilidade de pactuar o "Acordo de Acionistas", que, sem dúvida, constituiu-se em negócio jurídico, sem expressa autorização legal, se é que ela poderia existir.

## *Supremacia do interesse público*

*4.* De logo, cabe-nos explicitar que, embora haja conceitos indeterminados, todavia, detêm eles núcleo mínimo de compreensão, sendo que sua conotação e denotação deverão ser extraídas das normas e dos princípios informadores do sistema.

Destarte, seu conteúdo será dado à luz do instituto que se examina no caso concreto, em face do ordenamento jurídico.

"Interesse público", infelizmente, é um desses conceitos, ou termos, como preferem alguns, que são tratados como se fossem despidos de qualquer conteúdo e passíveis de receber aquele que se lhes queira emprestar.

Não se pode desconhecer que o sistema nos dá possibilidade de extrair os pontos nodulares necessários a confinar esse conceito.

Portanto, o "interesse público", que deve estar em jogo, é aquele que a lei, ou melhor dizendo, as normas legais, demarcaram para que fosse perseguido pelas pessoas de direito público.

Note-se e remarque-se: *as pessoas de direito público não têm vontade — como os particulares — mas, sim, competências a implementar.*

### *Indisponibilidade do interesse público*

*5.* O corolário lógico do princípio da supremacia do interesse público é o da indisponibilidade desse interesse.

O administrador, a quem compete velar pelo interesse público, está, ao mesmo tempo, rigorosamente adstrito à regra de competência. É o poder-dever, como nos diz Renato Alessi.

De conseguinte, o administrador deve agir não apenas conforme à norma, mas numa "aderência capilar"[1] à determinação normativa.

O ente público sem competência política, à diferença do privado, é constituído por lei e, também, por lei é desfeito. O mesmo acontece com as empresas estatais e fundações públicas.

Esta é a primeira distinção básica entre as pessoas ditas de direito público e as de direito privado.

*6.* Acentuando as características das pessoas privadas, Celso Antônio Bandeira de Mello[2] em primoroso trabalho dá os traços tipificadores: a) origem na vontade do particular; b) fim geralmente lucrativo; c) finalidade de interesse particular; d) liberdade de fixar, modificar, prosseguir ou deixar de prosseguir seus próprios fins; e) liberdade de se extinguir; f) sujeição ao controle negativo do Estado ou a simples fiscalização; g) ausência de prerrogativas autoritárias.

De outra parte, ainda consoante o mesmo autor, caracterizam as pessoas públicas: a) origem na vontade do Estado; b) fins não lucrativos; c) finalidade de interesse coletivo; d) ausência de liberdade na fixação ou modificação dos próprios fins e obrigação de cumprir os escopos; e) impossibilidade de se extinguirem pela própria vontade; f) sujeição a controle positivo do Estado; g) prerrogativas especiais para satisfação dos interesses públicos.

Não seria demais afirmar que o ente público também pode praticar atos de direito privado, quando a isso estiver expressamente autorizado por norma de direito público, portanto, tais atos hão de sofrer, por esse fato, também o influxo do regime de direito público.

*7.* Deve-se enfatizar que o Estado só faz aquilo que a lei lhe permite, em oposição ao particular, que faz tudo aquilo que a lei não lhe proíbe.

A atividade administrativa é desenvolvida de maneira direta ou indireta, isto quer dizer, ou temos somente um centro investido de poderes, que apenas os desconcentra, ou seja, transfere funções dentro da mesma estrutura, ou temos pessoas distintas do centro, que desenvolverão também atividade administrativa.

Portanto, a Administração atuará diretamente por meio de seus órgãos e agentes, apenas desconcentrando o plexo de competências que são, por lei, atribuídas, ou determinadas competências, também, por lei, podem ser a ela negadas e cometidas a outros centros dotados de personalidade própria, quando, então, atuará indiretamente.

Nesse último caso, esses entes estatais, a quem também incumbirá a satisfação do interesse público, agirão em nome próprio, sob a tutela do Estado. O regime jurídico, a que se irão submeter, dependerá, efetivamente, da lei que os criar ou autorizar sua criação.

De toda maneira, se tais entes agem apartados do centro e com personalidade própria, portanto, como "centros" de imputação, podemos dizer que também prati-

1. Cf. Renato Alessi, *La Revoca degli Atti Amministrativi*, p. 47.

2. Celso Antônio Bandeira de Mello, "Personalidade de Direito Público", *RDP* 1/115-144.

cam função administrativa,[3] em seu sentido mais amplo.

E, especificamente com relação às empresas estatais, durante anos foram elas fonte de perplexidade.

Jean Dénis Brédin[4] estudando as empresas públicas e verificando a dificuldade de enquadrá-las adequadamente em determinado regime jurídico, fez a seguinte averbação: "Nos confins do direito privado e do direito público, nesta zona movediça, indefinível".

E é nessa zona movediça que teremos de examinar a consulta.

### *Regime jurídico das empresas públicas e sociedades de economia mista*

*8.* A importância de examinarmos, pelo menos, alguns traços do regime das empresas públicas e sociedades de economia mista, prende-se ao fato de que o suporte da classificação dessas entidades, sob o prisma de sua personalidade jurídica, ou seja, sua *forma de direito privado*, traz enormes repercussões jurídicas.

Por isso mesmo, Oswaldo Aranha Bandeira de Mello, ao tratar das empresas estatais, coloca, de maneira escorreita, que as pessoas jurídicas de direito privado, criadas pelo Estado, apresentam diferenças em relação às outras pessoas de direito privado, surgidas da vontade de particulares.

As empresas públicas e sociedades de economia mista são autorizadas por lei para se constituírem e se extinguirem.

Um de seus traços característicos é que devem, necessariamente, *perseguir o próprio escopo*: isto é, criadas pelo Estado para determinado fim, encontram-se coarctadas pela finalidade definida pela lei criadora.

O fenômeno é explicável. O Estado, por meio de seus entes políticos, pode autorizar a criação de sociedades de economia mista, empresas públicas, autarquias ou fundações, enfim de qualquer outro ente, apenas para a consecução de finalidades com características públicas.

Se não, vejamos. O Texto Constitucional, da Emenda 1, de 1969, já era bastante claro, ao fixar, no art. 170, que "às empresas privadas compete, *preferencialmente*, com o estímulo e apoio do Estado, organizar e explorar as atividades econômicas" (grifamos).

Demais disso, o § 1º do supra-referido artigo, reforçando a definição do *caput*, estabelecia que: "Apenas em caráter suplementar da iniciativa privada o Estado organizará e explorará a atividade econômica".

A Constituição de 1988, sob a égide da qual foi autorizada a venda das ações em questão, *desde que o Estado se conservasse majoritário*, não inovou grandemente sob esse aspecto, pois afirmou que:

"Art. 173. Ressalvados os casos previstos nesta Constituição, a exploração direta de atividade econômica pelo Estado só será permitida quando necessária aos imperativos da segurança nacional ou a relevante interesse coletivo, conforme definidos em lei.

"§ 1º. A empresa pública, a sociedade de economia mista e outras entidades que explorem atividade econômica sujeitam-se ao regime jurídico próprio das empresas privadas, inclusive quanto às obrigações trabalhistas e tributárias.

3. Conceituamos função administrativa, como segue: "A função Administrativa consiste no dever de o Estado, ou de quem aja em seu nome, dar cumprimento fiel, no caso concreto, aos comandos normativos, de maneira geral ou individual, para a realização dos fins públicos, sob regime prevalente de direito público, por meio de atos e comportamentos controláveis internamente, bem como externamente pelo Legislativo (com o auxílio dos Tribunais de Contas), atos, estes, revisíveis pelo Judiciário" (Lúcia Valle Figueiredo, *Curso de Direito Administrativo*, 3ª ed., revista e atualizada, Malheiros Editores, 1998, pp. 31-32).

4. Cf. Jean Denis Brédin, *L'Enterprise semi Publique y Publique et le Droit Privé*, Paris, LGDJ, 1957, pp. 129 e 5.

"§ 2º. As empresas públicas e as sociedades de economia mista não poderão gozar de privilégios fiscais não extensivos às do setor privado.

"§ 3º. A lei regulamentará as relações da empresa pública com o Estado e a sociedade.

"§ 4º. A lei reprimirá o abuso do poder econômico que vise à dominação dos mercados, à eliminação da concorrência e o aumento arbitrário dos lucros.

"§ 5º. A lei, sem prejuízo da responsabilidade individual dos dirigentes da pessoa jurídica, estabelecerá a responsabilidade desta, sujeitando-a às punições compatíveis com sua natureza, nos atos praticados contra a ordem econômica e financeira e contra a economia popular" (redação sem a Emenda 19/1998).

Todavia, a mudança foi razoavelmente grande, nesta Constituição de 1988, ao se inserirem as empresas públicas e sociedades de economia mista no capítulo da Administração Pública, submetendo-se-as aos mesmos princípios imperativos a essa.

São eles, antes da Emenda 19/1998, que a eles acrescentou o princípio da *eficiência*: legalidade, moralidade, impessoalidade, publicidade, princípio da licitação, da acessibilidade de cargos públicos e, ainda outros, embora não explícitos nesse art. 37, e de grande importância, como, por exemplo, motivação, razoabilidade, legitimidade, economicidade etc.

É verdade que, durante bom tempo, discutiu-se a possibilidade de Estados e Municípios criar empresas públicas e sociedades de economia mista, ainda mais se não fossem exclusivamente prestadoras de serviços públicos.

As empresas públicas e sociedades de economia mista, assim como as autarquias municipais e estaduais, devem ser criadas *por lei*, não porque seja esse o padrão referencial federal, definido pelo Decreto-lei 200/1967, mas, sim, porque as competências a elas atribuídas são, originariamente, do Município e do Estado.

*9.* Isso porque tais serviços são cometidos a esses entes estatais por lei, uma vez que ao Executivo cabe, apenas, sua fiel execução (art. 84, IV, da Emenda 1, de 1969, e art. 84, IV, da Constituição de 1988).

Tudo aquilo que por lei, inicialmente, é atribuído, somente por lei poderá ser concedido ou transferido.

Assim, é o ente político que, por lei, constitui ou autoriza a criação de outro ente administrativo, retirando do centro, isto é, descentralizando, competências que, originariamente, eram detidas por ele.

*10.* Se de uma parte, cabe ao Estado, como uma de suas funções essenciais, a organização e prestação dos serviços públicos, é, irretorquivelmente, competência da iniciativa privada a exploração da atividade econômica com objetivo de lucro. Por isso mesmo, a interferência na ordem econômica somente encontraria guarida diante daqueles pressupostos constitucionais já citados (art. 173 da CF).

Por definição, aquele que empreende atividade econômica assim o faz com o fito inequívoco de lucro. O lucro não é proibido ao Estado, quando o serviço não é essencialmente público, porque possível de ser prestado mediante concessão ou permissão.

Claro é, entretanto, que essencialmente para prestação de serviço público, não haveria restrições.

*11.* Entretanto, a criação de entes descentralizados é feita de tal sorte, que estes não se separam completamente do centro, como se estivessem ainda unidos por um cordão umbilical representado pelos controles exercidos pelo "centro" controles internos, feitos por meio de tutela *a priori* e *a posteriori*, e controles externos, executados pelos Tribunais de Contas, como auxiliares do Poder Legislativo — nos termos do art. 70, parágrafo único, do Texto Constitucional.

Convém enfatizar que, a nosso ver, só há sociedade de economia mista (*de interesse para o Direito Administrativo*), quando o Estado participa da sociedade, utilizando-se de prerrogativas especiais, *interferin-*

*do na gestão dessa sociedade e alocando recursos não apenas na qualidade de sócio, mas na de interessado pelo seu destino.*[5]

Assim, embora a mera conjugação de capitais públicos e privados, numa acepção ao pé da letra, pudesse, aparentemente, constituir sociedade de economia mista, não seria dela que tratamos, porém, sim, de sociedade que é prestadora de serviço público, criada para esse fim específico e, posteriormente, concessionária da União.[6]

5. Neste mesmo sentido encontram-se as opiniões de Oswaldo Aranha Bandeira de Mello, Celso Antônio Bandeira de Mello, Hely Lopes Meirelles, A. B. Cotrim Neto, Eros Grau, José Cretella Jr. e Waldemar Ferreira, dentre outros. Essas opiniões podem ser colhidas nas seguintes obras dos autores, respectivamente: *Princípios Gerais de Direito Administrativo*, Forense, v. 1, 687 pp. e v. 2, 586 pp.; *Prestação de Serviço Público e Administração Indireta*, Ed. RT, 1973, 189 pp.; *Direito Administrativo Brasileiro*, 21ª ed. atualizada por Eurico Andrade Azevedo e outros, Malheiros Editores, 1996, p. 333; "Teoria da empresa pública de sentido estrito", *RDA* 111/21-56; "Considerações a propósito das sociedades de economia mista", in *RDP* 17/113-132; *A Sociedade de Economia Mista*, Max Limonad, 1956.

Aliás é praticamente coesa a doutrina brasileira no entendimento de que, se não houver traços peculiares, distintos dos traços comuns das sociedades por ações, não há sociedade de economia mista. Haverá, isto sim, mera conjugação de capitais públicos e particulares.

6. Nesse mesmo teor, encontramos os seguintes acórdãos: Supremo Tribunal Federal: RE 91.035, j. 26.6.1979, ementa: "Sociedade de economia mista, com ela não se confunde a sociedade sob o controle acionário do poder público. E a situação especial que o Estado se assegura, através da lei criadora da pessoa jurídica, que a caracteriza como sociedade de economia mista". Decreto-lei 200/1967, art. 5, incs. I, III; Lei 900/1969, art. 5, inc. I. Observação: votação unânime. Resultado: conhecido e provado. Veja RE 79.840, *RTJ* 75/208, REC 10 pp. ano 1979, aud. 10.10.1979, origem RJ, Rio de Janeiro, publicação *DJ* 15.10.1979, ement. V. 01148-02, p. 1.045, *RTJ* 96/03, p. 1.323, Relator Soares Muñoz. No mesmo sentido: acórdão 95.554, Relator Rafael Mayer, votação unânime. Resultado conhecido e provido.

### *O problema da fiscalização dessas entidades governamentais*

*12.* Por um lado, submetem-se esses entes estatais ao controle do Executivo da entidade que detém, exclusiva (se empresa pública) ou majoritariamente o capital e, por outro, à fiscalização do Tribunal de Contas, controlador da respectiva entidade política.

É acentuada a interferência do setor público nesses elementos instrumentais de sua política de descentralização.

A classificação dessas entidades no direito privado deu-lhes uma etiqueta, cujo conteúdo não está, na verdade, em exata correspondência com o regime jurídico-positivo em que vivem, pelo menos, no que concerne ao que conhecemos por regime de direito privado.

O fato de serem submetidos a uma fiscalização interna do Estado aparta esses entes da sujeição exclusiva a um regime de direito privado, pois, consoante observamos, uma grande margem de liberdade seria imanente a esse regime.

A par disso, a fiscalização do Tribunal de Contas, a que se devem submeter, ainda que colocada nos seus justos contornos, também constitui outro traço indicador da discrepância do regime de direito privado dessas entidades.

Waldemar Ferreira, ao se referir às sociedades de economia mista, averbou: "Interferindo nela o poder público como acionista, e acionista preponderante, ao lado dos acionistas comuns, pessoas naturais e pessoas jurídicas de direito privado, ela é, só quanto à forma, sociedade anônima (...)".

E mais adiante: "(...) O legislador pode dizer que uma pessoa é de direito privado mas, se, ao depois a regulamenta seguindo os princípios de direito *público* aquela declaração não terá efeito prático".[7]

7. Waldemar Martins Ferreira, *A Sociedade de Economia Mista*, pp. 65 e 66.

Interessa assinalar que é competência da União explorar diretamente ou mediante autorização, concessão ou permissão (art. 21, XII, *b*, da CF) os serviços e instalações de energia elétrica e o aproveitamento energético dos cursos de água, em articulação com os Estados onde se situam os potenciais hidroenergéticos.

E o art. 175 do Texto Constitucional dispôs: "Incumbe ao Poder Público, na forma da lei, diretamente ou sob regime de concessão ou permissão, sempre através de licitação, a prestação de serviços públicos".

*13.* Foi importante colocar os traços essenciais do direito público, para que se possa, ao consultar a Lei das S/A, procurar os limites de interferência do direito administrativo e verificar as possibilidades de aplicação do direito privado nas sociedades de economia mista.

As sociedades de economia mista estão previstas na Lei das S/A em seu cap. XIX (arts. 235 a 242).

Dispõe o art. 235:

"Art. 235. As sociedades anônimas de economia mista estão sujeitas a esta lei, sem prejuízo *das disposições especiais de lei federal.*

"§ 1º. As companhias abertas de economia mista estão também sujeitas às normas expedidas pela Comissão de Valores Mobiliários" (grifamos).

Dispõe o art. 242: "Art. 242. As companhias de economia mista não estão sujeitas à falência mas os seus bens são penhoráveis e executáveis, e a pessoa jurídica que a controla responde, subsidiariamente, pelas suas obrigações".

O art. 237, coerentemente com o Texto Constitucional e com o fato de que essas sociedades estão sob forte influxo do direito público, afirma: "Art. 237. A companhia de economia mista somente poderá explorar os empreendimentos *ou exercer as atividades previstas* na lei que *autorizou a sua constituição*" (grifamos).

Interessa-nos, sobremodo, o art. 238, que se refere ao acionista controlador. Traga-se-o a contexto: "Art. 238. A pessoa jurídica que controla a companhia de economia mista tem os deveres e responsabilidades do acionista controlador (arts. 116 e 117), *mas poderá orientar as atividades da companhia de modo a atender ao interesse público que justificou a sua criação*" (grifamos).

Veja-se que o próprio dispositivo da Lei abre exceção ao acionista controlador, deixando claro que, em hipótese de conflito com os interesses dos sócios, o controlador orientaria a companhia para os fins que justificaram sua criação.

Argumentando que a redação do dispositivo havia sido infeliz por força do "poderá", entendendo que o Estado estará sempre coarctado à finalidade que lhe teria feito criar a sociedade, Modesto Carvalhosa[8] resolve dar uma interpretação razoável do artigo da maneira que segue: "Não obstante a infelicidade do legislador de 1976, ao tentar legislar sobre matéria de direito público na esfera privada, cabe à doutrina dar uma interpretação razoável ao artigo. Assim, entendemos que o Estado, ao operar a sociedade de economia mista, deve visar ao *interesse público primário*, qual seja, o *interesse da coletividade,* e não ao *interesse público secundário*, qual seja, o dos aparelhos estatais. Essa fundamental classificação, trazida por Alessi, é que pode dar sobrevida ao artigo ora comentado. Assim, o serviço público (o qual inclui a administração indireta e nela as sociedades de economia mista — Dec.-lei 200, de 1967, art. 4º) deve atender ao princípio da supremacia do interesse público. E, para que se entenda o sentido do interesse público, é necessário que se faça a distinção entre interesse público *primário* e *secundário*. O primeiro, como já dito, representa o interesse da coletividade; o segun-

8. Modesto Carvalhosa, *Comentários à Lei de Sociedades Anônimas*, v. 4, São Paulo, Saraiva, 1998, pp. 386-387.

do, o do aparelho estatal. Deve preponderar sempre o interesse *público primário* na atividade operacional das sociedades de economia mista.

"(...)

"Como referido, o conceito fundamental, para se entender a função da sociedade de economia mista e sua forma capitalista, com a participação de acionistas privados minoritários, é de que ela precipuamente deve atender ao *interesse público primário*, não ao *interesse público secundário* ou à *finalidade de lucro*. Por outro lado, para que se concilie a atividade econômica com a finalidade pública, deve-se distinguir *atividade-fim* da *atividade-meio*. Assim, a atividade fim visa à prestação de serviços no campo do interesse público primário. E a atividade-meio será a prestação de serviço da natureza econômica, que se faz através de meios empresariais que gerem *excedentes de capital*, ou seja, lucros. Esse excedente é pressuposto da eficiência dos agentes públicos que administram capitais mistos (públicos e privados). Desse modo, a lucratividade da sociedade de economia mista constitui *meio* necessário para a consecução de seu fim, que é o de prestação de serviço público do interesse público primário."[9]

As sociedades de economia mista não se sujeitam à falência, embora seus bens sejam penhoráveis e executáveis, respondendo a pessoa jurídica que a controla subsidiariamente pelas suas obrigações.

*14.* Nesse contexto de diferenças essenciais entre a sociedade privada *e a de forma privada, porém de economia mista*, deve ser colocado o "Acordo de Acionistas" pactuado.

Ou seja, a possibilidade de em sociedade de economia mista celebrar-se tal acordo, *não autorizado por lei*, que vai, sem dúvida alguma, alterar substancialmente o controle da empresa.

O "Acordo de Acionistas" está contemplado no art. 118 da Lei das S/A da seguinte forma:

"Art. 118. Os acordos de acionistas, sobre a compra e venda de suas ações, preferência para adquiri-las, ou exercício do direito de voto, deverão ser observados pela companhia quando arquivados na sua sede.

"§ 1º. As obrigações ou ônus decorrentes desses acordos somente serão oponíveis a terceiros, depois de averbados nos livros de registro e nos certificados das ações, se emitidos.

"§ 2º. Esses acordos não poderão ser invocados para eximir o acionista de responsabilidade no exercício do direito de voto (art. 115) ou do poder de controle (arts. 116 e 117).

"§ 3º. *Nas condições previstas do acordo, os acionistas podem promover a execução específica das obrigações assumidas* (grifamos).

"§ 4º. As ações averbadas nos termos deste artigo não poderão ser negociadas em bolsa ou no mercado de balcão.

"§ 5º. No relatório anual, os órgãos da administração da companhia aberta informarão à assembléia geral as disposições sobre política de reinvestimento de lucros e distribuição de dividendos, constantes de acordos de acionistas arquivados na companhia."

Inicialmente devemos verificar o que a doutrina diz acerca do acordo de acionistas, tal seja, a que figura jurídica corresponde.

*15.* Waldirio Bulgarelli, que trouxe breve histórico dos acordos de acionistas,[10] averba que tais acordos vão incidir sobre a compra e venda de ações, preferência para adquiri-las e exercício de direito de voto.

Chama a esses acordos de contratos parassociais e traz a pêlo a doutrina italiana que considera tais contratos como acessórios à relação social.

9. Traz o autor à colação Renato Alessi, in *Principi*, cit., v. 1, pp. 226 e ss.

10. *Revista de Direito Mercantil* 40/88.

Colaciona, ainda, o autor, outros doutrinadores, no que tange ao entendimento dessa figura jurídica.

Assim diz: "Egberto Lacerda Teixeira e José Tavares Guerreiro após definirem os acordos de acionistas 'como ajustes parassociais, ou seja, celebrados sem a interveniência da sociedade e alheios a seus atos constitutivos e alterações posteriores, mediante os quais os acionistas livremente convencionam cláusulas relativas à compra e venda de suas ações, à preferência para adquiri-las ou ao exercício do direito de voto', e insistindo sobre o caráter convencional dos acordos, distinguem os acordos unilaterais dos plurilaterais. 'Os acordos unilaterais implicam em obrigações determinadas a apenas uma das partes contratantes, não se comprometendo as demais a qualquer prestação relativa ao exercício de seus direitos sociais. Já os acordos plurilaterais resultam em obrigações para todas as partes intervenientes'.

"Fábio Konder Comparato[11] averbou, em sua tese específica sobre o poder de controle na sociedade anônima:

"'(...) Parece-nos, pois, que as convenções de voto não podem ser tratadas como um negócio jurídico *sui generis, mas devem submeter-se às normas comuns de validade de todo negócio jurídico privado*, em particular no que se refere à causa, enquanto elemento objetivo, e aos motivos dos convenentes. A doutrina comercialista transviou-se, nesse particular, do roteiro seguro dos princípios da teoria geral do direito'[12] (grifamos).

"'Restaria, para medir a utilidade de tais pactos na organização do poder de controle, determinar o grau de sua eficácia. Tem-se sustentado, em nosso Direito, a inexistência de execução judicial específica de tais estipulações, com a admissibilidade, não obstante da ação de preceito cominatório'.[13]

"Em nosso entender, uma vez admitida a validade, em princípio, das convenções de voto, nada obsta à execução forçada específica de suas estipulações, como autênticas obrigações de fazer (Código de Processo Civil, arts. 632 e ss.); mas a utilidade prática desse remédio judicial é muito relativa.

"Mas importante se nos afigura o reconhecimento legal da eficácia desses acordos perante a sociedade."

Todas as transcrições que fizemos têm o claro objetivo de examinar o regime jurídico do "Acordo de Acionistas" para verificar se possível é à pessoa estatal, com capital majoritário em sociedade de economia mista, e, assim devendo permanecer por força da Lei autorizatória e da própria Constituição do Estado de Minas Gerais,[14] celebrar tal ajuste.

***16.*** Portanto, é possível verificar não dispor o Estado federado de qualquer parcela de vontade, mas de estar, como já exposto acima, atrelado à lei, e, obviamente, em primeiro lugar, à Constituição da República e a sua própria Constituição.

Como poderia, dessa forma, o Estado de Minas Gerais pactuar, como se tivesse vontade livre, uma das características dos negócios de direito privado, "Acordo de Acionistas", nivelando-se a qualquer pessoa privada, e, por via indireta, compartilhar o controle da sociedade que deve ser seu?

11. Fábio Konder Comparato, *O Poder de Controle na Sociedade Anônima*, Ed. RT, s.d., pp. 194-195.

12. Cf. chama o autor à colação Alberto Trabucchi, *Instituzioni di Diritto Civile*, 15ª ed., Pádua, ns. 73 e 74; F. Santoro-Passarelli, ob. cit., pp. 99 e ss. e 150 e ss.

13. Remete o autor a Pontes de Miranda, *Tratado*, cit., 1, § 5.323.

14. "Art. 14. A Administração pública direta é a que compete a órgão de qualquer dos Poderes do Estado. § 1º. A administração pública indireta é a que compete: (...) II — a sociedade de economia mista; (...) § 4º. Depende de lei, em cada caso: (...) II — a autorização para instituir e extinguir sociedade de economia mista e empresa pública e para alienar ações que *garantam, nestas entidades, o controle pelo Estado*" (grifamos).

Em um dos "considerando" do referido acordo encontra-se: "*Considerando que um dos pressupostos para a cessão em bloco de percentual acima mencionado de participação acionária do ESTADO no capital social da COMPANHIA foi a celebração, entre o ESTADO e o adquirente do referido bloco, de um Acordo de Acionistas relativo ao exercício do direito de voto e aos princípios gerais de condução dos negócios da COMPANHIA, cujo teor corresponde ao do presente instrumento*;" (grifamos).

Particularmente deve-se notar as cláusulas 3.2, itens *a* e *b*, 4.2.1, 14.1, 15.2 para verificar o aduzido até agora:

"3.2 Nas assembléias gerais da COMPANHIA, o ESTADO exercerá os direitos e terá os deveres atribuídos pela Lei de Sociedades por Ações ao acionista controlador. Não obstante, as PARTES *votarão em bloco quando a Assembléia Geral deliberar sobre*:

"a) alterações do ESTATUTO no tocante a objeto social, capital social e ações (incluindo a emissão de novas ações sem direito de preferência), competência, composição e funcionamento dos órgãos da COMPANHIA (Assembléia Geral, Conselho de Administração, Diretoria Executiva e Conselho Fiscal), apuração de resultados (incluindo reservas, fixação e distribuição de dividendos), e

"b) emissão de debêntures conversíveis em ações e bônus de subscrição, criação de partes beneficiárias, resgate e amortização de ações,*fusão, cisão, incorporação, dissolução ou liquidação da COMPANHIA (incluindo a eleição do liquidante e aprovação de suas contas)*, e distribuição em percentual diverso do obrigatório previsto no ESTATUTO. (grifamos)

"(...)

"4.2.1 Cada PARTE indicará à outra, com antecedência de 48 (quarenta e oito) horas da realização da assembléia, as pessoas por ela escolhidas, obrigando-se ambas a votar em bloco nas pessoas assim indicadas, cujos nomes não poderão ser recusados salvo na hipótese de desatendimento a prescrições legais.

"(...)

"DÉCIMA-QUARTA-VIGÊNCIA

"14.1 Este acordo vigorará *pelo prazo de 35 (trinta e cinco) anos*, a partir da data de sua assinatura. (grifamos)

"(...)

"15.2 As partes procurarão resolver amigavelmente suas diferenças relativas ao presente Acordo, dentro do espírito de boa-fé que as inspira. Não sendo possível, no entanto, a solução amigável das controvérsias que porventura surgirem na interpretação ou aplicação deste instrumento, serão elas *definitivamente resolvidas por meio de arbitragem, segundo as Regras sobre Conciliação e Arbitragem da Câmara de Comércio Internacional de Paris, por três árbitros nomeados de conformidade com as referidas regras*. A arbitragem terá lugar na cidade de Belo Horizonte, e será conduzida no idioma português" (grifamos).

*17.* Na verdade, estes "acordos de acionistas", como negócios jurídicos que são e não sujeitos ao direito comercial, submetem-se à autonomia da vontade (aliás é isso mesmo que consta do parecer do ilustre Dr. Arnoldo Wald, que nos foi dado a examinar, item 36 do parecer).

E, dissertando acerca do direito de voto ou de veto, averba ainda o mesmo ilustre autor:

"41. *A contrario sensu*, mesmo celebrando com o acionista controlador o acordo, o signatário de uma convenção de acionistas poderá não estar, de fato, no comando da sociedade em relação à qual o controle é exercido pelas vias de acordo de acionistas. O fato pode ocorrer porque, muito embora represente uma forma de organização do controle societário, as cláusulas contratuais do acordo de acionistas podem simplesmente estabelecer uma forma de conciliar os interesses do acionista controlador e dos sócios minoritários, atribuindo a estes o direito de voto ou de veto, em relação a certas matérias, especificamente previstas no instrumento contratual, mas não chegam a conferir a estes acionistas contratantes o comando efetivo da sociedade, que se configura, de fato, através da titularidade permanente de direitos de voto, capaz de determinar a condução das principais deliberações sociais e de eleger a maioria dos administradores.

"(...)

"44. As disposições do acordo de acionistas abrangem, na sua essência, matérias cuja aprovação possa vir a acarretar profunda mudança na estrutura de capital da companhia e nas normas relativas à distribuição de dividendos, além daquelas que resultem em reorganização societária (fusão, incorporação e cisão). Referem-se, assim, à estrutura da sociedade e aos direitos mínimos assegurados aos minoritários.

"(...)

"46. Vê-se, assim, que o instrumento contratual de avença entre os dois maiores acionistas da CEMIG tem por finalidade, tão-somente, *garantir ao acionista não controlador a possibilidade de interferir nas decisões da maior relevância social e que tenham o condão de afetar diretamente a sua parcela de patrimônio na sociedade, mantida a prevalência da vontade do acionista controlador nas decisões conjunturais que não afetem nem a estrutura societária nem os direitos essenciais dos minoritários*" (grifamos).

"(...)

"48. As propostas referentes a tais matérias, caso não obtido o consenso em reunião prévia dos acionistas acordantes, deverão ser rejeitadas, ou seja, é assegurada a manutenção do estatuto vigente do *statu quo*, no que tange aos aspectos de estrutura societária e de capital, permanecendo inalterados os direitos dos acionistas à participação no lucro previstos estatutariamente."

Respondendo especificamente aos quesitos, o Dr. Arnoldo Wald, ao responder o terceiro quesito, reproduzido juntamente com a resposta, averbou:

"(...)

"C) TERCEIRO QUESITO:

"*As normas que requerem 'quorum' qualificado para aprovação de certas matérias pelo Conselho de Administração e pela Diretoria da CEMIG, constantes do novo Estatuto Social, acarretam a perda de controle da CEMIG pelo Estado?* (grifos do original).

"RESPOSTA AO TERCEIRO QUESITO:

"Dentro do mesmo enfoque trazido na resposta aos quesitos anteriores, cabe afirmar que as disposições referentes à previsão de *quorum* qualificado para determinadas deliberações do Conselho de Administração e da Diretoria *não interferem, propriamente*, com a posição de controle societário ocupada pelo Estado de Minas Gerais, *mas apenas restringem, validamente, o exercício ilimitado do comando empresarial, através dos conselheiros eleitos pelo controlador, sempre que a matéria objeto de decisão apresente grande relevância no tocante à capitalização da companhia e à sua integridade societária ou ameace o direito dos acionistas aos dividendos*, alterando substancialmente a estrutura estatutária existente no momento do ingresso do acionista acordante no quadro de acionistas da CEMIG" (grifamos).

Como já enfatizado no início deste parecer, cumpre apenas lembrar que o Estado de Minas Gerais, representado pelo Chefe do Executivo Estadual, deve ser *o acionista controlador de direito e de fato*, porque não tem disponibilidade para transacionar.

O negócio jurídico, que é o "Acordo de acionistas", presume *vontade livre* para pactuar, para provocar determinado efeito jurídico. Ainda mais, neste Acordo examinado, de efeitos plurilaterais.

Na verdade o "Acordo de acionistas" visa a controle societário compartilhado, que é obtido por via transversa, já que a lei não o autorizou, como, aliás, parece-nos, não poderia ter autorizado.

E não poderia ter autorizado transação para quem não tem vontade, mas, sim, competência.

*18.* Além do controle compartilhado, na cláusula 14.1, já citada, há previsão de arbitragem para dirimir os litígios que porventura aconteçam.

Ora, a própria Lei de Arbitragem, Lei 9.307, de 23.9.1996, afirma em seu art. 1º que se destina "a litígios relativos a direitos patrimoniais disponíveis".

O patrimônio do Estado não é disponível, portanto, não seria suscetível de submissão à arbitragem, no que tange às controvérsias surgidas na interpretação do dito acordo (cláusula 15.2, portanto controvérsias do "Acordo de Acionistas") entre o Estado de Minas Gerais e a Southern Electric Brasil Participações Ltda.

Não desconhecemos que a Lei de Concessões de Serviços Públicos, Lei 8.997/1995, em seu art. 23, XV, está a sugerir a arbitragem. Todavia, tal assunto tem sido objeto de estudos de juristas, para, inclusive, poder-se chegar à conclusão dos limites dessa possibilidade.

Marçal Justen Filho, em seu livro *Concessões de Serviços Públicos*,[15] afirma: "A questão de foro não desperta maiores indagações. Mas o contrato poderá determinar solução amigável de conflitos ou desavenças. A regra remete à matéria da arbitragem. Seria até ideal que os conflitos entre as partes fossem objeto de composição segundo a via de arbitragem. *É necessário ressaltar a natureza indisponível do interesse público, assim como a auto-executoriedade dos atos administrativos. Isso provoca dificuldades na adoção da arbitragem*" (grifamos).

Foi o autor cauteloso na medida em que lançou seu livro logo após a edição da Lei.

Nós, todavia, sem tal cautela, mas esforçados nos princípios do direito administrativo, ainda em plena vigência para as empresas estatais — pelo menos no que tange ao momento em que foi feito o "Acordo de Acionistas" — continuamos intransigentemente a dizer de sua inaplicabilidade quando em um dos pólos do litígio estiver a figura do Estado e não de serviço já privatizado, o que seria diverso, ao que nos parece.[16]

O "Acordo de Acionistas" celebrado entre o Estado de Minas Gerais e a Southern Electric Brasil Participações Ltda. não é negócio jurídico, contrato acessório ou ajuste parassocial, adote-se a nomenclatura que se queira, que poderia ter sido celebrado validamente, porque modifica, por *via transversa* o controle societário, desnaturando a sociedade de economia mista e desrespeitando a Lei 11.968/1995.

Aliás, como assinalado, ao que entendemos, a submissão à arbitragem também estaria a extrapolar por falta de disponibilidade.

*19.* Quanto ao princípio da boa-fé:

O princípio da boa-fé, já o dissemos em alguns trabalhos, e, especialmente em nosso *Curso de Direito Administrativo*,[17] é de particular importância no direito e, também, no direito administrativo.

Já deixamos assentado:

"O princípio da boa-fé encontra agasalho expresso no texto constitucional em seu art. 231, § 6º, como também em diversas leis regedoras da atividade administrativa. Exemplos podem ser colacionados nas Leis de Licitações, de Concessões e Permissões de Serviço Público etc., além de em diversas passagens do Código Civil.

15. Marçal Justen Filho, *Concessões de Serviços Públicos*, Dialética, 1997, pp. 272-273.

16. Não ignoramos a existência de divergência entre os autores. Entendemos, todavia, que a arbitragem não poderá ser utilizada entre o Estado de Minas Gerais, pessoa jurídica de competência política, e a empresa privada. A jurisdição deve ser a estatal. Diferente seria se estivéssemos diante de um Tratado Internacional plurilateral, em que se decidisse que a questão seria resolvida por um Tribunal Arbitral.

17. *Curso de Direito Administrativo*, 4ª ed., Malheiros Editores, no prelo, cap. I.

"Na verdade, a boa-fé é conatural, implícita ao princípio da moralidade administrativa. Não poderá a Administração agir de má-fé e, ao mesmo tempo, estar a respeitar o princípio da moralidade. Deveras, não poderá a Administração desrespeitar a boa-fé do administrado, não lhe dar importância, ignorá-la.

"Mesmo no Direito Administrativo colacionam-se exemplos ilustrativos do princípio, quer seja na impossibilidade de a Administração invalidar atos administrativos que geraram direitos, sobretudo quando seus beneficiários estiverem de boa-fé, quer seja na anulação de contratos administrativos, indenizando-se aqueles que de boa-fé trabalharam para a Administração, portanto em pleno respeito, também, à vedação do enriquecimento sem causa, outro princípio geral latente a todo ordenamento jurídico.

"Por estar o princípio da boa-fé em estrita simbiose com o da moralidade, como já dito, há que se trazer a contexto Jesús Gonzales Perez: 'O princípio geral da boa-fé não só tem aplicação no Direito administrativo, senão que neste âmbito adquire especial relevância'. Como disse Guasp, 'todos os campos do Direito estatal são clima propício, como qualquer outro, ao desenvolvimento desta patologia do jurídico. E é mais, ela não se dá no seio dos principais elementos que conjuga a relação jurídica estatal: a autoridade e o súdito'.

"Porque, com efeito, a presença dos valores de lealdade, honestidade e moralidade que sua aplicação composta é especialmente necessária no mundo das relações da Administração com os administrados. (...).

"É ainda o autor: 'Confiança, legítima confiança de que não se vai impor uma prestação, quando somente superando dificuldades extraordinárias poderá ser cumprida. Nem, em um lugar, em que, razoavelmente, não cabia esperar nem antes de que o exijam os interesses públicos, nem quando já não era concebível o exercício da potestade administrativa'.

"(...)

"A aplicação do princípio da boa-fé, por outra parte, comportará a confiança da Administração em que o administrado, que com ela se relaciona, vai adotar um comportamento leal na fase de constituição das relações, no exercício de seus direitos e no cumprimento de suas obrigações em face da própria Administração e em face de outros administrados. Como disse Sainz Moreno 'a boa-fé da administração em face do cidadão consiste na confiança que este, não só vai ser desleal com o comportamento honesto da Administração, senão que tampouco vai utilizar a Administração para obter em seu benefício resoluções contrárias a boa-fé de outro cidadão'"[18] (tradução nossa).

E, ainda, Gonzales Perez, citando Sainz Moreno: "O princípio jurídico da boa-fé — disse Sainz Moreno — protege um bem, o valor ético social da confiança juridicamente válida em face de qualquer lesão objetiva que possa sofrer, haja sido ou não maliciosamente causado o ato é contrário a boa-fé quando produz uma lesão, qualquer que seja a intenção do causador".[19]

Por evidente, ao colocarmos o princípio da boa-fé como um dos princípios da Administração Pública, com isso, obviamente, não quisemos dizer que se possa impor sobre a legalidade, sobre a constitucionalidade e, sobretudo, possa se constituir a boa-fé em presunção *juris et de jure*.

É evidente que, ainda que pudesse ser totalmente existente a boa-fé, seu âmbito de aplicação não se poderá opor à legalidade e à constitucionalidade, *dever primacial da Administração Pública*.

Ainda, do mesmo emérito autor, por nós tantas vezes utilizado, e, quiçá, o melhor monografista que se possa encontrar sobre o tema, verifique-se a seguinte passagem: "É indubitável que também joga o prin-

18. *El Principio General de la Buena Fe en el Derecho Administrativo*, 2ª ed., Madrid, Civitas, Real Academía de Ciencias Morales y Políticas, pp. 41, 53 e 54.

19. Idem, ob. cit., p. 43.

cípio a respeito da atuação administrativa relacionada ao ato do qual nasceram as relações jurídicas. Pois seu âmbito de aplicação, *que se dará limitado pelo princípio da legalidade*, princípio que se bem não exclui a aplicação do princípio da boa-fé no Direito Administrativo, como se assinalou, *comporta indubitáveis limitações*. Se a Administração pública no procedimento para o aperfeiçoamento do ato, incorre em conduta confusa, equívoca ou maliciosa, não poderá certamente beneficiar-se de sua conduta contra o administrado que atuou confiado nela. Mas, *tampouco ver-se-á obrigada à manutenção de atos que, como conseqüência dela, tenham podido contravir ao ordenamento jurídico; poderá exercitar a potestade de revisão de ofício e somente em mínima medida; como veremos o princípio da boa-fé constituirá um limite ao exercício das potestades de revisão*"[20] (tradução e grifos nossos).

É, ainda, o mesmo autor que afirma:

"Certamente, o que trata de burlar uma norma amparando-se em um preceito de cobertura para lograr um resultado contrário ao Ordenamento jurídico, não atua de boa-fé. Mas, a fraude à lei é um conceito técnico perfeitamente delimitado na ciência do direito, que não cabe incluir entre os *supostos de infração do princípio geral da boa-fé*. (...)

"(...) *Incorre-se sempre em fraude quando para elidir uma norma realmente aplicável, adotando-se a vestimenta de uma figura jurídica regulada por norma que responde à finalidade distinta, com independência do que seja ou não a conduta que logicamente caberia esperar de um comportamento leal e honesto proveniente das pessoas que conosco se relacionam.*

"(...)

"*Atenta-se contra a boa-fé ao exercitar um direito nascido 'com acomodação'*[21] *à norma aplicável; incorre-se em fraude à lei ao tentar o nascimento de um direito por meio de uma norma que não é a corretamente aplicável.*"[22]

Estas citações do autor foram indispensáveis para clarear nosso pensamento, nascido exatamente da leitura deste livro de Sainz Moreno e de Wieacker.

20. No original: "Es indudable que también juega el principio respecto de la actuación de la Administración pública conducente al acto del que nacerán las relaciones jurídicas. Pero su ámbito de aplicación quedará limitado por el principio de legalidad, principio que si bien no excluye la aplicación del principio de la buena fe en Derecho Administrativo, como se señaló, comporta indudables limitaciones. Si la Administración pública, en el procedimiento para el perfeccionamiento del acto, incurre en una conducta confusa, equívoca o maliciosa, no podrá, ciertamente, beneficiarse de su conducta en contra del administrado que actuó confiado en ella. Pero tampoco vendrá obligada al mantenimiento de los actos que, como consecuencia de ella, hayan podido nacer contraviniendo el Ordenamiento jurídico: podrá ejercitar la potestad de revisión de oficio y sólo en mínima medida, como veremos, el principio de la buena fe constituirá un límite al ejercicio de las potestades de revisión".

21. A tradução foi livre, porque o autor utilizou a expressão "arreglo"; e, na verdade, já deixara claro em outra passagem do livro, que se atenta contra a boa-fé quando se pratica ato possível, lícito, para certa finalidade, porém, a intenção é, por via oblíqua, atingir-se desiderato proibido.

22. No original: "Ciertamente, el que trata de burlar una norma amparándose en un precepto de cobertura para lograr un resultado contrario al Ordenamiento jurídico, no áctua de buena fe. Pero el fraude de ley es un concepto técnico, perfectamente delimitado en la Ciencia del Derecho, que no cabe incluir entre los supuestos de infracción del principio general de la buena fe. (...) El fraude de ley opera al margen de todo criterio de reciprocidad. Se incurre en fraude siempre que se elude la norma realmente aplicable, adoptando la vestidura de una figura jurídica regulada por norma que responde a finalidad distinta, con independencia de que sea o no la conducta que lógicamente cabría esperar de un comportamiento leal y honesto hacia las personas que con nosotros se relacionan. Se atenta contra la buena fe al ejercitar un derecho nacido con arreglo a la norma aplicable; se incurre en fraude de ley al intentar el nacimiento de un derecho a través de una norma que no es la correctamente aplicable".

Óbvio que se a boa-fé é importante, *mesmo quando sem sombra de qualquer dúvida existente*, não será por si só hábil a convalidar situações impossíveis de serem praticadas novamente sem vício.

É de estranhar o fato que estivesse de boa-fé o contratante estrangeiro, quando verdadeiro tumulto se fazia contra essa privatização e, inclusive, ações eram interpostas com várias liminares sendo concedidas.

De outro lado, dada à potência do Grupo comprador, por óbvio, deve ter sido — e certamente foi — bem assessorado por advogados brasileiros, portanto profundos conhecedores da legislação brasileira e, sobretudo, das Constituições brasileira e mineira.

Ora, a alegação de boa-fé, de ignorância que o contrato estava a massacrar a Constituição de Minas Gerais, não me parece viável. E, ainda que assim fosse, como já salientado, não seria hábil a provocar uma convalidação, porque não surgiu de vício formal, mas de situação agressiva à ordem jurídica, aos *princípios da constitucionalidade e da legalidade*.

Ao falarmos sobre o princípio da boa-fé no direito administrativo, realmente quisemos mostrar sua aplicabilidade também ao direito público, que o ordenamento jurídico administrativo pode acolhê-lo, desde que, por tal fato, não se derrogue a Constituição do Estado, não se derroguem outros princípios especialmente caros ao direito público.

Todavia, não é disso que se trata na alienação das ações da CEMIG, passando-se o controle da Companhia, por forma dissimulada, ousaríamos dizer, formulando-se negócio diverso (acordo de acionistas) para conseguir fim não confortado pelo ordenamento jurídico pátrio, e, sobretudo, do Estado de Minas Gerais, o *controle acionário da companhia*.

Deveras, a única finalidade de se ter maioria acionária, postulada na Constituição do Estado de Minas Gerais, e, também na Lei que permitiu a venda, desde que se conservasse tal maioria, é *de manter sob o controle do Estado de Minas Gerais a empresa*.

Passamos às respostas aos quesitos.

***Respostas aos Quesitos***

*1.* A resposta é negativa. Não é possível, em face do princípio da legalidade a que deve se submeter o Estado de Direito e a Administração Pública, extrapolar a Constituição do Estado de Minas Gerais e a própria Lei 11.968/1995 que autorizou a alienação das ações da CEMIG, mas, desde que o Estado detivesse a maioria do capital votante.

O princípio da legalidade, a que se submete a Administração, como dissertado no corpo do parecer, somente atribui competência ao que estiver estritamente autorizado. Esta a diferença fundamental entre as pessoas privadas e as públicas.

Quanto a estas últimas, as pessoas públicas, temos função, atividade daquele que não é senhor, que é titular de competência indisponível.

As pessoas privadas, de seu turno, podem praticar todas as condutas que não se encontram por lei proibidas, pois, têm, em regra, autonomia da vontade.

*2.* A finalidade do "Acordo de Acionistas" foi explicitada, nos itens 14, 15, 16 e 17 e, fundamentalmente, pretende-se que o minoritário possa compartilhar da gestão da companhia.

Na linguagem da própria Lei 6.404, de 15.12.1976 e suas modificações, em seu art. 118:

"Art. 118. Os acordos de acionistas, sobre a compra e venda de suas ações, preferência para adquiri-las, ou exercício do direito de voto, deverão ser observados pela companhia quando arquivados na sua sede.

"§ 1º. As obrigações ou ônus decorrentes desses acordos somente serão oponíveis a terceiros, depois de averbados nos livros de registro e nos certificados das ações, se emitidos.

"(...)

"§ 3º. *Nas condições previstas no acordo, os acionistas podem promover a execução específica das obrigações assumidas.*

"§ 4º. As ações averbadas nos termos deste artigo não poderão ser negociadas em bolsa ou no mercado de balcão" (grifamos).

Portanto, de forma indireta, foge-se da Lei e passa-se a regime jurídico diverso, não autorizado.

*3.* Evidentemente que sim. O acionista controlador, apesar de deter a maioria do capital votante, passa a não ter, *nem de fato nem de direito*, os poderes reais, efetivos de mando, o que, aliás, fica bastante claro pelos diversos itens do "Acordo de Acionistas" celebrado entre o Estado de Minas Gerais e a Southern Electric Brasil Participações Ltda., em 18.6.1997, estando ciente a Companhia Energética de Minas Gerais.

*4.* Também não se nos afigura lícita a previsão da arbitragem expressa na cláusula 15.2 do mencionado Acordo de Acionistas, porque isso faria com que o Estado de Minas Gerais se sujeitasse ao juízo arbitral, o que não é disponível a pessoa de direito público.

Deveras, a própria Lei 9.307/1996, em seu art. 1º, afirma destinar-se a "litígios relativos a direitos patrimoniais disponíveis".

*5.* A boa-fé, *ainda que fora existente comprovadamente*, e não houve qualquer demonstração disso, não poderá ser invocada para obstaculizar a anulação de ato ilegal e lesivo ao Governo do Estado de Minas Gerais, sobretudo se praticado um ato para elidir-se proibição constitucional e legal.

De outra parte, não milita em favor do Grupo estrangeiro a alegação de desconhecimento da legislação brasileira. Deveras, se não foram assessorados por advogados brasileiros em negócio de tal vulto, não agiram como o *bonus pater familiae*, requisito indispensável também à caracterização da boa-fé.

É a nossa opinião *sub censura*.

São Paulo, 9 de Junho de 1999.

# UNIVERSIDADE MUNICIPAL — AUTARQUIA — TUTELA ADMINISTRATIVA — AUTONOMIA UNIVERSITÁRIA — COMPETÊNCIA PARA LEGISLAR SOBRE OS CRITÉRIOS DE ESCOLHA DO REITOR

ADÍLSON ABREU DALLARI

Professor Titular de Direito Administrativo da PUC/SP

***Consulta***

O Prefeito Municipal de Taubaté recebeu da Universidade de Taubaté, entidade autárquica municipal, as listas tríplices com a indicação dos nomes para os cargos de Reitor e Vice-Reitor daquela Universidade, cabendo-lhe, nos termos da legislação vigente, nomear um dos indicados, de sua preferência, para cada um desses cargos.

A indicação dos nomes foi feita pela Universidade nos termos do disposto no Estatuto da autarquia, que está conforme com as normas sobre essa matéria fixadas pelo Conselho Estadual de Educação (Deliberação CEE 14/1998).

Entretanto, o processo de escolha dos candidatos a Reitor e Vice-Reitor estabelecido no diplomas legais acima referidos não se coaduna com a disciplina dada ao mesmo assunto pela legislação municipal em vigor. Ou seja: as listas tríplices apresentadas estão em desacordo com a legislação municipal, que deve ser observada pelo Prefeito.

Diante disso, formula as seguintes indagações.

*1.* O princípio constitucional da autonomia universitária autoriza uma autarquia municipal a reger-se exclusivamente pelas normas por ela mesma editadas?

*2.* Em caso negativo, quais as normas que devem ser observadas pela autarquia universitária municipal? Federais, estaduais ou municipais?

*3.* Como deve proceder o Prefeito diante do caso concreto? Deve aceitar ou devolver as listas apresentadas?

***Parecer***

***I — Introdução***

A lógica da nomeação de dirigentes de entidades ou corporações por meio de listas tríplices é muito simples: permitir a escolha de alguém que conte com a confiança de ***ambas*** as partes envolvidas. É evidente, portanto, que o processo de eleição da lista tríplice (de seleção dos nomes que devem integrá-la) não é indiferente para quem deve escolher entre tais nomes. Portanto, é absolutamente essencial que nenhuma das partes possa manipular o processo de constituição dessa lista, de molde a frustrar o interesse legítimo da outra. Em conclusão, salta aos olhos que o ***processo*** de escolha dos membros da lista não pode ficar ao exclusivo critério de quem a elabora, mas, sim, deve observar regras elaboradas por terceiros, neutros, caso contrário, as regras poderiam ser amoldadas aos interesses do grupo detentor do poder, que poderia, assim, eternizar-se, rompendo a lógica do sistema.

No caso de entidades universitárias públicas é evidente que as ***regras*** do processo de escolha devem ser fixadas ***por lei***, mas isso vem sendo reiteradamente questionado por grupos interessados exatamente em se perpetuar no poder, os quais se lastreiam numa interpretação exacerbada e despropositada do conceito de ***autonomia universitária***.

A questão objeto do presente estudo, portanto, não é nova nem original. Já tivemos oportunidade de discorrer longamente sobre esse tema, em trabalho publicado na *Revista Trimestral de Direito Público* 1/282 e ss., de onde tomamos emprestadas algumas considerações gerais, para, mais adiante, examinar os aspectos específicos do caso em exame.

Já tivemos oportunidade de observar que as palavras, além de um conteúdo semântico, possuem também um conteúdo emocional. Em certas palavras o conteúdo emocional é tão forte que chega a superar o semântico, que pode até mesmo ser aniquilado.

Algo semelhante está acontecendo com o vocábulo "autonomia", especialmente quando ligado à administração das universidades criadas pelo Poder Público federal, estadual ou municipal. Entendem alguns que, agora, em face da constitucionalização da autonomia universitária, o povo (fonte originária e suprema do Poder) e seus representantes democraticamente eleitos teriam perdido toda e qualquer possibilidade de exercitar algum controle sobre as universidades públicas, que teriam sido entregues aos seus atuais dirigentes, que, doravante, passariam a dirigi-las debaixo de normas editadas por eles mesmos.

Neste contexto, vale a pena transcrever as palavras insuspeitas do ex-Reitor da Universidade de São Paulo, Prof. José Goldemberg: "Tudo isso está sendo feito em nome da autonomia universitária. Sucede que a luta pela autonomia universitária, que levou à sua definição clara no art. 207 da Constituição, não teve a finalidade de transformar as universidades em repúblicas autônomas e sim garantir a elas condições de exercer bem suas atividades, sem ingerência indevida do Executivo".

Uma universidade pública, não obstante dotada de autonomia, não deixa de ser um instrumento de atuação do Poder Público e, como tal, não pode ficar imune aos sistemas de controle criados para que a coletividade, o corpo de cidadãos, o povo, faça prevalecer sua soberana vontade sobre a vontade de qualquer de seus segmentos.

O suposto direito ilimitado das universidades a uma liberdade total e absoluta se baseia em uma única palavra da Constituição: o vocábulo autonomia, constante do art. 207.

Só isso já seria suficiente para evidenciar o absurdo de tal entendimento, pois nenhuma norma pode ser interpretada isoladamente e, com muito maior razão, não tem sentido capturar uma simples palavra do texto, sem relacioná-la com o contexto em que está inserida, mormente em se tratando de interpretação da Constituição.

Numa visão mais abrangente da Constituição, fica claro que autonomia não se confunde com soberania. Na verdade existe uma enorme distância entre uma coisa e outra. O grau máximo de liberdade é a soberania, que afeta os países nas relações internacionais. Em segundo lugar vem a autonomia política, apanágio dos Estados e Municípios, pessoas jurídicas de capacidade política, capazes de "criar" o direito. Em terceiro lugar vem a independência, que se refere aos impropriamente chamados "Poderes"

(Executivo, Legislativo e Judiciário). Em último lugar está a autonomia administrativa, que protege as universidades, mas não lhes dá poderes acima do Poder Público exercido pelos representantes do povo, democraticamente eleitos.

Não por acaso, as disputas em torno da "soberania" universitária jamais se travaram em torno de questões científicas, didáticas, curriculares ou culturais, mas, sim, sempre, exclusivamente, a propósito do processo de escolha dos dirigentes máximos, ensejando significativos pronunciamentos do Poder Judiciário.

Tempo houve, quando então vigente a Lei Federal 5.540/1968, que a legislação federal exigia a formação de listas sêxtuplas, ao passo que as legislações estaduais e municipais, no tocante a suas respectivas universidades, se referiam a listas tríplices. Mais importante que o detalhe numérico é notar, desde já, que o processo de escolha dos dirigentes nunca foi livre, ao exclusivo critério da própria universidade.

Nessa questão específica, acabou predominando o entendimento do Supremo Tribunal Federal no sentido de que a organização administrativa de uma universidade não é matéria contida no conceito de "diretrizes e bases da educação", motivo pelo qual o disposto na Lei 5.540/1968 (listas sêxtuplas) não teria aplicabilidade a Estados e Municípios, que poderiam disciplinar o assunto de maneira diferente em suas legislações próprias.

Mais exatamente, no acórdão proferido nos autos da representação 1.454-DF, publicado na *RTJ* 125/997, cujo relator foi o Ministro Octávio Gallotti, o Supremo Tribunal Federal proclamou: "A determinação do número dos componentes das listas destinadas à escolha dos seus dirigentes, não sendo matéria de diretriz e base, escapa à competência legislativa da União, em relação às entidades oficiais de ensino, situadas fora do âmbito federal (Constituição, art. 8º, XVII, *q* e art. 177), valendo, apenas, no que concerne às mantidas pela União".

De qualquer modo, a matéria deveria ser sempre tratada em lei, a qual poderia ser federal, estadual ou municipal. Tem-se por óbvio que a legislação vigente em cada esfera de governo deve ser observada pelo Chefe do Executivo, bem como por qualquer órgão, entidade ou agente da Administração Pública federal, estadual ou municipal, inclusive pelas respectivas universidades.

Atualmente, em face do disposto na Constituição de 1988, especialmente em seu art. 206, VI, essa questão exige um novo exame, pois, além de conferir competência à União para expedir normas gerais estipulando diretrizes e bases para a educação nacional (art. 22, XXIV), a Carta Magna fixa como um princípio de observância obrigatória pela União, pelos Estados e pelos Municípios, exatamente a "gestão democrática do ensino público, na forma da lei".

## *II — Considerações doutrinárias*

A questão em debate neste estudo se restringe ao processo de escolha do Reitor e Vice-Reitor da Universidade de Taubaté, que é uma autarquia municipal.

Fique perfeitamente claro que as questões em debate *não se referem* a "diretrizes e bases da educação" (parâmetros para a formulação da proposta pedagógica, estrutura curricular, cargas horárias, condições de aprovação dos discentes, qualificação dos docentes etc.), mas, sim, apenas e tão-somente sobre estrutura administrativa das autarquias universitárias, relacionamento entre a universidade pública e a pessoa jurídica de direito público e capacidade política que lhe deu vida e, nesse contexto, a questão do *processo de escolha dos dirigentes de tais autarquias de regime especial.*

Não se pode ignorar o disposto no art. 206, VI, que, entre os ***princípios*** do ensino, destaca a "gestão democrática do ensino público, na forma da lei". Vale repetir: ***na forma da lei***.

Mas cabe perguntar: qual lei? A referência do texto constitucional é imprecisa exatamente porque não se trata de uma única lei, mas, sim, de um plexo de leis que disciplinam tanto as diretrizes e bases da educação, quanto a estrutura, funcionamento e controle das entidades públicas, inclusive quanto à cobrança de taxas ou preços, condições para o ingresso de alunos e, ainda, o conteúdo e o mérito da matéria lecionada.

Não existe, nem pode existir atividade pública à margem da lei, fora da lei, pois sem lei (em sentido estrito) não existe nem órgão, nem entidade, nem competência, nem autoridade, nem autonomia administrativa.

É fora de dúvida que o estatuto de uma universidade pública pode e deve, necessariamente, ser condicionado pela lei, desde que tal lei não viole os princípios constitucionais da autonomia universitária e da gestão democrática do ensino, dentre outros.

Para a Administração Pública o princípio da submissão à lei está no *caput* do art. 37 da CF, que abrange a Administração direta, indireta ou fundacional, de qualquer dos Poderes da União, dos Estados, do Distrito Federal e dos Municípios. Ou seja, abrange inclusive as autarquias educacionais, as universidades públicas, criadas por lei, sob a forma de autarquia.

No mesmo art. 37, em seu inciso XIX já está dito: "somente por lei específica poderão ser criadas empresa pública, sociedade de economia mista, autarquia ou fundação". Obviamente, a lei criadora de cada uma dessas entidades não se limita a dizer que fica criada tal ou qual entidade, mas, sim, especifica suas finalidades, estipula os traços principais de sua estrutura e fixa as regras fundamentais de seu funcionamento, especialmente as regras para escolha de seus dirigentes máximos, que nada mais é do que um dos meios e modos de exercício da tutela administrativa.

É a ***lei*** quem estabelece a forma da escolha dos dirigentes das entidades autônomas, e não as próprias entidades. Estas escolhem, podem escolher, ou pode participar do processo de escolha, mas ***sempre***, na forma da lei.

Cabe abrir aqui um parêntesis para referir, ainda que brevemente a alegação de que o Estatuto da Universidade de Taubaté, no tocante ao processo de escolha do Reitor e Vice-Reitor, está conforme ao disposto na Deliberação CEE 14/1998, cujo teor é o seguinte: "Art. 2º. O Reitor e o Vice-Reitor das Universidades e os Dirigentes de Centros Universitários Estaduais e Municipais serão nomeados pelo Poder Executivo competente e escolhidos dentre os professores portadores de, no mínimo, título de doutor, cujos nomes figurem em listas tríplices organizadas pelo respectivo colegiado máximo, ou outro colegiado que o englobe, instituído especificamente para este fim, sendo a votação uninominal".

No caso em exame, a observância ou não de tais preceitos é um indiferente jurídico: não faz a menor diferença. Com efeito, tal assunto nada tem a ver com educação e ensino; se tivesse, obviamente, desbordaria do conceito de "diretrizes e bases", por ser um evidente detalhamento. A questão específica é puramente administrativa e de peculiar interesse municipal, mas, acima de tudo, é evidente e incontestável que "Deliberação" não é "Lei", no sentido referido pelo já mencionado art. 37 da Constituição Federal (Princípio da Legalidade).

Encerrando o parêntesis, cabe apenas consignar que o Governo do Estado de São Paulo, do qual o Conselho Estadual de Educação é um segmento, ***nada*** tem a ver com isso. Qualquer ingerência desse elevado colegiado quanto à questão em debate será desenganadamente inconstitucional, írrita, nula, desprovida de toda e qualquer eficácia jurídica.

Retomando o fio da meada, é conveniente destacar que, obviamente, o estatuto de uma autarquia universitária deve ser elaborado de acordo com a lei (federal, estadual ou municipal) e não o contrário.

Fica evidente que não tem o menor sentido afirmar que a universidade oficial tenha qualquer poder para "legislar" livremente sobre questões de efeitos externos, vinculando, inclusive, o Poder Executivo do qual é parte.

Questões envolvendo o relacionamento entre a Administração central e a universidade, como é o caso do processo de escolha dos dirigentes, não são questões *interna corporis* e não podem ser objeto de normas internas livremente editadas, ao arrepio da lei, fora da lei.

Não se nega que os órgãos normativos da Universidade podem estipular uma disciplina para o assunto, mas, sim, em nível infralegal, dispondo sobre meios e modos de cumprimento da lei, mas, sempre de acordo com a lei.

Nunca é demais advertir que a atribuição de um poder ilimitado e incondicionado de auto-organização às universidades públicas (o que a Constituição Federal não fez) contém um risco (real e concreto) de manipulação das normas estatutárias de maneira a possibilitar a adequação ou a adaptação do processo de escolha às circunstâncias do momento, propiciando a criação de verdadeiros feudos, com a constante recondução dos mesmos dirigentes, que se enternizariam no poder, o que atentaria contra *valores* consagrados pela Constituição Federal.

O art. 1º da Constituição Federal afirma o princípio democrático, que tem como um de seus fundamentos o pluralismo político. Isso não é uma declaração romântica e desprovida de sentido. Aí está um *valor fundamental* que deve orientar a interpretação das normas isoladas. Democracia e pluralismo político pressupõem a alternância no poder, o respeito às minorias, e o repúdio à ditadura da maioria.

Nesse mesmo artigo está afirmado o princípio federativo, do qual deriva o princípio da autonomia municipal. No tocante ao Município, sua autonomia política e administrativa é expressamente reforçada pelo texto constitucional, pois além de ser imediatamente derivado do princípio federativo está o *princípio da autonomia municipal*, previsto nos arts. 29 e 31 da Constituição Federal, sintetizado na competência para "legislar sobre assuntos de interesse local".

Com base nesse princípio é que o Município, por lei, pode decidir criar, modificar ou extinguir autarquias, inclusive universitárias. Ou seja, o Município, por lei, é que vai decidir se cria ou não uma universidade municipal, e caso decida fazê-lo, cabe a ele determinar os traços fundamentais dessa autarquia, especialmente seu relacionamento com o governo municipal, do qual é instrumento. A única coisa que a lei municipal não pode fazer é reservar ao Prefeito competência para interferir em assuntos internos da universidade. Ou seja, o art. 207 não pode ser interpretado de molde a aniquilar a autonomia municipal, privando o Município de legislar sobre assunto de seu interesse.

Quando se fala em criação, alteração ou extinção de autarquia universitária *por lei*, o que está subjacente é o *princípio representativo*, significando que os atos do governo são praticados por representantes do povo, eleitos pelo voto livre, direto e secreto. Assim sendo, quando se afirma, imprudentemente, que a universidade pública poderia se reger exclusivamente por suas próprias normas isso significa uma lesão enorme a um dos direitos fundamentais do cidadão. É preciso ficar absolutamente claro que o que acontece em cada universidade pública não interessa exclusivamente à comunidade universitária, mas, sim, ao povo, que, através de seus representantes democraticamente eleitos, deu vida à universidade e mantém a capacidade de extingui-la, se assim for sua vontade, extinguindo, também, por decorrência, a autonomia universitária.

Representantes do povo são os membros do Executivo e do Legislativo. Eles são os formadores da "vontade" dos entes federativos. O Judiciário apenas interpreta essa "vontade" manifestada por meio da lei.

Evidentemente em nada afeta a autonomia constitucionalmente afirmada da universidade a lei que fixa o processo de escolha do Reitor, dentre os professores indicados em lista elaborada pela própria universidade.

A vida da autarquia não pode ficar inteiramente à disposição das pessoas que nela atuam, pois a autarquia não existe para atender aos interesses dessas pessoas, mas, sim, aos interesses da coletividade, a quem deve servir, ficando sob a vigilância dos representantes políticos dessa mesma coletividade, a quem compete o exercício da tutela administrativa.

Tal inferência tem total aplicabilidade às universidades públicas, conforme assinala Celso Antônio Bandeira de Mello em trabalho específico sobre "Universidades oficiais: natureza. Regime e estrutura cabíveis", publicado na *RDP* 73/50: "O reconhecimento da conveniência na adoção de medidas que autonomizem as universidades nos setores aludidos, de modo algum significa que o Estado deva ou até mesmo possa despedir-se seja de providências controladoras, seja de imprimir normativamente certas contenções fundamentais que balizem o âmbito desta liberdade para auto-administração universitária".

Tudo isso demonstra que não é possível conceber uma autarquia absolutamente autônoma, totalmente imune ao salutar e indispensável exercício da tutela administrativa, inclusive e especialmente quanto ao processo de escolha dos dirigentes máximos.

Nunca é demais lembrar que a União, os Estados e os Municípios respondem subsidiariamente pelos atos de suas autarquias. Em vista disso, é essencial que possam dispor de meios para evitar que essa responsabilidade subsidiária se torne necessária. A administração da autarquia não é indiferente para o governo, para os governantes e para a coletividade.

O que até agora foi dito já demonstra a relatividade do conceito de autonomia universitária, o que, de resto, é elementar a todo conceito jurídico, pois todo conceito é limitado e todo direito também é limitado.

A lei criadora de uma universidade pública pode e deve prever mecanismos de controle, pelo Poder Executivo, da autarquia a ele vinculado.

No caso de Taubaté a Lei 1.498/1974, que criou a universidade, não se limitou a criar a Universidade de Taubaté, mas, sim, ao longo de seus substanciosos 42 (quarenta e dois) artigos, também delineou os traços principais de sua estrutura e funcionamento, estabelecendo seus objetivos, os princípios de sua atuação e fixou seus instrumentos institucionais básicos, dentre os quais o Estatuto, que deve a ela conformar-se; não o contrário.

### *III — Legislação aplicável*

A Universidade de Taubaté é uma universidade pública, criada por lei municipal. Portanto, a discussão de qualquer aspecto de sua vida institucional deve começar pelo exame da legislação pertinente; mais exatamente, pelo preceito constitucional que garante a autonomia universitária, qual seja, o art. 207 da Constituição Federal: "Art. 207. As universidades gozam de autonomia didático-científica, administrativa e de gestão financeira e patrimonial, e obedecerão ao princípio de indissociabilidade entre ensino, pesquisa e extensão".

Observe-se, de imediato, que autonomia não significa liberdade absoluta. Direito é limitação; todo direito é limitado. Por exemplo: por força do princípio federativo, os Estados e os Municípios também desfrutam de autonomia, mas nos limites do disposto nos arts. 18, 29 e 30 da Constituição Federal.

No tocante à autonomia universitária, a própria Constituição Federal, no art. 22, XXIV, confere competência privativa à União para legislar sobre diretrizes e bases da educação nacional. De imediato, portanto, já se verifica que a autonomia universitária não é absoluta, pois, pelo menos, está limitada pelas disposições da legislação federal.

No desenvolvimento normal de suas atividades, as universidades, não obstante sua autonomia, devem submeter-se aos órgãos oficiais legalmente incumbidos de fiscalizar seu funcionamento. Quem fiscaliza quem (ou "o que") vai variar segundo as peculiaridades de cada universidade (pública ou privada; federal, estadual ou municipal).

No exercício da fiscalização, tanto as autoridades do sistema de ensino, competentes para cuidar dos aspectos primordialmente educacionais, quanto as autoridades competentes para o exercício da tutela administrativa (as entidades, públicas ou privadas, instituidoras da universidade) deverão, sempre, respeitar a autonomia universitária, cujo significado e cuja amplitude (e limites implícitos) estão positivados pela Lei de Diretrizes e Bases da Educação, acima mencionada, qual seja, a Lei 9.394, de 20.12.1996:

"Art. 53. No exercício de sua autonomia, são asseguradas às universidades, sem prejuízo de outras, as seguintes atribuições:

"I — criar, organizar e extinguir, em sua sede, cursos e programas de educação superior previstos nesta Lei, obedecendo às normas gerais da União e, quando for o caso, do respectivo sistema de ensino;

"II — fixar os currículos dos seus cursos e programas, observadas as diretrizes gerais pertinentes;

"III — estabelecer planos, programas e projetos de pesquisa científica, produção artística e atividades de extensão;

"IV — fixar o número de vagas de acordo com a capacidade institucional e as exigências do seu meio;

"V — elaborar e reformar os seus estatutos e regimentos em consonância com as normas gerais atinentes;

"VI — conferir graus, diplomas e outros títulos;

"VII — firmar contratos, acordos e convênios;

"VIII — aprovar e executar planos, programas e projetos de investimentos referentes a obras, serviços e aquisições em geral, bem como administrar rendimentos conforme dispositivos institucionais;

"IX — administrar os rendimentos e deles dispor na forma prevista no ato de constituição, nas leis e nos respectivos estatutos;

"X — receber subvenções, doações, heranças, legados e cooperação financeira resultante de convênios com entidades públicas e privadas.

"Parágrafo único. Para garantir a autonomia didático-científica das universidades, caberá aos seus colegiados de ensino e pesquisa decidir, dentro dos recursos orçamentários disponíveis, sobre:

"I — criação, expansão, modificação e extinção de cursos;

"II — ampliação e diminuição de vagas;

"III — elaboração da programação dos cursos;

"IV — programação das pesquisas e das atividades de extensão;

"V — contratação e dispensa de professores;

"VI — planos de carreira docente."

Além dessas normas, aplicáveis a todas as universidades, públicas ou privadas, a Lei de Diretrizes e Bases da Educação contém disposições especiais para as universidades criadas pelo Poder Público, dadas as peculiaridades do regime jurídico administrativo, especialmente o princípio da legalidade, a disciplina orçamentária e financeira e o exercício da tutela administrativa:

"Art. 54. As universidades mantidas pelo Poder Público gozarão, na forma da lei, de estatuto jurídico especial para atender às peculiaridades de sua estrutura, organização e financiamento pelo Poder Público, assim como dos seus planos de carreira e do regime jurídico do seu pessoal.

"§ 1º. No exercício da sua autonomia, além das atribuições asseguradas pelo artigo anterior, as universidades públicas poderão:

"I — propor o seu quadro de pessoal docente, técnico e administrativo, assim como um plano de cargos e salários, atendidas as normas gerais pertinentes e os recursos disponíveis;

"II — elaborar o regulamento de seu pessoal em conformidade com as normas gerais concernentes;

"III — aprovar e executar planos, programas e projetos de investimentos referentes a obras, serviços e aquisições em geral, de acordo com os recursos alocados pelo respectivo Poder mantenedor;

"IV — elaborar seus orçamentos anuais e plurianuais;

"V — adotar regime financeiro e contábil que atenda às suas peculiaridades de organização e funcionamento;

"VI — realizar operações de crédito ou de financiamento, com aprovação do Poder competente, para aquisição de bens imóveis, instalações e equipamentos;

"VII — efetuar transferências, quitações e tomar outras providências de ordem orçamentária, financeira e patrimonial necessárias ao seu bom desempenho.

"§ 2º. Atribuições de autonomia universitária poderão ser estendidas a instituições que comprovem alta qualificação para o ensino ou para a pesquisa, com base em avaliação realizada pelo Poder Público."

Observe-se que a lei federal não se refere ao tema do processo de escolha dos dirigentes, exatamente porque essa questão nada tem a ver com diretrizes e bases do ensino, mas, sim, é matéria tipicamente administrativa.

A União trata desse assunto (nomeação de Reitores e Vice-Reitores) em dispositivo que abrange exclusivamente as universidades federais, qual seja o art. 16 da Lei 5.540, de 29.11.1968, com a redação dada pela Lei 9.192, de 21.12.1995. Ou seja, quanto a isso, a União legisla apenas para ***suas*** universidades.

A Lei 9.394, de 20.12.1996, que é uma lei nacional, aplicável a todas as entidades públicas de ensino e cuja constitucionalidade nunca foi contestada, deixa claro que o art. 207 da Constituição Federal não é bastante em si, mas, sim, deve ser interpretado e aplicado à luz de outros princípios e preceitos integrantes do sistema jurídico ao qual ele pertence, razão pela qual determina que as pessoas jurídicas de capacidade política adaptem suas respectivas legislações às normas por ela estabelecidas: "Art. 88. A União, os Estados, o Distrito Federal e os Municípios adaptarão sua legislação educacional e de ensino às disposições desta Lei no prazo máximo de um ano, a partir da data de sua publicação".

Com muito maior razão, as universidades, pessoas jurídicas de capacidade meramente administrativas, que operam no nível infralegal, subordinadas às leis a elas aplicáveis, não podem invocar o princípio constitucional da autonomia universitária para furtar-se ao cumprimento das normas que regem o seu funcionamento.

No caso em exame, está, sim, a Universidade de Taubaté obrigada a observar os ditames da Lei Municipal 1.498, de 6.12.1974, cuja constitucionalidade também não foi contestada, que, em 42 (quarenta e dois) artigos, a instituiu, lhe conferiu a natureza jurídica de autarquia e já delineou os traços fundamentais de sua estrutura e funcionamento, mas não criou um monstro, um ser incontrolável, capaz até de devorar seu criador.

A lei sempre pode ser alterada pela lei. Quem cria pode extinguir. A lei não pode, entretanto, suprimir a "autonomia didático-científica, administrativa e de gestão financeira e patrimonial", que é, agora, garantida pelo art. 207 da Constituição Federal, mas nem por isso está impedida de exercer a tutela administrativa, especialmente no tocante à escolha dos dirigentes da Universidade de Taubaté, que deve ser feita na forma prescrita pela mencionada Lei:

"Art. 17. A Reitoria, órgão executivo superior que coordena, fiscaliza e superintende todas as atividades universitárias será exercida pelo Reitor, auxiliado pelo Vice-Reitor.

"Parágrafo único. O Reitor e o Vice-Reitor serão escolhidos pelo Chefe do Executivo, dentre professores titulares indicados, em listas tríplices organizadas pelo Conselho Universitário."

Vale destacar: *quem escolhe os dirigentes da universidade é o Prefeito, dentre professores titulares, indicados em listas tríplices organizadas pelo Conselho Universitário.* Qualquer comportamento discrepante disso, ainda que determinado pelo Estatuto da Universidade, mesmo com a aprovação do Conselho Estadual de Educação, será ilícito, nulo, desprovido de eficácia jurídica.

A autonomia universitária não transforma a universidade em *cosa nostra*; feudo de seus integrantes, sujeita ao poder absoluto de seus dirigentes. A Universidade de Taubaté é um patrimônio do Município de Taubaté, do povo de Taubaté, que, democraticamente, conferiu aos seus representantes (Prefeito, Vice-Prefeito e Vereadores) o poder-dever de zelar para que ela cumpra suas finalidades.

Não é indiferente ao Município de Taubaté, especialmente ao Chefe do Poder Executivo, o que se passa na gestão administrativa e financeira da ***sua*** Universidade. Por força do art. 1º da Lei de Responsabilidade Fiscal (Lei Complementar 101, de 4.5.2000) as determinações dirigidas ao Poder Executivo abrangem sua respectivas autarquias, independentemente de terem ou não regime especial. Todas as normas dessa Lei se aplicam a todas as autarquias, mas cabe ao Chefe do Executivo a elaboração dos minuciosos e detalhados relatórios previstos nos arts. 53 e 54 dessa mesma Lei, cabendo-lhe, também, a responsabilidade pela fiel observância das metas estabelecidas na Lei de Diretrizes Orçamentárias e na Lei Orçamentária Anual, inclusive quanto a operações de crédito.

É totalmente pertinente, portanto, e não agride o princípio da autonomia universitária, a participação do Prefeito no processo de escolha do Reitor da Universidade Municipal de Taubaté, que é, sem dúvida, autônoma, mas não é soberana e não está acima da lei nem dispensada de observar fielmente a legislação que lhe for aplicável.

Tendo sido exaustivamente demostrada a necessária observância da legislação municipal sobre a matéria, cabe dizer que, no âmbito municipal, o texto legal de maior hierarquia é a ***Lei Orgânica do Município***.

Esta observação está sendo feita porque, recentemente, o inciso VI do art. 65 da Lei Orgânica do Município de Taubaté, que cuida exatamente do processo de nomeação do Reitor e Vice-Reitor da Universidade de Taubaté, foi alterado para dar cumprimento ao disposto no já mencionado inciso VI, do art. 206, da Constituição Federal, que afirma o princípio da "gestão democrática do ensino público, na forma da lei".

Esta é a nova redação do inciso VI, do art. 65, da Lei Orgânica do Município de Taubaté, dada pela Emenda 22, de 27.9.2000: "VI — O Reitor e o Vice-Reitor da Universidade de Taubaté serão nomeados pelo Prefeito, a partir de listas tríplices elaboradas pelos Colegiados Superiores, que contemplarão os escolhidos pelo voto direito e secreto dos servidores e discentes, na forma a ser definida pelo órgão competente da autarquia".

A inovação feita pela Emenda 22 é no sentido de que, no processo de escolha, na eleição das listas tríplices, haja, necessariamente, participação dos servidores da autarquia e do corpo discente, na forma a ser definida pela própria autarquia.

Obviamente, o fato de a autarquia não haver disciplinado essa obrigatória participação não dispensa o cumprimento da Lei Orgânica. Na verdade, são duas as omissões que nulificam as listas elaboradas sem a participação dos segmentos apontados na Lei.

Seria rematado absurdo entender que, enquanto não cumprir a primeira obrigação, a autarquia fica desonerada da segunda. Na verdade, ao convocar as eleições, a universidade já deveria especificar como seria a participação de servidores e alunos. O que não poderia fazer, mas, deveras fez, foi descumprir a Lei Orgânica do Município.

Observe-se que, além do disposto na parte final do inciso em exame, dando à Universidade competência para disciplinar essa participação, ditada pelo princípio constitucional da gestão democrática do ensino, também o art. 27 do Estatuto, em seu § 5º, deixa claro que cabia ao Conselho Universitário expedir as normas complementares essenciais ao regular desenvolvimento do processo de escolha do Reitor e Vice-Reitor:

"Art. 27. O Reitor e o Vice-Reitor são nomeados pelo Prefeito Municipal, escolhidos de listas tríplices de professores da carreira do magistério superior, portadores de, no mínimo, título de doutor, obtido em curso devidamente credenciado.

"§ 1º. Os candidatos ao cargo de Reitor e de Vice-Reitor devem comprovar, no mínimo, 10 (dez) anos ininterruptos de efetivo exercício no magistério superior da Universidade de Taubaté, imediatamente anteriores ao final do prazo de inscrição no processo eleitoral.

"§ 2º. As listas tríplices a que se refere este artigo serão elaboradas por um Colégio Eleitoral Especial, constituído pela reunião dos Conselhos Universitário, de Administração e de Ensino e Pesquisa, em votação secreta, uninominal e sucessiva, por maioria absoluta de votos.

"§ 3º. No caso de vacância dos cargos de direção, haverá escolha e nomeação dos dirigentes, nos termos deste artigo, no prazo de sessenta dias.

"§ 4º. A nova eleição deve ser convocada independentemente da época em que ocorrer a vacância, iniciando, os escolhidos, um novo mandato.

"§ 5º. As medidas complementares do disposto neste artigo, serão disciplinadas pelo Conselho Universitário."

Objetivamente, as listas elaboradas pela Universidade de Taubaté e encaminhadas ao Prefeito apresentam duas desconformidades com a legislação vigente: a primeira, no tocante à titulação dos candidatos (o parágrafo único, do art. 17, da Lei Municipal 1.498, de 6.12.1974, se refere a "professores titulares", enquanto o Estatuto exige "título de doutor"); e a segunda, no tocante à observância do princípio constitucional da gestão democrática do ensino (a Lei Orgânica do Município determina sua observância, enquanto o Estatuto ainda conserva uma superada concepção corporativista).

Estando em desconformidade com as normas que regem sua elaboração, as listas apresentadas apresentam vícios jurídicos que determinam sua inegável ilicitude.

### *IV — Conclusões*

Em face de tudo quanto foi exposto, cabe agora apenas responder com objetividade ao que foi especificamente perguntado.

*1.* O princípio constitucional da autonomia universitária autoriza uma autarquia municipal a reger-se exclusivamente pelas normas por ela mesma editadas?

*Resposta*: Não. O princípio da autonomia universitária, constitucionalmente afirmado, impede que o legislador, ao instituir e delinear os traços principais de uma universidade pública, desça a detalhes de tal maneira a cercear a liberdade de atuação da entidade criada. Isso, entretanto, não significa que uma autarquia municipal universitária deva reger-se exclusivamente por normas por ela mesma editadas, sendo absolutamente indiferente o fato de que tais normas tenham sido objeto de aprovação por ato administrativo do Conselho Estadual de Educação. Uma autarquia universitária municipal, como toda e qualquer entidade pública, está submetida ao princípio da legalidade e, assim, deve reger-se, em primeiro lugar, pela legislação municipal que a instituiu e pela legislação federal que estipula diretrizes e bases da educação nacional.

*2.* Em caso negativo, quais as normas que devem ser observadas pela autarquia universitária municipal? Federais, estaduais ou municipais?

*Resposta:* As normas que afetam o funcionamento de uma autarquia universitária municipal podem ser tanto federais, quanto estaduais e municipais. A universidade municipal deve observar a legislação federal instituidora de diretrizes e bases da educação, ou seja, quanto a parâmetros para a formulação da proposta pedagógica, grade curricular, titulações e carreiras docentes, direitos e deveres do corpo discente etc. Deve observar os atos normativos editados pelo Conselho Estadual de Educação na qualidade de delegado do Governo Federal para exercer funções de fiscalização e controle da legislação federal. Deve cumprir fielmente a legislação municipal no tocante à natureza jurídica da entidade, suas finalidades, sua estrutura administrativa, a forma de escolha dos dirigentes, a gestão orçamentária e financeira e o exercício da tutela administrativa. Caso o legislador ordinário, ao exercer sua competência normativa, desça a um nível de detalhamento capaz de tolher a autonomia universitária, pode e deve a entidade de recorrer ao Poder Judiciário para obter a declaração de inconstitucionalidade da norma especificamente questionada. Enquanto vigente, a lei deve ser cumprida; não pode ser simplesmente ignorada.

*3.* Como deve proceder o Prefeito diante do caso concreto? Deve aceitar ou devolver as listas apresentadas?

*Resposta:* A documentação trazida para exame demonstra que, na eleição dos membros das listas tríplices para os cargos de Reitor e Vice-Reitor, além de outros vícios, não foram observados nem o princípio constitucional que determina a gestão democrática do ensino, nem, muito menos, a Lei Orgânica do Município, que, expressamente determina a participação dos servidores da Universidade e do corpo discente no processo eleitoral, havendo, portanto, no caso, flagrantes vícios jurídicos de inconstitucionalidade e ilegalidade, que impedem sua aceitação e determinam sua devolução.

S.M.J., é o parecer.

São Paulo, 8 de abril de 2001

# CONSIDERAÇÕES A RESPEITO DA "OUTORGA ONEROSA" (SOLO CRIADO) NO PROJETO DE LEI N. 5.788, DE 1990

MARCELO FIGUEIREDO

Professor de Direito nos Cursos de Graduação e Pós-Graduação da PUC/SP.
Advogado e Consultor Jurídico

Honra-nos a Fundação Prefeito Faria Lima — CEPAM,[1] solicitando nosso entendimento jurídico a propósito do projeto de Lei n. 5.788 de 1990, de relatoria do Deputado Inácio Arruda, que tem por objetivo "regulamentar o Capítulo da Política Urbana na Constituição Federal, bem como estabelecer diretrizes gerais de sua Política".

Solicita a conceituada Fundação, análise especialmente a respeito da "Seção VII, *Da Outorga Onerosa*", arts. 28 a 31 do projeto, esclarecendo que a iniciativa encarta-se em um projeto de orientação aos Municípios, no que respeita à aplicação de normas gerais e específicas de Política Urbana no âmbito de sua realidade.

O projeto pretende regulamentar a Constituição Federal (arts. 182 e 183). Sendo assim, devemos iniciar nossa análise repassando a norma constitucional.

A "Política Urbana" (Capítulo II) está inserida no Título VII, "Da Ordem Econômica e Financeira", convivendo com a "Política Agrícola e Fundiária e da Reforma Agrária" e com o "Sistema Financeiro Nacional" (confira-se arts. 170 a 192 da CF).

Inicialmente, advirta-se que concebemos a Constituição como *sistema*.[2] Com o intuito de facilitar a inteligência de qualquer corpo normativo, é imprescindível comprovar que o mesmo não é um mero agregado caótico, mas uma totalidade ordenada e sistemática. No caso da Constituição, essa necessidade se visualiza mais claramente na medida em que se possa atribuir a uma vontade historicamente individualizável, que alimenta a obtenção de certos objetivos através de um projeto unitário.

Nesse contexto, a *política urbana* deve ser vista como um elemento da *função social da propriedade* e um caminho para a redução das desigualdades regionais e sociais, com busca de pleno emprego. Em outras palavras, os princípios gerais da atividade econômica devem conformar o entendimento da própria política urbana que é executada pelo poder público municipal, à luz dos vetores constitucionais assinalados.

Não é por outra razão a previsão do art. 182, ao determinar que a política de desenvolvimento urbano, executada pelo po-

1. Trabalho realizado a pedido da Fundação Prefeito Faria Lima, CEPAM, entidade estadual de apoio aos Municípios do Estado de São Paulo.

2. Para uma análise a respeito do critério de aferição do efeito integrante como ordenação na concretização do direito constitucional, um subcaso de interpretação sistemática, v. Friedrich Müller,

der público municipal, conforme diretrizes fixadas em lei, tem por objetivo ordenar *o pleno desenvolvimento das funções sociais da cidade e garantir o bem-estar de seus habitantes*.

Desde logo se vê que a normatização constitucional da *política urbana*, naturalmente dirigida à realidade municipal, nela não se esgota. Já na Constituição Federal encontramos enunciados de normas abrangentes, que pretendem alcançar todo um *plano, um planejamento* nacional a propósito do urbanismo, no quadro normativo nacional.

Anote-se ainda, que a "Política Urbana" deve atender aos princípios constitucionais constantes do art. 170, em especial, aos incs. II (propriedade privada), III (função social da propriedade),[3] VI (defesa do meio ambiente), VII (redução das desigualdades regionais e sociais) e VIII (busca do pleno emprego).

Nesse contexto, desde logo fixamos como premissa fundamental a idéia, que adiante retomaremos, no sentido de que o princípio jurídico da propriedade, "associado" à sua função social, ou seja, o princípio da função social da propriedade,[4] não só deve ser visualizado como um direito de defesa, na visão clássica da propriedade, mas sobretudo como um meio de exigir do Estado, em sua atividade, a concretização de uma ordem social justa.[5]

Recorde-se que o princípio da dignidade da pessoa humana (art. 1º, inc. III, da CF), na classificação proposta por Canotilho,[6] poderia ser encartado como "princípio fundamental geral", ou "especial", se considerado "direito humano". O que importa assinalar é exatamente que, diante de tais considerações, há deveres impostos ao Estado no sentido de *dinamizar*, dentro do possível, políticas públicas que implementem o princípio.

Assinale-se, ainda, que o direito de propriedade, enquanto um "espaço de convivência humana", goza de *status* internacional e, conseqüentemente, de proteção desse sistema. A Declaração Americana dos Direitos e Deveres do Homem estabelece em seu art. XXII que "toda pessoa tem direito à propriedade privada correspondente às necessidades essenciais de uma vida digna",[7] que contribua a manter a dignidade da pessoa e do lugar. Já a Convenção Americana sobre

"Métodos de trabalho do Direito Constitucional", trad. Peter Naumann, *Revista da Faculdade de Direito da UFRGS*, Síntese Editora, 1999.

3. Entendemos que, no contexto analisado, o princípio da função social da propriedade assume relevância constitucional especial, maior peso, condicionando a ação de todos aqueles que devam dar concreção à norma interpretada. A noção de peso e contrapeso advém da doutrina constitucional norte-americana, do *balancing* ou contrapeso que deve orientar o trabalho do intérprete diante dos diferentes valores ou interesses em jogo protegidos constitucionalmente. Em sentido similar, lembramos R. Alexy, reconhecendo a necessidade de fazer-se um "sopesamento" (*Abwagung*) dos princípios constitucionais (*Theorie der Grundrecht*, Baden-Baden, Ed. Nomos, 1985, p. 100).

4. A jurisprudência parece já ter assimilado a idéia de que o uso do solo urbano submete-se aos princípios gerais disciplinadores da função social da propriedade, evidenciando a defesa do meio ambiente e do bem-estar da sociedade. Nesse sentido, RMS 8.766-PR (97/0054105-3), STJ, relator Ministro Peçanha Martins, j. 6.10.1998, *DJU*-1 17.5.1999, p. 150.

5. Podemos afirmar que a maioria das Constituições modernas reconhecem o direito à propriedade privada, condicionando-a à função social, remetendo à lei a delimitação de seu conteúdo, como é o caso da espanhola (art. 33º, itens 2 e 3). A mesma Constituição, em seu art. 47 regulamenta o uso do solo, ao prescrever: "todos os espanhóis têm direito de desfrutar de uma habitação digna e adequada. Os Poderes Públicos promoverão as condições necessárias e estabelecerão as normas destinadas a tornar efetivo este direito, regulando a utilização do solo de acordo com o interesse geral, a fim de impedir a especulação. A comunidade participará nas mais-valias geradas pela ação urbanística das entidades públicas".

6. *Direito Constitucional*, Almedina, 1989, p. 129.

7. No original "vida decorosa".

Direitos Humanos, em seu art. 21, ao enunciar o direito à propriedade privada, diz "toda pessoa tem direito ao uso e gozo de seus bens. A lei pode subordinar o *uso e gozo ao interesse social*".[8] O aspecto foi ressaltado, especialmente diante das novas possibilidades de amparo "internacional"[9] que as aludidas Convenções trazem, por intermédio da Corte Interamericana de Direitos Humanos.[10]

Por aí já se vê que o balizamento do direito de propriedade (com) função social, dá lugar a uma nova dimensão da propriedade, que tem, nas normas de direito urbanístico, a sua estruturação. Ou como bem acentua Luciano Parejo Alfonso,[11] "el contenido del derecho de propriedad lo define la ordenación urbanística, que, al efecto, posee una estructura peculiar que la hace capaz de acomodar el estatuto objetivo de la propriedad a las características concretas que ésta presenta según los bienes específicos sobre os que recae".

Retornando ao tema central, verificamos que o Plano Diretor, instrumento básico da política de desenvolvimento e de expansão urbana, deve refletir a realidade local, atento a sua vocação constitucional de ser um instrumento integrado do *desenvolvimento nacional.*

Ainda na Constituição Federal, ratifique-se, uma vez mais, encontramos a subordinação da política urbana ao princípio maior da *função social da propriedade*, que deve estar presente no plano diretor (§ 2º, art. 182).

Finalmente, como um dos instrumentos de concretização da função social da propriedade, é facultado ao poder público municipal, mediante lei específica para área incluída no plano diretor, exigir, nos termos da lei federal, do proprietário do solo urbano *não edificado, subutilizado ou não utilizado*, que promova seu adequado aproveitamento, sob pena, sucessivamente, de: I — parcelamento ou edificação compulsórios; II — imposto sobre a propriedade predial e territorial urbana progressivo no tempo; III — desapropriação (art. 182, § 4º, incs. I, II e III).

Do mesmo modo, ainda como uma forma de dar concretização ao princípio da função social da propriedade, o constituinte conferiu ao possuidor de área urbana, de até duzentos e cinqüenta metros quadrados, por cinco anos, ininterruptamente e sem oposição, utilizando-a para sua moradia ou de sua família, o domínio, desde que não seja proprietário de outro imóvel urbano ou rural (art. 183, *caput*).

Diante dos comandos constitucionais enunciados, cumpre ao legislador integrar a vontade constitucional. É o que *pretende* o projeto de Lei n. 5.788, de 1990, já deno-

8. Nesse sentido, é possível dizer que o direito de propriedade assumiu nova conformação nos tempos contemporâneos, como veremos a seguir. Entretanto, desde logo podemos fixar a idéia de que a propriedade vem associada ao urbanismo, a moradia, ao acesso aos bens urbanos, enfim, deseja-se que o Homem tenha uma vida digna na cidade onde vive. E não há como atingir este objetivo sem dotar o Estado de meios para conformar o direito de propriedade às normas e limitações urbanísticas.

9. A Declaração de Vancouver, enunciada pela Conferência das Nações Unidas sobre os Assentamentos Humanos, destaca no item 10 (Princípios Gerais) que "a terra é um dos elementos fundamentais dos assentamentos humanos. Todo Estado tem direito a tomar as medidas necessárias para manter sob fiscalização pública o uso, a propriedade, a disposição e a reserva de terras. Todo Estado tem direito a planejar e administrar a utilização do solo, que é um de seus recursos mais importantes, de maneira que o crescimento dos centros populacionais tanto urbanos como rurais se baseiem num plano amplo de utilização do solo. Essas medidas devem assegurar a realização dos objetivos básicos da reforma social e econômica de cada nação, de conformidade com o seu sistema e suas leis de propriedade da terra".

10. Para um estudo do tema, remetemos o leitor para a obra de Flávia Piovesan, *Direitos Humanos e o Direito Constitucional Internacional*, Max Limonad, 1996.

11. *Derecho Urbanístico, Instituciones Basicas*, Ed. Ciudad Argentina, 1986, p. 137.

minado de "Estatuto da Cidade". Antes de analisá-lo, esperemos que o legislador ordinário tenha seguido a advertência de Ost,[12] para quem os seis atributos essenciais que o legislador pode predicar-se são: "1) O legislador não se contradiz; 2) O legislador respeita a Constituição; 3) O legislador adapta os meios utilizados aos fins perseguidos; 4) O legislador não faz nada inútil; 5) O legislador é eqüitativo; 6) O legislador não é fundamentalmente imprevisível".

O projeto de lei n. 5.788, de 1990, está estruturado da seguinte forma: Capítulo I — Diretrizes Gerais (arts. 1º, 2º e 3º). Nesse capítulo introdutório, o legislador enuncia o objetivo da Política Urbana, qual seja, ordenar o pleno desenvolvimento das funções sociais da cidade e da propriedade urbana, mediante dezesseis diretrizes gerais que arrola. Em seguida, atribui competência à União para legislar sobre normas gerais de direito urbanístico, normas de cooperação entre as entidades políticas, diretrizes de desenvolvimento e planos nacionais e regionais de ordenação do território.

O art. 2º, ao enunciar o que denomina "diretrizes gerais" (normas gerais) da Política Urbana, traça, na verdade, os princípios que devem orientar, ordenar a função social da cidade e da propriedade. São eles, o direito à terra, à moradia, ao saneamento ambiental, à infra-estrutura urbana, ao transporte e serviços públicos, à participação da comunidade, à cooperação social, ao planejamento urbano, à oferta de equipamentos urbanos, à ordenação e controle *do uso do solo*, ao desenvolvimento sócio-econômico do Município, à sustentabilidade ambiental, à recuperação dos investimentos do Poder Público, à preservação do patrimônio cultural, à regularização urbana, à simplificação da legislação de uso e ocupação do solo.

12. F. Ost, "L'interprétation logique et systématique et le postulat de rationalité du législateur", em *L'Interprétation en Droit*, Approche pluridisciplinaire, coord. M. Van de Kerchove, Bruxelas, 1978, pp. 163 e ss.

Vê-se que, para a concretização dessas "normas-objetivo", há forte interpenetração das competências constitucionais federais, estaduais e municipais, não sendo possível a grande maioria dos Municípios brasileiros implementar esses objetivos solitariamente, com seus próprios recursos.

Em seguida, o projeto trata dos "Instrumentos da Política Urbana", enunciando alguns instrumentos de ação. São institutos tradicionais do direito urbanístico e normas de gestão administrativa e financeira de modo a alcançar os propósitos dantes enunciados. Dentre eles, para nosso trabalho, destacamos o planejamento municipal, por intermédio do Plano Diretor, a disciplina do parcelamento, do uso e da ocupação do solo, os institutos tributários e financeiros, a concessão de direito real de uso, o direito de superfície, *a outorga onerosa do direito de construir* e de alteração de uso, a transferência do direito de construir, as operações urbanas consorciadas.

Em seguida, o projeto enuncia, na Seção II, a regulamentação do § 4º do art. 182 da Constituição Federal, criando a Subseção I — "Do Parcelamento, Edificação ou Utilização Compulsórios", criando normas de aplicação concreta dos dispositivos constitucionais. Segue-se o IPTU progressivo no tempo, a desapropriação-sanção, o usucapião especial de imóvel urbano, a concessão de uso especial para fins de moradia, o direito de superfície, o direito de preempção, *a outorga onerosa*, as operações urbanas consorciadas, a transferência do direito de construir e o estudo de impacto de vizinhança (arts. 5º a 38) do projeto.

A outorga onerosa do direito de construir e a alteração de uso, segundo o projeto, são um dos instrumentos da Política Urbana que devem compor o Plano Diretor (art. 4º, III, *a*, V, *g*, *i*, *n*, *o*).

Desde logo, verifica-se que, em face da realidade municipal analisada, a concepção, estruturação e dimensionamento dos aludidos instrumentos será diversa. Não há falar, necessariamente, na aplicação efetiva de *todos* os instrumentos incondicionalmente por todos os Municípios. É preciso ter presente que a norma do art. 30 e seus incisos da Constituição Federal garante ao Município "legislar sobre assuntos de interesse local". A vetusta norma constitucional,[13] não só garante efetivamente o princípio da *autonomia municipal*, em seus vários aspectos, mas inclusive para diagnosticar e implementar, como bem lhe aprouver, a concretização dos instrumentos urbanísticos. Haverá Município que, por suas dimensões geográficas e econômicas, não necessitará desse ou daquele instrumento urbanístico. Todos, sem exceção, devem traçar a sua Política Urbana, por intermédio de seu Plano Diretor.

Assinale-se ainda, para não perdermos a visão de conjunto do projeto, que o Capítulo IV cuida das "Regiões Metropolitanas" (arts. 44 a 47) (v. CF, arts. 25, § 3º, e 154 da CE), o Capítulo V, da "Gestão Democrática da Cidade" (arts. 48 a 50). Finalmente, no Capítulo VI — "Disposições Gerais" (arts. 51 a 62) traça normas de procedimento e transição para aplicação do projeto (que pretende tornar-se lei, naturalmente), contempla normas de responsabilização do Prefeito, no tema da improbidade e da ação civil pública, prevê adaptações às normas sobre registros públicos, tudo em consonância com a nova regulamentação pretendida.

Eis o projeto em seu conjunto.

Antes de verificarmos a noção do *solo criado* e a disciplina proposta, parece útil oferecer breve visão global das causas e conseqüências que levaram à adoção do instituto analisado.

Em todos os países, e sobretudo nos países em desenvolvimento, como é o caso do Brasil, a ocupação do espaço urbano se faz marcada pelo *déficit* habitacional, pela carência de qualidade de infra-estrutura, pela ocupação desordenada das áreas urbanas, por serviços públicos deficientes, inclusive de transporte, água, esgoto etc. As causas do adensamento populacional urbano e seu inadequado assentamento devem-se a inúmeros fatores.[14] Entretanto, os fatos falam por si e demonstram a necessidade de políticas urbanas bem planejadas.

O direito urbanístico é baseado, essencialmente, em duas idéias-forças fundamentais. A primeira, advém do fato de que o direito de propriedade se transformou (como já vimos). O interesse social deve impor-se sobre o individual, em sua conformação urbanística. A segunda, advém da necessidade de que as edificações, a utilização do solo urbano, não pode ficar atrelada às conveniências eminentemente privadas, ao sabor das conveniências do mercado imobiliário. Do contrário, naturalmente os problemas tendem a se agravar.[15]

13. Assinala Raul Machado Horta que "em mais de um século de experiência constitucional republicana, a partir do texto de 24 de fevereiro de 1891, o município tornou-se uma presença constante no quadro de nossas instituições e converteu-se em grande tema de debates e estudos constitucionais" (*Estudos de Direito Constitucional*, Belo Horizonte, Del Rey, 1995, p. 621). José Afonso da Silva doutrina: "Nos termos, pois, da Constituição, o Município brasileiro é entidade estatal integrante da Federação, como entidade político-administrativa, dotada de autonomia política, administrativa e financeira. Essa é uma peculiaridade do Município brasileiro. A inclusão do Município na estrutura da Federação teria que vir acompanhada de conseqüências, tais como o reconhecimento constitucional de sua capacidade de auto-organização mediante cartas próprias e a ampliação de sua competência, com a liberação de controles que o sistema até agora vigente lhe impunha, especialmente por via de leis orgânicas estabelecidas pelos Estados" (*Curso de Direito Constitucional Positivo*, 15ª ed., São Paulo, Malheiros Editores, 1998, p. 620).

14. O festejado arquiteto catalão Oríol Bohigas, autor de importantes projetos urbanísticos na Europa, declarou, em recente visita ao Brasil, que a desordem urbana é gerada pelos mesmos fatores que geram a pobreza, atribuindo à política neoliberal e à globalização econômica o agravamento do quadro.

15. Com razão anota a urbanista Raquel Rolnik, que "abrir o processo de tomada de deci-

Eis porque regulamentou-se o uso do solo urbano, como um dos instrumentos importantes na solução dos grandes problemas urbanos. As leis de zoneamento nas cidades pretendem minorar esse problema.[16] Todavia, o zoneamento tem se mostrado insuficiente para o efetivo controle do solo urbano, sobretudo devido a intensidade do uso vertical.[17]

Em alguns países, adotou-se posição mais "radical", retirando o direito de construir do conteúdo do domínio, para qualificá-lo como uma concessão outorgada pela municipalidade. É o caso da Lei italiana[18] n. 10, de 28 de janeiro de 1977. O direito de construir não é mais objeto de uma licença, configurando-se como um direito do proprietário cujo exercício é condicionado, mas passa a ser objeto de uma concessão da autoridade, que outorga a faculdade de edificar.

Antes porém, cumpre dar breve noção a respeito do tema central de nosso estudo, o solo criado, em sua dimensão mais dilargada.

Coube exatamente à Fundação Prefeito Faria Lima — CEPAM, nos idos de 1976, a iniciativa de dar o primeiro passo, que posteriormente frutificou em muitos outros, no sentido de discutir com os maiores especialistas da área o tema do solo criado.[19]

E após amplos debates, coube a Eros Roberto Grau,[20] sintetizar as conclusões ha-

sões sobre o investimento e o controle do território urbano é um pressuposto para construirmos uma política urbana que inclua a totalidade dos atores sociais" ("É possível uma política urbana contra a exclusão?", artigo encartado na obra *Governo e Cidadania*, Ed. Fundação Perseu Abramo, p. 127, 1999).

16. Nesse sentido, também cumpre recordar a proposta da "operação interligada", como um instrumento urbanístico de concessão, por parte do poder público, abrindo exceções na legislação de uso e ocupação do solo, requeridas por particulares que, em contrapartida, contribuem com recursos a serem investidos em programas habitacionais ou sociais de interesse social.

17. Nesse sentido o trabalho "Solo criado: um caminho para minorar os problemas urbanos", de Junia Verna Ferreira de Souza, na obra *Temas de Direito Urbanístico 2*, coord. Adílson Abreu Dallari e Lúcia Valle Figueiredo, Ed. RT, 1987, p. 160. Diz a autora: "Vias públicas são abertas um sem-número de vezes, para obras de eletricidade, telefone, água, esgoto, águas pluviais etc., exatamente porque o ritmo de crescimento vertical é de tal monta que os equipamentos existentes não suportam a demanda".

18. É o que nos relata Márcia Walquiria Batista dos Santos, em trabalho intitulado "Direito de propriedade e direito de construir", *Cadernos de Direito Constitucional e Ciência Política* 8/97, jul.-set. 1994. Doutrina a autora: "Contemporaneamente, foi aprovada, no ordenamento italiano, a Lei 10, de 28.1.1977, que previu a concessão como pré-requisito para todas as transformações edilícias e urbanísticas: concessão esta, deferida pelo sindaco mediante pagamento de tributo, assumindo a natureza de licença. Para Giuseppe Spadaccini tal concessão possui regime jurídico de uma autorização administrativa, é o ato pelo qual o ente público remove o obstáculo ao exercício de um poder jurídico inerente a um direito subjetivo já preexistente no patrimônio do requerente. Trata-se, assim, essencialmente, de um ato permissivo. Conclui Spadaccini que a nova Lei 10/1977 fala, expressamente, em concessão, mas ele considera a nova expressão insuficiente para demonstrar a nova qualificação jurídica de tal provimento". Também a respeito da experiência estrangeira sobre solo criado, v. José Afonso da Silva, *Direito Urbanístico*, 2ª ed., Malheiros Editores, 1997, pp. 236 a 238. É ainda o mesmo autor quem recorda decisão da Corte Constitucional italiana, reafirmando que o titular do direito pode só construir dentro dos limites, entretanto, reafirmando que a concessão para edificar, naquele país, não é atributiva de direitos novos, mas pressupõe faculdade preexistente.

19. Nesse sentido é de consulta obrigatória, para todos aqueles que desejem aprofundar os estudos no tema do solo criado, o exame da publicação "O Solo Criado/Carta de Embu", documento que contém os anais dos seminários "O Solo Criado", "São Sebastião" e outros, documento elaborado por Antônio Cláudio Moreira Lima e Moreira, Dalmo do Valle Nogueira Filho, Domingos Theodoro de Azevedo Netto, Clementina de Ambrosis, com a participação de diversos urbanistas e juristas, publicação CEPAM de 1977.

20. Ob. cit., "O Solo Criado...", pp. 135 a 153.

vidas, assim como agregar sua contribuição intelectual.

Disserta o aludido Professor:

"A noção de solo criado desenvolveu-se inicialmente a partir da observação da possibilidade de criação artificial de área horizontal, mediante a sua construção sobre ou sob o solo natural. Compreendia-se assim o solo criado como o resultado da criação de áreas adicionais utilizáveis, não apoiadas diretamente sobre o solo natural. Não se confunde, no entanto, a noção — mesmo quando nestes termos entendida — com a ocupação do espaço aéreo, visto que pode haver ocupação de espaço aéreo sem criação de solo; seria o caso de construção de uma torre de grande altura, sem pavimentos intermediários, ou da nave de uma catedral gótica, também de grande altura, mas sem nenhum plano utilizado no intermediário. Por outro lado, pode haver criação de solo sem ocupação do espaço aéreo: seria o caso das construções no subsolo, que ocupam um espaço subterrâneo.

"Desenvolvidos, no entanto, maiores estudos urbanísticos a propósito da idéia passou-se a entender como solo criado o *resultado de construção praticada em volume superior ao permitido nos limites do coeficiente único de aproveitamento*. Tudo quanto se construa, pois, além do *quantum* convencionado em tal coeficiente, *inclusive no andar térreo*, é entendido como solo criado.

"Importante notar que não se confunde a idéia de coeficiente único com a de *índice de aproveitamento* tomados pela legislação de zoneamento municipal. Observe-se que, adotado o coeficiente único para todo um Município, ainda assim, a legislação de zoneamento poderá, tendo em vista razões de urbanismo, fixar índices de aproveitamento, em áreas diversas desse mesmo território, maiores e menores do que aquele coeficiente.

"A concepção da instrução da noção de *solo criado*, de toda sorte, está naturalmente atrelada à fixação de um coeficiente de aproveitamento único para todos os terrenos em um Município, Região ou País. Costumeiramente, nos estudos de natureza urbanística a propósito desenvolvidos, tem-se admitido que tal coeficiente deveria ser igual a 1 (um), considerando-se então como *solo criado* tão-somente a área construída que ultrapassasse, em metros quadrados, o valor equivalente ao da área do terreno.

"Adotada a noção e, subseqüentemente, definido o coeficiente de aproveitamento único, o direito de construir seria limitado a uma determinada quantidade proporcional à área do terreno."

As leis de zoneamento, como sabemos, estabelecem dimensões mínimas dos lotes, fixam índices urbanísticos, considerando a densidade populacional e edilícia. Os índices urbanísticos são a ocupação e utilização, ou *taxa de ocupação e coeficiente de aproveitamento*.

Esclarece José Afonso da Silva,[21] que "a *taxa de ocupação e o coeficiente de aproveitamento* (também denominados *índice de ocupação e índice de utilização*, respectivamente) são dois instrumentos básicos para definir uma distribuição eqüitativa e funcional de densidades (edilícia e populacional) compatíveis com a infra-estrutura e equipamentos de cada área considerada. Pelo primeiro desses índices urbanísticos estabelecem-se os limites de ocupação do terreno, isto é, define-se a área do terreno que será ocupada pela edificação. Eqüivale, pois, à superfície de terreno edificável. Pelo segundo, define-se o grau de aproveitamento do terreno, isto é, fixa-se a quantidade de edificação, em metros quadrados, que pode ser construída na superfície edificável do terreno".

Entretanto, como bem assinalou Junia Verna Ferreira de Souza,[22] "o índice de aproveitamento tem se mostrado, por si só,

21. *Direito Urbanístico Brasileiro*, 2ª ed., 2ª tir., Malheiros Editores, 1997, p. 228.

22. Ob. cit., p. 161.

mecanismo insuficiente para o efetivo e racional controle do uso do solo urbano. Sendo variável, nas diferentes zonas da cidade, os terrenos cujo coeficiente de aproveitamento for maior, terão, como conseqüência, uma maior valorização, enquanto os terrenos de coeficiente menor sofrerão uma queda de valor. Vale dizer, os terrenos valorizam-se ou depreciam-se em decorrência do volume de construção que poderão suportar em função do coeficiente de aproveitamento. Trata-se de situação iníqua, atentatória do princípio de igualdade, já que dá tratamento desigual aos proprietários de terrenos que, assim, aleatoriamente, ganham ou perdem".

Todo esse quadro levou os urbanistas a imaginarem uma solução para que alguém pudesse construir a mais do que o permitido pelo coeficiente único (já visto), teria de *adquirir direito de construir inerente a outro terreno*, seja de propriedade de particulares, seja de propriedade pública.[23]

Quando estivéssemos diante de aquisições ao poder público, poderiam ser pagas em dinheiro ou mediante permuta por áreas de terreno destinadas à preservação de áreas verdes, do patrimônio histórico e artístico, à criação de áreas de lazer[24] etc.

Finalmente, parece necessário, como requisito de pré-compreensão do tema, discutir brevemente a relação entre direito de propriedade e direito de construir e suas conseqüências, já que o projeto trabalha com a "outorga onerosa do direito de construir", "alteração do uso de solo", pressupondo uma nova dimensão ao direito de propriedade.

Desde logo, fixamos posição no sentido de que o conceito de solo criado não importa na separação da faculdade de construir do direito de propriedade do terreno, ou quando menos, vislumbramos uma nova dimensão desse direito.

Há forte tendência, talvez em razão da idéia do liberalismo clássico, no sentido de conferir ao proprietário do solo um direito quase divino, ilimitado, de construir, salvo as limitações administrativas, já pacificadas pela doutrina e jurisprudência. Contudo, essa mentalidade não mais pode ser aceita e contrasta frontalmente com a perspectiva constitucional e seus valores, como já vimos.

A utilização do solo criado não trata apenas de impor limitações ao direito de construir, mas, segundo o histórico analisado (v. trabalho "Carta de Embu" e seguintes), também propõe a desvinculação do direito de propriedade ou sua nova dimensão.[25] Do ângulo estritamente jurídico, não vislumbramos consistência nessa proposta. Parece-nos que o direito de propriedade será sempre aquele conformado com a normação do direito urbanístico. Assim, afigura-se desnecessária (e até inútil politicamente), senão inconstitucional, uma formulação teórica que desvincule o direito de propriedade do direito de construir. Não precisamos dela no momento. Temos suficientes instrumentos para avançar na questão.

23. Assim, imaginou-se que leis de zoneamento adequadas, transferência do direito de construir e proporcionalidade entre solos públicos e privados, levariam à maior racionalidade do sistema. É o que os urbanistas vêm propugnando e também essa deve ser a função dos operadores do direito, tudo visando uma melhor qualidade de vida nas cidades.

24. Consultar a exposição de John Costonis, na já citada obra "Solo Criado", publicação CEPAM. O festejado urbanista narra a experiência americana, em algumas grandes metrópoles, especialmente o início da idéia do solo criado, como uma forma de transferir direitos de construir, compensando o proprietário de terrenos e monumentos tombados (a idéia original trabalhava em termos de terrenos contíguos), preservando-se o "zoneamento".

25. José Castán Tobenas ressalta que modernamente não estamos diante de uma única propriedade, "mas propriamente, diversas propriedades, pelo que caberia afirmar que mais que uma questão unitária de propriedade, existem as questões mais variadas e complexas, a que dão lugar os diversos tipos de propriedade, cada um dos quais assume aspectos próprios e exige tratamento adequado" (*La Propriedad y sus Problemas Actuales*, 2ª ed., Madrid, Reus, 1963, p. 9).

O instituto do solo criado, ainda que incipiente, não é inconstitucional se interpretado e construído sob a perspectiva do princípio da função social da propriedade. O que não podemos admitir, por evidente negação aos princípios incidentes, é exatamente a anulação do direito de propriedade em seu núcleo essencial, ao menos no atual quadro constitucional.

Compartilhamos do entendimento de Maria Magnólia Lima Guerra[26] que, já nos idos de 1981, afirmava: "a solução preconizada, na verdade, admite o direito de construir como um direito cuja titularidade pertence ao proprietário do solo, *mas só até o limite de edificação estabelecido pelo coeficiente de aproveitamento do solo instituído por lei*. A partir desse limite é que o direito de construir passa a pertencer à coletividade. Isso significa também que, dentro do coeficiente de aproveitamento, é assegurado ao proprietário a faculdade de separar o direito de construir do direito de propriedade do solo, de modo a torná-lo suscetível de alienação" (grifamos).

Parece-nos perfeitamente possível que a lei possa definir que os proprietários incorporem ao seu patrimônio o direito de construir (como já o têm) e assim "transacionar" em nome do interesse social e coletivo, atendendo naturalmente a norma constitucional. E para equacionar o gravíssimo caos urbano, faz-se necessário soluções criativas, como as propostas pela "Carta de Embu", naturalmente com as cautelas jurídicas necessárias, para que não se esvaziem em intermináveis discussões judiciais.

Nessa linha de pensamento, admite-se a construção em área maior até o limite definido na lei de zoneamento, desde que seja criado paralelamente mecanismo de aquisição desses direitos, ou como já experimentou a legislação alienígena, se estabeleçam o cumprimento de encargos e compensações em benefício do plano urbanístico, das prioridades reais da cidade, fato que já vem ocorrendo de há muito nas construções de casas populares.[27]

Acreditamos que em virtude dos poderosos interesses econômicos envolvidos, é imprescindível que somente por intermédio de Lei (em sentido formal e material), com claros critérios, a Administração Pública "transacione" direitos de construção em seu relacionamento com o particular. É dizer, deve haver vinculação entre tais direitos e os programas estabelecidos em uma *política urbana* legitimada pelo crivo popular. Jamais esse instrumento pode estar nas mãos "discricionárias" do Administrador Público.[28]

26. *Aspectos Jurídicos do Uso do Solo Urbano*, Fortaleza, 1981, p. 75.

27. Rui Geraldo Camargo Vianna, em tese de doutorado, defendida na Universidade de São Paulo, averbou: "A distinção, pois, do direito de construir, como direito real ambulante, da propriedade a que originariamente vinculado traduz nova forma de exercício da propriedade a ser regulamentada, com repercussão, sobretudo, no cadastro imobiliário. O direito de edificar, além do limite máximo permitido, traduzirá direito originário atribuído à coletividade, daí porque sua transferência ao particular operar-se-á através de concessão, qual prevista na lei italiana já referida (Lei 10/1977), de feição onerosa, o que afasta a conotação tributária. Se a tanto se abalançar o legislador, curial será a fixação desse valor, atento a padrões rígidos de aferição de custas, de molde a que não se ultrapasse, nessa estimativa, o vero reembolso dos encargos que a utilização prática de concessão trará à coletividade" (tese disponível na Faculdade de Direito da Universidade de São Paulo, "A Participação do Particular no Urbanismo", p. 84).

28. Os municípios deverão definir, por exemplo, como áreas de especial interesse social os terrenos não utilizados ou subutilizados, necessários à implantação de programas habitacionais de baixa renda, assim como as áreas ocupadas por favelas e loteamentos irregulares, para implantar projetos de urbanização e regularização fundiária. Por essas áreas, caracterizadas como de especial interesse social, poderão ser estabelecidos padrões especiais de parcelamento, urbanização, uso e ocupação, proporcionando melhores condições econômicas de produção de lotes urbanizados e possibilitando a regularização das áreas já ocupadas. Nas

Cuidemos agora do projeto. Passemos a analisar os enunciados contidos na Seção VII — "Da Outorga Onerosa" (arts. 28 a 31 do projeto), que tem a seguinte redação:

"Art. 28. O Plano Diretor poderá fixar áreas nas quais o *direito de construir* poderá ser exercido *acima do coeficiente de aproveitamento básico adotado, mediante contrapartida a ser prestada pelo beneficiário.*

"§ 1º. Para os efeitos desta lei, coeficiente de aproveitamento é a relação entre a área edificável e a área do terreno.

"§ 2º. O Plano Diretor poderá fixar coeficiente de aproveitamento básico *único para toda a zona urbana ou diferenciado para áreas específicas dentro da zona urbana.*

"§ 3º. O Plano Diretor definirá os limites máximos a serem atingidos pelos coeficientes de aproveitamento, considerando a *proporcionalidade entre a infra-estrutura existente e o aumento de densidade esperado em cada área.*

"Art. 29. O Plano Diretor poderá fixar áreas nas quais poderá *ser permitida alteração de uso do solo, mediante contrapartida a ser prestada pelo beneficiário.*

"Art. 30. Lei Municipal específica estabelecerá as condições a serem observadas para a outorga onerosa do direito de construir e de alteração de uso, determinando:

"I — a fórmula de cálculo para a cobrança;

"II — os casos passíveis de isenção do pagamento da outorga;

"III — *a contrapartida do beneficiário*, que poderá constar de:

"a) ativos financeiros;

"b) bens imóveis;

áreas destinadas a assentamentos, deveria ser dada prioridade ao acesso da terra nas cidades em lotes urbanizados dotados de infra-estrutura básica, entregues por concessão real de uso para famílias, previamente cadastradas, proibindo-se de forma rigorosa a alienação por um prazo longo, de 15 a 25 anos, por exemplo.

"c) execução de obras e serviços relevantes para o desenvolvimento urbano municipal;

"d) créditos relativos a indenizações não pagas pelo Município.

"Art. 31. Os recursos auferidos com a adoção da outorga onerosa do direito de construir e de alteração de uso serão aplicados com as finalidades previstas nos incisos I a IX do art. 26."

Por sua vez, o art. 26, tem a seguinte redação:

"Art. 26. O direito de preempção será exercido sempre que o Poder Público necessitar de áreas para:

"I — regularização fundiária;

"II — execução de programas e projetos habitacionais de interesse social;

"III — constituição de reserva fundiária;

"IV — ordenação e direcionamento da expansão urbana;

"V — implantação de equipamentos urbanos e comunitários;

"VI — criação de espaços públicos de lazer e áreas verdes;

"VII — criação de unidades de conservação ou proteção de outras áreas de interesse ambiental;

"VIII — proteção de áreas de interesse histórico, cultural ou paisagístico;

"IX — *outras finalidades de interesse social ou de utilidade pública, definidas no Plano Diretor.*

"Parágrafo único. A lei municipal prevista no § 1º do art. 25 deverá enquadrar cada área em que incidirá o direito de preempção em uma ou mais das finalidades enumeradas por este artigo."

De uma maneira geral, verificamos que o projeto não se distancia de idéias dantes apresentadas. Não vislumbramos inconstitucionalidades ou ilegalidades no capítulo analisado. Contudo, como é natural, de sua aplicação podem surgir problemas graves.

Inicialmente verifica-se que o *caput* do art. 28 foi fiel ao ideário da "Carta de Embu", ao autorizar que o Plano Diretor possa fixar áreas nas quais o direito de construir possa ser exercido *acima do coeficiente de aproveitamento básico, mediante contrapartida a ser prestada pelo beneficiário.*

A norma cinge-se a remeter ao Plano Diretor, como instrumento normativo que disciplina a cidade, a possibilidade na fixação de áreas nas quais o direito de construir possa ser exercido acima dos padrões. É certo que não poderia invadir competência municipal, e, assim, remeteu o problema aos Municípios.

A primeira questão que vem à mente, diz respeito ao conceito e extensão das áreas enunciadas no projeto. Toda e qualquer "área" municipal pode ser passível de receber a norma em tela? Verifica-se que até logicamente o programa legislativo pressupõe que os Municípios estejam dotados de um Plano Diretor *atualizado, moderno*, que efetivamente atenda ao desenvolvimento da cidade. É dizer, logicamente, deve-se, em primeiro lugar, verificar se o zoneamento municipal está bem estruturado, se atende com razoabilidade as demandas do desenvolvimento urbano. Nesse contexto é que se insere a alteração proposta. Após essa verificação, e implementação (caso necessária), passa-se à utilização do instrumento proposto, como uma das novas alternativas urbanísticas.

Essa característica — estreita vinculação com o zoneamento (atualizado, adequado, legítimo) — é constante em todo o capítulo analisado. Creio que há grande risco em tentar aplicar os novos instrumentos, sem que antes haja um diagnóstico preciso dos problemas urbanos municipais. A negociação e pressão política na implementação dos novos instrumentos, sem que antes seja realizado o diagnóstico da "ordenação urbana", poderia levar a graves distorções.

Assim, não é difícil imaginar que Prefeitos recém-eleitos, considerando a hipótese de aprovação do projeto em curto prazo, no início do mandato, possam "negociar" com o setor privado, passando a "sua" visão urbanística em troca de benefícios que não aqueles enunciados no projeto.

A regra de ouro para o provável sucesso da proposta está, insistimos, na conformação democrática e legítima do espaço urbano, sem o que o instrumento torna-se perigoso, seja porque a Administração Municipal poderá usá-lo como "moeda" de negociação política, com a Câmara ou com a sociedade empresarial, seja em virtude de falta de autoridade que poderá levar ao mesmo resultado, um "balcão de negócios" imobiliários.

Nesse sentido o § 2º, do art. 28 dispensa maiores comentários. São exatamente os urbanistas, a comunidade local, os técnicos e a Administração Municipal, respeitado o princípio participativo, as pessoas competentes para definir, com responsabilidade, se adotarão coeficiente único ou diferenciado, respeitadas as peculiaridades locais.

O § 3º já indica os critérios que informam as decisões. A proporcionalidade entre solos e equipamentos públicos e solos privados deve ser respeitada. A proporcionalidade entre a infra-estrutura existente e o aumento de densidade esperado em cada área não pode ser o único critério que informará o legislador municipal. Ele é insuficiente na tentativa de equilibrar a proporção entre áreas públicas e privadas, a não ser que nele também possamos inserir o conceito de "redistribuição urbanística".

Entendemos por "redistribuição urbanística", a adoção de uma política que consiga captar mais-valias imobiliárias nas áreas de grande investimento de modo a possibilitar o financiamento de projetos sociais (áreas verdes, parques, centros de lazer e, sobretudo, habitação).

O art. 29 do projeto contempla a grande inovação no contexto global, e também com ela muitas apreensões. Nesse contexto, qualquer alteração do uso do solo é por si só problemática, sobretudo diante da (necessária) contrapartida do beneficiário.[29]

29. Ives Gandra da Silva Martins e outros autores parecem defender a utilização do instituto com características tributárias, na linha adotada na

Desde logo, não poderíamos deixar de anotar que o Município não tem competência para disciplinar as *alienações* do direito de construir, pois essa matéria é evidentemente federal, por expressa disposição do art. 22, inc. I da Constituição da República. Entretanto, o problema parece solucionado pelo projeto, na medida em que lei federal pretende estatuir os parâmetros legais (normas gerais) para viabilizar a transferência do direito de construir, cabendo ao Município, através da aludida concessão onerosa, a normatização do espaço urbano, que naturalmente conforta-se em sua competência, também constitucional.[30]

Voltando ao tema do mestre Seabra, com ele concordamos no sentido de que apesar de a lei traçar diretrizes gerais para a execução da política urbana, nada garante que os novos instrumentos efetivamente cumpram aqueles objetivos, não havendo um instrumento normativo apto a evitar ou corrigir a distorção na aplicação daquelas metas enunciadas nos arts. 1º a 3º do Projeto, sendo lícito presumir a existência de conflitos de "competências" ao menos no que tange ao provável distanciamento entre os propósitos do planejamento e a aplicação das normas urbanísticas pelo Município.

Ademais, seria interessante imaginar-se a criação de um Fundo Municipal de Desenvolvimento, com o intuito de gerir os recursos auferidos com a venda do solo criado, fundo esse com composição democrática e paritária, que efetivamente controlasse a aplicação dos recursos e, sobretudo, os critérios de desenvolvimento urbano municipal.

Preocupa-nos que os novos instrumentos sejam controlados pelo cidadão e que sobretudo as decisões não sejam tomadas exclusivamente por critérios políticos, sem a participação esclarecida dos munícipes. Em passado recente, a tentativa da implantação das "operações interligadas" deu ensejo à intervenção do Ministério Público, essencialmente porque atribuía-se ao Executivo a competência para a definição de elementos essenciais do desenvolvimento urbano (a pretexto da invocação da presença da avaliação dos "critérios técnicos"), deixando de lado importantíssimo elemento que é a cidade enquanto espaço de convivência, cujos titulares das decisões são os seus representantes, agindo indiretamente (eleitos), com os mecanismos de participação usual (audiências públicas, debates etc.).

A mesma apreensão nos ocorre ao analisar o tema do "solo criado". É preciso evitar que ele seja instrumento (nada singelo) de simples arrecadação tributária. O engajamento consciente da iniciativa privada em projetos urbanísticos é necessário e imprescindível, mas jamais pode-se aceitar que ela tome o comando decisório da situação para impor sua visão urbanística. Esse é assunto de interesse público que não pode escapar

França ("Solo criado", *Revista de Direito Civil* 15/57-82). Já Miguel Seabra Fagundes, em texto clássico a respeito do tema, não adere à "entrega pelo interessado ao Poder Público de áreas proporcionais ao solo criado", argumentando que a solução não se harmoniza com o propósito básico, fundamental, inarredável, da admissão do solo criado, a traduzir-se na conciliação do crescimento vertical das edificações com a boa qualidade das condições de vida no local (rua, bairro, cidade). Porque essencial ao atendimento desse objetivo, e para tal situação acima de qualquer outro fato, é a proporção tida por ideal, ou pelo menos satisfatória, entre a área construída habitável e as condições naturais do ambiente, como fatores de higiene e conforto da moradia (insolação, circulação do ar e sua oxigenação etc.). Ora, diz o saudoso mestre: "se assim é, não há como trocar, em pecúnia, valor fundamental insuprível para salubridade da área" ("Aspectos jurídicos do solo criado", *RDA* 129/5).

30. A Constituição atribui à União, aos Estados e aos Municípios competência concorrente para legislar sobre o estabelecimento de limitações urbanísticas no que diz respeito às restrições do uso da propriedade em benefício do interesse coletivo, em defesa do meio ambiente para preservação da saúde pública e, inclusive, do lazer. Nesse sentido, novamente confira-se a jurisprudência (RMS 8.766-PR), já referida neste trabalho.

das mãos do Estado, enquanto ente regulador dos conflitos sociais.

O art. 30 já oferece as condições a serem observadas para outorga onerosa do direito de construir, estabelecendo em que hipóteses poderá se dar a "contrapartida do beneficiário": ativos financeiros, bens imóveis, execução de obras e serviços relevantes para o desenvolvimento urbano municipal, e créditos relativos a indenizações não pagas pelo Município.

Não vamos comentar um a um dos instrumentos de contrapartida do beneficiário. Não vemos necessidade de analisá-los isoladamente. Cremos, entretanto, que o último deles pode suscitar demandas judiciais. Isso porque, se nas "indenizações não pagas pelo Município" esteja se cogitando dos precatórios, é preciso compatibilizar os dois institutos, e não vemos espaço de "transação" com o regime constitucional dos precatórios que, como é cediço, deve atender à cronologia fixada na Constituição.

Finalmente parece necessário encarecer a necessidade de criteriosa avaliação em todo o processo do solo criado, do começo ao fim, seja para identificar com critérios justos e precisos os valores apresentados, seja para que a "contrapartida do beneficiário" não seja um novo engodo para iludir o erário público e seus administradores. A lisura e a legitimidade do processo devem ser resguardadas.

Preocupa-nos ainda, no projeto apresentado, que a qualidade ambiental da cidade seja preservada. A má gestão do zoneamento, do solo criado, ora proposto, das operações interligadas, põem em risco as poucas garantias que temos na preservação do meio ambiente.

Ante todo o exposto, propomos que todo o processo de alteração desejado seja permeado de amplo debate, a fim de que o procedimento seja dominado por transparência, notadamente no que tange à divulgação dos dados e valores de cada operação, possibilitando a manifestação da população atingida, reduzindo, o quanto possível, os riscos de uma nova feição urbanística que somente atenda aos interesses de uma determinada camada da população.

Aguardamos que a Fundação Prefeito Faria Lima — CEPAM cumpra o papel de deflagrador desse processo no âmbito municipal. De nossa parte, temos consciência que não esgotamos o tema, mas apenas lançamos algumas luzes para o início do debate, a fim de refletir sobre as posições adotadas e, assim, poder evoluir.

# VENDA DE CRÉDITOS DE TITULARIDADE DE AUTARQUIA E CONCEITO DE OPERAÇÃO DE CRÉDITO NA LEI DE RESPONSABILIDADE FISCAL — LEGALIDADE DO DESCONTO DO VALOR DE FACE DOS CRÉDITOS A SEREM ALIENADOS — PARECER*

MAURÍCIO PORTUGAL RIBEIRO

Professor da *School of Global Law*. Coordenador do Núcleo de Direito Privado da Escola de Formação da *sbdp* — Sociedade Brasileira de Direito Público. Advogado

*1. Breve descrição da operação e consulta. 2. Abordagem preliminar. 3. A operação e a LRF: 3.1 Entes sujeitos às regras da LRF; 3.2 O eventual enquadramento da operação na LRF: 3.2.1 A finalidade da LRF e a operação: 3.2.1.1 A finalidade da operação "sub comento"; 3.2.2 A operação e a regulação da alienação de ativos constante da LRF; 3.2.3 O enquadramento da operação como espécie de operação de crédito: 3.2.3.1 A natureza não-creditícia da operação; 3.2.3.2 A noção de "operação de crédito" na LRF: 3.2.3.2.1 Recebimento antecipado de valores provenientes de venda a termo de bens e serviços; 3.2.3.2.2 A noção de "outras operações assemelhadas"; 3.2.3.2.3 As operações de crédito por antecipação de receitas orçamentárias; 3.2.4 A renúncia de receitas. 4. A economicidade da operação: 4.1 A estrutura econômico-jurídica da operação: 4.1.1 O deságio no preço dos recebíveis; 4.1.2 O preço dos recebíveis. 5. Conclusão.*

## *1. Breve descrição da operação*

Questiona-nos a SEC, sociedade de economia mista sob o controle do Estado de YYY ("Estado"), a respeito de operação de venda de créditos sem garantia de sua solvabilidade, consubstanciados em obrigações da concessionária de rodovias WWW ("Concessionária"), dimanados de contrato de concessão celebrado com o DER — Departamento de Estradas e Rodagem (que é

*Agradeço à Manesco, Ramires, Perez, Azevedo Marques Advocacia a oportunidade de trabalhar neste caso, e especialmente ao Dr. Floriano de Azevedo Marques Neto por quem nutro amizade e devoto admiração particular pelo papel que tem desempenhado na renovação do Direito Público brasileiro, como operador do direito, jurista e professor. O Dr. Floriano de Azevedo Marques fez a gentileza de revisar versão anterior deste trabalho e realizar sugestões. Sou, entretanto, inteiramente responsável por eventuais erros que forem nele encontrados.

autarquia estadual) para delegação das atividades de conservação, manutenção, construção e exploração de complexo rodoviário.

Pertenciam tais créditos, originariamente, ao DER, que pretendendo empregá-los na construção de empreendimento de notório interesse público ("Empreendimento"); e, considerando o fato de ser a SEC a gestora das obras do Empreendimento, resolveu com ela celebrar, promessa onerosa de cessão dos créditos, condicionada ao pagamento de preço mínimo que estipulou, tomando por base taxas de desconto vigentes no mercado. Estabelece tal promessa a possibilidade da SEC indicar terceiros, para, mediante pagamento direto do preço mínimo ao DER e de eventual sobrepreço (ágio) à SEC, exercer o direito de aquisição dos recebíveis.

Considerando a inconveniência de despender, em numerário, o valor do preço mínimo e tendo em vista, ademais, a necessidade de se reger, nas suas relações negociais, pelas exigências e princípios aplicáveis a entes integrantes da Administração indireta, a SEC resolveu proceder à licitação para escolha da melhor proposta para alienação dos recebíveis.

A operação de alienação dos ativos será concluída com investimento, pela SEC e pelo DER, do preço mínimo e do ágio (eventualmente recebido) na construção do Empreendimento.

Consulta-nos, portanto, a SEC (a) sobre a aplicação da Lei de Responsabilidade Fiscal ("LRF") à operação descrita.

Caso entendamos ser a LRF aplicável à operação, (b) questiona-nos a SEC sobre a legalidade da operação em face da LRF e, mais especificamente, da regulação sobre as operações de crédito nela previstas.

E, enfim, (c) indaga-nos a SEC sobre a regularidade da realização do desconto no valor de face dos créditos para efeito do estabelecimento do preço mínimo a ser utilizado como referência no procedimento de licitação. Preocupa, neste ponto, especificamente à SEC o controle da economicidade dos atos da Administração à cargo do Tribunal de Contas.

Face à clareza e objetividade com que foram postas as questões, passamos, sem mais, às respostas.

## 2. *Abordagem preliminar*

Temos certo que não se aplica a tal operação a Lei Complementar 101/2000, cognominada Lei de Responsabilidade Fiscal (e aqui aludida, simplesmente, como LRF). Isso porque a SEC — como sociedade de economia mista, cuja manutenção se faz por receitas dimanadas das atividades que desempenha, ou por meio de aumento de participação acionária do ente controlador — não é atingida pelas normas da LRF. É o que se lê no art. 2º, III, da LRF.

Além disso, ainda que incidisse a LRF sobre a operação, nenhum óbice haveria à sua realização nos termos em que se projeta, eis que está em perfeita sintonia com os objetivos da LRF, enquadrando-se, nela, como mera alienação de ativos para investimentos. Abordaremos este assunto no item 3 a seguir.

Também óbice não há à realização da operação do ponto de vista da economicidade. Trata-se de venda de créditos que serão alienados, sem garantia da sua solvabilidade. Ou seja, a SEC e o DER transferirão os créditos eximindo-se completamente da responsabilidade pelo efetivo pagamento das obrigações. Sofre, por isso, o valor de face dos créditos, na estipulação do preço mínimo para alienação, "desconto" que tem por objetivo expurgar os juros (compensatórios, que refletem o risco do credor e o preço pelo uso do capital). É o que se verá no item 4 infra.

## 3. *A operação e a LRF*

### *3.1 Entes sujeitos às regras da LRF*

Cumpre, prefacialmente, analisar o âmbito de validade pessoal da LRF, determinando os entes sobre os quais seus efeitos se projetam.

Como é cediço, estipulam as leis os seus destinatários. Balizam, assim, a sua incidência distinguindo categorias de pessoas (físicas ou jurídicas) às quais enlaçam os deveres e direitos que prevêem. Prevê o § 2º do art. 1º da LRF o seu âmbito de validade pessoal, explicitando as entidades que vincula, *verbis*:

"Art. 1º. (...)

"§ 2º. As disposições desta Lei Complementar obrigam *a União, os Estados, o Distrito Federal e os Municípios*."

Esclarece, a seguir, o § 3º do art. 1º, as pessoas jurídicas e órgãos abrangidos pela alusão às entidades governamentais:

"Art. 1º. (...)

"§ 3º. Nas referências:

"I — à União, aos Estados, ao Distrito Federal e aos Municípios, estão compreendidos:

"a) o Poder Executivo, o Poder Legislativo, neste abrangidos os Tribunais de Contas, o Poder Judiciário e o Ministério Público;

"b) as respectivas administrações diretas, fundos, autarquias, fundações e *empresas estatais dependentes*" (grifou-se).

Enumera, portanto, taxativamente, o § 3º do art. 1º, os entes da Administração indireta que se subsumem às disposições da LRF. A SEC não se enquadra, como não é difícil notar, em qualquer das espécies que menciona.

Dúvidas poderiam existir a respeito da noção de ***empresa estatal dependente***, uma vez que — ao contrário dos conceitos de "fundo", "autarquia" e "fundação", de uso comum na jurisprudência, doutrina e legislação — não possui exegese consolidada. Define, entretanto, o inciso III do art. 2º da LRF, empresa estatal dependente, de modo a eliminar margem para quaisquer incertezas sobre a exclusão da SEC dos seus confins:

"Art. 2º. Para os efeitos desta Lei Complementar, entende-se como:

"(...)

"III — empresa estatal dependente: empresa controlada *que receba do ente controlador recursos financeiros para pagamento de despesas com o pessoal ou de custeio em geral ou de capital, excluídos, no último caso, aqueles provenientes de aumento de participação acionária*" (grifou-se).

A SEC supre as suas despesas de pessoal, de custeio em geral e de capital com receitas provenientes de atividades que desempenha. Os aportes feitos pelo seu controlador (o Estado) são realizados como aporte de capital, por meio de aumento de participação acionária. Não há, pois, como considerar a SEC incluída no conceito de "empresa estatal dependente", e, por conseqüência, no âmbito de aplicabilidade subjetivo da LRF.

Engastar-se a operação em tela no âmbito da LRF vulnera, de mais a mais, sobremodo, o princípio da legalidade, insculpido no art. 5º, II, da Constituição Federal, estendendo indevidamente, ao de lá da previsão normativa, as obrigações nela previstas. Entender o contrário levaria, enfim, a ferir-se, de soslaio, também a sujeição das sociedades de economia mista ao regime jurídico próprio das empresas privadas, capitulada no § 1º, II, do art. 173 da Carta Magna.

### *3.2 O eventual enquadramento da operação na LRF*

Ainda que insuperável a impossibilidade de inserção da operação em tela nos quadrantes da LRF, cumpre, apenas *ad argumentandum*, cotejar os fins e a estrutura da LRF com a natureza da operação em tela, de maneira a patentear, em primeiro plano, a harmonia entre as duas e, em momento posterior, as possibilidades de enquadramento da transação no campo de matérias tratadas na LRF.

#### 3.2.1 A finalidade da LRF e a operação

Permeia toda regulação constante da LRF o esforço de coibir vezos marotos, mas lamentavelmente usuais em nossos administradores públicos — como, por exemplo, assumir desmesuradamente despesas sem preocupação com os ingressos; antecipar receitas à revelia dos efeitos futuros; e, contratar financiamentos para cobertura de dívida acumulada — que criam desequilíbrio nas contas públicas, cuja solução é, em regra, protraída para as gestões futuras. O objetivo da LRF, neste sentido, assim, como as regulações análogas que lhe serviram de inspiração (*Budget Enforcement Act*, criado em 1990, nos Estados Unidos da América; o *Fiscal Responsibility Act*, da Nova Zelândia, de 1994; e, na União Européia, as disposições sobre o tema constantes do Tratado de Maastricht), é limitar o poder de disposição dos administradores, no que tange aos atos criadores de despesas ou redutores de receitas. Exige-se, por conseguinte, tanto quanto possível, a vinculação das despesas a serem produzidas às receitas a se realizar, de modo a lograr balanceamento nas contas públicas.

É, pois, a LRF, desta forma, expressão da necessidade de se compatibilizar as aspirações da sociedade, traduzidas em políticas governamentais, com os recursos à disposição das entidades de natureza política. Isto se faz, do ponto de vista operacional, por um lado, pela limitação da dívida pública em nível prudente (compatível com receita e patrimônio público) propiciando margem de segurança para absorção de eventos imprevistos. Preserva-se, assim, o patrimônio público, uma vez que se evita o seu desgaste em pagamento de encargos financeiros por exacerbada necessidade de uso de recursos de terceiros. Demanda, doutro lado, a consecução de tais objetivos, a adoção de uma política tributária previsível e estável que torne possível o equacionamento a médio e longo prazo, sobretudo, das demandas permanentes e dos projetos temporários mais portentosos.

Mais analiticamente, pode-se dizer que a LRF tem por objetivo imediato o combate ao déficit público:

- limitando as despesas de pessoal;
- dificultando a geração de novas despesas;
- impondo ajustes de compensação para a renúncia de receitas; e
- exigindo mais condições para repasses entre governos e destes para instituições privadas.

Busca, ainda, em prazos mais longos, surtir efeito sobre o perfil e o limite da dívida pública, por meio da:

- redução do nível e restrição do processo de endividamento das entidades estatais, induzindo a obtenção de superávits primários;
- exigência de limites máximos, de observância contínua, para a dívida consolidada.

A LRF tem, portanto, por objetivo fundamental a obtenção do equilíbrio nas contas públicas, exigindo o cumprimento de pressupostos que estabelece para a realização de procedimentos que redundam, direta ou indiretamente, em aumento do déficit e da dívida pública acumulada.

*3.2.1.1* A finalidade da operação *sub comento* — A operação a ser realizada tem por objetivo a obtenção de recursos para prover as despesas derivadas das obras do Empreendimento, por meio da alienação de ativos a realizar (créditos) detidos por entidades componentes da Administração Pública. Está, pois, em plena harmonia com os objetivos da Lei de Responsabilidade Fiscal, eis que visa, a sua implementação, evitar exatamente a irresponsabilidade fiscal (protelação da solução de despesas sem preocupação com a produção da correspondente receita). Gerar-se-á, com a operação projetada, os fundos indispensáveis à construção do Empreendimento.

Tem, portanto, a operação, como escopo o equilíbrio das contas públicas no que tange à implementação do Empreendimento. Resta, pois, apenas mostrar que os meios pelos quais o faz recebe a chancela do ordenamento jurídico. É o que adiante se fará.

### 3.2.2 A operação e a regulação da alienação de ativos constante da LRF

Questão a merecer atenção é a relativa à previsão na LRF de regras atinentes a alienação de bens da Administração.

Estatui, a LRF, diversas regras que assinalam intuito de conferir transparência e de facilitar a fiscalização da destinação de recursos provenientes de alienação de bens. É neste diapasão que, por exemplo, determina que a Lei de Diretrizes Orçamentárias, no seu Anexo, conterá evolução do patrimônio líquido, destacando a origem e a aplicação dos recursos obtidos com a alienação de ativos (art. 4º, § 2º, III); que, na seção atinente à escrituração, define que a demonstração das variações patrimoniais dará destaque à origem e ao destino dos recursos provenientes da alienação de ativos (art. 50, VI); que especifica que o relatório referente ao último bimestre do exercício será acompanhado também de demonstrativos da variação patrimonial que evidenciem a alienação de ativos e a aplicação dos recursos dela decorrentes; e que, enfim, estipula que, na fiscalização do cumprimento da LRF, os órgãos responsáveis deverão dar ênfase ao que se refere à destinação de recursos obtidos com alienação de ativos (art. 59, V).

Apesar da notável relevância conferida pela LRF à fiscalização (e aos meios para tanto) das alienações de bens da Administração Pública e da destinação dos recursos delas promanados, capitula apenas uma única regra que estabelece limitação à possibilidade de alienação de bens. Tal regra consta do art. 44 e dispõe, *verbis*, que: "Art. 44. É vedada a aplicação da receita de capital derivada da alienação de bens e direitos que integram o patrimônio público *para o financiamento de despesa corrente, salvo se destinada por lei aos regimes de previdência social, geral e próprio dos servidores públicos*" (grifou-se).

As expressões "Receita de Capital" e "Despesa Corrente", como é cediço, capitulam conceitos contábeis dos quais o direito se apropriou para a regulação das peias orçamentárias. Receitas de Capital, nos termos da Lei 4.320/1964, são "(...) as provenientes da realização de recursos financeiros oriundos de constituição de dívidas; *da conversão, em espécie, de bens e direitos; os recursos recebidos de outras pessoas de direito público ou privado, destinados a atender despesas classificáveis em Despesas de Capital*, e, ainda, o superávit do orçamento corrente" (art. 11, § 2º). Enquadrar-se-ia, portanto, na rubrica Receitas de Capital o resultado da operação em análise.

Já as Despesas Correntes são compostas de Despesas de Custeio e Transferências Correntes. São Despesas de Custeio as dotações para manutenção de serviços anteriormente criados, inclusive as destinadas a atender a obras de conservação e adaptação de bens imóveis (art. 12, § 1º, da Lei 4.320/1964). Classificam-se como Transferências Correntes as dotações para despesas às quais não corresponda contraprestação direita em bens ou serviços, inclusive para contribuições e subvenções destinadas a atender à manutenção de outras entidades de direito público e privado (§ 2º do art. 12 da Lei 4.320/1964). Não se enquadra, portanto, a destinação dos recursos às obras do Empreendimento no conceito de Despesas Correntes de maneira que afastada estaria a incidência do mencionado dispositivo da LRF. Subsumem-se, rigorosamente, os valores aportados para as obras do Empreendimento, na sistemática das finanças públicas como Investimento (art. 12, § 4º, da Lei 4.320/1964).

Não há, portanto, qualquer óbice na LRF para se proceder à alienação de ativos a realizar (créditos), com objetivo de efetuar os investimentos em obra de notório interesse público (o Empreendimento).

### 3.2.3 O enquadramento da operação como espécie de operação de crédito

*3.2.3.1* A natureza não-creditícia da operação — Como bem já assinalamos, em parecer que vai em anexo, emitido em análise da possibilidade da operação em tela: "(...) é preciso não confundir o conceito geral de crédito em direito, com a noção específica de negócio de crédito ou contrato de crédito. O negócio de crédito é o negócio jurídico bilateral em que há necessariamente um intervalo de tempo entre a prestação e a contraprestação, como ocorre no mútuo e na venda a crédito" (*apud* Fábio Konder Comparato, "O seguro de crédito", p. 3 do Parecer).

Comum é a confusão entre negócios ou operações que possuem natureza creditícia e aqueles em que o objeto são créditos. A operação em tela, ao contrário do que poderia emergir de uma análise superficial, não realiza os requisitos necessários à classificação como "operação de crédito".

Caracteriza as operações de crédito a dilação temporal da prestação de uma das partes. A própria palavra "crédito" que desde a sua origem está relacionada com as noções de confiança (crer, acreditar) remete a qualidades que a sua efetivação requer por conseqüência da incerteza do adimplemento futuro da prestação protraída. Neste sentido, é operação ou negócio de crédito apenas aqueles em que, de alguma forma, a prestação de uma das partes é lançada para o futuro.

Em nada afeta a caracterização do negócio como não creditício o fato do seu objeto serem direitos de crédito. Forçoso é asseverar — apesar das confusões e hesitações a que nos leva, muitas vezes, a terminologia — que a cessão onerosa e à vista de créditos, rigorosamente, não é operação de crédito. O objeto da cessão é a transferência de créditos ou direitos. Se ela se dá à vista, ou seja, se o pagamento e a transmissão da titularidade dos créditos se dá simultaneamente, não há operação de crédito. É como uma venda a vista de um bem, de um ativo, de um patrimônio como outro qualquer.

Esta distinção melhor se patenteia onde, como no direito alemão, se separa o momento da venda do crédito da sua transmissão. Em tais sistemas jurídicos, cria o negócio de venda dos créditos a obrigação de transmissão. Se, entretanto, a venda e a transmissão se realizam em um só ato e se o pagamento se dá a vista, extingue-se a relação entre as partes por se ter exaurido as respectivas prestações. Nestes casos, percebem os germânicos, não haver produção de obrigação de maneira que mais apropriado seria, do ponto de vista meramente conceitual, a inserção do negócio nos quadrantes do direito das coisas. É neste sentido, por exemplo, a posição de Gierke, que logra até hoje ampla aceitação na doutrina alemã. Não há, portanto, em casos deste tipo, operação de crédito, apesar do objeto do contrato serem créditos.

A aplicação do mesmo critério para caracterização dos negócios ou operações de crédito tem levado, no direito brasileiro, a jurisprudência e a doutrina a fincarem posição no sentido de que a compra e venda com cartões de crédito não se constitui em operação de crédito entre o vendedor e o comprador. Trata-se, neste caso, de um contrato de compra e venda a vista, em que se paga mediante a apresentação da tarjeta magnética. Cuida-se, pois, o uso de cartão de crédito, de pagamento *pro soluto*: a obrigação do comprador para com o devedor tem fim com a exibição do cartão e assinatura do boleto, não configurando, pois, adiamento da prestação de uma das partes (peculiaridade característica dos negócios de crédito). A compra e venda com cartão de crédito não capitula, portanto, entre comprador e vendedor, no nosso direito, operação de crédito.[1]

1. Fran Martins é quem melhor trata do tema marcando a natureza de contrato a vista: "Ao fazer despesas junto ao fornecedor, pagando-as com cartão de crédito, o portador realiza contratos de acordo com a natureza das despesas. Esses contratos podem ser de compra e venda, de transporte ou prestação de serviços. *Em qualquer dos casos, na relação comprador-vendedor, a operação deve ser considerada à vista, ficando, portanto, o portador quitado quanto ao cumprimento da sua obrigação*

Malgrado o enleio da terminologia — que muitos falecem em desvendar — o traço distintivo das operações creditícias é claro: *a vinculação permanente entre as partes até a "solutio" do dever adiado*. Tal vinculação manifesta-se, ora sob a forma de garantia real, ora sob a de pessoal. Permanece, de todo modo, uma das partes como responsável (solidário ou subsidiário) pela efetiva solução do negócio.

E que não se traga à baila, como suficiente para caracterizar a natureza creditícia da operação, o fato de ficarem a SEC e o DER, nos termos do art. 1.073 do Código Civil, responsáveis pela existência do crédito.

Corresponde a responsabilidade pelos créditos, no plano do instituto da cessão de créditos, à responsabilidade pela evicção ou pelos vícios redibitórios no direito das coisas. Responde o cedente apenas pela existência do crédito, ou seja, pela titularidade e pela exigibilidade daquilo que transmite. E isto, como é cediço, nada tem a ver com a responsabilidade pela solvabilidade do crédito, ou seja pela adimplência do devedor.

A responsabilidade pela existência do crédito é manifestação, no plano da cessão de créditos, de dever que tem todo aquele que realiza transmissão de assegurar a validade (existência e titularidade) do que afirma ou se compromete a transmitir.

Na tradição romanística (que inspirou, como já notava Pontes de Miranda, neste particular, o nosso direito) distinguia-se dois tipos de responsabilidade, o que deixava claro a separação entre a responsabilidade pela existência do direito transmitido (que os romanos chamavam *aequitas*) — comum a todos os negócios de transmissão, independentemente da natureza do objeto — e a responsabilidade pela solvabilidade dos créditos, característica das operações de crédito — que os latinos designavam *bonitas*. Subsiste no nosso direito a antiga diferença entre *aequitas* e *bonitas*, que se manifesta, ainda que de forma subjacente, no plano da cessão de créditos na separação da responsabilidade pela sua existência (art. 1.073 do Código Civil), e pela solvência (art. 1.074 do mesmo diploma). *Caracteriza as operações de crédito a garantia da "bonitas". Fica, pois, aquele que recebe antecipadamente a prestação responsável perante o seu credor pela solução do que é devido. Assim é, por exemplo, nas operações de mútuo, de antecipação de receitas, nos descontos de título etc. Em todos estes casos, aquele que recebe os recursos, permanece vinculado até o perfeito cumprimento da contraprestação por si ou através de terceiro.*

*3.2.3.2* A noção de "operação de crédito" na LRF — Estabelece o art. 29 da LRF:

"Art. 29. Para os efeitos desta Lei Complementar, são adotadas as seguintes definições:

"(...)

"III — operação de crédito: compromisso financeiro assumido em razão de mútuo, abertura de crédito, emissão e aceite de título, aquisição financiada de bens, recebimento antecipado de valores provenientes da venda a termo de bens e serviços, arrendamento mercantil e outras operações assemelhadas, inclusive com o uso de derivativos financeiros;"

Estipula tal disposição definição *ad hoc* de operação de crédito para os efeitos da LRF. Coaduna plenamente a definição capitulada com a tradição a respeito dos conceitos de "negócio" e "operação de crédito" expendida supra. Exige, como condição mínima para caracterização da operação de

*de pagar ao vendedor*". E continua *"O cartão liquida inteiramente a obrigação de pagar do comprador. Opera como se fosse moeda, com a diferença de que com a sua aceitação o vendedor se constitui automaticamente em credor do emissor"* (*Cartões de Crédito*, Rio de Janeiro, 1976, pp. 128-129). Também o anteprojeto de regulamentação dos cartões de crédito, aprovado pelo Instituto dos Advogados do Brasil e da lavra de J. M. Othon Sidou, Samuel Malamud e Célio Barbieri considerou operação a vista a compra e venda com cartões.

crédito, a produção de "compromisso financeiro". Compromisso neste dispositivo significa obrigação, vínculo cujo desenlace demanda o cumprimento de dever futuro. De Plácido e Silva, no seu já assaz citado *Vocabulário Jurídico*, esclarece sobre o assunto anotando que: "Em sentido vulgar mesmo [o outro sentido é o de compromisso arbitral, que nada tem a ver com o caso em tela], compromisso é tomado na acepção de obrigação, qualquer que ela seja, assumida por uma pessoa. Aceita-se uma letra de câmbio, diz-se que se assumiu um compromisso; faz-se um empréstimo, anota-se que se assumiu ou se tomou um compromisso" (Rio de Janeiro, Forense, 1978, p. 374).

*Alude, portanto, o "compromisso" — como requisito para a caracterização da operação de crédito — à necessidade de restar, da sua realização, alguma sorte de obrigação, no sentido de vínculo que permanece até cumprimento de dever cujo adimplemento foi protraído.*

Já o predicado "financeiro", aposto ao termo "compromisso", o especifica, apontando para o objeto e natureza da obrigação que se assume.

A palavra "financeiro" é neologismo que surge, no português, em princípio do século XIX, como nota Antônio Geraldo da Cunha,[2] por derivação do etmo francês *finance*. Não se encontra, por isso, referências em dicionários mais antigos como os de Laudelino Freire ou o de Cândido Figueiredo, de maneira que pouco se pode extrair de elaborações jurídicas passadas sobre o tema. Resta claro, entretanto, de qualquer aprofundamento na tradição, o que, ademais, sói do entendimento vulgar do termo: "financeiro" designa, assim como o seu etmo, aquilo que é relativo a recursos pecuniários.

No dispositivo sob análise — ao enlaçar a noção de compromisso (obrigação) com a de pecúnia (dinheiro, numerário) — a palavra financeiro determina a espécie de obrigação que uma vez produzida resta caracterizada "operação de crédito".

*Somente, portanto, os compromissos que geram obrigação em dinheiro, ou responsabilidade equivalente, podem constituir operação de crédito.*[3] *Não constitui, portanto, operação de crédito, transações das quais não resulte qualquer obrigação ou responsabilidade desta jaez para, ao menos, uma das partes. Neste sentido, pode-se afirmar peremptoriamente que nenhum contrato instantâneo, ou seja, nenhum contrato em que as prestações das duas partes se realizam em um só instante (exaurindo-se) realiza, por si, operação de crédito.*

Pode-se, afinal, desta análise vocabular, extrair duas rápidas conclusões:

a) *que só é operação de crédito aquilo que gera vínculo cuja extinção depende de prestação futura*;

b) *que só é operação de crédito aquela em que tal vínculo implica em assunção de obrigação e/ou responsabilidade equivalente de pagamento em numerário*.

Enumera, a seguir, o inciso III do art. 29 da LRF, os meios pelos quais tal compromisso financeiro deve ser produzido para que capitule "operação de crédito". Subordina-se, portanto, as hipóteses mencionadas no aludido dispositivo, à necessidade de gerar compromisso financeiro. Daí poder-se, rigorosamente, distinguir no conceito de operação de crédito adotado pela LRF elementos essenciais e elementos acidentais. Essencial para caracterização de "operação de crédito" é a produção de compromisso financeiro. Se há geração de compromisso financeiro, há operação de crédito nos termos da LRF. Acidentais são os meios mencionados pelo dispositivo para a assunção do compromisso financeiro. Resulta a natu-

2. *Dicionário Etimológico Nova Fronteira da Língua Portuguesa*, 2ª ed., Rio de Janeiro, Nova Fronteira, 1997.

3. Particulariza-se, assim, também o tipo (dar, fazer e omitir) de obrigação que pode caracterizar as operações de crédito, pois, as obrigações em numerário são, necessariamente, obrigações de dar.

reza acidental de tais meios, de mais a mais, de escolha explícita do legislador que, além de mencionar aqueles que reconhece ordinariamente como criadores de compromisso financeiro, ampliou o seu espectro inserindo autorização para se classificar, como operação de crédito, todas as transações assemelhadas, *obedecida — é indispensável frisar — a exigência mínima, essencial para que haja operação de crédito (originar compromisso financeiro)*. Isto tem dois efeitos que é mister asseverar:

(i) a um, *não se realiza operação de crédito quando da transação mencionada no inciso III do art. 29 não resulta compromisso financeiro*;

(ii) a dois, *há operação de crédito quando da celebração de outros negócios ou transações (não citados no inciso III do art. 29 da LRF) reste compromisso financeiro*.

Menciona o inciso III do art. 29 da LRF como contratos ou transações que podem conflagrar operação de crédito o mútuo, a abertura de crédito, a emissão e aceite de título, a aquisição financiada de bens, o *recebimento antecipado de valores provenientes da venda a termo de bens e serviços*, e o arrendamento mercantil. Despiciendo é comentar os casos de mútuo, abertura de crédito, emissão e aceite de título, aquisição financiada de bens e arrendamento mercantil, eis que, por óbvio, em nada afetam a operação em tela. Merecem deslinde específico as demais hipóteses mencionadas no dispositivo. É o que se fará a seguir.

3.2.3.2.1 *Recebimento antecipado de valores provenientes de venda a termo de bens e serviços* — Cita a LRF, entre as transações passíveis de configurar "operação de crédito", o recebimento antecipado de valores provenientes de venda a termo de bens e serviços. Alude, portanto, ao que se conhece na doutrina brasileira como "antecipação" e que, na legislação regulatória do sistema financeiro é conhecida — por força da Resolução 19 do Banco Central do Brasil — pela denominação de financiamento.[4] Trata-se, no caso mencionado na LRF, de operação por meio da qual empenha-se mercadorias, títulos e direitos de obtenção futura de numerário, para recepção a vista de dinheiro. Antecipa-se, portanto, a percepção de créditos dimanados de vendas de bens ou serviços a termo, recebendo-se em numerário o seu valor, por meio da vinculação do crédito, detido pela pessoa jurídica de direito público, à entidade que realiza o adiantamento.

Tal transação é em muito distinta da operação em tela a ser realizada pela SEC. No recebimento antecipado, previsto na LRF, permanece, aquele que recebe o adiantamento, vinculado até a solução final da sua dívida para com a instituição que aporta os recursos, constituindo-se em responsável solidário ou subsidiário da solução da dívida. Já, na operação em tela, desvinculam-se, completamente, a SEC e o DER, do adquirente dos recebíveis, no momento em que efetivam a cessão do crédito, esgotando, assim, o procedimento de alienação.

Tratar a operação em tela como se fosse recebimento antecipado de valores de venda a termo equivaleria, por exemplo, a baralhar a compra e venda a vista (pela qual entrega-se a coisa e se recebe o preço, extinguindo instantaneamente o negócio celebrado) com o empréstimo garantido por penhor (pelo qual o mutuário destina títulos, simplesmente endossando-os em garantia de empréstimo obtido).

No primeiro caso, exaure-se o negócio com a transmissão do direito; no segundo, apenas com a solução (efetivo pagamen-

4. Sensível diferença existe, em doutrina, entre os conceitos de antecipação e financiamento. Na antecipação, pouco importa ao credor o destino dado aos valores aportados; enquanto, no financiamento, o empréstimo é concedido tendo em vista o desenvolvimento de um determinado empreendimento. Cf. Sergio Carlos Covello, *Contratos Bancários*, São Paulo, Universitária de Direito, 1999, nota 2, p. 260.

to) do credor do valor devido. Não faz, portanto, sentido imaginar-se possível subsumir a operação *sub comento* na hipótese de recebimento antecipado. Seria fazer tábula rasa do conteúdo dos conceitos normativos, matriz, como ninguém ignora, da segurança do direito.[5] Tais argumentos valem igualmente contra a hipótese de se enquadrar a operação em tela no âmbito das, assim chamadas, antecipações de receita orçamentárias, o que se abordará com mais vagar no item 3.2.3.2.3 abaixo.

3.2.3.2.2 *A noção de "outras operações assemelhadas"* — A alusão, no inciso III do art. 29 da LRF, a "outras operações assemelhadas" como se dessume, ademais, dos argumentos expendidos no item 3.2.3.2 acima, não pode ser entendida como "carta branca" a suscitar o autorizado alvedrio dos eventuais intérpretes e aplicadores da LRF. *Baliza a aplicação de tal expressão a exigência de que as operações a serem capituladas como "assemelhadas" cumpram, ao menos, a exigência mínima estipulada no dispositivo (gerar compromisso financeiro). E neste sentido, já também nos posicionamos*: "(...) a interpretação do dispositivo (a parte final do inciso III, art. 29) tem que levar em conta, ao menos, a natureza creditícia da operação, como parâmetro mínimo indispensável à incidência da disposição".

*Uma vez que a operação em estudo não produz para os entes que dela participam, compromisso financeiro, inexiste fundamento para enquadrá-la como operação de crédito, através da subsunção ao conceito de "operações assemelhadas".*

3.2.3.2.3 *As operações de crédito por antecipação de receitas orçamentárias* — Tampouco entendemos possível enquadrar a operação em tela na LRF como antecipação de receita orçamentária.

Consistem as antecipações de receita orçamentária em contratos complexos que englobam, ao mesmo tempo, um empréstimo jungido à concessão de garantia a vincular receitas futuras do mutuário.[6] Como bem já assinalou Pontes de Miranda, o traço distintivo das operações de antecipação é que, nelas, o contrato de garantia, ordinariamente acessório ao mútuo, é alçado ao posto de principal, figurando, lado a lado com o de empréstimo, de modo a imprimir peculiaridades à transação.

Implica, portanto, a antecipação, na concessão de alguma sorte de garantia (real ou pessoal) pelo mutuário, que se mantém vinculado até a perfeita solução da dívida. Afasta-se, por conseguinte, a antecipação da operação em tela, uma vez que a transmissão da titularidade dos recebíveis se dará *pro soluto* (extinguindo a obrigação do transmitente no ato da cessão). Não há, pois,

5. Pudesse o intérprete e o aplicador do direito redefinir ao seu alvedrio e sem a devida conta pela tradição os conceitos constantes das normas, e se verteria o direito em mero jogo de palavras, cujo efeito vinculante ficaria em constante dependência da maior ou menor astúcia verbal dos seus destinatários. No direito tributário, ciente de tais riscos e da sagacidade de alguns administradores públicos quando se trata de burlar os fins da lei, proibiu-se a redefinição normativa de conceitos tradicionais do direito privado, de maneira a evitar a livre manipulação dos limites do poder de tributar. Isto foi feito através da previsão no art. 110 do Código Tributário Nacional de disposição no seguinte teor: "A lei tributária não pode alterar a definição, o conteúdo e o alcance de institutos, conceitos e formas do direito privado, utilizados expressa ou implicitamente, pela Constituição Federal, pelas Constituições dos Estados, ou pela Leis Orgânicas do Distrito Federal ou dos Municípios, para definir ou limitar competências tributárias".

6. Incertezas ainda pairam na doutrina, sem desdobramentos aparentes na jurisprudência, a respeito da natureza e dos efeitos de garantia desta jaez (autorizada pelo art. 167, IV, da Constituição Federal) concedida por pessoa jurídica de direito público, uma vez que o regime peculiar aos bens públicos elidiria, em tese, a possibilidade de sua excussão. Cf. Kioyoshi Harada, "Operações de crédito por antecipação de receitas", in *Cadernos de Direito Tributário e Finanças Públicas* 26/175 e ss.

dilação do cumprimento da obrigação do alienante que justifique, no caso em tela, a subsistência de qualquer garantia. Valem, neste sentido, de mais a mais, os argumentos expendidos no item 3.2.3 e subitens acima em amostra da dissonância entre o conceito de "operação de crédito" e a natureza da transação *sub comento*.

Além disso, calha não olvidar que, no sistema orçamentário vigente destinam-se as antecipações de receita ao financiamento de despesas ordinárias da Administração (custeio de pessoal ou de serviços permanentes) em regra classificáveis como correntes. Tal escopo permeia toda a regulação das antecipações de receita conformando-a. É assim que o art. 7º, II, da Lei 4.320/1964, estabelece que as operações de crédito por antecipação da receita prestam-se para *cobrir deficiências de caixa*.

Restringe-se, desta forma, a finalidade das antecipações à obtenção do equilíbrio entre receita e despesa pública nos períodos do exercício em que as receitas ordinárias são de tal forma baixas, que não cobrem os dispêndios normais e ordinários. Como bem disse Geraldo Ataliba, quem melhor escreveu sobre o assunto entre nós: "Havendo períodos — dentro do mesmo exercício financeiro — em que a arrecadação será maior, por conta deste período (em que a arrecadação melhorará), o poder público levanta dinheiro emprestado, na época de baixa arrecadação, por prazo curto, suficiente para alcançar o período de alta arrecadação e, desta forma, como que antecipa a sua receita, dentro do mesmo exercício financeiro" (*Empréstimos Públicos e seu Regime Jurídico*, São Paulo, Ed. RT, 1973, pp. 105-106).

Daí por que, caracterizam as antecipações de receita orçamentária o curto prazo; o volume reduzido e sempre proporcional, não só às necessidades mas às possibilidades de pagamento dentro do curto prazo e a sua aplicação em despesas corriqueiras da própria Administração (geralmente classificáveis como correntes).

Ainda que fossem superados todos os obstáculos para subsunção da operação em tela ao conceito de "operação de crédito" e para caracterização da alienação dos recebíveis como espécie de "empréstimo", dificilmente recairia, a operação em estudo, nos quadrantes da antecipação de receitas. Isso porque, trata-se, neste caso, de transação cujos recursos destinam-se à construção do Empreendimento, o que, do ponto de vista contábil se classifica como Despesa de Capital (art. 12, § 4º, da Lei 4.320/1964). Além disso, é preciso não esquecer que versam todos os dispositivos que estabelecem qualquer sorte de limitação para a contratação de antecipações de receita sobre receitas tributárias — referentes, portanto, a fatos geradores de tributos por vir (*v.g.*, art. 167, IV, da Constituição Federal). Tais limitações não podem se aplicar sem mais a receitas derivadas de preços públicos por exploração de serviço, sob pena de violar o princípio da legalidade.

Razão não há, pois, enfim, para capitular a operação *sub comento* na rubrica de antecipação de receitas orçamentárias e, por conseguinte, muito menos para se supor o descumprimento do regime sobre a matéria previsto na LRF.

### 3.2.4 A renúncia de receitas

Estabelece a LRF, no seu art. 14, regras a respeito da renúncia de receitas tributárias por meio de institutos como as isenções, as anistias, os subsídios, os créditos presumidos etc. Baliza o *caput* do artigo referido os confins da regulação de tais renúncias de receitas, nos seguintes termos: "Art. 14. *A concessão ou ampliação de incentivo ou benefício de natureza tributária do qual decorra renúncia de receita* deverá estar acompanhada de estimativa do impacto orçamentário-financeiro no exercício em que deva iniciar sua vigência e nos dois seguintes, atender ao disposto na lei de diretrizes orçamentárias e a pelo menos uma das seguintes condições (...)".

Não é difícil notar que a renúncia de receitas nada tem a ver com a operação a ser realizada. Não há, pois, que se falar, no caso em tela, em renúncia de receitas porquanto a operação envolve a venda de ativos por preço que — fruto de processo licitatório — se presume justo. Neste caso, o "desconto" decorre não de renúncia, mas de operação de condução do valor do bem a valor presente. Houvesse qualquer ilicitude nisto e todo programa de privatizações recentes — que se baseia, como é cediço, em "desconto", aplicado sobre projeções de caixa para exercícios futuros — restaria comprometido.

A menção à renúncia de receita traz, contudo, oportunamente, à consideração problema que cumpre abordar: a economicidade da operação.

#### *4. A economicidade da operação*

O art. 70 da Constituição Federal, atribui, ao Tribunal de Contas, ao lado do dever de verificação da legalidade dos atos da Administração, o controle da sua economicidade. Trata-se de dispositivo, na trilha de previsões constantes, sobretudo, de constituições européias, que atribuem a órgãos da Administração poder de verificação não apenas da regularidade jurídico-formal do ato, mas da sua eficiência, caracterizada pelo esforço de — com o emprego mínimo de recursos — obter o máximo possível de resultados favoráveis. Cuida-se, portanto, de princípio que busca aliar, ao controle da idoneidade (legalidade) do meio utilizado pela Administração, o controle da sua efetividade, traduzida, do ponto de vista das contas públicas, na obtenção do máximo de receitas com o mínimo de despesas. Calha anotar, neste sentido, com Oliveira Mata, que: "A exigência de lucro nas atividades do Poder Público não é antagônica a interesse público, idéia núcleo e fim do Direito Administrativo. Pelo contrário, se encaixa perfeitamente, a este princípio: o interesse público. Isto porque, nós só conseguimos alcançar o bem geral se pudermos administrar o patrimônio público com o mesmo grau de eficiência e racionalização utilizados pela iniciativa privada" (*RT* 710/233).

O conteúdo jurídico da economicidade como parâmetro de controle dos atos dos entes públicos ganha concretude no sopesar entre custos e benefícios de um determinado ato. Cuida-se, pois, de verificação da — para usar uma expressão que tem se tornado usual no direito econômico — "linha de melhor vantagem" da Administração, aquela que lhe fornece "lucros justos" em cotejo com os fins almejados. Ao contrário, entretanto, de entes com atividades menos complexas e diversificadas, a idéia de "lucro justo" da Administração não pode ser, de logo, aferida, pois não se expõe à evidência. Tendo em vista as inúmeras atuações do Estado na esfera econômica, o lucro aqui entendido como "justo", pode apresentar variações múltiplas. Como ensina Oliveira Mata: "O que significa o máximo de potencial aproveitado no setor bancário, por exemplo, não poderá servir como critério quando quisermos avaliar o desempenho das universidades públicas" (*RT* 710/235).

A questão reveste-se, portanto, de nuanças que não podem ser, sem mais, ignoradas, quando se trata de avaliar a economicidade de operações à guisa da em tela, o que só possível fazer-se tendo em vista as suas idiossincrasias. Necessário é, portanto, verter atenção sobre a individualidade do caso em detrimento de padrões generalizáveis. É esta, aliás, a tônica onde, como entre os germânicos, o assunto vem sendo há muito tomado a sério. Daí porque a disposição[7] do direito alemão, que busca definir o princípio da economicidade e da economia, não logra mais que designá-lo como "(...) relação favorável entre os meios e os fins, que consiste ou em obter um certo resultado com a menor utilização de meios

7. Regulamento, de 1973, da Lei do Orçamento Federal da Alemanha, de 1969.

possível ou o melhor resultado possível com a utilização de certos meios".[8]

### *4.1 Estrutura econômico-jurídica da operação*

A equação subjacente à operação em tela, estrutura-se sobre pressupostos jurídicos e de mercado correntes. Trata-se, como já afirmamos acima, de operação de venda de ativos a realizar (créditos), cuja transmissão se dará mediante pagamento a vista e cuja solvabilidade não é garantida pelos alienantes (DER e SEC). Dois aspectos demandam atenção mais detida do ponto de vista da economicidade da operação: o primeiro diz respeito ao título pelo qual se realiza o "desconto" no valor de face dos recebíveis; o segundo atina à estipulação do valor de aquisição. É o que se verá a seguir.

#### 4.1.1 O deságio no preço dos recebíveis

Aplicar-se-á ao valor de face dos recebíveis deságio, para estabelecimento do preço mínimo a ser utilizado como critério de corte das propostas no certame licitatório ao qual se procederá para sua alienação.

Poder-se-ia imaginar, em olhar incauto, haver alguma sorte de espoliação do patrimônio público na avaliação dos recebíveis em valores abaixo do de face. Trata-se, entretanto, de praxe. No valor de prestações pecuniárias futuras estão geralmente incluídas, de forma mais ou menos explícita, o preço pela utilização dos recursos. A dilação do pagamento, acarreta, portanto, acréscimo como ressarcimento pelo tempo em que o devedor pode dispor dos recursos. A presunção que lastreia tal prática é obviamente a de que, enquanto retinha os recursos, o devedor os utilizou de maneira produtiva, obtendo, portanto, o seu aumento.[9]

Os acréscimos embutidos no preço a prazo de obrigações pecuniárias podem receber em direito dois títulos: juros ou correção monetária.

A correção monetária é mecanismo para a atualização do valor da obrigação. Deriva, pois, o seu uso da dissociação entre o valor extrínseco ou nominal da obrigação e seu valor de curso, que traduz a estimativa da moeda como mercadoria no comércio interno ou externo, sujeita às oscilações que o fenômeno da troca lhe impõe.[10] A correção monetária não é, pois, preço pela disponibilidade dos recursos, mas apenas recondução do valor nominal da obrigação ao valor de mercado da moeda. Não é por outra razão que, geralmente, na praxe contratual, a correção monetária não é embutida no valor da obrigação, estipulando-se, apenas, índice a ser utilizado (na época do vencimento da prestação) para atualização do seu valor de face.

Também no caso em tela, não está a correção monetária embutida no valor nominal das obrigações da Concessionária, de maneira que o deságio necessário ao estabelecimento do preço mínimo a ser utilizado na licitação tem por objetivo, apenas, expurgar o montante referente aos juros, contido na expressão monetária da obrigação.

Já os juros definem-se como preço pelo uso da moeda. Trata-se de quantia que o devedor acresce ao montante devolvido em proporção com a quantidade dos recursos e o tempo de utilização. Integram os juros — refletindo visivelmente sobre o valor da taxa utilizada — além da remuneração pelo uso dos recursos, a cobertura do risco que sofre o credor, razão porque, quanto mais alto é o risco do investimento, maior é a taxa de juros paga pelo devedor; e, ao contrário, quanto mais segura é a aplicação, menor a remuneração.

8. *Apud* Ricardo Lobo Torres, *Revista de Informação Legislativa* 121/267.

9. Esta presunção tem, na cultura cristã-ocidental, inclusive uma dimensão moral-religiosa, que pode ser, ademais, percebida na Parábola dos Talentos.

10. Caio Mário da Silva Pereira, *Instituições de Direito Civil*, v. II, Rio de Janeiro, Forense, 1991, p. 92.

Resulta, pois, o deságio, no caso *sub comento*, de operação de recondução de valor para pagamento futuro — no qual se projeta e inclui os riscos que corre o devedor e a remuneração a que tem direito pelo tempo que foi privado do uso dos recursos — a valor atual, para pagamento a vista e em numerário. Não há, portanto, qualquer violação do princípio da economicidade no estabelecimento do preço mínimo em valores a menor que o de face de acordo com a autorizada avaliação de instituição especializada e com notória experiência em casos assemelhados, que é, neste caso, a ZZZ contratada pela SEC para tanto.

4.1.2 O preço dos recebíveis

Sofre — qualquer avaliação do valor dos recebíveis (uma vez que o DER e a SEC não garantem a sua solvabilidade) — influencia do, por assim dizer, "risco subjetivo". Depende, neste sentido, o valor dos recebíveis da avaliação que se fizer da situação econômico-financeira da Concessionária e das projeções de tal situação frente às diversas contingências futuras.

Em situações complexas, como a em tela, deve a Administração, como aconselha ademais toda doutrina,[11] deixar a determinação do preço mínimo do bem a ser alienado a cargo de instituição especializada, capaz de proceder a avaliações desta jaez. A SEC contratou, para tanto, como já assinalamos acima, assessoria da ZZZ, instituição com notória experiência no tratamento de situações como a *sub comento*. Determinará a ZZZ valor abaixo do qual não é possível a realização da alienação, por ir de encontro aos parâmetros de avaliação de mercado. O preço justo dos recebíveis será, entretanto, aferido pelo procedimento licitatório no qual a garantia da ampla participação dos agentes do mercado e a seleção da melhor proposta propiciará à Administração a percepção do mais alto preço possível.

### 5. *Conclusão*

Podemos, enfim, colacionar, à guisa de conclusão, as seguintes assertivas:

(a) que a operação a ser efetivada entre SEC e DER configura alienação de ativos a realizar (créditos), consubstanciados em obrigações da Concessionária;

(b) que a LRF não se aplica à SEC tendo em vista, entre outras razões, o seu não enquadramento no conceito de sociedade dependente;

(c) que os dispositivos sobre alienação de ativos constantes da LRF em nada interferem no desenho da operação;

(d) que não gera a operação em tela qualquer compromisso financeiro para a SEC. Não realiza, por isso, negócio ou operação de crédito;

(e) que, muito menos, pode ser enquadrada a operação estudada no conceito de adiantamento de receitas orçamentárias ou de renúncia de receitas;

(f) que a operação em tela está perfeitamente regular do ponto de vista da economicidade.

Não há, pois, por todas as razões expendidas, qualquer óbice, do ponto de vista jurídico, à efetivação da operação nos moldes em que foi projetada, encontrando, inclusive, regular abrigo na LRF.

É o nosso parecer.

11. Marçal Justen Filho, *Comentários à Lei de Licitações e Contratos Administrativos*, São Paulo, Dialética, 1999, pp. 163-164.

# TUTELA MANDAMENTAL-INIBITÓRIA EM MATÉRIA TRIBUTÁRIA À LUZ DO PROJETO DE "CÓDIGO DE DEFESA DO CONTRIBUINTE"

ANTÔNIO SOUZA PRUDENTE

Professor da Universidade Católica de Brasília (DF).
Juiz Federal

Historicamente, a defesa dos direitos dos contribuintes tem sido feita, com relativo sucesso, através das reclamações e recursos, na esfera administrativa, com suspensão até mesmo da exigibilidade do crédito tributário (CTN, art. 151, III), no ponto, e, nas vias judiciais, com maior eficácia, mediante a instrumentalidade célere do mandado de segurança, antes e depois da constituição do crédito tributário, e, ainda, timidamente, através de ações cautelares preventivas ou incidentais, ou, de forma quase frustrante, por meio das ações anulatórias de débitos fiscais e das ações de repetição do indébito tributário, fulcradas na máxima fascista do *solve et repete*.

Na linha da ampla defesa do contribuinte, na seara administrativa, venho defendendo o entendimento de que a exigência de depósito prévio, como pressuposto de admissibilidade de qualquer recurso (administrativo ou judicial) afigura-se incompatível com as garantias constitucionais da inafastabilidade da jurisdição (CF, art. 5º, inc. XXXV) e da ampla defesa (CF, art. 5º, inc. LV), que possibilitam o livre acesso à justiça (CF, art. 5º, inc. XXXIV, alínea *a*). Confira-se, nesse sentido, o REO 0119840-94/AM, TRF 1ª R., 4ª T., rel. Juiz Souza Prudente, j. 16.6.1995.

O Supremo Tribunal Federal, porém, sacrificou as expectativas de defesa dos contribuintes, em sede administrativa, na afirmação jurisprudencial de que "não ofende a garantia constitucional da ampla defesa a exigência do depósito do valor da multa, como condição de admissibilidade do recurso na esfera administrativa" (RE 210.246, Ministro Nelson Jobim, *DJU* 12.11.1997 e RE 235.041-9-GO, Ministro Sepúlveda Pertence, *DJU* 6.11.1998).

O precedente jurisprudencial da Suprema Corte, em referência, se me afigura de péssima safra, com sintomas de contaminação da teoria do acompanhamento político, que arrastam as Cortes de Justiça, neste final de século, na gravitação gananciosa do capitalismo financeiro, dominador das ideologias neoliberais, no fenômeno crescente da globalização econômica. O Projeto de

"Código de Defesa do Contribuinte" (Projeto de Lei Complementar 646/1999), no entanto, confirma nossa convicção sobre a matéria, ao dispor que "nenhum depósito, fiança, caução, aval ou qualquer outro ônus poderá ser exigido do contribuinte, administrativamente ou em juízo, como condição para admissibilidade de defesa ou recurso no processo tributário-administrativo ou no processo judicial" (art. 18, § 1º), excetuando-se a garantia da execução fiscal, nos termos da lei processual aplicável (art. 18, § 2º).

De outra banda, a jurisprudência dos Tribunais Regionais Federais e do Superior Tribunal de Justiça reluta para romper a interpretação literal da norma do inc. IV do art. 151 do CTN, no sentido de admitir-se, processualmente, tão-só, a "liminar em mandado de segurança", para suspensão da exigibilidade do crédito tributário.

O colendo Tribunal Federal da 1ª Região, por sua 3ª Turma, afirma que "as hipóteses de suspensão da exigibilidade do crédito tributário estão exaustivamente enumeradas no art. 151 do CTN, não constando desse elenco suspensão por via de medida cautelar. O poder cautelar do juiz, previsto nas normas do Estatuto Processual Civil, há de ser exercido com observância do ordenamento jurídico, não podendo colidir com as normas específicas que disciplinam a suspensão da exigibilidade do crédito tributário" (AC 0106635-MG, rel. Juiz Vicente Leal, *DJU* de 27.10.1994, p. 61.720).

Nessa inteligência jurisprudencial, a colenda 1ª Turma do Superior Tribunal de Justiça vem decidindo que "a concessão de liminar em medida cautelar não suspende a exigibilidade do crédito tributário, que só se realiza por moratória, pelo depósito integral e em dinheiro, pelas reclamações, pelos recursos e pela concessão de liminar em mandado de segurança" (REsp 200931/99-CE, STJ, 1ª T., rel. Ministro Garcia Vieira, *DJU* 21.6.1999, p. 90).

Tal entendimento, a meu ver, não tem amparo constitucional, pois afronta a garantia fundamental da *ampla defesa* (CF, art. 5º, LV) e do *pleno acesso à Justiça* (CF, art. 5º, XXXV).

Na visão analítica de Humberto Theodoro Júnior: "No entanto, vozes abalizadas da doutrina se batem, em casos excepcionais, pela possibilidade de o poder geral de cautela (arts. 798 e 799 do Código de Processo Civil) e o poder de antecipação de tutela (art. 273 do Código de Processo Civil) também se prestarem ao bloqueio da ação fiscal.

"Para tanto, Galeno Lacerda entende como exemplificativas as hipóteses do art. 151 do Código Tributário Nacional, de sorte a não impedir que outros meios judiciais também venham a ser utilizados em busca do mesmo objetivo, 'como a cautela inominada'. E argumenta: 'Se efetivamente ilegal o lançamento e o mandado de segurança precluiu, por exemplo, não é possível negar ao prejudicado socorro ao poder cautelar geral do juiz, em medida preventiva da ação de nulidade' (*Comentários ao Código de Processo Civil*, v. VIII, t. I, 2ª ed., Rio de Janeiro, Forense, 1981, n. 35, p. 200).

"Também Manoel Álvares, Maury Ângelo Bottesini, Odmir Fernandes, Ricardo Cunha Chimenti e Carlos Henrique Abrão são de opinião de que a suspensão prevista pelo art. 151, IV, do Código Tributário Nacional, para a liminar do mandado de segurança, pode também ocorrer 'se concedida a liminar em ação declaratória, com pedido de antecipação de tutela, na forma do art. 273 do Código de Processo Civil' (*Lei das Execuções Fiscais Comentada e Anotada*, 2ª ed., São Paulo, Ed. RT, 1997, n. 381, p. 280).

"De qualquer maneira, para aplicar-se esse posicionamento ampliativo da liminar de suspensão da exeqüibilidade do crédito fiscal é indispensável que a medida cautelar ou antecipativa, pleiteada fora do bojo do mandado de segurança, seja revestida de todas as condições necessárias, em tese, para a ação mandamental, ou seja: a) relevância do pedido principal (*fumus boni iuris*); e b) risco de perder eficácia o provimento judicial esperado, caso não se dê a concessão da liminar (*periculum in mora*).

"De mais a mais, as medidas de antecipação de tutela em ação contra a Fazenda Pública foram objeto de disciplinamento pela Lei 9.494/1997, que lhes impôs algumas restrições, mas não as vedou. Como as liminares de ação anulatória de crédito fiscal e declaratórias de inexistência de obrigação tributária não se enquadram nas restrições da Lei 9.494/1997, deve-se concluir que restaram legalmente autorizadas, pelo menos em princípio" (Humberto Theodoro Júnior, "Tutela cautelar e antecipatória em matéria tributária", *Revista Jurídica* 245/5, Rio Grande do Sul, mar. 1998).

A justificação apresentada pelo Senador Jorge Bornhausen ao Projeto de "Código de Defesa do Contribuinte" assinala, com inegável acerto, que "os regimes de liberdade sempre rejeitaram essa visão positivista radical que caracterizou os regimes autoritários da democracia formal. Não há mais no mundo moderno da cidadania ativa, no qual definitivamente se insere o Brasil, espaço para constituições semânticas, nas quais sobre a cidadania pende a espada de Dâmocles nas mãos dos dirigentes de plantão. Tanto somos parte dessa universalidade dos direitos que em 1988 dispôs o constituinte que 'os direitos e garantias expressos nesta Constituição não excluem outros decorrentes do regime e dos princípios por ela adotados, ou dos tratados internacionais em que a República Federativa do Brasil seja parte' (art. 5º, § 2º).

"Igualmente indispensável ter presente que o projeto não se limita a revisitar os direitos e garantias fundamentais plasmados na Constituição, mas, também e principalmente, deles extrair seus consectários necessários para, daí, em passo seguinte, condicionar a interpretação e a jurisprudência do direito tributário. Por isso mesmo, este Código põe fim a rixas doutrinárias e resolve divergências de jurisprudência, harmonizando a aplicação do direito com o objetivo de conferir previsibilidade e estabilidade à relação jurídica do contribuinte com o Fisco.

"Nesse espírito, não se ocupa o projeto, salvo o explicitado em suas disposições finais, em revogar ou reescrever disposições do Código Tributário Nacional. Não se pode perder de vista que, concebido embora sob o influxo democrático da Constituição de 1946, o direito tributário brasileiro codificado em 1966, particularmente nas relações do Fisco com o contribuinte, foi implementado sob as condições autocráticas das Cartas de 1967 e 1969. Daí o propósito do Código de Defesa do Contribuinte de interpretar o direito tributário nacional nos moldes libertários da Constituição de 1988 e da jurisprudência dela resultante, cuja sede é a sociedade civil, e cujo objeto maior é harmonizar, sob condições de igualdade jurídica, os interesses individuais e coletivos em face do Estado" (Jorge Bornhause, *Justificação ao Projeto de Lei Complementar n. 646/99*, Senado Federal, Sala das Sessões, em 25.11.1999).

Com esse propósito, o art. 48 do projeto pretende alterar, visivelmente, o art. 151, incs. I a IV, do CTN, amoldando-o às garantias constitucionais do contribuinte, na fala de que "para a defesa dos direitos e garantias protegidas por esta Lei são admissíveis todas as espécies de ações capazes de propiciar sua adequada e efetiva tutela, observadas as normas do Código de Processo Civil e da Lei n. 7.347, de 24.7.1985".

A jurisprudência do TRF da 4ª Região já evoluíra para a convicção de que "a liminar, em mandado de segurança, suspende a exigibilidade do crédito tributário; de se entender tal efeito também àquela deferida em cautelar, porque, à época da elaboração do CTN/66, aos juízes não se atribuía o amplo e geral poder de cautela" (AG 0432832/95-RS, TRF 4ª R., 1ª T., rel. Juiz Vladimir Passos de Freitas, *DJU* 5.6.1996, p. 38.373). E, ainda, "embora a liminar concedida em ação cautelar não conste arrolada nos incisos do art. 151 do CTN/66, equipara-se à liminar concedida em mandado de segurança, para os fins do referido dispositivo. Por outro lado, não se confira satisfativa a medida cautelar que suspende a exigibilidade do crédito tributário" (AC 0443583/97-PR, TRF 4ª R., 2ª T., unânime, rela. Juíza Tânia Escobar, *DJU* 10.2.1999, p. 409).

Numa de suas vertentes jurisprudenciais mais esclarecida, o Superior Tribunal de Justiça, através de sua colenda 2ª Turma, já vem decidindo no raciocínio de que "a tutela cautelar independe de garantia, sendo exigível pela parte sempre que os respectivos pressupostos estejam satisfeitos; para os efeitos da suspensão da exigibilidade do crédito tributário, a liminar prevista no art. 151, IV, do Código Tributário Nacional, também pode ser deferida em ação cautelar, se a questão discutida na ação principal for exclusivamente de direito" (REsp 99.467-DF, STJ, 2ª T., unânime, rel. Ministro Ari Pargendler, *DJU* 16.11.1998).

Mesmo registrando um salutar avanço nessa matéria, a jurisprudência de nossos tribunais não procuraram indagar ainda sobre a natureza jurídica daquela "liminar" prevista no inc. IV do art. 151 do CTN.

De início, esclareça-se que o termo "liminar" não se relaciona com a natureza jurídica do provimento judicial, que se busca processualmente, nem com ele se confunde ou se identifica, como é de praxe fazê-lo doutrina e jurisprudência, aqui, no Brasil.

A palavra "liminar" está ligada à idéia de *tempo no processo*, vale dizer, à pressa ou urgência do provimento judicial, que se pede, no processo. Por isso é que se diz, corretamente, que o juiz decidiu *liminarmente* (advérbio de tempo) ou, na expressão latina: *in limine litis, inaudita altera pars*.

Desenganadamente, *liminar* não é provimento judicial, mas, sim, *momento processual*.

O provimento judicial, que se identifica, erroneamente, com a "liminar" do inc. IV do art. 151 do CTN, tem inegável natureza jurídica de *tutela jurisdicional, mandamental-inibitória, com eficácia cautelar de prevenção do ilícito tributário*.

O poder geral de cautela do juiz confere-lhe poderes estatais, que autorizam a *editar provimentos mandamentais-inibitórios* (ordenando um *non facere* ao agente fiscal), a requerimento da parte interessada, prevenindo, impedindo a continuação ou mesmo a repetição do *ilícito tributário*, a ponto de livrar o contribuinte da situação danosa do *solve et repete*, agravada pela imoralidade dos precatórios judiciais, nas ações de repetição do indébito tributário.

Nessa inteligência, a concessão da tutela mandamental-inibitória será cabível, uma vez preenchidos os pressupostos legais, em qualquer tipo de processo ou ação judicial, em que se busque prevenir, de pronto, a prática danosa do ilícito tributário.

A derrota do governo federal, perante os Tribunais do País, no que tange à tentativa de implantar, à revelia da Constituição Federal, a cobrança da contribuição social para o Plano da Seguridade Social do servidor público civil da União, incidente sobre os proventos dos inativos e pensionistas, nos termos dos arts. 1º e 2º da Lei n. 9.783, de 28.1.1999, fora por nós capitaneada, através da instrumentalidade célere, contagiante e eficaz da tutela mandamental-inibitória, em sede de mandado de segurança, ação cautelar ou em ação declaratória de inexistência de relação jurídico-tributária, no procedimento ordinário, com o provimento ordinatório a seguir transcrito: "Concedo, liminarmente, a tutela mandamental-inibitória, aqui, postulada, para afastar, de logo e preventivamente, dos proventos do autor, a cobrança abusiva da contribuição social prevista nos arts. 1º e 2º da Lei n. 9.783, de 28.1.1999.

"Neste passo, parece-me oportuna a sempre abalizada orientação de Luiz Guilherme Marinoni, na voz de que 'a tutela inibitória poderá ordenar um fazer ou um não-fazer, conforme a conduta seja de caráter omissivo ou comissivo. A tutela inibitória pode ser classificada como uma tutela preventiva e específica. Preventiva porque voltada para o futuro; específica porque destinada a garantir o exercício integral do direito, segundo as modalidades originariamente fixadas pelo direito material.

"'A técnica da tutela inibitória, como se vê, é voltada para o futuro e não para o passado. A tutela inibitória demonstra a superação do princípio de derivação romana, pelo qual o ressarcimento do dano é a verdadeira forma de tutelar contra o ilícito, independentemente da natureza específica do próprio ilícito e da situação jurídica violada.

"'Ninguém prefere o dano à prevenção. Negar o direito à prevenção do dano é admitir que o cidadão é obrigado a suportar o dano, tendo apenas direito à indenização. Ou o que é pior, é criar um sistema de tutelas onde impera a 'monetização' dos direitos, incompatível, como é óbvio, com os direitos com conteúdo não patrimonial. O art. 5º, XXXV, da Constituição da República, garante o direito à tutela inibitória, pois o direito de acesso à justiça tem como corolário o direito à adequada tutela jurisdicional, e esse, por sua vez, o direito à tutela preventiva, direito ineliminável em um ordenamento jurídico que pretenda tutelar de forma efetiva os direitos.

"'A tutela inibitória, para ser efetiva, necessita da tutela antecipatória. A tutela antecipatória, na hipótese de tutela inibitória, constitui uma tutela inibitória fundada em cognição sumária, mas que pode, obviamente, ser atuada desde logo.

"'A tutela antecipatória, como é sabido, pode ser concedida na medida da sua necessidade. Em outros termos, a tutela antecipatória pode ser concedida antes da ouvida do réu, depois da sua ouvida, e também depois de encerrada a fase instrutória. Trata-se, esta última, da tutela antecipatória final.

"'Se a tutela antecipatória final pode corrigir o defeito da restrição da execução provisória, não é só neste ponto que a tutela antecipatória é vital para a efetividade da tutela inibitória. A tutela inibitória, justamente porque visa eliminar a possibilidade do ilícito, deve ser atuada em momento que seja propício, vale dizer, antes da ocorrência do ilícito, e, portanto, muitas vezes com base na probabilidade do perigo de ilícito. Em outras palavras, se a tutela inibitória final objetiva declarar o perigo de ilícito, a tutela inibitória provisória contenta-se com a simples probabilidade de perigo de ilícito" (Luiz Guilherme Marinoni, *Tutela Inibitória (Individual e Coletiva)*, 1ª ed., São Paulo, Ed. RT, pp. 203-204, 1998).

A *tutela mandamental-inibitória* (antecipatória ou final), em *matéria tributária* encontra amparo não só em dispositivos constitucionais auto-aplicáveis (CF, art. 5º, incs. XXXV e LV, e art. 150, *caput*, primeira parte), como também no corpo do Projeto de "Código de Defesa do Contribuinte" (Projeto de Lei Complementar 646/1999, Senado Federal, art. 48), para que *todos os cidadãos tenhamos acesso pleno à Justiça*.

Brasília (DF), em 31 de março do ano 2000.

# A GARANTIA DO DEVIDO PROCESSO LEGAL NOS SISTEMAS DE PROTEÇÃO DOS DIREITOS HUMANOS INTERNACIONAL E NACIONAL

NELSON SAULE JÚNIOR

## *1. Introdução*

Neste final de século, há uma tendência de o direito contemporâneo sofrer profundas alterações diante do processo de globalização. O direito internacional está cada vez mais inter-relacionado com o direito interno do Estados Nacionais, seja pela existência de novas ordens de âmbito político e jurídico, de caráter regional, como a União Européia, pela adoção de novos mecanismos de solução de conflito nas relações econômicas, como a arbitragem internacional, e pela constituição de um sistema internacional para fins de proteção dos direitos da pessoa humana.

A garantia e proteção dos direitos, tradicionalmente papel dos Estados Nacionais, recebem um significativo reforço com as normas internacionais de direitos humanos, que trazem novas perspectivas para os preceitos das constituições contemporâneas que configuram o Estado como Estado Democrático de Direito, sejam atendidos com a finalidade de proteger e efetivar os direitos da pessoa humana.

Neste mundo de mudanças cada vez mais aceleradas, é preciso estar sempre evoluindo com o significado dos princípios e valores que determinam a organização política, jurídica e social de uma sociedade moderna. Com o intuito de contribuir com as atuais reflexões sobre o significado das garantias de proteção dos direitos da pessoa humana para o fim deste século e início do próximo; este breve estudo procura apontar o significado contemporâneo do devido processo legal como garantia de proteção dos direitos da pessoa humana, com base nos preceitos constitucionais de nosso ordenamento e dos tratados do sistema de proteção internacional de direitos humanos do qual o Estado brasileiro é parte.

## *2. Devido processo legal e Estado Democrático de Direito*

### *2.1 Devido processo legal e Estado de Direito*

O processo histórico da conquista dos direitos da pessoa humana se caracterizou pelo conjunto de iniciativas das diferentes classes sociais contra a ação arbitrária do Estado. Desde a outorga de privilégios aos Barões na Inglaterra, através da proteção da *law of the land, a lei da terra*, prevista na Magna Carta (1215-1225), no qual o baronato deveria conhecer qual era a lei a seguir e se submeter, o homem tem procurado estabelecer um sistema formal eficaz de controle do poder do Estado.

Na *Inglaterra* a evolução do estabelecimento de limites ao poder do Rei, e do reconhecimento dos direitos dos súditos, pode ser dimensionada pelas garantias que passam a ser adotadas como o Direito de Petição (1628), o *Habeas Corpus Act* (1679) e a *Bill of Rights* (1688), que possibilitam o reconhecimento dos direitos fundamentais do homem, devido a constante afirmação destes direitos pelo Parlamento inglês e pela *common law*.

A formalização da garantia de direitos, como o devido processo legal, passa a tomar corpo de forma mais universal com as Declarações de Direitos do Estado Moderno. A *Bill of Rights* do povo americano foi estabelecida através de um conjunto de emendas à Constituição Americana, destinadas a assegurar os direitos fundamentais. A Emenda I assegura a liberdade de religião e culto, de palavra, de imprensa, de reunião pacífica e do direito de petição. O direito de defesa e de um julgamento por juiz natural e de acordo com o devido processo legal é assegurado pela Emenda V, ao dispor que "(...) ninguém será compelido em nenhum processo penal a ser testemunha contra si próprio, ou ser privado da vida, liberdade, ou propriedade sem o devido processo legal".

A Emenda XIV também assegura o devido processo legal na Seção I, no qual "(...) nenhum Estado privará qualquer pessoa da vida, liberdade ou propriedade sem o devido processo legal (...)", bem como assegura a igualdade perante a lei. Com base nesta Emenda, a Suprema Corte Americana confere uma maior abrangência do significado do devido processo legal, deixando o seu caráter meramente formal para um caráter material, no qual passa a ter uma compreensão não somente da igualdade perante a lei, mas da igualdade na lei. O indicador de respeito aos direitos fundamentais é o da observância do princípio da igualdade dentro da própria lei, permitindo a análise do conteúdo material e não apenas formal da lei.

A Declaração de Virgínia, a Carta de Direitos Americana, a Declaração dos Direitos do Homem e do Cidadão, adotada pela Assembléia Constituinte Francesa em 1789, tem como fonte o pensamento político europeu e internacional do século XVIII, de origem humanitária, cujo objetivo era a libertação do homem das regras do absolutismo e do regime feudal. Pensadores como Rousseau, Locke e Montesquieu são referências do pensamento político e social, responsável pela construção dos pressupostos e elementos essenciais para o estabelecimento do Estado de Direito em substituição ao modelo do Estado Absolutista.

A proclamação de direitos fundamentais como valores universais, nos termos da Declaração Francesa, o estabelecimento de mecanismos institucionais voltados a impor limites ao exercício do Poder do Estado, à luz dos princípios da legalidade e da separação de poderes, componentes essenciais do Estado de Direito, são resultantes da influência de pensamentos filosóficos, como o cristianismo primitivo, o jusnaturalismo, o iluminismo, bem como das condições históricas ou reais do conflito de interesses da aristocracia como classe privilegiada no regime da monarquia absoluta e das classes emergentes de uma nova sociedade tendente à expansão comercial e cultural, em particular a burguesa.

Apesar da influência das Declarações de Direitos, em especial a Francesa, por conter uma visão universal dos direitos do homem, havia uma grande dificuldade de assegurar a efetividade destes direitos, como bem destaca José Afonso da Silva: "a questão técnica que se apresentou na evolução das declarações de direitos foi a de assegurar sua efetividade através de um conjunto de meios e recursos jurídicos, que genericamente passaram a chamar-se garantias constitucionais dos direitos fundamentais. Tal exigência técnica, no entanto, determinou que o reconhecimento desses direitos se fizesse segundo formulação jurídica mais caracterizadamente positiva, mediante sua inscrição no texto das Constituições, visto que as declarações de direitos careciam de força e de mecanismos jurídicos que lhe imprimissem eficácia bastante".[1]

A partir do século XIX, a declaração dos direitos e deveres do indivíduo passa a constar do próprio texto das Constituições, passando a ter o caráter concreto de normas jurídicas positivas, válidas para os indivíduos dos respectivos Estados. Através das Constituições modernas tornou-se possível institucionalizar o Estado de Direito, com a constitucionalização dos princípios e valores do Estado concebido pela modernidade de cunho extremamente liberal.

O Estado de Direito tem como características básicas: a adoção do princípio da legalidade, no sentido de a lei conferir garantias para o indivíduo em face do Estado e de submeter o exercício do poder estatal ao império da lei emanada formalmente pelo Poder Legislativo, composto de representantes do povo; o princípio da separação de poderes, que separa de forma independente e harmônica os poderes Legislativo, Executivo e Judiciário, que assegura a independência do Legislativo face ao Executivo, para a produção das leis, e a independência e imparcialidade do Judiciário (o juízo natural); e o reconhecimento dos direitos e garantias individuais.

O conjunto destas características atendia às finalidades do modelo de Estado Liberal, constituído dos princípios da não intervenção, de liberdade de iniciativa e da vontade livre do contrato, de modo a atender os interesses da classe burguesa. A concepção individualista dos direitos, e o caráter formal de proteção do direito de propriedade, da igualdade perante a lei, das liberdades públicas, eram pressupostos insuficientes para a definição de um Estado com capacidade de modificar a situação das classes sociais despossuidoras de bens, da propriedade, de impedir a concentração das propriedades rurais, de proteger os direitos da classe trabalhadora assalariada, emergente a partir do século XIX.

Essas injustiças, especialmente na exploração da força de trabalho das mulheres e crianças no crescente processo de urbanização e industrialização, eram provocadas pela própria abstenção e neutralidade do Estado Moderno para solucionar os conflitos de interesse entre as classes sociais. Neste contexto, as aspirações dessas classes sociais tornam possíveis as condições para a evolução da proteção e promoção dos direitos fundamentais, face a noção concebida do Estado Social de Direito.

### *2.2 Estado Social de Direito*

Da mesma forma que as correntes do iluminismo e jusnaturalismo foram os fundamentos para a positivação dos direitos civis e políticos, e para modificar a organização e papel do Estado; as lutas sociais da classe trabalhadora, baseadas nas correntes do socialismo, o anarquismo, a doutrina da Igreja sobre os problemas sociais através da encíclica *Rerum Novarum*; os fatores políticos e econômicos resultantes da primeira guerra mundial, as revoluções mexicana e soviética são os principais componentes para a constituição dos direitos humanos de segunda geração, direitos geradores de uma nova mudança do papel do Estado, que passa a ser concebido como um instrumento de proteção e amparo às classes menos favorecidas e de interventor na realidade social visando garantir o exercício dos direitos econômicos, sociais e culturais e desenvolver a justiça social.

Os direitos humanos de segunda geração (econômicos, sociais e culturais) constituem pretensões dos indivíduos ou da coletividade perante o Estado, cujo homem sai da figura do abstrato e se materializa nesse caso como o homem que produz benefícios para a coletividade através do seu trabalho.

O Estado Social de Direito, em contraposição ao modelo do Estado Liberal, é con-

1. José Afonso da Silva, *Curso de Direito Constitucional Positivo*, 6ª ed., p. 148.

cebido principalmente para que o princípio da igualdade seja de fato atendido, de modo a reduzir as desigualdades sociais e a erradicar a pobreza, como meio de promover a justiça social através de uma atuação positiva do Estado, com o desenvolvimento de políticas públicas que atendam às necessidades básicas e assegurem condições dignas de vida a toda pessoa humana.

Essa mudança do papel do Estado, de acordo com Enrique Levandowski, "justamente para atender os anseios e necessidades desse novo homem é que o Estado foi obrigado a abandonar o seu posicionamento passivo e assumir um papel mais ativo, notadamente após a Primeira Guerra Mundial. Surgiu, assim, o estado intervencionista, planejador, o Estado prestador de serviços, entidade que alguns chamam, como foi visto, de Estado Social de Direito, em oposição ao Estado Liberal de Direito, eminentemente abstencionista. Nas sociedades industriais mais avançadas fala-se, inclusive, no *Welfare State*, no Estado ativamente voltado ao bem-estar de seus cidadãos.

"O novo papel desse Estado consiste, basicamente, em promover os direitos econômicos e sociais, isto é, colocar em prática uma vasta gama de prestações positivas em benefício da coletividade."[2]

O Estado Social de Direito tem como identidade, além dos pressupostos do Estado de Direito, o objetivo da consecução do bem-estar social geral, a promoção da justiça social e o reconhecimento dos direitos sociais econômicos. Uma grande dificuldade que encontramos ao tentar identificar a existência ou não do Estado Social de Direito é a ambigüidade da palavra social, que permite diversas interpretações sobre o seu significado.

O fato de um Estado se denominar Estado Social é insuficiente, pois esta terminologia pode se adequar aos regimes políticos antidemocráticos, como foram os regimes nazista na Alemanha, fascista na Itália, franquista na Espanha, salazarista em Portugal, e do Estado Novo no Brasil, que se denominavam Estados Sociais, mas não continham nem as características básicas do Estado de Direito.

Para superar esta dificuldade é necessário apurar se um Estado contém ou não os pressupostos essenciais do Estado de Direito, como a existência de lei à qual o poder estatal se submeta, a separação dos poderes, o juízo natural, a previsão das garantias de direitos. Na verdade o dinâmico processo de evolução dos direitos, os pressupostos para o reconhecimento do Estado com capacidade de promover os direitos sociais, econômicos e culturais, com base no princípio da justiça social, são a somatória dos pressupostos do Estado de Direito com os pressupostos do Estado Democrático com base no valor universal da democracia.

### *2.3 O significado do devido processo legal no Estado Democrático de Direito*

O trágico legado deixado ao final da Segunda Guerra Mundial à humanidade possibilitou um processo político entre os países-membros das Nações Unidas, voltado ao estabelecimento de valores universais para serem observados num mundo em situação de paz. Este processo resultou na proclamação da Declaração Universal dos Direitos Humanos (1948) pelas Nações Unidas, contendo valores universais como a paz, a democracia, a justiça e a igualdade.

A democracia como valor universal tem um papel marcante para a evolução da noção de Estado como Estado Democrático de Direito, face a insuficiência das noções de Estado de Direito e de Estado Social de Direito, para as aspirações de uma sociedade democrática. O Estado Democrático de Direito, mais do que uma simples junção dos preceitos do Estado de Direito e

2. Enrique Ricardo Levandowski, *Proteção dos Direitos Humanos na Ordem Interna e Internacional*, 1ª ed., p. 63.

do Estado Democrático, significa a evolução do pensamento do liberalismo, que deu origem às chamadas teorias restritivas de democracia reduzidas a sistema político de representação e formas de domínio, para o pensamento democrático participativo, onde a teoria democrática participativa se coloca como alternativa à visão do sistema representativo do Estado de Direito.

A teoria de democracia participativa tem como premissa o interesse básico dos indivíduos na autodeterminação política e na abolição do domínio do homem sobre o homem, concebendo a idéia de democracia como poder do povo, juntando todos os seus componentes individualista, coletivista, ideal radical democrático, autodeterminação individual e domínio do povo, e defende a formação de vontade política de baixo para cima, num processo de estrutura com a participação de todos os cidadãos; de forma contrária da teoria pluralista, a participação política é fator de distribuição e mudança do poder nos vários domínios sociais.[3]

O Estado Democrático de Direito acolhe os postulados da democracia representativa e participativa, onde predomina como pressuposto da democracia a existência de um processo dinâmico com a existência de uma sociedade aberta e ativa que, no decorrer desse processo, vai oferecendo aos cidadãos possibilidade de desenvolvimento integral, liberdade de participação crítica no sistema político, condições de igualdade econômica, política e social.

As Constituições contemporâneas são o termômetro da tendência global de as sociedades apostarem no modelo do Estado Democrático de Direito, como demonstra, por exemplo, o processo de democratização dos países da América Latina, do leste europeu, e do sul da África, no final da década de 80 e início dos anos 90, que adotaram Constituições contendo um conjunto de princípios e preceitos configuradores do Estado Democrático de Direto.

Os princípios constitucionais, na lição de José Joaquim Gomes Canotilho, traduzem as opções políticas conformadoras da Constituição, sendo a base das normas jurídicas quando se transformam em normas-princípios e se constituem nos preceitos básicos da organização constitucional.[4] Os princípios constitucionais, ao explicitar as valorações políticas da Constituinte, são normas que contêm as decisões políticas fundamentais acolhidas no documento constitucional.

José Afonso da Silva indica como princípios que configuram a existência do Estado Democrático de Direito:

- Princípios democráticos: da soberania popular, da democracia representativa e participativa;
- Princípio da constitucionalidade, pelo qual exprime que o Estado Democrático de direito se funda na legitimidade de uma Constituição, emanada da vontade popular, dotada de supremacia;
- Sistema de direitos fundamentais que compreende os individuais, coletivos, sociais, econômicos e culturais;
- Princípio da justiça social;
- Princípio da igualdade;
- Princípio da separação dos poderes;
- Princípio da legalidade;
- Princípio da segurança jurídica.[5]

### *2.4 O devido processo legal na Constituição brasileira de 1988*

Dentre as Constituições contemporâneas que adotam o modelo do Estado Democrático de Direito, encontra-se a Constitui-

3. Segundo Habermas, a democracia é um fruir autônomo que deve realizar a autodeterminação dos indivíduos em todos os domínios sociais; a participação política é idêntica à autodeterminação.

4. José Joaquim Gomes Canotilho, *Direito Constitucional*, 6ª ed. revista, p. 121.

5. Ob. cit., p. 108.

ção brasileira. No seu preâmbulo, institui o Estado brasileiro como um Estado Democrático, destinado a assegurar os valores supremos de uma sociedade fraterna, pluralista e sem preconceitos, fundada na harmonia social e comprometida com a ordem interna e internacional, com a solução pacífica das controvérsias.

São considerados como valores supremos os direitos sociais e individuais, a liberdade, a segurança, o bem-estar, o desenvolvimento, a igualdade e a justiça. Os valores de uma sociedade fraterna, pluralista e justa que devem ser observados num Estado Democrático são, na verdade, os valores da democracia. Os valores liberdade e igualdade reconhecem o direito do indivíduo como sujeito político de participação na construção política, social econômica e cultural da sociedade. Exercer a participação política é respeitar a liberdade e a igualdade, é exigir a não ocorrência de discriminação em qualquer nível (religiosa, sexual, racial, política etc.), e reconhecer que as pessoas são diferentes.

Em consonância com os seus valores, a Constituição proclama a existência do Estado Democrático de Direito, que tem como fundamentos, nos termos do art. 1º: *a soberania, a cidadania, a dignidade da pessoa humana, os valores sociais do trabalho e da livre iniciativa e o pluralismo político.* Os princípios indicados como essenciais, constam de forma expressa no texto constitucional, tais como: o sistema dos direitos fundamentais que compreende os direitos civis, políticos, sociais, econômicos e culturais; a justiça social; a igualdade; a separação dos poderes; a legalidade; a segurança jurídica.

José Joaquim Gomes Canotilho entende como formas de efetivação dos princípios democráticos, face a Constituição Portuguesa: *a gestão participada da administração, descentralização e desconcentrarão da administração, exigência de uma definição legal do procedimento da atividade administrativa, participação dos cidadãos na formação das decisões ou deliberações que lhe disserem respeito.* O seu entendimento é de somente com a existência destes componentes no processo de democratização da administração, ser possível solidificar um Estado de Direito não reduzido a um sistema de proteção perante violações jurídicas, bem como alcançar um Estado de Direito democrático em que o *due process of law* constitua uma prevenção eficaz, contra a lesão de direitos e interesses dos cidadãos.[6]

No que diz respeito ao devido processo legal, a Constituição reconhece, de forma expressa, no art. 5º, inc. LIV: "ninguém será privado da liberdade ou de seus bens sem o devido processo legal". Essa garantia deve ser interpretada em conjunto com o inc. LV do mesmo artigo, que dispõe: aos litigantes, em processo judicial ou administrativo, e aos acusados em geral são assegurados o contraditório e ampla defesa, com os meios e recursos a ela inerentes.

Considerando que a produção de atos por parte do Poder Público decorrentes de um procedimento ou processo administrativo afetam os direitos e interesses da coletividade, e a adoção destes procedimentos ou processos não se restringe às situações de litígios, o devido processo legal deve ser observado em todas as atividades do setor público, especialmente nos processos de tomadas de decisões sobre assuntos de interesse coletivo e difuso, que têm a natureza de um processo administrativo, como da definição de tarifas públicas, da elaboração e execução do orçamento, de privatização dos serviços públicos, de aprovação de planos urbanísticos, da concessão de licença para projetos de grande impacto ambiental e de vizinhança.

Os atos e atividades do Poder Público devem sempre estar em consonância com os pressupostos do Estado de Direito e dos princípios constitucionais norteadores da Administração Pública, da legalidade, im-

6. Ob. cit., p. 389.

pessoalidade, moralidade e publicidade, de acordo com o art. 37 da Constituição.

Celso Antônio Bandeira de Mello considera como princípios aplicáveis a todo e qualquer tipo de procedimento os seguintes: princípio da audiência do interessado; princípio da acessibilidade aos elementos do expediente; princípio da ampla instrução probatória; princípio da motivação; princípio da revisibilidade; princípio da representação e assessoramento; princípio da lealdade e boa-fé; princípio da verdade material. Quanto aos princípios da oficialidade e da gratuidade, não podem ser aplicados nos procedimentos ampliativos de direito suscitados pelos interessados; e o princípio do informalismo não se aplica aos procedimentos concorrenciais.[7]

A nossa Constituição, ao definir o Estado brasileiro como um Estado Democrático de Direito, também abre possibilidades de serem constituídos mecanismos mais eficazes de participação dos cidadãos nos processos de tomada de decisões de interesse da coletividade que possam resultar em limites e restrições, e principalmente violação de direitos. O direito de petição, de iniciativa popular, de referendo, de plebiscito, de consultas e audiências públicas, de representação direta da comunidade em esferas públicas responsáveis pela promoção de políticas públicas como conselhos, comissões, comitês, a garantia da ampla defesa no processo administrativo, permitem conferir um sentido mais amplo ao princípio do devido processo legal na proteção e garantia dos direitos da pessoa humana.

É possível, através da aplicação destes mecanismos democráticos, construir uma nova cultura nas relações entre o Poder Público e os cidadãos, face a atual estrutura administrativa ainda possuir hábitos e formas de administração centralizadora e antidemocrática.

7. Celso Antônio Bandeira de Mello, *Curso de Direito Administrativo*, 8ª ed., p. 304.

Na verdade, o contexto político, econômico e social deste final de século, onde existe uma diversidade de paradigmas em disputa na sociedade, da crise dos valores da ética e da moral, a globalização da economia e da cultura, a redefinição do papel do Estado (Estado do *Welfare State* x Estado Mínimo), do poder de influência dos meios de comunicação e da informática, do processo de internacionalização da proteção dos direitos humanos e flexibilização dos direitos sociais no âmbito nacional, da promoção do desenvolvimento sustentável voltado à defesa do meio ambiente em contraposição aos modelos tradicionais de desenvolvimento, da crescente urbanização do mundo, onde mais da metade da população mundial está situada nas cidades, nos leva a refletir que significado deve ser estabelecido para as garantias de direitos concebidas séculos atrás.

Nesse contexto é possível apontar como novo elemento para uma compreensão da amplitude e eficácia do devido processo legal, o sistema internacional de proteção dos direitos humanos, que introduz novos preceitos para a proteção dos direitos da pessoa humana.

## ***3. O devido processo legal no sistema internacional de proteção dos direitos humanos***

### *3.1 Breves considerações sobre o sistema internacional de proteção dos direitos humanos*

No contexto da globalização, o tema dos direitos humanos se consolidou como um tema global, cujo processo tem como marco a universalização dos direitos, com base na Declaração Universal dos Direitos Humanos de 1948, estabelecida pelas Nações Unidas. No decorrer das quatro últimas décadas a trajetória dos direitos humanos tem sido marcada pelo fenômeno da constituição de diversas Convenções e Declarações Internacionais, estabelecendo organismos e mecanismos de proteção desses direitos, sejam de âmbito global e regional.

No âmbito global, com a adoção pelas Nações Unidas dos Pactos Internacionais de Direitos Civis e Políticos e de Direitos Econômicos, Sociais e Culturais (1966), que tiveram como fundamento a Declaração Universal dos Direitos Humanos, os indivíduos, os cidadãos dos Estados Nacionais se transformam em sujeitos de direito internacional, adquirindo capacidade processual para a efetiva proteção e implementação de seus direitos junto aos organismos internacionais de proteção dos direitos humanos. Essa nova relação histórica entre os indivíduos, Estados Nacionais e Organismos Internacionais também é estabelecida nos sistemas regionais de proteção dos direitos humanos, como o Sistema Europeu e o Sistema Americano, com base na Convenção Americana sobre Direitos Humanos — "Pacto de San José da Costa Rica" (1969).

O processo de universalização e multiplicação dos direitos configura um rompimento com o sistema tradicional de relação do indivíduo sujeito de direitos somente no âmbito do Estado do qual é cidadão, de modo a estabelecer, como Kant pregava, um novo cidadão, o cidadão do mundo sujeito de direitos universais reconhecidos por um direito cosmopolita. O processo de armação tem gerado uma gradual multiplicação de direitos mediante a especificação do homem abstrato e genérico de acordo com o sexo — homem, mulher; idade — criança, adulto, idoso; condições de saúde — deficiências físicas e mentais; raça e etnia.

O sistema internacional de proteção dos direitos humanos contém um padrão universal de realização de direitos para todos os países e nações de modo a superar noções até então difusas, tratadas apenas de maneira não uniforme nas Constituições e legislações nacionais. Os destinatários dos princípios e direitos contidos nos instrumentos internacionais não são mais apenas os cidadãos deste ou daquele Estado, mas todos os homens. A aplicação destes instrumentos internacionais coloca em movimento um processo em cujo final os direitos do homem deverão não ser mais apenas proclamados ou apenas idealmente reconhecidos, porém efetivamente protegidos contra o Estado que os tenha violado.

O reconhecimento dos instrumentos internacionais de direitos humanos é outra evolução significativa presente nas Constituições contemporâneas.[8] A Constituição brasileira estabelece como um dos princípios que devem reger as relações internacionais do Estado brasileiro, a prevalência dos direitos humanos (art. 4º, II), e admite a proteção constitucional aos direitos reconhecidos através dos tratados internacionais.

As normas definidoras dos direitos e garantias fundamentais têm aplicação imediata nos termos do § 1º do art. 5º da Constituição. De acordo com o seu § 2º: *os direi-*

8. A Constituição portuguesa de 1976 estabelece que os direitos fundamentais nela consagrados "não excluem quaisquer outros constantes das leis e das regras aplicáveis de direito internacional", e acrescenta: "os preceitos constitucionais e legais relativos aos direitos fundamentais devem ser interpretados em harmonia com a Declaração Universal dos Direitos Humanos". A Constituição da Alemanha, em seu art. 25, estabelece que as normas gerais de direito internacional público constituem parte integrante do direito federal e sobrepõem-se às leis e constituem fonte de direitos e obrigações para os habitantes do território federal. A Constituição do Chile, ao final do art. 5º, II, estabelece como dever dos órgãos do Estado respeitar e promover os direitos garantidos na Constituição, assim como pelos tratados internacionais ratificados pelo Chile e que se encontram em vigência. A Constituição da Colômbia, em ser art. 93, determina que os tratados de direitos humanos ratificados prevalecem na ordem interna. A Constituição da Argentina reformada em 1994, reconhece pelo art. 75, 22, que determinados tratados e instrumentos de direitos humanos, nele enumerados, têm hierarquia constitucional, só podendo ser denunciados mediante prévia aprovação de dois terços dos membros do legislativo; tais tratados e instrumentos de direitos humanos são complementares aos direitos e garantias reconhecidos na Constituição.

*tos e garantias expressos nesta Constituição não excluem outros decorrentes do regime e dos princípios por ela adotados, ou dos tratados internacionais em que a República Federativa do Brasil seja parte.*

Para Flávia Piovesan, "se as normas definidoras dos direitos e garantias fundamentais demandam aplicação imediata e se, por sua vez, os tratados internacionais de direitos humanos têm por objeto justamente a definição de direitos e garantias, conclui-se que estas normas merecem aplicação imediata".[9]

O direito constitucional brasileiro, ao conferir aos tratados de direitos humanos *status* de norma constitucional, passa a projetar a importância da integração e cooperação entre o direito internacional e o direito interno para o alcance do fim que os preconiza, a proteção da pessoa humana. A proteção dos direitos humanos, que é uma responsabilidade primária do Estado, passa a ter um reforço importante com o papel complementar do sistema internacional à luz dos tratados e organismos internacionais de proteção destes direitos.

As normas internacionais de direitos humanos, como característica do direito constitucional contemporâneo, têm a seguinte ponderação de Canotilho: "A globalização internacional dos problemas ('direitos humanos', 'proteção de recursos', 'ambiente') aí está a demonstrar que, se a 'constituição jurídica do centro estadual', territorialmente delimitado, continua a ser uma carta de identidade política e cultural e uma mediação normativa necessária de estruturas básicas de justiça de um Estado-Nação, cada vez mais ela se deve articular com outros direitos, mais ou menos vinculantes, e preceptivos (*hard-law*), progressivamente forjados por novas unidades políticas ('cidade mundo', 'européia comunitária', 'casa européia', 'unidade africana')".[10]

9. Flávia Piovesan, *Direitos Humanos e o Direito Constitucional Internacional*, p. 103.

10. José J. G. Canotilho, ob. cit., p. 18.

A interação entre o direito internacional e o direito interno na proteção dos direitos humanos com relação ao devido processo legal é extremamente significativa, pois os tratados de direitos humanos como regra geral atribuem aos tribunais internos a função primordial desta proteção, tendo em vista as obrigações previstas de fornecer recursos internos eficazes e de serem esgotados estes recursos, para ser possível a utilização de forma subsidiária do processo legal internacional por parte dos indivíduos reclamantes da violação de seus direitos.

A legislação nacional, assim como as decisões internas judiciais ou administrativas, deve estar em conformidade com as obrigações internacionais dos Estados em matéria de direitos humanos. Não obstante sejam atos internos, tanto a legislação como as decisões judiciais e administrativas que não desrespeitarem as normas dos tratados internacionais de direitos humanos estarão sujeitas a exame por parte dos órgãos de supervisão internacional.

Considerando que foi confiada a proteção primária aos órgãos internos do Estado, a contrapartida é justamente o conhecimento, a interpretação e a aplicação por parte dos órgãos dos Poderes Legislativo, Executivo e Judiciário das disposições pertinentes dos tratados de direitos humanos. Aos órgãos de supervisão internacional cabe a verificação da conformidade dos atos internos (judiciais, legislativos, administrativos) dos Estados com as obrigações convencionais que a estes se impõem.

### *3.2 O devido processo legal no sistema global de proteção dos direitos humanos (Nações Unidas)*

No sistema global de proteção dos direitos humanos a garantia do devido processo legal está prevista em especial no Pacto Internacional dos Direitos Civis e Políticos (1966), do qual o Estado brasileiro é parte.[11] Para tornar efetivos os direitos reconhecidos no Pacto, no caso da ausência de medidas legislativas ou de outra natureza destinadas para este fim, é estabelecida a obrigação de os Estados tomarem as providências necessárias para as medidas serem adotadas, levando em consideração os seus procedimentos constitucionais nos termos do art. 2º, inc. 2.

A garantia de toda pessoa, cujos direitos e liberdades reconhecidos no Pacto hajam sido violados, possa dispor de um recurso efetivo, incluindo os casos em que a violência tenha sido perpetrada por pessoas que agiam no exercício de funções oficiais, e a garantia de toda pessoa que interpuser tal recurso de ter seu direito determinado pela competente autoridade judicial, administrativa ou legislativa ou por qualquer outra autoridade competente prevista no ordenamento jurídico do Estado em questão, são asseguradas pelo inc. 3 do art. 2º.

Como forma de assegurar o direito à liberdade e à segurança pessoal, o art. 9º, ninguém poderá ser privado de sua liberdade, salvo pelos motivos previstos em lei e em conformidade com os procedimentos nela estabelecidos. Ao afirmar, pelo art. 14, que todas as pessoas são iguais perante os Tribunais e as Cortes de Justiça, estabelece o direito de toda pessoa ser ouvida publicamente com as devidas garantias por um Tribunal competente, independente e imparcial, estabelecido por lei, na apuração de qualquer acusação de caráter penal formulada contra ela ou na determinação de seus direitos e obrigações de caráter civil.

O conteúdo material do devido processo legal, desenvolvido no direito americano como requisito de apuração da constitucionalidade das leis, é adotado no Pacto em seu art. 26, pelo qual: *todas as pessoas são iguais perante a lei e têm direito, sem discriminação alguma, a igual proteção da lei.* A este respeito, a lei deverá proibir qualquer forma de discriminação e garantir a todas as pessoas proteção igual e eficaz contra qualquer discriminação por motivo de raça, cor, sexo, língua, religião, opinião política ou de outra natureza, origem nacional ou social, situação econômica, nascimento ou qualquer outra situação.

Conforme afirma Lúcia Valle Figueiredo, "igualdade na lei e igualdade perante a lei são coisas diferentes. O aplicador poderá, ao aplicar a lei, estar aplicando-a igualmente, sem discriminações; mas pode, ao aplicá-la, estar violando o texto constitucional, na medida em que a lei tem que ser aferida pelas normas e princípios da Constituição".[12]

O órgão de supervisão estabelecido no Pacto é o Comitê de Direitos Humanos composto por dezoito membros, que devem ser pessoas de elevada reputação moral e reconhecida competência em matéria de direitos humanos, eleitos pelos Estados-partes. O Comitê pode ser convocado por um Estado-parte para verificar se os atos normativos, administrativos ou judiciais internos de outro Estado-parte estão ou não em consonância com as disposições do Pacto.

Os Estados-partes podem reconhecer a competência do Comitê para receber e examinar comunicações de indivíduos que se encontrem sob sua jurisdição e aleguem violação de seus direitos, de acordo com o Protocolo Facultativo relativo a este Pacto (arts. 1º, 2º, e 3º). O direito de os indivíduos apresentarem petição ao Comitê tem como exigência o esgotamento de todos os recursos internos disponíveis.

A forma de supervisão do Comitê, como os demais órgãos de supervisão do sistema das Nações Unidas, como a Comissão de Direitos Humanos, o Conselho Econômico e Social, é procedida mediante a análise dos relatórios dos quais os Estados-partes tem a obrigação de elaborar referente as me-

11. Adotado pela Resolução 2.200-A (XXI) da Assembléia-Geral das Nações Unidas, em 16.12.1966 e ratificado pelo Brasil em 24.1.1992.

12. Lúcia Valle Figueiredo, *Curso de Direito Administrativo*, 2ª ed. revista e ampliada, p. 45.

didas por eles adotadas para tornar efetivos os direitos reconhecidos nos tratados internacionais.

Nos casos de denúncia de violação de direitos dos Estados-partes ou dos indivíduos esses organismos têm competência para constituírem processos de investigação e de tentativa de conciliação nas situações de conflito. Esses organismos têm competência para apresentar recomendações sobre as medidas que devem ser adotadas pelos Estados para que as obrigações estabelecidas nos tratados sejam atendidas.

Por exemplo, o Pacto Internacional dos Direitos Econômicos, Sociais e Culturais (1966), do qual o Brasil é parte,[13] estabelece como medidas de ordem internacional, destinadas a tornar efetivos os direitos reconhecidos no Pacto, a conclusão de convenções, a adoção de recomendações e a prestação de assistência técnica (art. 23).

O sistema de proteção de direitos humanos das Nações Unidas não contém órgãos judiciais internacionais com jurisdição para proteção dos direitos humanos, reforçando a responsabilidade primária dos órgãos internos dos Estados, para efeito de reparação às pessoas vítimas de violação de direitos e o estabelecimento de sanções aos responsáveis por estas violações.

A garantia do devido processo legal também está prevista em convenções específicas do sistema global. A Convenção Internacional sobre a Eliminação de todas as Formas de Discriminação Racial (1968), da qual o Brasil é parte,[14] estabelece aos Estados-partes a obrigação de modificar, ab-rogar ou anular qualquer disposição regulamentar que tenha como objetivo criar a discriminação ou perpetuá-la onde já existir, e adotar medidas legislativas para proibir e pôr fim à discriminação racial praticadas por quaisquer pessoas, grupos ou organização (art. 2º, alíneas *c*, *d*).

Para assegurar o direito a um tratamento igual perante a lei, no art. 6º é estabelecida a obrigação de os Estados-partes garantir a qualquer pessoa que estiver sob sua jurisdição proteção e recursos eficazes perante os tribunais nacionais e outros órgãos do Estado competentes, contra quaisquer atos de discriminação racial que, contrariamente à Convenção, violarem seus direitos individuais e suas liberdades fundamentais. Essa norma internacional também assegura o direito de pedir a esses tribunais e órgãos uma satisfação ou reparação justa e adequada por qualquer dano de que foi vítima, em decorrência de tal discriminação.

Como órgão de supervisão é estabelecido o Comitê sobre a Eliminação da Discriminação Racial, composto por dezoito peritos de grande prestígio moral e reconhecida imparcialidade, eleitos pelos Estados-partes, que têm a obrigação de submeter relatórios ao Comitê sobre as medidas legislativas, judiciárias, administrativas ou outras que adotarem para tornar efetivas as disposições da Convenção.

A Convenção sobre a Eliminação de todas as Formas de Discriminação Contra a Mulher (1979), da qual o Brasil é parte,[15] contém um conjunto de obrigações para a eliminação da discriminação contra a mulher com base no devido processo legal. De acordo com o art. 2º (alíneas *a*, *b*, *c*, *d*, *f*) da Convenção, os Estados-partes têm como obrigação para assegurar à mulher a igualdade com o homem perante a lei:

• consagrar, em suas Constituições nacionais ou em outra legislação apropriada, o princípio da igualdade do homem e da mulher e assegurar por lei outros meios apropriados à realização prática desse princípio;

13. Adotado pela Resolução 2.200-A (XXI) da Assembléia-Geral das Nações Unidas, em 16.12.1966, e ratificado pelo Brasil em 24.1.1992.

14. Adotada pela Resolução 2.106 (XX) da Assembléia-Geral das Nações Unidas, em 21.12.1965, e ratificada pelo Brasil em 27.3.1968.

15. Adotada pela Resolução 34/180 da Assembléia-Geral das Nações Unidas, em 18.12.1979, e ratificada pelo Brasil em 1.2.1984.

• adotar medidas legislativas e de outro caráter, com as sanções cabíveis e que proíbam toda discriminação contra a mulher;

• estabelecer a proteção jurídica dos direitos da mulher em uma base de igualdade com os do homem e garantir, *por meio dos tribunais nacionais competentes e de outras instituições públicas*, a proteção efetiva da mulher contra todo ato de discriminação;

• abster-se de incorrer em todo ato ou prática de discriminação contra a mulher e *zelar para que as autoridades e instituições públicas atuem em conformidade com esta obrigação*;

• adotar todas as medidas adequadas, inclusive de caráter legislativo, para modificar ou derrogar leis, regulamentos, usos e práticas que constituam discriminação contra a mulher.

Como órgão de supervisão é estabelecido o Comitê sobre a Eliminação da Discriminação contra a Mulher, composto por vinte e três peritos de grande prestígio moral e competência na área dos direitos das mulheres, eleitos pelos Estados-partes, que têm a obrigação de submeter relatórios ao Comitê sobre as medidas legislativas, judiciárias, administrativas ou outras que adotarem para tornar efetivas as disposições da Convenção.

A Convenção Internacional sobre os Direitos da Criança, da qual o Brasil também é parte,[16] assegura o devido processo legal nos termos do art. 13, inc. II, no qual confere à criança a oportunidade de ser ouvida em qualquer procedimento judicial ou administrativo que lhe diga respeito, diretamente ou através de um representante ou órgão apropriado, em conformidade com as regras processuais do direito nacional. A obrigação de um tratamento específico para as crianças acusadas de ter infringido as leis penais, mediante a adoção de leis, procedimentos, autoridades e instituições específicas, é fundamentada na garantia do devido processo legal nos termos do art. 40, inc. 3, da Convenção.

Como órgão de supervisão é estabelecido o Comitê para os Direitos da Criança integrado por dez especialistas sobre o assunto e de reconhecida integridade moral, eleitos pelos Estados-partes, que têm como obrigação apresentar relatórios sobre as medidas que tenham adotado com vistas a tornar efetivos os direitos reconhecidos na Convenção e sobre os progressos alcançados no desenvolvimento desses direitos.

O sistema internacional de proteção dos direitos humanos, como já foi afirmado, é constituído pelo sistema global das Nações Unidas e pelos sistemas regionais como o Europeu, Americano e o Africano, que contêm tratados e organismos próprios de supervisão dos direitos humanos. A principal diferença entre o sistema global e os regionais é a possibilidade de os Estados reconhecerem a jurisdição dos Tribunais Internacionais de âmbito regional, que têm como pressuposto fundamental a garantia do devido processo legal.

O sistema europeu, através da Convenção Européia de Proteção dos Direitos Humanos e Liberdades Fundamentais (1950), estabelece como órgãos de supervisão a Comissão e a Corte Européia de Direitos Humanos. A Corte Européia tem competência para analisar as questões relativas à interpretação e aplicação da Convenção, podendo ser provocada pelos Estados-partes que reconhecerem sua jurisdição e pela Comissão que pode ser provocada por qualquer indivíduo, organização não-governamental ou grupo de particulares que se considere vítima de uma violação dos direitos humanos, desde que tenham sido esgotados os recursos internos.

Quanto aos efeitos de sua decisão, o art. 50 da Convenção estabelece que: se a decisão da Corte declarar que uma decisão tomada ou providência ordenada por uma autoridade judicial ou qualquer outra autoridade de uma parte contratante se encontra,

16. Adotada pela Resolução L. 44 (XLIV) da Assembléia-Geral das Nações Unidas, em 20.11.1989, ratificada pelo Brasil em 24.9.1990.

integral ou parcialmente, em oposição com as obrigações que derivam da convenção, e se o direito interno da Parte Contratante só por forma imperfeita permitir as conseqüências daquela disposição, a decisão da Corte concederá à parte lesada, se for procedente a sua causa, uma reparação razoável.

Tendo em vista que o Estado brasileiro é parte do sistema interamericano, é necessária a identificação das obrigações de garantia do devido processo legal assumidas, com base na Convenção Americana sobre Direitos Humanos.

### *3.3 O devido processo legal no sistema interamericano*

A Convenção Americana de Direitos Humanos — Pacto de San José da Costa Rica (1969), da qual o Brasil é parte,[17] contém também um conjunto de obrigações inerentes a garantia do devido processo legal. Associado à obrigação de respeitar os direitos reconhecidos na Convenção, se encontra o dever de os Estados-partes adotarem disposições de direito interno se o exercício dos direitos e garantias ainda não estiver garantido por disposições legislativas ou de outra natureza, quer dizer, os Estados-partes se comprometem a adotar, de acordo com suas normas constitucionais e com as disposições da Convenção, as medidas legislativas ou de outra natureza que forem necessárias para tornar efetivos tais direitos e liberdades (art. 2º).

A concepção moderna do devido processo legal, que amplia o seu conteúdo do meramente formal para o material, é adotada pela Convenção em seu art. 24, que versa sobre o princípio da igualdade perante a lei, pelo qual "*todas as pessoas são iguais perante a lei. Por conseguinte, têm direito, sem discriminação alguma, à igual proteção da lei*". Com base nesta norma não pode haver no direito interno, seja nas normas constitucionais, assim como nas leis, formas de discriminação que acarretem a violação dos direitos, como a falta de garantias aos cidadãos nos processos judiciais ou administrativos.

O reconhecimento de toda pessoa ter direito a um recurso simples e rápido ou qualquer outro recurso efetivo, perante os juízes ou tribunais competentes, que a proteja contra atos que violem seus direitos fundamentais reconhecidos pela Constituição, pela lei ou pela presente Convenção, mesmo quando tal violação seja cometida por pessoas que estão atuando no exercício de suas funções oficiais nos termos do art. 25, faz parte do rol das normas referentes ao princípio do devido processo legal.

O inc. 2 deste artigo estabelece aos Estados-partes a obrigação de assegurar que a autoridade competente prevista pelo sistema legal do Estado decida sobre os direitos de toda pessoa que interpuser tal recurso; de desenvolver as possibilidades de recurso judicial; e de assegurar o cumprimento, pelas autoridades competentes, de toda decisão em que se tenha considerado procedente o recurso.

A Convenção estabelece como órgãos de supervisão a Comissão Interamericana e a Corte Interamericana de Direitos Humanos. A Comissão é composta por sete membros, que devem ser pessoas de alta autoridade moral e de reconhecido saber em matéria de direitos humanos, eleitos pela Assembléia Geral da OEA. A Comissão tem entre suas atribuições receber e examinar petições e comunicações a ela submetidas; dirigir-se a qualquer dos Estados Americanos a fim de obter informações e formular recomendações; publicar suas conclusões sobre os distintos casos de violação; iniciar ações contra um Estado em representação de uma vítima face a Corte Interamericana.

A Comissão tem competência para examinar comunicados e petições de indiví-

17. Adotada na Conferência Especializada Interamericana sobre Direitos Humanos, em San José da Costa Rica, em 22.11.1969, e ratificada pelo Brasil em 25.9.1992.

duos, grupo de pessoas ou organizações não-governamentais sobre denúncias ou queixas de violação da Convenção, nos termos do art. 44. Para a admissibilidade da petição ou comunicado torna-se necessário que hajam sido interpostos e esgotados os recursos da jurisdição interna (art. 46, alínea *a*).

Este requisito pode deixar de ser atendido em determinados casos para justamente garantir a observância do devido processo legal. De acordo com o inc. 2 do art. 46, esse requisito não se aplica quando:

a) não existir, na legislação interna do Estado de que se tratar a denúncia, o devido processo legal para a proteção do direito ou direitos que se alegue tenham sido violados;

b) não se houver permitido ao presumido prejudicado em seus direitos o acesso aos recursos da jurisdição interna, ou houver sido ele impedido de esgotá-los;

c) houver demora injustificada na decisão sobre os mencionados recursos.

Considerando a ocorrência em nosso país de arquivamento de processos judicias ou administrativos sem a devida apuração das provas, responsabilidades, bem como da aplicação das sanções penais, civis e administrativas, em vários casos de violação de direitos humanos, tais como crimes de tortura, o caso do Carandiru, da favela Vigário Geral, dos conflitos na demarcação de terras da comunidade indígena Yanomani, dos crimes contra trabalhadores rurais, essa norma permite que no sistema internacional seja possível a existência de um processo que atenda aos preceitos do devido processo legal.

O sistema interamericano possibilita uma maior eficácia para o devido processo legal ser respeitado, não somente pela possibilidade do direito de petição à Comissão Interamericana, mas principalmente pelas atribuições conferidas pela Convenção à Corte Interamericana. A Corte é composta por sete juízes, juristas da mais alta autoridade moral, de reconhecida competência em matéria de direitos humanos, eleitos a título pessoal pelos Estados-partes.

O caráter jurisdicional da Corte é decorrente de sua competência para a solução de controvérsias de qualquer caso relativo à interpretação e aplicação das normas da Convenção. Somente os Estados-partes e a Comissão têm direito de submeter um caso à decisão da Corte. Isto significa que os casos de comunicados e petições de denúncias ou queixas de violação de direitos, de indivíduos, grupos de pessoas ou organizações não-governamentais podem ser submetidos à decisão da Corte somente através da Comissão.

Outro aspecto fundamental é a necessidade de os Estados-partes reconhecerem através de declaração expressa a jurisdição da Corte, para os casos relativos à interpretação ou aplicação da Convenção (art. 62), por ser esta uma cláusula facultativa. O Brasil não reconheceu até o momento a jurisdição da Corte, apesar de ser parte da Convenção.[18]

A Corte, no âmbito de sua jurisdição, de acordo com o art. 63, tem competência para decidir se houve ou não violação de um direito ou liberdade protegidos pela convenção; determinar que se assegure ao prejudicado o gozo de seu direito ou liberdade violados; determinar, quando procedente, que sejam reparadas as conseqüências da medida ou situação que haja configurado a violação desses direitos, bem como o pagamento de indenização justa à parte lesada.

Quanto aos efeitos da decisão da Corte, os Estados-partes têm a obrigação de cumprir com a decisão em todo caso em que forem partes. A sentença da Corte é considerada definitiva e inapelável, e tem força jurídica vinculante e obrigatória, cabendo ao Estado o seu imediato cumprimento (art.

18. Até dezembro de 1994 a Corte Interamericana de Direitos Humanos teve sua jurisdição reconhecida pelos seguintes países que são Estados-partes da Convenção: Argentina, Bolívia, Chile, Colômbia, Costa Rica, Equador, Guatemala, Honduras, Nicarágua, Panamá, Paraguai, Peru, Suriname, Trinidad e Tobago, Uruguai e Venezuela.

67). No caso de a sentença determinar uma indenização compensatória para quem sofreu a lesão de seus direitos, a decisão valerá como título executivo, em conformidade com os procedimentos internos relativos à execução da sentença contra o Estado (arti. 68).

Tendo em vista as atribuições da Comissão e da Corte Interamericana, e o reconhecimento pela maioria dos países, da jurisdição da Corte, o sistema interamericano tem condições de se consolidar como um sistema eficaz de proteção dos direitos da pessoa humana, na solução dos casos em que os ordenamentos jurídicos dos Estados Nacionais apresentem lacunas, omissões, falhas para a efetiva proteção dos direitos de seus cidadãos.

A função jurisdicional da Corte é, sem dúvida, um mecanismo inovador de proteção dos direitos da pessoa humana, pois permite, a partir da provocação de indivíduos, ou grupo de pessoas que tenham sofrido violação de direitos por ação ou omissão do Estado Nacional junto à Comissão Interamericana, tenham seus casos examinados pela Corte a pedido da própria Comissão. Outro aspecto importante são os efeitos da decisão da Corte, que têm efeito vinculante para os Estados que reconhecerem sua jurisdição, nos casos em que decida pela responsabilidade do Estado e pela reparação às pessoas que tiveram seus direitos lesados.

No caso do Brasil, para a aplicabilidade integral das normas de proteção de direitos humanos do sistema interamericano, é fundamental o reconhecimento da jurisdição da Corte Interamericana, uma vez que já reconheceu a competência da Comissão Interamericana para examinar casos de violação de direitos humanos ocorridos em nosso país. O reconhecimento da jurisdição da Corte de forma alguma contraria os preceitos da Constituição, pelo contrário, seria uma medida voltada a conferir maior eficácia à garantia constitucional do devido processo legal e aos instrumentos nacionais de proteção dos direitos da pessoa humana.

## *4. Considerações finais*

A interação entre o sistema internacional de proteção dos direitos humanos através de seus tratados e organismos de supervisão com o direito interno dos países, tem sido resultante de um processo de conscientização da identidade entre os propósitos do direito internacional e o direito público interno contemporâneo quanto à proteção dos direitos da pessoa humana.

Com base nesses tratados internacionais de direitos humanos, a plena observância do devido processo legal implica o respeito a suas normas e a interação destas com o direito interno, devido a necessidade da compatibilização entre os seus dispositivos e as normas constitucionais e leis internas. Essa necessidade é voltada a prevenir conflitos entre as jurisdições internacional e nacional e de harmonizar a legislação nacional com as normas de proteção dos direitos humanos.

Antônio Augusto Cançado Trindade, ao tratar deste tema, entende que: "Os Estados-partes em tratados de direitos humanos encontram-se em suma obrigados a organizar o seu ordenamento jurídico interno de modo que as supostas vítimas de violações dos direitos neles consagrados disponham de um recurso eficaz perante as instâncias nacionais. Esta obrigação adicional opera como uma salvaguarda contra eventuais denegações de justiça, ou atrasos indevidos ou outras irregularidades processuais na administração da justiça".[19]

O Direito brasileiro vive esse processo de conscientização de identidade, uma vez que a Constituição assegura expressamente que ninguém será privado de sua liberdade e de seus bens sem o devido processo legal, e assegura aos litigantes em proces-

19. Antônio Cançado Trindade, *Direito Internacional e Direito Interno: sua Interação na Proteção dos Direitos Humanos, Instrumentos Internacionais de Direitos Humanos*, Série Documentos n. 14, p. 39.

so judicial ou administrativo, e aos acusados em geral, o contraditório e ampla defesa, com os meios e recursos a ela inerentes, ao mesmo tempo que estabelece a prevalência dos direitos humanos, como princípio norteador das relações internacionais do Estado brasileiro.

O cumprimento das normas internacionais de proteção dos direitos humanos reforça a necessidade de termos em nosso ordenamento mecanismos e organismos eficazes para o pleno desenvolvimento dos direitos humanos.

No campo da Administração pública, no estabelecimento dos processos e procedimentos administrativos, é preciso incorporar novas formas de garantia do devido processo legal, especialmente com relação aos assuntos de interesses coletivo e difusos como prestação de serviços públicos, meio ambiente, planejamento e desenvolvimento urbano.

Para atender ao princípio democrático da participação popular na Administração Pública, nos processos de tomadas de decisão de interesse da coletividade, devem ser assegurados mecanismos que permitam a participação individual e coletiva. Nas questões urbanas é necessário que as decisões do Poder Público de aprovação de planos urbanísticos, de licença para projetos de grande impacto ambiental ou de vizinhança, sejam resultado de um processo administrativo que contenha fases e instrumentos destinados à informação, à consulta e à defesa da comunidade diretamente atingida. É extremamente importante a formalização do processo administrativo para os assuntos de interesses coletivo e difusos.

Outro exemplo diz respeito aos processos de privatização dos serviços públicos, como das telecomunicações, energia e saneamento, onde os cidadãos, como usuários desses serviços, portanto, consumidores, têm o direito de participar desses processos, seja mediante a obtenção de informação sobre o impacto dos custos e da qualidade dos serviços, como de ter representantes nas instâncias administrativas deliberativas, como os conselhos de privatização, e de serem consultados se os serviços devem ou não ser privatizados.

Não há dúvida que existem grandes dificuldades no aspecto político, econômico, social e cultural para a Constituição vir a ser respeitada na íntegra e consolidarmos um real Estado Democrático de Direito.

De qualquer forma, passos importantes foram dados nesta direção com o reconhecimento, nos anos 90, dos principais tratados internacionais de direitos humanos pelo Estado brasileiro. O que não é possível admitir é a modificação de nosso ordenamento através de um processo de reforma da Constituição que acarrete um retrocesso quanto à existência de garantias, instrumentos e políticas públicas que tenham a finalidade de proteger e efetivar os direitos da pessoa humana.

## *5. Conclusões*

*1.* A incorporação das normas dos tratados internacionais de direitos humanos no direito interno, como é o caso do direito brasileiro, significa o fortalecimento da inter-relação e de uma interação dinâmica dos instrumentos e mecanismos do sistema internacional com os do sistema interno, numa mesma direção que é a proteção dos direitos da pessoa humana, de modo a atender as necessidades e exigências de uma sociedade contemporânea democrática.

*2.* A garantia do devido processo legal nos tratados internacionais de direitos humanos configura a plena consonância entre suas normas e as normas constitucionais constituidoras da obrigação de o Estado brasileiro ter em seu ordenamento jurídico mecanismos eficazes de proteção de direitos, seja no âmbito judicial como administrativo.

*3.* Para o princípio do devido processo legal ser atendido, o Poder Público deve adotar as seguintes medidas:

• estender o direito de petição para assuntos de interesses coletivo e difusos;

• atender a obrigatoriedade de prestar informações, de promover audiências públicas, de realizar consultas nos assuntos em que a comunidade será diretamente afetada, e definir as sanções pelo não cumprimento destas exigências;

• garantir a representação direta da sociedade nas esferas públicas responsáveis pela promoção de políticas públicas, como conselhos, comissões, comitês;

• atribuir capacidade processual nos processos administrativos para grupos sociais, organizações não-governamentais e entidades representativas da comunidade, para a promoção da defesa de interesses coletivos e difusos.

*4.* O Estado brasileiro, como parte do sistema interamericano de direitos humanos, deve reconhecer a jurisdição da Corte Interamericana de Direitos Humanos, de modo a ampliar os mecanismos de garantia do devido processo legal para fins de proteção dos direitos da pessoa humana.

*5.* O respeito às normas dos tratados internacionais de direitos humanos se constitui em mais um pressuposto condicionante para identificar a existência ou não do Estado Democrático de Direito. Essas normas internacionais, por estarem inter-relacionadas com os preceitos constitucionais configuradores do Estado de Direito e da proteção dos direitos da pessoa humana, passam a ser comandos dirigentes para verificar não somente a constitucionalidade das leis, e da legalidade dos atos praticados pelo Poder Público, como também do conjunto das emendas constitucionais voltadas a reformas globais do nosso Estado e do ordenamento jurídico.

## *Bibliografia*

CANOTILHO, José Joaquim Gomes. *Direito Constitucional*. 6ª ed. revista, Coimbra, Livraria Almedina, 1993.

FIGUEIREDO, Lúcia Valle. *Curso de Direito Administrativo*. 2ª ed. revista e ampliada, Malheiros Editores, 1995.

LEVANDOWSKI, Enrique Ricardo. *Proteção dos Direitos Humanos na Ordem Interna e Internacional*. Rio de Janeiro, Forense, 1984.

MELLO, Celso Antônio Bandeira de. *Curso de Direito Administrativo*. 8ª ed., Malheiros Editores, 1996.

PIOVESAN, Flávia. *Direitos Humanos e o Direito Constitucional Internacional*. Max Limonad, 1996.

SILVA, José Afonso da. *Curso de Direito Constitucional Positivo*. Ed. RT, 1990.

TRINDADE, Antônio Augusto Cançado. *Direito Internacional e Direito Interno: sua Interação na Proteção dos Direitos Humanos*, *Instrumentos Internacionais de Direitos Humanos*. Centro de Estudos da Procuradoria-Geral do Estado de São Paulo, Série Documentos n. 14, 1996.

*Tratados internacionais consultados*

Pacto Internacional de Direitos Civis e Políticos. Resolução 2.200-A (XXI) da Assembléia-Geral das Nações Unidas, de 16.12.1966.

Pacto Internacional de Direitos Econômicos, Sociais e Culturais. Resolução 2.200-A (XXI) da Assembléia-Geral das Nações Unidas, de 16.12.1966.

Convenção Internacional sobre a Eliminação de todas as Formas de Discriminação Racial (1965). Resolução 2.106-A (XX) da Assembléia-Geral das Nações Unidas, de 21.12.1965.

Convenção sobre a Eliminação de todas as Formas de Discriminação contra a Mulher (1979). Resolução 34/180 da Assembléia-Geral das Nações Unidas, de 18.12.1979.

Convenção sobre os Direitos da Criança (1989). Resolução 44/25 da Assembléia-Geral das Nações Unidas, de 20.11.1989.

Convenção Americana de Direitos Humanos — Pacto de San José da Costa Rica (1969).

# SEPARAÇÃO DE PODERES, MAIORIA DEMOCRÁTICA E LEGITIMIDADE DO CONTROLE DE CONSTITUCIONALIDADE

ANA PAULA DE BARCELLOS

Professora contratada da UERJ.
Mestranda em Direito Público. Advogada no Rio de Janeiro

*I. Introdução. II. Separação de poderes: II.1 Origem, finalidade e breve evolução do pensamento político; II.2 A diversidade de modelos de separação de poderes: Inglaterra, França e Brasil. III. A maioria democrática e seus limites. IV. Da legitimidade do controle de constitucionalidade: IV.1 Natureza normativa da Constituição; IV.2 A natureza da Constituição; IV.3 Participação do Legislativo na elaboração das regras de controle de constitucionalidade. V. Conclusão.*

## *I. Introdução*

O século XX foi o século da grande travessia do constitucionalismo rumo à normatividade, especialmente no mundo europeu ocidental e nos países periféricos de tradição romano-germânica. A face mais evidente desse fenômeno é, sem dúvida, a ampliação do controle de constitucionalidade dos atos normativos, o que tem suscitado uma série de debates ainda inconclusos sobre a natureza e os limites desse controle.

Com efeito, até a Segunda Guerra Mundial (tomando-se este evento como marco aproximado), as "normas" constitucionais eram tidas como programas dirigidos basicamente ao legislador, a quem caberia — ou não — implementar tais diretivas. A Constituição, portanto, não era uma norma jurídica propriamente dita, ao alcance de toda a sociedade, que poderia manejá-la diante do Poder Judiciário. Ao contrário, o contato da Constituição com o mundo real era necessariamente limitado pela intermediação do Poder Legislativo.[1]

Essa compreensão da Constituição e dos papéis dos Poderes estatais, especialmente do Judiciário e do Legislativo, estava diretamente relacionada com as circunstâncias históricas que consagraram a supremacia dos parlamentos na Europa ocidental no século XIX.

Sem pretender apresentar um painel histórico detalhado, não há dúvida de que

1. Eduardo García de Enterría, *La Constitución como Norma y el Tribunal Constitucional*, 3ª ed., Madri, Editorial Civitas, 1985, pp. 55 e ss. e Ernst-Wolfgang Böckenförde, *Escritos sobre Derechos Fundamentales*, trad. Juan Luis Requejo Pagés e Ignacio Villaverde Menéndez, Baden Baden, Nomos Verlagsgesellschaft, 1993, pp. 96 e ss.

os parlamentos tiveram um papel fundamental na oposição ao antigo regime, e a deliberação legislativa representou não apenas a superação das monarquias absolutas como a realização dos princípios máximos de igualdade e democracia, através da representação popular majoritária. O Judiciário, ao contrário, era historicamente ligado às monarquias e ao clero e durante muito tempo, após as revoluções burguesas, continuou a ser visto com grande desconfiança.[2] A supremacia do parlamento e da lei, como os grandes garantidores dos direitos individuais, e o desprestígio do Judiciário completam o quadro, mantendo afastada, a essa altura, a idéia de controle judicial de constitucionalidade das leis na Europa continental.[3]

A relevância do contexto histórico para a compreensão do tema se torna ainda mais clara quando se verifica a substancial diferença da situação nos Estados Unidos da América.[4] Ali, ao contrário, o grande vilão da independência norte-americana foi precisamente a intolerância e a exação excessiva do Parlamento britânico, que acabou por conduzir à ruptura com a metrópole.[5]

Desde cedo, os Estados Unidos puderam perceber que o Legislativo poderia se transformar em um violador dos direitos e liberdades individuais e deveria, por isso, sofrer limitações — impostas pela Constituição, como norma hierarquicamente superior, e garantidas pelo Judiciário. O marco inicial do *judicial review* data, como se sabe, de 1803, com o rumoroso caso Marbury *v.* Madison, incorporando-se com alguma naturalidade ao sistema norte-americano. Nem por isso as perplexidades inicialmente referidas, a respeito da natureza e dos limites do controle de constitucionalidade, foram superadas, ainda que os debates nos Estados Unidos assumam outras dimensões.[6]

Voltando ao ponto, o primeiro modelo de controle judicial de constitucionalidade

2. Mauro Cappelletti, *O Controle Judicial de Constitucionalidade das Leis no Direito Comparado*, 2ª ed., trad. Aroldo Plínio Gonçalves, rev. José Carlos Barbosa Moreira, Porto Alegre, Sergio Antonio Fabris Editor, 1992, pp. 26 e ss. e 94 e ss.; Eduardo García de Enterría, *La Constitución...*, cit., p. 56: "Debe notarse todavía que el largo reflejo histórico de la lucha de los Parlamentos con los monarcas había sensibilizado el sistema hacia el dogma de la soberanía parlamentaria, que implicaba la superioridad absoluta de las Leyes y su correlativa inmunidad judicial, lo que aún se reforzaba por el temor hacia la formación conservadora de los jueces y a su carácter profesional y no electivo, a los cuales, por tanto, no resultaba fácil confiar un control de la voluntad popular expresada en la Ley por los representantes parlamentarios".

3. Nuno Piçarra, *A Separação dos Poderes como Doutrina e Princípio Constitucional — Um Contributo para o Estudo das suas Origens e Evolução*, Coimbra, Coimbra Editora, 1989, p. 168: "É certo que se considerou inadmissível o controlo jurisdicional da constitucionalidade das leis em nome do princípio da separação dos poderes, colocado ao serviço da supremacia do legislador. Mas a verdade é que, por força desta compreensão deficiente do valor normativo da constituição, que excluía a dedução de um princípio de constitucionalidade, faltava ao juiz o superior parâmetro ou critério constitucional substantivo, à luz do qual pudesse legitimamente controlar a validade dos actos legislativos".

4. Cumpre esclarecer que, pela necessidade de fixar limites temáticos ao presente estudo, não será abordada a importante contribuição norte-americana para a doutrina da separação de poderes em geral, não apenas doutrinária como histórica, pela criação do sistema presidencial de governo, ou sua influência específica sobre a história constitucional brasileira. Optou-se por abordar o tema principalmente do ponto de vista europeu continental, com uma inevitável passagem pela contribuição inglesa no assunto, pelo fato de que o conflito entre a noção de separação de poderes e o controle de constitucionalidade assumiu contornos muito mais nítidos na experiência histórica daqueles países.

5. Tomás de la Quadra, Antonio la Pergola, Antonio Hernández Gil, Jorge Rodríguez-Zapata, Gustavo Zagrevelsky, Francisco P. Bonifacio, Erhardo Denninger e Conrado Hesse, "Métodos y criterios de interpretación de la Constitución", in *División de Poderes e Interpretación — Hacia una Teoría de la Praxia Constitucional*, org. Antonio Lopes Pina, Madri, Tecnos, 1997, p. 134.

6. A legitimidade do Poder Judiciário de extrair prestações positivas diretamente da Constituição, por exemplo, é um tema em debate nos Estados Unidos. Veja-se, sobre o ponto, dentre outros: Alexander M. Bickel, *The Least Dangerous Branch*

praticado na Europa, concebido por Hans Kelsen para a Constituição Austríaca de 1920, ainda se encontra marcado pela concepção de norma constitucional como mera diretiva, bem como pela convicção da supremacia do parlamento, de forma que se trata muito mais de uma atividade legislativa negativa que jurisdicional.

Com efeito, Kelsen concebeu um sistema pelo qual apenas um órgão — o Tribunal Constitucional — poderia confrontar a lei com a Constituição, em abstrato e com efeito *erga omnes*, sendo que a decisão que porventura pronunciasse a invalidade da norma eqüivalia à sua revogação, produzindo efeitos *ex nunc*. Por esse sistema, é fácil notar, a Constituição não é uma norma verdadeiramente justiciável, dotada de plena hierarquia sobre as leis, uma vez que a invalidade destas não é um efeito da Constituição, mas sim da decisão do "legislador negativo". Os demais membros do Judiciário não estão vinculados diretamente à Constituição, mas apenas às leis em geral e às decisões do Tribunal Constitucional, que devem aplicar no caso concreto.[7]

Nada obstante, o progressivo desenvolvimento dos instrumentos de controle de constitucionalidade vem se fazendo às custas do prestígio e do espaço de exclusividade do Poder Legislativo. Do prestígio porque ampliam-se e efetivam-se os limites impostos pela Constituição ao Poder Legislativo, e do espaço de exclusividade porque as novas modalidades de controle passam a permitir o ingresso de novos agentes no âmbito de interpretação e implementação das normas constitucionais, que não apenas o Legislativo.

A Segunda Guerra Mundial pode ser indicada como um divisor de águas em todo esse processo de jurisdicização da Constituição e ampliação do controle de constitucionalidade.

Isso porque, em primeiro lugar, o mito do Poder Legislativo como mantenedor maior dos direitos de todos os indivíduos desfez-se ruidosamente com a instalação dos regimes nazista e fascista no seio das instituições de diversos países europeus, sem qualquer oposição consistente dos Legislativos. Na verdade, pior que a falta de reação dos representantes do povo, foi o apoio prestado pelo próprio povo, em sua maioria, a políticas de exclusão e destruição de grupos minoritários.[8] Um segundo saldo do pós-guerra foi a percepção do fracasso que a concepção de Constituição até então vigente tinha representado: a absoluta incapacidade de Cartas libertárias, como a Constituição de Weimar, de funcionarem como limite à atuação das maiorias.

Na segunda metade do século, portanto, o grande esforço da doutrina (inclusive brasileira, ainda que um pouco tardiamente) se concentrou na elaboração da noção aparentemente óbvia de que a Constituição é norma jurídica.[9]

— *The Supreme Court at the Bar of Politics*, New Heaven-London, Yale University Press, 1986; Stephen Holmes e Cass R. Sunstein, *The Cost of Rights*, New York-London, W. W. Norton & Company, 1999; e Guido Calabresi e Philip Bobbitt, *Tragic Choices — The Conflicts Society Confronts in the Allocation of Tragically Scarce Resources*, New York-London, W. W. Norton & Company, 1978.

7. Eduardo García de Enterría, *La Constitución...*, cit., pp. 56 e ss. e Mauro Cappelletti, *O Controle...*, cit., pp. 104 e ss.: "No originário sistema austríaco, portanto, não só os juízes — exceção feita exclusivamente (...) para a Corte Constitucional — não tinham qualquer poder de controlar a constitucionalidade das leis, como também não tinham o poder de não aplicar as leis que reputassem inconstitucionais (...), além disso, tampouco tinham o poder de pedir à Corte Constitucional que fizesse ela o controle que lhes era vedado".

8. Veja-se sobre o tema Hannah Arendt, *Eichmann em Jerusalém — Um Relato sobre a Banalidade do Mal*, trad. José Rubens Siqueira, São Paulo, Cia. das Letras, 1999.

9. Konrad Hesse, *A Força Normativa da Constituição*, trad. Gilmar Ferreira Mendes, Porto Alegre, Sergio Antonio Fabris Editor, 1991; o trabalho, texto base da aula inaugural do autor na Universidade de Freiburg, em 1959, se tornou um documento fundamental na matéria. Veja-se também,

Vale lembrar que *ser* norma jurídica, segundo a moderna teoria da norma, significa que a disposição há de ser dotada de imperatividade relativamente aos efeitos que propõem. Isto é: trata-se da capacidade de impor pela força, se necessário, a realização dos efeitos pretendidos pela norma[10] ou de associar algum tipo de conseqüência ao descumprimento voluntário desta, capaz de impor, ainda que substitutivamente, a realização do efeito normativo inicialmente previsto ou um seu equivalente.[11] É o que Karl Larenz[12] qualifica como *ordenação de vigência*, característica típica de cada proposição jurídica.

Para instrumentalizar a normatividade da Constituição e atender sua *ordenação de vigência*, passou-se a desenvolver novas e variadas formas de controle de constitucionalidade, entendido como o meio não apenas de impedir a produção de normas ou atos inconstitucionais, mas também como instrumento de realização dos comandos da Constituição.

Assim é que se passa a desenvolver o controle não apenas do ato comissivo, mas também da omissão inconstitucional.[13] A força normativa da Constituição atravessa o campo do combate às normas inconstitucionais e ingressa na discussão da interpretação mais adequada das normas em geral, impondo uma *filtragem*[14] geral de todo o ordenamento, a fim de impor a cada norma a interpretação que melhor realize os comandos constitucionais.[15] Ademais, ao lado dos tradicionais modelos concentrado e difuso, criam-se sistemas mistos,[16] o mesmo aconte-

Eduardo García de Enterría, *La Constitución...*, cit., pp. 64 e ss. Na produção nacional merecem destaque, dentre outros, o trabalho pioneiro de José Afonso da Silva, *Aplicabilidade das Normas Constitucionais*, 3ª ed., São Paulo, Malheiros Editores, 1998 (a primeira edição é de 1967) e Luís Roberto Barroso, *O Direito Constitucional e a Efetividade de suas Normas*, 3ª ed., Rio de Janeiro, Renovar, 1998.

10. Karl Engish, *Introdução ao Pensamento Jurídico*, 6ª ed., Lisboa, Fundação Calouste Gulbenkian, 1983, pp. 27 e ss.; Norberto Bobbio, *Teoria do Ordenamento Jurídico*, 10ª ed., trad. Maria Celeste Cordeiro Leite dos Santos, Brasília, Ed. UnB, 1997, pp. 21-22; Giorgio del Vecchio, *Lições de Filosofia do Direito*, trad. António José Brandão, Coimbra, Arménio Amado Editor, 1979, pp. 339-340; e San Tiago Dantas, *Programa de Direito Civil, Parte Geral*, Rio de Janeiro, Ed. Rio, 1977, pp. 57 e ss.

11. Em algumas situações simplesmente não é possível que o efeito originalmente pretendido pela norma se realize, ainda com a intervenção da força. Os casos mais clássicos dessa limitação do ordenamento se referem ao descumprimento de obrigações personalíssimas, que só poderão ser substituídas pela reparação pecuniária. Situação totalmente peculiar é a do direito penal que, na maior parte dos casos, exceto nos crimes contra o patrimônio, não tem condições de oferecer uma forma coativa substitutiva dos efeitos da norma que não tenham sido observados. A sanção no direito penal tem natureza e função diversas.

12. Karl Larenz, *Metodologia da Ciência do Direito*, Lisboa, Fundação Calouste Gulbenkian, 1968, p. 214.

13. A Constituição brasileira de 1988 criou dois instrumentos para o tratamento da omissão inconstitucional: o mandado de injunção (art. 5º, LXXI) e a ação de inconstitucionalidade por omissão (art. 103, § 2º), nenhum dos quais, até o momento, foi bem-sucedido na empreitada. Sobre o tema, e especialmente sobre a interpretação conferida pelo Supremo Tribunal Federal ao mandado de injunção, veja-se Luís Roberto Barroso, *O Direito Constitucional...*, cit., pp. 175 e ss.

14. Paulo Ricardo Schier, *Filtragem Constitucional*, Porto Alegre, Sergio Antonio Fabris Editor, 1999.

15. Gustavo Tepedino, "Premissas metodológicas para a constitucionalização do Direito Civil", in *Temas de Direito Civil*, Rio de Janeiro, Renovar, 1999, p. 13: "Diante do novo texto constitucional, forçoso parece ser para o intérprete redesenhar o tecido do direito civil à luz da nova Constituição".

16. No Brasil, por exemplo, o incidente de inconstitucionalidade julgado pelo Órgão Especial dos Tribunais (CPC, arts. 480 e ss. e Regimentos Internos dos Tribunais), é uma mistura das modalidades concentrada e difusa. Cabe apenas ao Pleno ou ao Órgão Especial do Tribunal (CF, art. 97) apreciar a inconstitucionalidade na via incidental, pronunciando-a, no entanto, em tese, decisão que vincula o órgão fracionário no julgamento do caso concreto que originou o incidente, bem como nos demais casos em que venha a ser suscitada a mesma questão.

cendo com o controle na via incidental ou de exceção e na via principal ou em tese.

Como conseqüência dessa nova postura diante da Constituição, o controle de constitucionalidade, sua legitimidade, sua natureza e seus limites tornou-se o grande tema deste final de século. O objetivo do presente trabalho é examinar alguns aspectos de dois pontos, relacionados entre si, que histórica e logicamente impõem limites à ampliação indefinida do controle de constitucionalidade, a saber: a separação dos poderes e a regra da maioria democrática. Cumpre examiná-los mais de perto para, delineando-lhes o perfil e os fundamentos, verificar em que medida se opõem realmente ao controle judicial da constitucionalidade. Por fim, e em conclusão, o estudo pretende enunciar, sem pretensão de exaustividade, alguns elementos capazes de formar a legitimidade do controle de constitucionalidade e seus limites.

## *II. Separação de poderes*

### *II.1 Origem, finalidade e breve evolução do pensamento político*

A idéia de separação de poderes,[17] tal qual entendida modernamente, tem como referência histórica original mais consistente as obras de John Locke (1632-1704) e Montesquieu (1689-1755).[18] Nada obstante isso, a idéia básica de distribuir o exercício do poder político entre várias pessoas ou grupos, ao invés de mantê-lo concentrado em um só indivíduo, é consideravelmente mais antiga, remontando às teorias da constituição mista de Aristóteles.

Em sua teoria clássica das formas de governo, exposta em *A Política*, Aristóteles classifica os governos, em um primeiro momento, por meio de um critério quantitativo — o governo de um só, de poucos ou de muitos —, sendo que cada uma dessas opções pode perfeitamente dar origem a uma forma "boa" de governo (monarquia, aristocracia e *politia* ou timocracia, comumente referida como república ou democracia) ou, igualmente, pode deteriorar-se em uma forma "má" (tirania, oligarquia e democracia — termo que em geral se prefere evitar, embora de tradução mais acurada, adotando-se tradicionalmente demagogia).[19]

Embora Aristóteles considere que qualquer das três formas é capaz de conduzir a um governo bom, ao analisar as constituições concretas observa que elas dificilmente adotam apenas uma daquelas três formas (sejam as puras ou as deterioradas). Mais que isso, o autor acaba por desenvolver a teoria da constituição mista, pela qual a forma de governo mais adequada é aquela em que os vários grupos ou classes sociais participam do exercício do poder político, de modo que este passa a tomar em conta os interesses de ricos e pobres, mesclando-se as três formas puras de governo.[20] Vale notar que a fórmula da constituição mista se insere perfeitamente no contexto de seu pensamento filosófico, no qual se consagra o meio termo como o ponto virtuoso de todas as coisas.

A idéia de constituição mista será também desenvolvida, tempos depois, por Políbio e Cícero, especialmente a partir da

17. Vale registrar, como lembra a doutrina, que o poder político é uno e, portanto, melhor seria falar de divisão ou distribuição de funções e não de separação de poderes. A expressão, entretanto, restou consagrada pelo uso e, feita a ressalva, será adotada como padrão neste trabalho para evitar-se desencontros terminológicos.

18. Nuno Piçarra, *A Separação...*, cit., pp. 63 e ss.; e Reinhold Zippelius, *Teoria Geral do Estado*, 3ª ed., trad. Karin Praefke-Aires Coutinho, Lisboa, Fundação Calouste Gulbenkian, 1988, p. 401.

19. Norberto Bobbio, *A Teoria das Formas de Governo*, 10ª ed., trad. Sérgio Bath, Brasília, Ed. UnB, 1998, pp. 55 e ss.

20. Nuno Piçarra, *A Separação...*, cit., pp. 33 e ss.

experiência republicana romana, que ambos os autores têm como uma espécie de constituição mista.[21]

Pode-se traçar uma linha, ainda que tênue, ligando a idéia de constituição mista à moderna concepção da separação de poderes, na medida em que é possível extrair da constituição mista o princípio bastante familiar pelo qual cada órgão constitucional, ou cada classe social, na medida em que tem acesso ao poder político, funciona perante as demais como um limite ou um contrapeso.[22] Embora esta seja uma interpretação válida, não se pode deixar de registrar que se trata de uma visão do passado com os olhos e as categorias do presente.

Tratando ainda das origens remotas, e dando um salto no tempo, vale fazer um registro acerca da abordagem de Maquiavel sobre o tema. Maquiavel retoma a distinção aristotélica das formas de governo baseada no critério quantitativo para descrever os Estados de seu tempo, classificando-os em duas categorias: os governos de muitas pessoas — as repúblicas, que poderão ser aristocráticas ou democráticas, na medida em que os titulares do poder sejam mais ou menos numerosos — e o governo de um só — os principados.

A relevância da distinção de Maquiavel está, no entanto, em que, mais importante do que o simples diferencial quantitativo, o autor reconhece uma diferença qualitativa essencial, ainda que não a desenvolva, entre a vontade singular do príncipe — de uma pessoa física — típica das monarquias, e a vontade coletiva republicana, seja de um colegiado restrito, seja de uma assembléia popular.[23]

De toda sorte, nada obstante o interesse que essas referências remotas possam despertar, a origem próxima da doutrina da separação dos poderes deverá ser encontrada ao longo da idade moderna, em um contexto histórico específico: a oposição aos regimes monárquicos absolutos e a formação dos Estados de Direito Constitucionais. Assim, diferentemente dos registros históricos antigos, a doutrina contemporânea da separação de poderes é um mecanismo engajado em um propósito: controlar o exercício do poder, a fim de que ele não se torne, por concentrado, arbitrário, garantindo-se, assim, o Estado de Direito e, principalmente, os direitos individuais. Esse caráter instrumental é uma marca que de forma mais ou menos evidente acompanha a doutrina da separação de poderes ao longo do tempo,[24] como registra Eduardo García de Enterría, *in verbis*: "Sigue siendo, pues, válido el concepto del antes transcrito art. 16

21. Nuno Piçarra, idem, pp. 37 e ss. Vale notar que, embora desenvolvendo a idéia original de Aristóteles, a Constituição Mista de Políbio apresenta algumas diferenças fundamentais. Enquanto para Aristóteles todas as classes deveriam ter acesso a todos os órgãos constitucionais, misturando-se no âmbito deles, Políbio defendia que cada classe deveria ter acesso apenas a um órgão constitucional, destinado especificamente para si.

22. Nuno Piçarra, idem, p. 40.

23. Norberto Bobbio, *A Teoria...*, cit., pp. 83 e ss.

24. A doutrina em geral procura fazer o registro dessa instrumentalidade. Confira-se, dentre muitos, Luis Díez-Picazo, Manuel Alonso Olea, Antonio G. Cuéllar, Claudio Movilla, Conrado Hesse, Antonio la Pergola, "Constitucionalidad, derecho comunitario europeo y jurisdicción ordinária", in *División...*, cit., p. 102; Víctor Nunes Leal, "A divisão de poderes no quadro político da burguesia", in *Cinco Estudos*, Rio de Janeiro, FGV, 1955, pp. 95 e ss.; e Alexandre Groppalli, *Doutrina do Estado*, São Paulo, Saraiva, 1965, p. 188.

Vale registrar que há vozes discordantes, da maior autoridade, como Karl Loewenstein, *Teoría de la Constitución*, trad. Alfredo Gallego Anabitarte, Barcelona, Ariel, 1965, p. 56: "Es necesario tener bien claro que el principio de la necesaria separación de las funciones estatales según sus diversos elementos substanciales y su distribución entre diferentes detentadores, ni es esencial para el ejercicio del poder político, ni presenta una verdad evidente y válida para todo tiempo. El descubrimiento o invención de la teoría de la separación de funciones estuvo determinado por el tiempo y las circunstancias como una protesta ideológica del liberalismo político contra el absolutismo monolítico de la mode la Declaración de Derechos de 1789, en el que únicamente cabría matizar hoy la relatividad del principio de división de los poderes como técnica operativa, sin perjuicio de su validez general en cuanto a sus principios y en cuanto a su finalidad, la limitación del poder de los imperantes, la garantía de la libertad".[25]

O Reino Unido, precursor na formação de um Estado de Direito (*rule of law*) e de uma monarquia limitada por documentos de natureza constitucional, foi também, naturalmente, o primeiro onde se desenvolveu e implementou a doutrina da separação de poderes. Embora se atribua a Montesquieu especial destaque na matéria, por sua exposição sistemática e ordenada em *O Espírito das Leis*, não se pode deixar de reconhecer a importância da obra de Locke para o desenvolvimento da doutrina, mesmo porque Montesquieu vai escrever a partir de sua leitura da realidade inglesa, que já havia recebido a influência dos escritos de Locke.

Locke vai apresentar sua teoria da separação de poderes no *Segundo Tratado do Governo Civil: Ensaio Concernente à Verdadeira Origem, Extensão e Fim do Governo Civil*,[26] na seqüência histórica da deposição dos Stuarts, a Casa de pretensões absolutistas derrotada por Guilherme de Orange e pelo Parlamento, em 1688, e movido pela intenção de justificar racionalmente a nova ordem estabelecida na Inglaterra.

A teorização de Locke a respeito da separação de poderes parte de suas visões do estado de natureza, da igualdade dos homens e do contrato social, e tem como elemento fundamental a lei. Como se sabe, no estado de natureza de Locke, diferentemente do que se passa no de Hobbes, os homens encontram-se em uma posição de liberdade e igualdade generalizadas; trata-se, a princípio, de um estado de paz. Nada obstante, a existência da propriedade privada e a circunstância de que todo o poder e jurisdição são recíprocos, cada qual, portanto, sendo juiz em causa própria, já deixa entrever características de uma sociedade concorrencial.

Nesse contexto, o contrato social não representa uma revolução integral na vida dos indivíduos, nem estes abrem mão integralmente de seus direitos e de sua liberdade, como pretendia Hobbes. Busca-se com ele apenas garantir o que não é possível obter no estado de natureza, a saber: a segurança dos homens e a salvaguarda da propriedade privada. Na visão de Locke, a lei fixa e estabelecida — e não apenas a lei natural típica do estado de natureza — é a melhor forma de garantir esses fins, de modo que toda a estrutura do Estado será organizada para refletir esse objetivo.

Caberá, portanto, ao Estado recém-inaugurado elaborar as leis, através de seu Poder Legislativo. Igualmente será da competência do Estado providenciar juízes imparciais com autoridade reconhecida para dirimir conflitos concretos de acordo com as leis estabelecidas — o que inexistia no estado de natureza — bem como providenciar um Poder Executivo capaz de garantir a execução das sentenças proferidas pelos juízes.

narquía en el siglo XVII y XVIII (...) Este proceso recibió su cuño específico ante la necesidad ideológica de establecer y proteger la libertad individual. Sólo el liberalismo constitucional identificó la libertad individual con la separación de 'poderes'. Esto queda aclarado por una breve digresión histórica. Es curioso constatar que el Constitucionalismo de la antiguedad funcionó sin la separación de funciones y frecuentemente en conflicto con dicho principio".

Embora o autor tenha razão no que diz respeito à historicidade da idéia da separação de poderes, negar-lhe a função de garantia dos direitos individuais frente ao poderes estatal parece, *data venia*, um equívoco. Mais ainda a comparação com os Estados antigos, nos quais, como se sabe, ainda não estava desenvolvida a noção de individualidade fora do contexto da cidade ou do Estado, e, portanto, não havia oposição possível.

25. Eduardo García de Enterría, *La Constitución...*, cit., p. 45.

26. Nuno Piçarra, *A Separação...*, cit., pp. 65 e ss. e Jean-Jacques Chevallier, *As Grandes Obras Políticas de Maquiavel a nossos Dias*, 8ª ed., trad. Lydia Cristina, Rio de Janeiro, Agir, 1999, pp. 103 e ss.

Por evidentes razões históricas, e pela própria lógica de seu raciocínio, Locke confere ao poder de fazer as leis considerável preeminência sobre os demais. O autor admite, entretanto, que o próprio Legislativo pode tornar-se arbitrário, sendo necessária a imposição de limites à sua atuação,[27] dentre os quais vale ressaltar a impossibilidade de o Legislativo executar as leis por ele elaboradas, o que deverá ficar a cargo de outros órgãos estatais.[28]

A esse modelo relativamente simples proposto por Locke, a experiência britânica foi agregando outros mecanismos destinados a aprimorar a idéia base da separação, tanto para conferir-lhe mais eficácia em relação a seus próprios fins — controle do poder e garantia dos direitos e liberdades individuais — como para assegurar maior eficiência à atuação estatal como um todo. Institutos como o veto real (ainda que abandonado já no início do século XVIII) e o *impeachment* dos conselheiros reais, origem da responsabilidade política do Gabinete, dentre outros, foram tecendo uma malha de controles recíprocos entre o monarca e seus conselheiros e o parlamento.[29]

Com efeito, as relações entre Executivo e Legislativo tomam um rumo muito particular por volta de 1721 a 1742, com a progressiva autonomia dos Gabinetes e o desenvolvimento de relações cada vez mais próximas destes com o parlamento,[30] a ponto de se dizer que há quase uma fusão entre os dois Poderes. Os opositores do governo à época, dentre os quais se destaca Bolingbroke, passaram a atacar o arranjo político sob o fundamento de que ele violaria qualquer noção de separação de poderes, mesmo considerando-se a tradição inglesa de interdependência entre os poderes.

Nada obstante o protesto da oposição, o modelo britânico continuou a desenvolver-se nessa linha, institucionalizando relações especialmente próximas entre Executivo e Legislativo, a ponto de ser denominada modernamente de parlamentarismo "monista", como se verá adiante.

Passando ao continente europeu, Montesquieu, a grande referência no tema da separação de poderes, procura apresentar uma teoria em abstrato da separação dos poderes, bem como uma descrição concreta dos mecanismos de governo inglês. Não raro as searas se confundem, com prejuízos para a clareza da obra, o que fica evidente especialmente na percepção muitas vezes confusa e mesmo equivocada que o autor tem de aspectos da realidade inglesa.[31]

Diferentemente da maioria dos teóricos dos séculos XVII e XVIII, Montesquieu não aceita a idéia de contrato social, nem a

27. Mais uma vez a referência histórica facilita a compreensão. A atuação do "Longo Parlamento", no reinado de Carlos I, e da Câmara dos Comuns, logo após o episódio da abolição da realeza e da Câmara dos Lordes, eram exemplos relativamente recentes na história inglesa que ilustravam o arbítrio dos Parlamentos. Confira-se: Nuno Piçarra, *A Separação...*, cit., pp. 48 e 56.

28. Além e fora dos Poderes Legislativo e Executivo (no qual se inclui o Judiciário), o autor refere também os poderes de prerrogativa e federativo, poderes de caráter muito mais político (relações internacionais, intervenção em momentos de emergência interna) que jurídico.

29. Manuel García-Pelayo, *Derecho Constitucional Comparado*, Madri, Alianza Editorial, 1993, pp. 249 e ss.

30. Essas relações, que se institucionalizaram com o tempo, consistiam, originalmente, na atribuição de cargos, pensões e subsídios aos parlamentares, o que viria a ser denominado por Walter Bagehot como o "eficiente segredo da Constituição inglesa". Confira-se: Nuno Piçarra, *A Separação...*, cit., pp. 87 e ss.

31. Nuno Piçarra, idem, p. 109; Jean-Jacques Chevallier, *As Grandes Obras...*, cit., pp. 127 a 138; Norberto Bobbio, Nicola Matteucci e Gianfranco Pasquino, *Dicionário de Política*, 12ª ed., trad. Carmen C. Varriale e outros, Brasília, Ed. UnB, 1999, pp. 1.107 e ss.; Norberto Bobbio, *A Teoria...*, cit., pp. 127 e ss.; Norberto Bobbio, *Direito e Estado no Pensamento de Emanuel Kant*, 4ª ed., trad. Alfredo Fait, Brasília, Ed. UnB, 1997, pp. 41 e ss.; e David Lowenthal, "Montesquieu", in *History of Political Philosophy*, 3ª ed., ed. Leo Strauss e Joseph Cropsey, Chicago, The University of Chicago Press, 1987, p. 513.

que lhe é subjacente, a da igualdade natural de todos os homens. O autor mantém a idéia basicamente medieval, mas ainda em voga, especialmente na França, de que há uma desigualdade natural entre os homens. Daí porque Montesquieu, um nobre liberal, vai defender o papel da nobreza na estrutura do governo, como um estamento ao lado do povo e do rei, com uma participação fundamental na elaboração da lei.

Montesquieu vai estruturar sua teoria retomando as classificações quantitativas dos antigos acerca das formas de governo: monarquias e repúblicas (democráticas ou aristocráticas, conforme o governo seja exercido por todos ou apenas por um grupo). A distinção mais importante feita pelo autor, no entanto, utiliza um critério qualitativo, e diz respeito à possibilidade de degeneração de qualquer daquelas formas básicas de governo em um despotismo.

Embora o autor trate de uma multiplicidade de fatores, o elemento mais evidente que distingue as formas moderadas de governo do despotismo é a existência de uma lei geral, abstrata e adequada às circunstâncias sociais,[32] bem como a forma de aplicação da lei. Na medida em que se governa por decretos ocasionais, improvisados e arbitrários tem-se um governo absoluto e despótico.[33]

A solução para que tanto república (aristocrática ou democrática) como monarquia sejam governos moderados, "bons", está na existência de poderes contrapostos, de modo que nenhum deles possa atuar arbitrariamente no âmbito do Estado. A separação de poderes é precisamente o instrumento que, para Montesquieu, garante a moderação no exercício do poder político, evitando sua utilização abusiva e, principalmente, garantindo a liberdade e os direitos dos indivíduos.

Montesquieu procura enfatizar que a edição e a execução das leis têm de estar confiadas a órgãos e pessoas diferentes. Quanto à solução dos conflitos concretos, Montesquieu a considera uma atividade de aplicação mecânica da lei, e por isso mesmo pouco importante,[34] adotando integralmente a visão iluminista do juiz, referindo-se a ele como "a boca que pronuncia a palavra da lei".

Curiosamente, o autor vai importar das práticas inglesas alguns elementos pelos quais pretendia enfraquecer ainda mais o Judiciário; sugere que os Tribunais sejam temporários, formados apenas de acordo com as necessidades e por indivíduos eleitos, e não por um corpo permanente. O autor parece não perceber que a instituição do júri, onde vai colher essas características, era apenas um aspecto do sistema judicial inglês que, ao contrário do que pretende o autor, desenvolve uma marcante atividade criadora, típica do sistema da *common law*, em nada se assemelhando à atividade mecânica pretendida pelos iluministas.[35]

A concretização de seu modelo teórico através da observação da realidade inglesa, e sob a influência das idéias de constituição mista, leva o autor a concluir que ao Poder Legislativo corresponde principalmente a nobreza e aos representantes eleitos pelo povo e o Executivo ao monarca.

Alguns controles recíprocos garantiriam o bom funcionamento do sistema: cabe

32. Diferentemente da crença iluminista em uma razão universal e atemporal, da qual se extrairia uma lei igualmente universal, Montesquieu vai demonstrar a percepção de que cada localidade, em função de suas peculiaridades naturais, históricas e culturais terá necessidade de uma lei particular ajustada às suas circunstâncias. Nuno Piçarra, *A Separação...*, cit., p. 91.

33. Compreensivelmente, o autor dá maior ênfase ao governo despótico monárquico, embora as repúblicas também possam deteriorar-se em despotismo.

34. Jean-Jacques Chevallier, *As Grandes Obras...*, cit., p. 140, transcrevendo Montesquieu, registra: "dos três poderes de que falamos, o de julgar é de certo modo nulo".

35. Nuno Piçarra, *A Separação...*, cit., pp. 96 e ss.

ao Legislativo o voto anual do orçamento e da lei que autoriza o exército permanente, bem como processar e julgar (*impeachment*) os conselheiros reais. Ao Executivo compete convocar o Legislativo e exercer o poder de veto (embora desde 1707 o veto real não fosse mais praticado na Inglaterra).[36] O autor não oferece, no entanto, uma resposta sistemática para o problema dos controles recíprocos dos poderes, limitando-se a manifestar a crença de que "pelo movimento necessário das coisas, são [os três poderes] constrangidos à marcha, serão forçados a marchar em harmonia".[37]

Nada obstante a convicção de Montesquieu a respeito da natural harmonização dos poderes, não foi isso que aconteceu em seu próprio país. A história política da França, após a Revolução, é a história de uma sociedade em busca de um governo, em sucessivas tentativas de alcançar o equilíbrio entre os poderes.[38]

Com efeito, se na Inglaterra de Locke, a partir da Revolução de 1688, consolidou-se uma monarquia constitucional, com poderes separados, ainda que ao longo do tempo cada vez mais interdependentes, a França de Montesquieu conheceu momentos em que se procurou implementar modelos de separação rígida dos poderes — como as Constituições de 1791 e 1795 —, outros em que vigorou uma prática monista de exercício do poder político, cujo exemplo clássico foi o assembleísmo jacobino de 1793,[39] bem como alguns momentos dos períodos imperiais.

Por fim, na maior parte do tempo, a França procurou equilibrar um regime de separação mais flexível, através de práticas parlamentares, nem sempre bem sucedidas. O último passo nesse percurso foi dado pela V República, iniciada com a Carta de 1958, que construiu um sistema peculiar, denominada por Maurice Duverger de *semi-presidencialismo*, sobre o qual se falará adiante.[40]

Encerrando este ponto de breves notas históricas, vale fazer ainda uma referência à visão de Kant sobre a separação dos poderes. Todo o pensamento do Direito e do Estado exposto por Kant gravita em torno da idéia central da lei, à qual, na visão do autor, praticamente todo o Estado, de uma forma ou de outra, se reduz, de modo a assegurar aos indivíduos a liberdade de perseguirem seus projetos individuais. Para Kant, a lei, fruto da vontade geral e racional dos indivíduos, que agem movidos pelo imperativo categórico universal, vincula inclusive o governo, assumindo a forma do princípio da legalidade.[41]

A separação dos poderes decorre naturalmente dessas premissas. Como o cidadão não pode ser prejudicado por aquilo que não decidiu, a vontade coletiva é que deve exercer o Poder Legislativo. Ao lado do Legislativo, figuram os demais poderes com suas funções privativas: o Executivo — que governa em conformidade com as leis — e o Judiciário — que determina para cada um o que é seu segundo a lei. Para Kant, a conjugação desses dois elementos — legalidade e separação de poderes — é capaz de garan-

36. Jean-Jacques Chevallier, *As Grandes Obras...*, cit., pp. 140 e ss.

37. *Apud* Jean-Jacques Chevallier, idem, p. 146.

38. Jean Gicquel, *Droit Constitutionnel et Institutions Politiques*, Paris, Montchrestien, 1987, p. 64.

39. A influência de Rousseau no episódio é notável, já que o autor considerava o Legislativo como o poder soberano, em decorrência de uma concepção monista do poder. O Executivo seria subordinado a ele, não podendo limitar-lhe a atuação. Nuno Piçarra, *A Separação...*, cit., pp. 256 e ss.

40. Paulo Bonavides, *Ciência Política*, 10ª ed., São Paulo, Malheiros Editores, 1999, pp. 328 e ss.; Georges Burdeau, Francis Hamon e Michel Troper, *Manuel de Droit Constitutionnel*, Paris, Librairie de Droit et de Jurisprudence, 1995; Maurice Duverger, *Le Sistème Politique Français: Droit Constitutionnel et Science Politique*, Paris, Presses Universitaires de France, 1996; Jean Gicquel, *Droit Constitutionnel...*, cit.; e Manuel García-Pelayo, *Derecho Constitucional...*, cit., pp. 457 e ss.

41. Nuno Piçarra, *A Separação...*, cit., pp. 155 e ss.

tir a liberdade individual, finalidade principal do Estado.[42]

A associação de toda essa construção teórica do século XVIII com o contexto histórico do século XIX, a saber: a desmontagem vitoriosa do antigo regime pelas revoluções burguesas, nas quais o parlamento desempenhou sempre um papel destacado, acabou por envolver a separação de poderes em uma roupagem dogmática.[43] Mais que isso, um determinado modelo de separação de poderes — aquele em que se consagra a supremacia do parlamento e da lei, bem como a desimportância política do Judiciário — acabou por ser canonizado.[44] Esse o cenário europeu continental de fins do século XIX e início do século XX, cujas concepções foram importadas para os países periféricos de tradição romano-germânica.

Feito esse breve percurso pela evolução do pensamento político da separação de poderes, vale referir suas relações com a idéia, muito mais recente, de Constituição ou, mais precisamente, as relações do modelo de separação de poderes acima referido — da supremacia do parlamento — com as limitações que a Constituição poderia lhe impor. No final do século XIX, considerando-se a realidade européia, as relações entre a separação de poderes e a Constituição fluíam ainda sem muitos atritos. Em primeiro lugar, não se reconhecia à Constituição caráter normativo, capaz de produzir efeitos diretamente e, ademais disso, as Constituições em geral limitavam-se a disposições gerais de caráter organizatório ou jurídico processual.[45]

De toda sorte, e se isso não fosse suficiente, a cogitação de controle judicial de constitucionalidade das leis era considerada, a essa altura, simplesmente inadmissível pelo princípio da separação de poderes, colocado a serviço da supremacia do parlamento.[46]

Ao longo do século XX, no entanto, o conteúdo da Constituição ampliou-se significativamente, bem como a prática das relações entre a Constituição e a lei, o Judiciário e o Legislativo sofreram alterações substanciais. Curiosamente, as concepções doutrinárias a respeito da separação de poderes permaneceram basicamente inalteradas. A introdução do controle de constitucionalidade nos sistemas jurídicos europeus, sempre acompanhado de certo desconforto, se deveu não a uma reformulação da idéia consagrada de separação de poderes, mas à introdução de um elemento novo: a normatividade da Constituição.

42. Norberto Bobbio, *Direito e Estado...*, cit., pp. 31 e ss.; Norberto Bobbio, *Estado, Governo, Sociedade*, 7ª ed., trad. Marco Aurélio Nogueira, São Paulo, Paz e Terra, 1999, p. 108; Pierre Hassner, "Immanuel Kant", in *History of Political Philosophy*, 3ª ed., ed. Leo Strauss e Joseph Cropsey, Chicago, The University of Chicago Press, 1987, p. 581; e Antonio Enrique Pérez Luño, *Derechos Humanos, Estado de Derecho y Constitución*, 6ª ed., Buenos Aires, Tecnos, 1999, p. 215: "Kant acepta, en principio, la tesis del iusnaturalismo iluminista de que el Estado es un medio y una condicción para asegurar las respectivas esferas de libertad de los ciudadanos, por medio del derecho".

43. Vale lembrar o famoso art. 16 da Declaração dos Direitos do Homem e do Cidadão, de 1789.

44. Clèmerson Merlin Cléve, "A teoria constitucional e o direito alternativo", in *Uma Vida Dedicada ao Direito — Homenagem a Carlos Henrique de Carvalho, o Editor dos Juristas*, São Paulo, Ed. RT, 1995, pp. 34-35: "Os revolucionários burgueses acreditavam na força da razão. Por isso que, não passando a lei, para eles, de norma descoberta pela atividade racional, não poderia ela atentar contra a justiça e a liberdade. (...) Imaginavam os revolucionários que o Parlamento produziria a lei pelo trabalho dos representantes da nação orientados pela razão; e porque a lei era, a um tempo, regra criada pela nação por meio de seus representantes (questão de forma) e orientada pela razão (questão de fundo), ela não poderia atentar contra a justiça e contra a liberdade. O culto da lei pelo liberalismo produziu conseqüências. É que o culto da lei como forma e conteúdo foi, lentamente, sendo substituído pelo simples culto da lei enquanto forma".

45. Eduardo García de Enterría, *La Constitución...*, cit., pp. 55 e 56 e Nuno Piçarra, *A Separação...*, cit., p. 167.

46. Nuno Piçarra, idem, p. 168.

Daí porque muito se fala hoje de crise da idéia de separação de poderes. Esta parece, realmente, a resposta mais evidente diante da radical alteração das circunstâncias neste século e da incompatibilidade destas com as concepções consagradas a respeito da separação de poderes, que simplesmente não acompanharam a construção dessas novas realidades.[47]

Mas, estaria mesmo a idéia básica, o fundamento lógico da separação de poderes em crise? Algumas conclusões parciais já podem ser alinhavadas neste ponto.

Em primeiro lugar, é preciso destacar a natureza instrumental do princípio da separação de poderes. Embora ele tenha se transformado em um princípio de fundamental importância para a organização do Estado moderno, e de fato o seja, a separação de poderes não é um valor em si mesmo. Sua formulação derivou da percepção histórica de que o poder concentrado, sem controle, tende sempre a ser exercido de forma abusiva, arbitrária ou caprichosa, em detrimento daqueles que lhe estão subordinados, de modo que, em se tratando do poder político, era imperioso dividir seu exercício para que os direitos e as liberdades dos indivíduos fossem preservados. Essa primeira conclusão, embora um tanto óbvia, impõe uma visão flexibilizadora dos dogmas construídos em torno da idéia de separação de poderes.

Em segundo lugar, a suposta crise do princípio da separação de poderes acima referida é, na verdade, a crise dos parlamentos, como bem acentuou o Professor Nelson Saldanha.[48] Com a democratização e o sufrágio universal, o parlamento deixa de ser um lugar de identidade ideológica, como na maior parte do século passado, para abrigar uma variedade de grupos distintos.[49] Associado a esse esfacelamento interno, o parlamento se vê acossado pelo crescimento do controle de constitucionalidade e, particularmente importante, do papel do Executivo.[50] A crise dos Legislativos acarretou, conseqüentemente, a crise do modelo de separação de poderes que consagrava acima de todas as coisas o parlamento e a lei.

Não se pode negar que esse formato de separação, que conferia total preeminência ao Legislativo, desempenhou um relevante papel histórico e traz em si um componente não meramente instrumental, mas essencialmente valorativo, que é a fórmula da representação popular democrática, tema do qual se tratará adiante. Nada obstante, esse é um modelo que não atende mais às necessidades contemporâneas e necessita de reformulação. O princípio da separação de poderes, entretanto, permanece absolutamente válido e valioso em sua essência. O poder concentrado continua sendo uma ameaça aos direitos individuais e, portanto, controlá-lo através da divisão de seu exercício permanece como uma necessidade imperiosa.

Por fim, e esta última conclusão decorre logicamente das duas primeiras, não há, na realidade, um modelo absoluto e acabado de separação de poderes que deva ser dogmaticamente aceito por todos os países, fora do qual se estaria violando o princípio da separação. Ao contrário, a observação demonstra, exatamente em função de seu caráter instrumental, e mais ainda atualmente, diante da crise do modelo tido por tanto tempo como único viável, que cada país vai organizar um modelo próprio de separação de poderes, como se verá, brevemente, no ponto seguinte, a propósito da Inglaterra, da V

47. Confira-se, dentre muitos, na doutrina brasileira: Paulo Bonavides, *Ciência Política*, cit., pp. 134 e ss. e Tércio Sampaio Ferraz Júnior, "O Judiciário frente à divisão dos poderes: um princípio em decadência?", *RTDP* 9/40 e ss.

48. Nelson Saldanha, *O Estado Moderno e a Separação dos Poderes*, São Paulo, Saraiva, 1987, p. 104.

49. Clèmerson Merlin Cléve, "A teoria constitucional...", cit., pp. 34-35.

50. Clémerson Merlin Cléve, *Atividade Legislativa do Poder Executivo no Estado Contemporâneo e a Constituição de 1988*, São Paulo, Ed. RT, 1993.

República francesa e do modelo brasileiro criado pela Carta de 1988.[51]

Desse modo, o que se pode dizer de logo é que a separação de poderes em si mesma não representa um obstáculo lógico ao controle de constitucionalidade. É verdade que isso poderia chegar a acontecer se se pretendesse cumular no Judiciário, por meio do controle de constitucionalidade, o poder de legislar e aplicar a legislação por ele criada, sem que outro Poder pudesse controlar essa atuação. O argumento, entretanto, é apenas *ad terrorem*. Como se sabe, entre o exercício monolítico do poder pelo Judiciário e a completa vedação do controle judicial de constitucionalidade das leis, entre um extremo e outro, há um longo trajeto de possibilidades que pode ser trilhado legitimamente pelos países, mantendo-se ainda eficiente controle dos poderes por meio da divisão das funções. Isso será especialmente verdadeiro quando o controle de constitucionalidade disser respeito à proteção de direitos fundamentais, fim último, afinal, da própria separação de poderes.[52]

### *II.2 A diversidade de modelos de separação de poderes: Inglaterra, França e Brasil*

Conforme referido acima, de acordo com as necessidades históricas de cada povo, os países vão construindo ao longo do tempo, ou através de novas Cartas Constitucionais, suas fórmulas de separação de poderes.[53] E embora se procure classificar esses modelos em um dos dois sistemas clássicos de governo — parlamentar ou presidencial —, a verdade é que também já não há exemplos puros desses sistemas, mas sim fórmulas mistas. Breves notas a respeito das práticas políticas inglesas, bem como dos modelos criados pela Constituição Francesa de 1958 e suas emendas e pela Constituição Brasileira de 1988 são capazes de demonstrar esse ponto.

Já se referiu anteriormente à evolução histórica que deu origem ao sistema inglês atual, denominado de parlamentarismo "monista". Conforme se deixou registrado, a prática política inglesa cunhou um sistema absolutamente particular, no qual a maioria parlamentar e o governo formam uma unidade de poder tão consistente que há quase uma confusão entre Legislativo e Executivo (daí a qualificação de "monista").

Com efeito, não há real oposição entre maioria parlamentar e Executivo, uma vez que as decisões são, em geral, tomadas em conjunto ou referendadas pelos parlamenta-

51. J. J. Gomes Canotilho, *Direito Constitucional e Teoria da Constituição*, Coimbra, Almedina, 1997, p. 502: "Embora se defenda a inexistência de uma separação absoluta de funções, dizendo-se simplesmente que a uma função corresponde um titular principal, sempre se coloca o problema de saber se haverá um *núcleo essencial* caracterizador do princípio da separação e absolutamente protegido pela Constituição. Em geral, afirma-se que a nenhum órgão podem ser atribuídas funções das quais resulte o esvaziamento das funções materiais especialmente atribuídas a outro. Quer dizer: o princípio da separação exige, a título principal, a correspondência entre órgão e função e só admite excepções quando não for sacrificado o seu núcleo essencial. O alcance do princípio é visível quando com ele se quer traduzir a proibição do 'monismo de poder', como o que resultaria, por ex., da concentração de 'plenos poderes' no Presidente da República, da concentração de poderes legislativos no executivo ou da transformação do legislativo em órgão soberano executivo e legiferante. Todavia, permanece em aberto o problema de saber onde começa e onde acaba o núcleo essencial de uma determinada função".

52. J. J. Gomes Canotilho, *Direito Constitucional...*, cit., p. 219: "Perante as experiências históricas da aniquilação do ser humano (inquisição, escravatura, nazismo, stalinismo, polpotismo, genocídios étnicos) a dignidade da pessoa humana como base da República significa, sem transcendências ou metafísicas, o reconhecimento do *homo noumenon*, ou seja, do indivíduo como limite e fundamento do domínio político da República. Neste sentido, a República é uma organização política que serve o homem, não é o homem que serve os aparelhos político-organizatórios".

53. Javier García Roca, "Separación de Poderes y disposiciones del Ejecutivo con rango de ley: mayoria, minorías, controles", CDCCP, *RT* 27/9 e ss.

res. Aparentemente, tal sistema acabaria por concentrar no bloco governista um conjunto amplíssimo de poderes sem qualquer contraponto, já que Legislativo e Executivo não se controlam mutuamente. Nada obstante, assim não acontece, principalmente em função da atuação dos partidos de oposição. Na realidade, essa é uma tendência observada em muitos sistemas parlamentares, nos quais a antiga separação entre Executivo e Legislativo foi substituída pela separação entre maioria governamental e oposição, desempenhando esta o papel de poder contraposto ao bloco majoritário.[54] O Professor Vital Moreira bem percebeu o fenômeno e o registrou nos seguintes termos, *in verbis*: "Em terceiro lugar, os postulados clássicos da separação de poderes entre o legislativo e o executivo também deixaram de ter correspondência na realidade. Especialmente nos países de sistema parlamentar com partido ou coligação majoritária, a idéia de separação de poderes entre legislativo e executivo e de subordinação deste àquele não fazem hoje grande sentido. A separação hoje relevante é a que se estabelece *entre maioria governamental e a oposição*, e a questão constitucionalmente mais importante deixou de ser apenas ou sobretudo a supremacia do legislativo sobre o executivo mas sim as garantias da oposição face ao poder da maioria existente no governo e no parlamento" (grifos no original).[55]

Na França, diferentemente, foi a instabilidade do sistema parlamentar das III e IV Repúblicas (nos doze anos da IV República — de 1946 a 1958 — se sucederam 22 gabinetes) que conduziu à criação de um modelo *sui generis* batizado por Maurice Duverger de "semi-presidencialismo",[56] no qual o sistema parlamentar convive com um Chefe de Estado dotado de poderes especialmente amplos.

O modelo francês, criado pela Constituição de 1958 e pelas reformas constitucionais de 1962 e 1974, é consideravelmente complexo e não se pretende apresentá-lo de forma completa, mas apenas pontualmente, sobretudo naqueles aspectos que se opõem ao modelo clássico de separação de poderes, consolidado no século passado.

Com efeito, a supremacia do parlamento, embora continue sendo um princípio fundamental da organização política francesa, já não é mais a mesma. A Constituição de 1958, inovando no ponto, listou as matérias de competência de lei, permitindo que as demais sejam disciplinadas pelo Executivo por meio de decretos. Mesmo em relação às matérias de competência legislativa, é possível a delegação ao Executivo, que poderá editar uma espécie de lei delegada (*ordonnances*).[57]

Vale notar que tanto os decretos como as *ordonnances* (antes da ratificação pelo Parlamento), por se tratarem de atos formalmente administrativos — ainda que materialmente normativos —, poderão ser invalidados judicialmente no âmbito de uma disputa concreta.[58] Por outro lado, embora não

54. Confira-se sobre o tema: Paulo Bonavides, *Ciência Política*, cit., pp. 328 e ss. e Nuno Piçarra, *A Separação...*, cit., pp. 241 e ss.

55. Vital Moreira, "Princípio da maioria e princípio da constitucionalidade: legitimidade e limites da justiça constitucional", in *Legitimidade e Legitimação da Justiça Constitucional*, colóquio no 10º Aniversário do Tribunal Constitucional, Coimbra, Coimbra Editora, 1995, p. 183.

56. Georges Burdeau, Francis Hamon e Michel Troper, *Manuel de Droit...*, cit.; Maurice Duverger, *Le Sistème...*, cit.; Jean Gicquel, *Droit Constitutionnel...*, cit.

57. A lei que autoriza a delegação deverá fixar o prazo da delegação, o prazo no qual a *ordonnance* deverá ser submetida ao Legislativo para ratificação, bem como as diretrizes gerais para a matéria a ser regulamentada pelo Executivo (art. 38). Embora a *ordonnance* tenha de ser submetida à ratificação do Parlamento, não há prazo para que o Legislativo as ratifique. De fato, a maioria das *ordonnances* até hoje editadas jamais foi ratificada.

58. Em função da tradicional separação rígida de poderes, especialmente no que diz respeito ao Judiciário, desde a Revolução há na França duas ordens de jurisdição totalmente distintas: a jurisdição judiciária propriamente dita, cujo órgão de cú-

se admita o controle judicial da lei produzida pelo parlamento (nem incidental nem abstratamente), o Conselho Constitucional, órgão político e fora da estrutura jurisdicional, poderá impedir a promulgação de projeto de lei que considere inconstitucional,[59] embora a última palavra caiba afinal ao parlamento, juntamente com o governo, que poderão reformar a Constituição e implementar o projeto.[60] De toda forma, embora a validade das leis elaboradas pelo Legislativo não possa ser discutida, há um conjunto de outras espécies normativas que estão hoje sujeitas a alguma espécie de controle judicial.

Quanto à relação entre Executivo e Legislativo, o regime constitucional atual optou por fortalecer consideravelmente o primeiro. Além da ampliação dos poderes legislativos do Executivo, o Presidente passou a ser eleito diretamente, bem como detém o poder de submeter projetos a referendo popular, o que, historicamente, tem se mostrado uma importante competência, como forma de contornar a oposição do Parlamento.[61] Ademais, o Presidente poderá também ser investido de poderes extraordinários, que a Carta não especifica, em caso de grave crise nacional (art. 16).

A Constituição procurou também dificultar a apresentação de moção de censura contra o Executivo,[62] como compreensível reação à instabilidade da III e IV Repúblicas, o que vem garantindo grande estabilidade aos governos.

Quanto à experiência brasileira, a Constituição de 1988 criou uma elaborada malha de competências privativas de cada um dos três poderes, bem como pontos de contato e controle recíprocos entre eles.[63] Com efeito, cada poder é especializado na função que lhe dá nome, sem, no entanto, exercê-la com absoluta exclusividade. Assim, cabe ao Legislativo preponderantemente legislar: produzir o direito, inovar na ordem jurídica; ao Executivo administrar, isto é, aplicar a lei de ofício; e ao Judiciário compete julgar, aplicando a lei contenciosamente.[64]

A Constituição, no entanto, prevê hipóteses em que o Judiciário administra e legisla, o Executivo julga e legisla e o Legislativo administra e julga. Assim se passa quando

pula é a Corte de Cassação e que decide litígios entre particulares e questões penais, e a jurisdição administrativa, cujo órgão de cúpula é o Conselho de Estado, cabendo-lhe apreciar todos os litígios de natureza não penal que envolvam particulares e o Estado ou qualquer outra pessoa pública. Historicamente, o Conselho de Estado tem desempenhado um papel fundamental na defesa das liberdades públicas, construindo noções como o excesso de poder, capazes de anular atos administrativos que atentem injustificadamente contra os direitos e as liberdades individuais.

59. O controle de constitucionalidade pelo Conselho é obrigatório no caso de leis orgânicas, mas facultativo quanto às demais leis e tratados, dependendo, neste caso, da provocação de algum legitimado. A reforma constitucional de 1974 ampliou a legitimação para esse fim, permitindo que 60 deputados ou 60 senadores levem ao Conselho Constitucional o exame de qualquer projeto de lei. Vale notar que Conselho tem outras atribuições, como decidir sobre a regularidade das eleições do Presidente, deputados e senadores (arts. 58 e 59), bem como zelar pelo respeito à repartição de competências entre Executivo e Legislativo.

60. O que já aconteceu, em 1992, para a promulgação do Tratado de Maastricht e, em 1993, em um caso envolvendo concessão de asilo.

61. A Emenda Constitucional de 1962 que introduziu a eleição direta para Presidente foi fruto de um referendo convocado por De Gaulle. Em 1969, diante de novo conflito com o Parlamento, De Gaulle tentou novamente a técnica do referendo, que, no entanto, foi rejeitado, provocando a sua renúncia.

62. Pela reforma de 1995, a moção deverá ser solicitada por 1/10 dos deputados e aprovada, em 48 horas, pela maioria absoluta deles. Os subscritores de uma moção rejeitada não podem subscrever outra na mesma sessão. A experiência tem demonstrado que a oposição dificilmente consegue formar novo grupo de 1/10 dos deputados para apresentar nova moção de censura.

63. Diogo de Figueiredo Moreira Neto, "Interferências entre poderes do Estado (fricções entre o Executivo e o Legislativo na Constituição de 1988)", *RILSF* 103/5 e ss.

64. Miguel Seabra Fagundes, *O Controle dos Atos Administrativos pelo Poder Judiciário*, 5ª ed., Rio de Janeiro, Forense, 1979, pp. 4 e ss.

o Judiciário gerencia toda a administração de seu pessoal bem como de seus serviços (apenas exemplificativamente, confira-se os arts. 93, X e 96), bem como quando os Tribunais elaboram seus regimentos internos (art. 96, I, *a*), atividade essencialmente legislativa.

O mesmo se pode dizer do contencioso administrativo no âmbito do Executivo (art. 5º, LV) que, embora não exclua a possibilidade de apreciação final pelo Judiciário, representa uma modalidade de atividade judicante. Talvez a faceta mais visível dessa interpenetração entre as funções estatais sejam as competência legislativas próprias conferidas pela Constituição ao Executivo — as medidas provisórias (art. 62) e os decretos autorizados pela Constituição a alterar, como se lei fossem, alíquotas de determinados impostos (art. 153, § 1º).

Assim como o Judiciário, também cabe ao Legislativo administrar seu pessoal e serviços (arts. 51, IV e 52, XIII) sem interferências do Executivo. Por outro lado, o Legislativo tem um papel judicante fundamental quando processa e julga os chamados crimes de responsabilidade (art. 52, I e II).

Além desses pontos de contato, por força dos quais cada poder exerce atividades que não correspondem à sua especialidade funcional, a Constituição prevê também um conjunto de controles recíprocos entre os poderes.

O Judiciário tem competência para apreciar a constitucionalidade e a legalidade dos atos produzidos pelo Legislativo e pelo Executivo invalidando-os se for o caso (arts. 5º, LXIX, 102, I, *a*, 125, § 2º). Por outro lado, os órgãos de cúpula do Judiciário brasileiro — Supremo Tribunal Federal e Superior Tribunal de Justiça — são integrados mediante nomeação do Presidente da República, com a prévia aprovação dos nomes dos Ministros pelo Senado Federal (arts. 101 e 104).

O Executivo, além de participar da formação do Poder Judiciário, como referido, tem um papel fundamental na atuação do Legislativo, uma vez que, ao lado de suas competências legislativas próprias, a Constituição lhe confere a iniciativa privativa para o processo legislativo em relação a um considerável conjunto de matérias (art. 61), bem como o poder de veto (art. 66). O desrespeito de qualquer dessas regras, como se sabe, acarreta a inconstitucionalidade formal da lei cujo processo legislativo foi irregular.[65]

Por fim, ao Legislativo, especificamente ao Senado Federal, compete aprovar, como já referido, os nomes indicados pelo Executivo para o STF e o STJ. Na relações com o Executivo, cabe-lhe aprovar previamente a escolha de nomes indicados para uma série de cargos no âmbito da Administração (*v.g.*, presidente e diretores do Banco Central, chefes de missão diplomática em caráter permanente etc. — art. 52, III, *d* e IV). Além disso, cabe ao Senado uma função vital de controle do endividamento público, fixando os limites dentro dos quais as Administrações da União, Estados e Municípios podem transitar na matéria (art. 52, V a IX).

A Constituição confere ainda ao Poder Legislativo uma ampla competência fiscalizatória, especialmente dos atos do Executivo (art. 49, X), que vai desde a possibilidade de sustar os atos normativos que exorbitem do poder regulamentar ou da delegação legislativa conferida ao Executivo (art. 49, V), até a sustação de atos (art. 71, X)[66] e contratos (art. 71, § 1º) firmados pela Administração que sejam considerados ilegais.

O que se pode perceber, na realidade, é que qualquer dos três modelos — o in-

65. "A sanção do projeto, verificada na espécie, não tem o efeito de suprir a falta de iniciativa, não prevalecendo a Súmula 5, que traduzia a jurisprudência predominante no STF no regime da Constituição de 1946" (STF, *RTJ* 127/811).

66. Vale notar que a sustação de ato unilateral poderá ser feita, nos casos de ilegalidade, pelo Tribunal de Contas, órgão auxiliar do Legislativo para fiscalização (art. 71, X). No caso de contratos, no entanto, apenas o próprio Legislativo pode sustá-los (art. 71, § 1º).

glês, o francês ou o brasileiro —, acima descritos em linhas muito gerais, é apenas um dentre uma diversidade de outras fórmulas capazes de implementar a idéia da separação dos poderes.

## *III. A maioria democrática e seus limites*

A existência de um órgão representativo ao qual, por meio da regra majoritária, cabe decidir a respeito da vida social é uma decorrência do princípio moderno da separação dos poderes, mas vai além dele. Na verdade, seu fundamento último reside no pressuposto de que todos os homens são iguais, axioma que foi sendo construído ao longo do tempo, através de um processo próprio e distinto do da idéia da separação de poderes.[67]

É desnecessário discorrer sobre esse processo detalhadamente, valendo apenas registrar três momentos fundamentais desse percurso: o cristianismo,[68] o iluminismo-humanista e a obra de Immanuel Kant.[69]

A mensagem divulgada por Jesus Cristo e seus sucessores representou um ponto de inflexão no mundo antigo. Pela primeira vez o homem passou a ser valorizado individualmente, já que a salvação anunciada não só era individual, como dependia de uma decisão pessoal. A conseqüência que se extrairia naturalmente dessa circunstância, mas que foi expressamente verbalizada pelo apóstolo São Paulo e pelos Pais da Igreja, diz respeito à igualdade essencial dos homens. A conhecida declaração "Nisto não há judeu nem grego; não há servo nem livre; não há macho nem fêmea; porque todos vós sois um em Cristo Jesus",[70] teve um compreensível efeito subversivo no mundo romano.

Muitos séculos depois, o movimento iluminista, com sua crença fervorosa na razão, comum a todos os homens, foi o responsável por desalojar a religiosidade do centro do sistema de pensamento, substituindo-a pelo próprio homem. Uma das conseqüências do desenvolvimento teórico do humanismo será precisamente o exercício democrático do poder. Com efeito, a regra majoritária era a fórmula de deliberação política capaz de respeitar a igualdade essencial de cada homem.

Em terceiro lugar, e seguindo o curso histórico, não se pode deixar de mencionar a obra de Immanuel Kant. É Kant quem vai apresentar a formulação mais consistente — e evidentemente mais complexa — da natureza humana e de suas relações consigo próprio, com o próximo e com as criações do próprio homem e da natureza.

No que mais diretamente interessa para esse estudo, e de uma forma bastante simplificada, pode-se dizer que, para Kant, cada homem é um fim em si mesmo — e não uma função do Estado, da sociedade ou da nação — dispondo de uma dignidade ontológica. O Direito e o Estado, ao contrário, é que deverão estar organizados em benefício dos indivíduos. Essa concepção se harmoniza com o que se afirmou acima a respeito da necessidade da separação dos poderes e da generalização do princípio da legalidade, instrumentos, na exposição de Kant, capazes de assegurar aos homens a liberdade de perseguirem seus projetos individuais.

De fato, a separação de poderes, em seu modelo clássico, confere a um órgão — o Legislativo — o poder de elaborar as leis. Entretanto, como conseqüência da igualdade de todos os homens, o poder de decidir

67. Basta lembrar, por exemplo, como exposto, que a teoria de Montesquieu a respeito da separação de poderes não parte da idéia de que todos os homens são iguais.

68. Miguel Reale, *Questões de Direito Público*, São Paulo, Saraiva, 1997, pp. 3 e ss.

69. Norberto Bobbio, *Direito e Estado...*, cit., pp. 31 e ss.; Norberto Bobbio, *Estado, Governo...*, cit., p. 108; e Pierre Hassner, "Immanuel Kant", in *History of Political Philosophy*, cit., pp. 581 e ss.

70. A referência consta da carta escrita pelo apóstolo Paulo aos Gálatas, capítulo 3, versículo 28.

sobre o que quer que afete a coletividade só pode pertencer à própria coletividade, isto é, ao conjunto dos indivíduos. Ademais, uma vez que a opinião de cada um tem idêntico valor, o único critério de decisão admissível, em tese, é o majoritário. A soberania popular democrática é, portanto, antes de tudo, um corolário da idéia de igualdade.[71]

De logo já se pode observar que se a separação de poderes é, em si, basicamente instrumental, a regra da maioria democrática realiza um valor próprio que é a manifestação da igualdade no exercício do poder político. Mesmo em países, como o Brasil, em que o chefe do Executivo também é escolhido através de eleições diretas, o parlamento continua a representar de forma mais fiel os diferentes grupos que compõem a sociedade.

Desse modo, não há dúvida de que quando o Judiciário declara inconstitucional uma lei ou concretiza diretamente determinado comando constitucional, cuja integração foi negligenciada pelo legislador, há aí uma espécie de interferência, mais do que de um poder sobre o outro, de uma legitimidade — a da justiça constitucional — sobre outra: a legitimidade majoritária. A questão é precisamente saber se essa interferência é legítima e, se o é, em que medida. O primeiro passo nesse mister é examinar a consistência da legitimidade majoritária; se se trata de um princípio absoluto ou se ele admite restrições. Caso estas sejam admitidas, vale verificar em que circunstâncias, e por quais razões são elas admitidas.

Em primeiro lugar é preciso esclarecer que democracia não é sinônimo de regra majoritária, e a história é pródiga em exemplos de maiorias totalitárias, sendo os dois mais recentes e famosos a assembléia jacobina do período do terror na Revolução francesa e as maiorias nazistas e fascistas. A democracia exige mais do que apenas a aplicação da regra majoritária. É preciso que, juntamente com ela, sejam respeitados os direitos fundamentais de todos os indivíduos, façam eles parte da maioria ou não.[72] É nesse ponto que a regra majoritária, longe de ser absoluta, encontra seus limites principais.[73]

Com efeito, o princípio da igualdade, que subjaz a regra da maioria, exige que mesmo as minorias, mesmo os vencidos, sejam respeitados em sua humanidade, no conjunto de direitos fundamentais inerentes à sua condição humana e que lhe possibilita, afinal, serem considerados iguais aos demais. Se assim não fosse, a igualdade tão propalada seria meramente circunstancial: dependeria de se fazer ou não parte da maio-

71. J. J. Gomes Canotilho, *Direito Constitucional...*, cit., p. 311: "As raízes do princípio maioritário reconduzem-se aos princípios da igualdade democrática, da liberdade e da autodeterminação. Se a liberdade de participação democrática é igual e vale para todos os cidadãos, então o estabelecimento vinculativo de uma determinada ordenação jurídica pressupõe, pelo menos, a concordância da maioria".

72. Landelino Lavilla, "Constitucionalidad y legalidad. Jurisdicción constitucional y Poder Legislativo", in *División de Poderes e Interpretación — Hacia una Teoría de la Praxia Constitucional*, org. Antonio Lopes Pina, Madri, Tecnos, 1997, pp. 58, 72; Tomás de la Quadra, Antonio la Pergola, Antonio Hernández Gil, Jorge Rodríguez-Zapata, Gustavo Zagrevelsky, Francisco P. Bonifacio, Erhardo Denninger e Conrado Hesse, "Métodos...", cit., p. 134; e Francisco Fernández Segado, "La teoría jurídica de los derechos fundamentales en la Constitución Española de 1978 y el su interpretación por el Tribunal Constitucional", *RILSF* 121/77: "(...) los derechos son, simultáneamente, la *conditio sine qua non* del Estado constitucional democrático".

73. Ignacio Ara Pinilla, *Las Transformaciones de los Derechos Humanos*, Madri, Tecnos, 1994, p. 91: "(...) dos posturas igualmente insatisfactorias, la prioridad de la democracia sobre los derechos humanos, y la prioridad de los derechos humanos sobre la democracia (...) todo dependerá del significado que vayamos a atribuir al concepto de democracia. (...) Si, por el contrario, definimos la democracia como un conjunto de reglas del juego, de carácter exclusivamente procedimental (...) los derechos humanos se presentarán como un *prius* lógico com relación a ala democracia".

ria, e não essencial, como decorrência da natureza humana.

Essa preocupação com o limite da atuação das maiorias está presente na própria lógica da formulação das constituições escritas em geral, e especialmente nas rígidas. A idéia, desenvolvida com maior clareza após a Segunda Guerra Mundial, e a qual se voltará adiante, é de que se deve inserir nas Constituições o consenso mínimo da sociedade, que haverá de ser respeitado independentemente das tendências da maioria temporária que porventura esteja ocupando o poder.[74]

Além dos direitos fundamentais, também devem estar fora da deliberação do legislador a própria regra de deliberação majoritária, sob pena do sistema destruir-se a si próprio.[75]

Assim é que boa parte das Constituições não apenas exigem um procedimento mais complexo para alteração de suas normas, como chegam a vedar completamente o acesso do Legislativo a determinadas matérias, através de cláusulas imodificáveis ou pétreas. Mesmo as Constituições flexíveis, como a britânica, tem na tradição um poderoso elemento de contenção da atuação legislativa.[76]

A conclusão, também aqui, é que a regra da maioria, embora essencial para o exercício da democracia, não se confunde com esta e nem pode ser tomada em termos absolutos, admitindo-se, para manutenção da própria democracia, algumas restrições fundamentais à sua aplicação.

## *IV. Da legitimidade do controle de constitucionalidade*

Como visto acima, nem a separação de poderes nem a regra de deliberação majoritária são absolutos em si mesmos, sendo possível excepcioná-los em determinadas hipóteses. A questão que se coloca neste ponto é: o que confere ao controle de constitucionalidade legitimidade para ser uma dessas exceções?

A primeira resposta a essa pergunta está na própria previsão constitucional do controle de constitucionalidade das leis, bem como na superioridade hierárquica da Constituição. A legitimidade do controle decorre, antes de mais nada, da própria Constituição que o prevê. Ainda que assim não fosse, entretanto, é apenas lógico, no processo de aplicação do direito, que o Judiciário privilegie a norma constitucional em detrimento de uma norma hierarquicamente inferior que a ela se oponha (embora este raciocínio só sirva de fundamento para as hipóteses de inconstitucionalidade por ato comissivo, e não nos casos de omissão inconstitucional).[77]

74. Pedro Cruz Villalón, "Legitimidade da justiça constitucional e princípio da maioria", in *Legitimidade e Legitimação da Justiça Constitucional*, colóquio no 10º Aniversário do Tribunal Constitucional, Coimbra, Coimbra Editora, 1995, pp. 86 e ss.

75. Jorge Hage Sobrinho, "Democracy and distrust — A theory of judicial review", *John Hart Ely: Resumo e Breves Anotações à Luz da Doutrina Contemporânea sobre Interpretação Constitucional*, Arquivos do Ministério da Justiça, 48(186)/201-225, jul.-dez. 1995, pp. 203, 209.

76. J. J. Gomes Canotilho, *Direito Constitucional...*, cit., p. 311: "A democracia tem como suporte ineliminável o princípio maioritário, mas isso não significa qualquer 'absolutismo da maioria' e, muito menos, o domínio da maioria. O *direito da maioria* é sempre um *direito em concorrência* com o *direito das minorias* com o consequente reconhecimento de estas se poderem tornar maiorias".

"A maioria não pode dispor de toda a 'legalidade', ou seja, não lhe está facultado, pelo simples facto de ser maioria, tornar disponível o que é indisponível, como acontece, por ex., com os direitos, liberdades e garantias e, em geral, com toda a disciplina constitucionalmente fixada (o princípio da constitucionalidade subrepõe-se ao princípio maioritário."

77. German J. Bidart Campos, *La Interpretación y el Control Constitucionales en la Jurisdicción Constitucional*, Buenos Aires, EDIAR, 1987, p. 226: "Hay un equilibrio o balanceo entre la función subordinada de aplicar el derecho vigente tal como es creado por los otros poderes, y el poder

Ademais disso, e sem pretender esgotar o tema, é possível apontar ainda outros três fundamentos para a legitimidade do controle judicial de constitucionalidade, na extensão que será referida, sendo dois deles principais e um acessório. Os dois principais dizem respeito à normatividade da Constituição e à sua própria natureza. O acessório se refere à participação do Legislativo na regulamentação do próprio controle de constitucionalidade. Confira-se.

### *IV.1 Natureza normativa da Constituição*

A Constituição, como já referido, é norma jurídica, daí decorrendo, portanto, a legitimidade básica do controle de constitucionalidade. Com efeito, se a Constituição é norma, cabe ao Judiciário, no Estado de Direito, aplicar as normas jurídicas, velando para que elas sejam respeitadas e seus efeitos, quando não cumpridos espontaneamente, obrigatoriamente realizados.[78] Francisco Fernández Segado resume o ponto, *in verbis*: "El carácter normativo de la Constitución, unánimemente aceptado en nuestros días, quiere significar que no estamos en presencia de un mero catálogo de principios, sino de una norma cuyo contenido material a todos (ciudadanos y poderes públicos) vincula de modo inmediato, siendo sus preceptos, como regla general, sin perjuicio de algunas matizaciones particulares a esta regla, alegables ante los tribunales y debiendo considerarse su infracción antijurídica".[79]

Ora, se as relações no âmbito do Estado se baseiam no direito, e se a Constituição é direito, é apenas natural e indispensável que haja um órgão capaz de assegurar a realização dessa ordem jurídica — impondo-lhe o cumprimento, ainda contra a vontade dos indivíduos — e meios próprios para provocar a ação desse órgão.[80] O controle de constitucionalidade pretende precisamente fornecer os meios processuais próprios pelos quais se poderá dispor de tutela jurídica em relação às normas constitucionais.

Esse ponto, embora fundamental para a legitimidade da jurisdição constitucional, exige uma elaboração um pouco mais sofisticada, já que, nada obstante serem normas jurídicas como as demais, as normas constitucionais apresentam uma série de peculiaridades que não podem ser desconsideradas.[81] Isso é o que se passa a expor no ponto seguinte.

### *IV.2 A natureza da Constituição*

A Constituição é um documento normativo ímpar no conjunto do ordenamento, por uma variedade de razões. Uma delas é que cabe à Constituição — o pressuposto com o qual se trabalha é de uma Constitui-

de impedir su aplicación en defensa de la supremacía de la constitución. Y esto sí tiene que ver con la división de los poderes, porque hay uno — el judicial — que contiene y contrae a los otros dentro del marco de la constitución suprema. El aplicar el derecho 'tal como es' involucra el aplicar prioritariamente la constitución, porque el derecho 'tal como es' está encabezado por ella, y eso significa que el derecho infraconstitucional opuesto a la constitución ('tal como es') carece de validez por ser inconstitucional; y sólo el poder judicial puede declararlo, porque se trata de un conflicto de derecho".

78. Luís Roberto Barroso, *O Direito Constitucional...*, cit., pp. 78 e ss.

79. Francisco Fernández Segado, "La teoría jurídica..., cit., *RILSF* 121/80.

80. Karl Larenz, *Derecho Justo — Fundamientos de Ética Jurídica*, trad. Luis Díez-Picazo, Madri, Editorial Civitas, 1991, pp. 176 e ss. e Mauro Cappelletti, *Proceso, Ideologias, Sociedad*, trad. Santiago Sentís Melendo y Tomás A. Banzhaf, Buenos Aires, Ediciones Jurídicas Europa-América, 1974, pp. 369, 520.

81. Luís Roberto Barroso, *Interpretação e Aplicação da Constituição*, São Paulo, Saraiva, 1996, pp. 101 e ss. O autor aponta quatro espécies de peculiaridades que singularizam as normas constitucionais: a superioridade hierárquica, a natureza da linguagem, o conteúdo específico e o caráter político.

ção democrática — realizar dois objetivos: assegurar um consenso mínimo e garantir o pluralismo político.

Em primeiro lugar, cabe à Constituição tomar determinadas decisões políticas fundamentais, dentre as quais, por exemplo e com destaque, a de garantir um mínimo de direitos aos indivíduos. São decisões plenamente judicializadas e que são colocadas pelo poder constituinte originário fora do alcance da deliberação política das maiorias.[82] A idéia, já referida, que está no substrato dessa concepção, e foi reforçada com a experiência da Segunda Guerra Mundial, é que a democracia é mais do que a simples aplicação da regra majoritária.

Na verdade, se a regra da maioria surge como a fórmula de viabilizar, na deliberação política, a idéia de igualdade essencial de todos os homens, não haveria qualquer sentido em permitir que o grupo majoritário, uma vez instalado no poder, tivesse liberdade tão ampla a ponto de poder se voltar contra a igualdade que lhe deu origem para violar os direitos dos membros da minoria ou para alterar a própria regra majoritária. É indispensável, portanto, que as maiorias encontrem limites, limites estes que deverão ser fixados pela Constituição. Estes pontos são tão essenciais — uma espécie de consenso mínimo — que qualquer grupo que venha a exercer o poder, qualquer ideologia que venha a ser escolhida pelo povo terá de respeitá-los. Simplesmente não se admite que não o façam.[83]

Na outra ponta, o segundo objetivo de uma Constituição democrática é assegurar o pluralismo político.[84] Isto é: garantir a abertura do sistema e o exercício democrático de modo que o povo possa, a cada momento, decidir, através de seus representantes, qual o caminho a seguir.[85]

Os dois objetivos se encontram na medida em que qualquer opção que o povo faça terá, necessariamente, de respeitar aquele consenso mínimo assegurado pela Constituição.[86] Note-se, como registrado, que essas normas básicas intangíveis têm também um papel fundamental de garantir o regular funcionamento do próprio mecanismo democrático, de modo a impedir que uma maioria venha a destruí-lo. Por outro lado, não cabe à Carta definir de forma integral e definitiva a respeito da vida política do povo, o que caberá a este mesmo, a cada nova oportunidade eleitoral.

Desse modo, há um conjunto de normas constitucionais que diz respeito àquele consenso mínimo e que, por isso mesmo, poderão ser objeto de amplo controle judicial não apenas para impedir que sejam violadas, como também para assegurar a produção dos efeitos por elas pretendidos. Esse é o campo de trabalho do direito e da Justiça Constitucional, não estando tais regras à disposição da deliberação política.[87]

82. Tomás de la Quadra e outros, "Interpretación de la constitución y órganos del Estado", in *División...*, cit., p. 34: "La Constitución, para la actividad política, es un fundamiento y un marco de referencia dentro del cual puede y debe moverse con libertad. La Constitución, en cambio, para el órgano constitucional encargado de velar por su aplicación, es la norma mínima a respetar".

83. Francisco Lucas Pires, "Legitimidade da justiça constitucional e princípio da maioria", in *Legitimidade e Legitimação da Justiça Constitucional*, colóquio no 10º Aniversário do Tribunal Constitucional, Coimbra, Coimbra Editora, 1995, p. 170.

84. Consagrado no inciso V, do art. 1º da Constituição brasileira de 1988.

85. Tomás de la Quadra, "Interpretación...", cit., p. 35.

86. Salvo, evidentemente, se sobreviver um novo poder constituinte originário. Tomás de la Quadra e outros, "Métodos...", cit., p. 136: "Es evidente que esse pluralismo político está dirigido a que las distintas concepciones ideológicas o políticas que existen en la sociedade tengan la oportunidad de plasmar su concepción particular acerca de los valores superiores de libertad, justicia e igualdad. Es evidente que hay un núcleo esencial de esos valores y de los derechos fundamentales que deben ser respetados por cualesquiera de estas opciones".

87. J. C. Vieira de Andrade, "Legitimidade da justiça constitucional e princípio da maioria",

Nada obstante, há também um campo reservado à deliberação democrática, em relação ao qual a Constituição fixa diretrizes genéricas, cabendo ao Legislativo decidir as formas de implementação, ainda que vinculado a tais diretivas. Essa é a esfera do político e faz parte das particularidades da Constituição garantir que esse campo lhe seja reservado.

A grande questão é saber, e aqui se faz apenas o registro da questão, o que é exatamente que está contido nesse mínimo consensual, esse núcleo das decisões fundamentais da Constituição.

O controle de constitucionalidade, portanto, poderá ser exercido amplamente no que diz respeito àquele primeiro grupo de normas. Quanto a este último, ao Judiciário só caberá invalidar a norma que não puder ser compatibilizada com a diretriz constitucional.

*IV.3 Participação do Legislativo na elaboração das regras do controle de constitucionalidade*

Além dos dois fundamentos acima enunciados, que dizem respeito à própria natureza da norma constitucional e à sua legitimidade como parâmetro controlador da validade das leis, um outro se agrega de espécie totalmente diversa. É que, na maior parte dos países de tradição romano-germânica, nada obstante a previsão constitucional do controle de constitucionalidade (especialmente aquele por via de ação principal), é a própria lei que vai regulamentar como esse controle será implementado, suas modalidades e seus efeitos.

Assim, pontos fundamentais para determinar a amplitude do controle — como, *v.g.*, os legitimados, o quórum de deliberação, os efeitos da decisão — passam previamente por uma discussão no âmbito do Legislativo.

O exercício da jurisdição constitucional, ou ao menos boa parte dele, recebe, desse modo, uma regulamentação elaborada pelo próprio Legislativo, cuja participação vem agregar sua própria legitimidade àquela decorrente da Constituição.[88]

## *V. Conclusão*

O presente trabalho pretendeu contribuir para esclarecer as relações entre o controle de constitucionalidade e as idéias de separação de poderes e deliberação majoritária democrática. O cenário do debate é, sem dúvida, a concepção normativa da Constituição e o notável crescimento das modalidades de controle judicial de constitucionalidade das leis, o que, nos países de tradição romano-germânica, vem retirando o Judiciário de uma posição tradicionalmente subalterna e conferindo-lhe a estatura de um poder político-constitucional como os demais. Nada obstante, este ainda é um processo em curso em muitos países, dentre os quais o Brasil.

O que se pretendeu neste estudo foi precisamente apresentar alguma contribuição para delimitar de forma mais clara os espaços de cada um dos poderes na matéria, especialmente no que diz respeito ao Legislativo e Judiciário, através do estudo da separação de poderes e da regra da deliberação majoritária. Em desfecho de tudo que se expôs, é possível compendiar suas idéias básicas em algumas proposições objetivas.

*1.* O princípio da separação de poderes tem um caráter instrumental e sua formulação tem como pano de fundo histórico a necessidade de controlar o poder político,

in *Legitimidade e Legitimação da Justiça Constitucional*, colóquio no 10º Aniversário do Tribunal Constitucional, Coimbra, Coimbra Editora, 1995, p. 80.

88. Landelino Lavilla, *Constitucionalidad...*, cit., p. 59: "Para hacer efectivo el control del poder legislativo, la Constitución recurre, pues, al próprio legislador ordinario (...)".

evitando sua concentração, e como fim último a garantia dos direitos e liberdades individuais.

*2.* Afora o elemento fundamental da idéia de separação de poderes, que pode ser referido sinteticamente como a necessidade de que o poder seja controlado por alguma forma de limite ou poder contraposto, não há um modelo único de separação de poderes que precise necessariamente ser adotado. Na verdade, cada país — países democráticos, note-se — adota o modelo que lhe convém, de acordo com suas peculiaridades históricas e culturais.

*3.* A propalada crise da separação de poderes é, na verdade, a crise de um modelo específico de separação de poderes — aquele consolidado pelas Revoluções burguesas no século passado que consagra a supremacia do parlamento e da lei. Com a crise dos parlamentos em todo o mundo, esse modelo encontra-se em fase de superação. O principio da separação de poderes, no entanto, continua íntegro.

*4.* A regra de deliberação majoritária não é sinônimo de democracia, que exige, para além da maioria, a garantia de um conjunto mínimo de direitos fundamentais para todos os indivíduos.

*5.* A história demonstra que as maiorias também podem ser cruelmente totalitárias, impondo-se sua limitação. Modernamente, essa limitação é levada a cabo pelas Constituições que procuram excluir determinados temas do debate político, especialmente a garantia irrestrita dos direitos fundamentais — tanto para as maiorias, como para as minorias — e as regras da própria deliberação majoritária, de modo a garantir-se a permanente abertura do sistema democrático.

*6.* Tanto a separação de poderes como a regra majoritária não são elementos absolutos, admitindo restrições, dentre as quais estará o controle de constitucionalidade das leis.

*7.* O controle de constitucionalidade apresenta quatro fundamentos básicos de legitimação. Os dois primeiro são a própria previsão constitucional do controle e a superioridade hierárquica da Constituição. O terceiro fundamento é a normatividade da Constituição, que exige, como as normas em geral, uma forma de tutela para sua implementação nas hipóteses de violação. Por fim, particularizando a respeito da natureza da Constituição, o controle de constitucionalidade se legitima em maior profundidade e amplitude em relação às normas constitucionais que formam o núcleo de consenso mínimo a que qualquer maioria estará vinculada, independentemente de seus matizes ideológicos. Destacam-se, nesse campo, um conteúdo básico dos direitos fundamentais, em relação ao qual caberá ao Judiciário não apenas impedir a violação, como também zelar pelo implemento.

*8.* Há ainda um fundamento acessório de legitimidade, que se aplica aos países de tradição romano-germânica, que é a participação do Legislativo na elaboração da legislação ordinária regulamentadora do controle de constitucionalidade.

# LIMITES À CONTRATAÇÃO DIRETA DE INSTITUIÇÕES DE ENSINO, PESQUISA E DESENVOLVIMENTO INSTITUCIONAL

JOEL DE MENEZES NIEBUHR

Professor de Direito Constitucional da Universidade Federal de Santa Catarina.
Doutorando da PUC/SP. Consultor, Parecerista e Advogado em São Paulo e Florianópolis

## *1. Introdução*

*1.* A licitação pública é instituto consolidado no Direito Administrativo brasileiro, haja vista a exata imposição decorrente da aplicação dos princípios constitucionais pertinentes à sua disciplina. Muito embora esta assertiva seja teoricamente procedente, na prática opera verdadeira disfunção.

Sucede que o Legislativo ampliou em muito as exceções admitidas pelo constituinte, exacerbando a competência que lhe foi outorgada. As hipóteses de incidência de licitação pública vêm sofrendo sucessiva diminuição, por efeito da ampliação dos casos de dispensa.

*2.* Essa situação encontra respaldo na postura passiva de muitos agentes jurídicos ainda presos a um arcaico dogmatismo, que não se importam com a efetividade dos valores e finalidades prestigiados na Constituição Federal.

*3.* Diante desse quadro, a fim de construir hermenêutica compatível com o espírito da Constituição Federal, ao apreciar a hipótese prevista no inciso XIII do art. 24 da Lei 8.666/1993 — que autoriza a contratação direta de instituição nacional, sem fim lucrativo, destinada ao ensino, pesquisa e desenvolvimento institucional, com reputação ética inquestionável — é imprescindível adotar interpretação, no mínimo, restritiva, para que tal dispositivo não seja estribo à realização de negócios escusos e prejudiciais à Administração Pública.

Este estudo pretende oferecer subsídios que amparem entendimento restritivo no que tange à contratação direta de instituições de ensino, pesquisa e desenvolvimento institucional, adequando a hermenêutica aos prismas teleológicos e axiológicos latentes na Carta Magna.

## *2. Dispensa de licitação e hermenêutica constitucional*

*4.* O inciso XXI do art. 37 da Constituição Federal é imperativo ao consagrar a obrigatoriedade de licitação pública como pré-requisito para a realização de contrato administrativo. Essa obrigatoriedade deflui do princípio da isonomia, hospedado no *caput* de seu art. 5º.

Se a Administração Pública tem que tratar todos os particulares com igualdade, para entabular um contrato, é imprescindível que a escolha do contratante seja pautada por um procedimento equânime.

O procedimento previsto na Constituição Federal é, pois, a licitação pública. Trata-se de regra, que, contudo, admite exceções.

*5.* As exceções configuram-se em casos de dispensa ou de inexigibilidade de licitação.

*5.1* A inexigibilidade ocorre quando não há possibilidade de disputa, quer pela ausência de critérios de comparação, quer porque somente um sujeito pode satisfazer o interesse público. Nestes casos, a atuação do legislador infraconstitucional é diminuta, uma vez que tais hipóteses independem de sua prévia consideração.

*5.2* Afigura-se a dispensa nas situações em que a realização do certame sacrificaria relevante interesse público, impondo substancial prejuízo à Administração. Nestes casos, é possível que se faça a licitação, porém o agente administrativo, autorizado pelo legislador infraconstitucional, para proteger outros valores, opta por não realizá-la.

Os casos de dispensa devem ser editados de forma taxativa pelo legislador (*numerus clausus*). Entretanto, em qualquer hipótese, o espectro da dispensa de licitação não passa de exceção à regra, sendo esta prevalecente e garantida a sua obrigatoriedade.

*6.* Cumpre frisar que, consoante *standard* básico de boa hermenêutica, toda exceção deve ser interpretada de modo restrito. Não é cabível ampliá-la, alargando o seu campo de incidência.

Essa é a observação firmada por Adílson Abreu Dallari, cujo texto tem a seguinte dicção: "*É um princípio fundamental de hermenêutica que as exceções devem ser tratadas de maneira restrita.* Quando houver alguma dúvida quanto à exigibilidade ou dispensa de licitação, é preciso não esquecer de que a regra geral é a exigibilidade, e de que a *exceção é a dispensa*".[1]

E adiante, abordando com maestria os princípios que informam a matéria, o supracitado Professor conclui: "É preciso, porém, deixar uma coisa bastante clara: *não é dado ao legislador, arbitrariamente, criar hipótese de dispensa de licitação*, porque a licitação é uma exigência constitucional. *Se o elemento tomado em consideração para que seja feita essa dispensa não for pertinente, não for razoável ou compatível com o princípio da igualdade, a lei será inconstitucional. A dispensa indevidamente dada pela lei não pode valer perante a Constituição.* Portanto, não é dado ao legislador dispensar licitação ao seu talante, à sua vontade, se esse fator de discrímen, se o elemento tomado em consideração não for relevante e não tiver abrigo constitucional, se não for razoável, pelo menos, à luz da Constituição".[2]

*7.* As hipóteses de dispensa de licitação pública devem ser compatíveis com a sistemática adotada na Constituição Federal. Quando se interpreta uma hipótese de dispensa, jamais se pode pretender exaurir a questão analisando tão-só o dispositivo específico, pois é o ordenamento, concebido como um sistema integrado pelos princípios jurídicos, que fornece a resposta adequada.

A legitimidade da ordem jurídica encontra-se estritamente vinculada à percepção sistemática da Constituição Federal, sob a concretização vertical dos princípios jurídicos nela contidos. A função do intérprete é aferir e propiciar a efetividade dos valores prestigiados no altiplano constitucional.

É tão claro quanto a luz solar que a obrigatoriedade do procedimento licitatório se afaz à totalidade dos princípios constitucionais relativos à Administração Pública.

A licitação pública faz com que a Administração paute a realização de seus contratos por uma ação equânime, que preserva a igualdade e a moralidade, buscando sempre a proposta mais vantajosa (eficiência). Perceba-se, como foi acentuado, que

1. Adílson Abreu Dallari, *Aspectos Jurídicos da Licitação*, p. 45 (grifo acrescido).

2. Ibidem (grifo acrescido).

todos estes princípios e valores encontram-se incorporados na órbita constitucional.

O legislador não elenca casos de dispensa de maneira arbitrária. Se o fizer, estará atirando ao limbo a Carta Magna e os princípios que informam a matéria pertinente à licitação pública. É forçoso maximizar o espectro do princípio da isonomia, cânone supremo de interpretação para o deslinde de eventuais questões.

*8.* Como corolário, se houver mais de uma interpretação possível para dispositivos que prescrevem casos de dispensa, o entendimento correto é aquele que consagra a exigibilidade de licitação.

Isso porque, conforme o escólio de Carlos Maximiliano, "quando as palavras forem suscetíveis de duas interpretações, uma estrita, outra ampla, adotar-se-á aquela que for mais consentânea com o fim transparente da norma positiva".[3]

Quer-se delimitar a incidência de casos de dispensa que transbordem o caráter de exceção. Dentro do disposto na norma, reclama-se postura indeclinavelmente restritiva, de acordo com o evidente escopo constitucional.

*9.* As normas não são aplicadas automaticamente. O intérprete constrói o verdadeiro sentido e alcance normativo, devendo, para tal mister, atentar ao meio social em que está inserido (art. 6º da Lei de Introdução ao Código Civil).

Transparece que os casos de dispensa, que deveriam ser excepcionais, vêm-se transformando em regra. A cada alteração da legislação concernente à licitação pública, mais e mais dispositivos são acrescidos, com novas possibilidades de contratação direta.

Urge retomar o prumo constitucional. Repisa-se, a dispensa é exceção e como tal deve ser tratada.

3. Carlos Maximiliano, *Hermenêutica e Aplicação do Direito*, p. 314.

### *3. O inciso XIII do art. 24 da Lei 8.666/1993*

*10.* Visto que as hipóteses previstas pelo legislador como de dispensa de licitação pública devem ser interpretadas de modo restrito, passa-se à análise do inciso XIII do art. 24 da Lei 8.666/1993, dispositivo cujo texto admite a contratação direta de "*instituição brasileira incumbida regimental ou estatutariamente da pesquisa, do ensino ou do desenvolvimento institucional, ou de instituição dedicada à recuperação social do preso, desde que a contratada detenha inquestionável reputação ético-profissional e não tenha fins lucrativos*".[4]

*11.* Como anteriormente assinalado, os casos de dispensa pressupõem a existência de relevante interesse público hipoteticamente sacrificado, se realizado fosse o normal procedimento licitatório. *Rectius*: por isto se dispensa, para preservar o interesse público.

Destarte, nas hipóteses de instituições brasileiras, sem fins lucrativos e com inquestionável reputação, destinadas ao ensino, pesquisa e desenvolvimento institucional, pressupôs o legislador a existência de legítimo interesse do Estado em contratá-las diretamente (ou seja, dispensando-se a licitação), porque elas teriam uma qualidade pessoal excepcionalíssima, postando-se como parceiras do Poder Público. Em tese, insista-se, seriam raras tais instituições em que os administradores abdicam do lucro e voltam-se à benemerência.

*12.* Ocorre, e aí está o ponto nodal da questão, que, em obséquio à vantagem de contratar com o Poder Público sem prévia licitação, a criação destas instituições se espraiou por todos os cantos. Tornou-se um dos negócios mais lucrativos, conquanto, paradoxalmente, tenham que exteriorizar a forma de entes "sem fins lucrativos".

4. Grifo acrescido.

Os administradores destas instituições apenas alteram o modo de auferir os lucros: em vez de declará-los, passam a recebê-los de forma indireta, quer através de altos salários, quer mediante a compra de bens e equipamentos.

A prática corrente na Administração Pública é beneficiar apadrinhados políticos com procedimento que revela tamanha imoralidade. O modo de ação de tais malfeitores é a criação de instituições de ensino, pesquisa e desenvolvimento institucional, com o único fito de receber benesses do já cambaleante Erário Público.[5]

*13.* Obviamente há instituições sérias (freqüentemente ligadas a universidades e a centros de pesquisa), que, a rigor, merecem tratamento especial por parte do Poder Público.

Todavia, boa parte das "instituições" beneficiadas pela dispensa de licitação visam tão-só a desfalcar o patrimônio público, enriquecendo seus administradores.

*14.* Há, de maneira cristalina, desvio de finalidade. E, diante deste fato, o cientista jurídico deve interpretar o dispositivo sob a perspectiva dos princípios constitucionais, administrativos e licitatórios, legitimando a dispensa somente em relação a hipóteses rigorosamente excepcionais.

### *4. Possibilidade de competição entre instituições*

*15.* Atendidos esses parâmetros, cai por terra a possibilidade de contratação direta nas situações em que há mais de uma instituição apta a satisfazer o interesse público, consubstanciado no cumprimento dos termos contratuais.

Melhor explicando: se há possibilidade de disputa entre duas ou mais destas instituições, deve-se tratar todas elas sob a égide da isonomia.

O legislador apartou tais instituições em um grupo especial, conferindo-lhes o privilégio de contratar sem licitação. Entretanto, se dentro deste grupo especial há mais de uma instituição apta e virtualmente interessada em celebrar o contrato, é imperativo que, dentre elas, se propicie a competição (licitação).[6]

5. Com o mesmo enfoque, Antônio Roque Citadini tece críticas ao dispositivo: "A experiência com este procedimento da Administração Pública, em todos os níveis — federal, estadual ou municipal —, indica que este dispositivo tem servido para contratações com motivação pouco consistente (estudos sobre programas de restruturação administrativa, reengenharias, disfarçadas consultorias etc.) além de serem utilizadas para cooptação de mão-de-obra qualificada, por visíveis critérios de apadrinhamento" (Antônio Roque Citadini, *Comentários e Jurisprudência sobre a Lei de Licitações Públicas*, p. 201).

E prossegue: "Este dispositivo traz péssima contribuição para o Estado brasileiro, porque cria uma reserva de mercado para algumas instituições, que passam a ter uma relação inadequada com a Administração, uma vez que os serviços que prestam poderiam, sem qualquer transtorno para o Estado, ser contratados com disputa licitatória" (idem, p. 202).

Já Jorge Ulisses Jacoby Fernandes enfatiza: "Conquanto a dimensão seja bastante ampla não deverá a Administração curvar-se a instituições que só preenchem literalmente a extensão desse inciso. Não raras vezes instituições voltadas para objetivos elevados e nobres mascaram interesses escusos de sobreviver à custa do erário numa Administração cara e ineficiente, mas que apanigua 'amigos do rei'. Em todos os momentos deve o Administrador ter em linha de consideração que o seu dever de eficiência não lhe permite ser um mero submisso e cego as expressões literais; deve enxergar mais longe e verificar se a contratação atenderá o *interesse público* que é o seu real objetivo, sem favorecer indiscriminadamente ou injustificadamente instituições que verdadeiramente mascaram o desenvolvimento tecnológico ou a filantropia" (Jorge Jacoby Ulisses Fernandes, *Contratação Direta sem Licitação*, p. 223).

6. Marçal Justen Filho assinala: "O dispositivo abrange contratações que não se orientam di-

*16.* Esse raciocínio justifica-se, de modo integral, sob às luzes do princípio da isonomia.

Com efeito:

*17.* Aristóteles, desde a Grécia antiga, já advertia que a igualdade consiste em tratar igualmente os iguais e desigualmente os desiguais, erguendo a denominada justiça distributiva.[7]

*18.* Para tratar desigualmente os desiguais, o legislador afiança diversas discriminações.

Daí pondera Celso Antônio Bandeira de Mello que, "como as leis nada mais fazem senão discriminar situações para submetê-las à regência de tais ou quais regras — sendo esta mesma sua característica funcional — é preciso indagar quais as discriminações juridicamente toleráveis".[8]

*19.* Uma discriminação ou tratamento diferenciado concedido pelo legislador deve-se deitar numa desigualdade de fato efetivamente existente e plausível. Sabe-se que o tratamento desigual só se justifica para desiguais, visando a atenuar a desigualdade. Destarte, insista-se, se não há desigualdade de fato, não pode haver tratamento legal desigual.

*20.* Desta sorte, porque as instituições brasileiras sem fins lucrativos, com inquestionável reputação ética e que objetivam fomentar atividades de interesse público, tais quais o ensino, a pesquisa e o desenvolvimento institucional, estariam em posição desigual, o legislador houve por mal lhes prestar tratamento desigual, concedendo-lhes um privilégio: firmar contratos administrativos sem licitação pública.

O legislador desigualou juridicamente tais instituições. Enquanto todas as instituições ordinárias disputam a feitura de contratos mediante prévia licitação, elas são beneficiadas, sendo contratadas diretamente pelo Poder Público.

Há, desta feita, para efeitos de contratação direta, duas espécies de instituições: as "instituições qualificadas" (que cumprem as exigências do inciso XIII do art. 24 da Lei 8.666/1993) e as "instituições ordinárias" (todas as outras).

*21.* Pois bem, a amplitude do inciso XIII do art. 24 da Lei 8.666/1993 é conceder privilégio "às instituições qualificadas" e não "à instituição qualificada".

Quer dizer que — caso se admita a existência de desigualdade de fato plausível para um tratamento desigual — a classe destas "instituições qualificadas" não concorre com a classe das "instituições ordinárias".

A desigualdade de fato que serve de supedâneo para a desigualdade legal é a diferença entre as "instituições qualificadas" e as demais "instituições ordinárias".

No entanto, se dentro da classe "instituições qualificadas", houver a possibilidade de competição, deve-se realizar a licitação pública. Tudo porque dentro da classe "instituições qualificadas" não há desigualdade de fato que justifique a desigualdade legal.

Se a "instituição qualificada A" e a "instituição qualificada B", portanto, com as mesmas características, têm interesse em celebrar o mesmo contrato administrativo, não há motivo para privilegiar uma ou outra. Não existe desigualdade de fato suficiente para ensejar uma discriminação legal. Deve-se tratá-las com estrita igualdade, fomentando a competição mediante a realização de procedimento licitatório.

retamente pelo princípio da vantajosidade. Mas a contratação não poderá ofender o princípio da isonomia. Existindo diversas instituições em situação semelhante, caberá a licitação para selecionar aquela que apresente a melhor proposta — ainda que essa proposta deva ser avaliada segundo critérios diversos do 'menor preço'" (Marçal Justen Filho, *Comentários à Lei de Licitações e Contratos Administrativos*, p. 233).

7. Aristóteles, *A Política*, p. 92.

8. Celso Antônio Bandeira de Mello, *O Conteúdo Jurídico do Princípio da Igualdade*, p. 11.

### *5. Conexão entre as atividades previstas no inciso XIII do art. 24 da Lei 8.666/1993, a natureza da instituição e o objeto da contratação*

*22.* Demais disso, ainda na linha que amplia as hipóteses de licitação pública mediante interpretação restritiva das hipóteses de dispensa, frisa-se que o *objeto* da contratação deve ser a pesquisa, o ensino ou o desenvolvimento institucional.

Não se pode admitir que qualquer atividade autorize a contratação direta. Se o benefício é para instituições de ensino, pesquisa e desenvolvimento institucional, apenas contratos que tenham por objeto tais finalidades é que são abrangidos pela hipótese.

Mesmo que a instituição exerça outras atividades, a dispensa só pode se relacionar com ensino, pesquisa e desenvolvimento institucional.[9]

*23.* Agregue-se, afora isso, que deve haver conexão lógica entre as atividades mencionadas no inciso XIII do art. 24 da Lei 8.666/1993, a natureza da instituição e o objeto da contratação.

9. Essa é a posição adotada pela Consultoria Zênite: "Quer a lei que se trate de instituição dedicada à pesquisa, ensino ou desenvolvimento institucional, ou ainda dedicada à recuperação social do preso. Assim sendo, a finalidade do dispositivo só pode ser a de auxiliar o desenvolvimento de entidades que se dediquem às referidas atividades, reputadas pela lei, implicitamente, como de relevante interesse público, favorecendo-as com a possibilidade de contratação.

"Portanto, ainda que referidas entidade possam, consoante seus atos constitutivos, desenvolver outras atividades, o que a lei privilegia são as atividades que especificamente menciona. Assim, se o objeto da contratação pretendida não estiver relacionado com referidas atividades, dispensa de licitação, com fundamento no inciso XIII do art. 24, não será admissível" (Zênite, *Informativo de Licitação e Contrato*, jan. 1996).

Não é razoável que instituição de ensino, pesquisa e desenvolvimento institucional em determinada área seja contratada para algo absolutamente desconectado de sua especialidade.

*24.* Esse entendimento encontra respaldo no Tribunal de Contas da União. Dentre outros precedentes, destaca-se ementa da lavra do Ministro Lincoln Magalhães da Rocha, que expressa o seguinte: "A dispensa de licitação fundamentada no inciso XIII do art. 24 da Lei 8.666/1993, somente poderá se efetivar se comprovado *o nexo entre as atividades mencionadas no dispositivo, a natureza da instituição e o objeto da contratação*".[10]

E, no corpo da decisão, colhe-se a passagem que se segue: "*A fim de compatibilizar a norma com o ordenamento jurídico vigente*, onde se tem, no campo da Administração Pública, o *princípio maior da licitação* — balizada por princípios outros como o da impessoalidade, da moralidade — impõe-se uma interpretação rigorosa do dispositivo legal citado, de modo a *exigir que a entidade contratada tenha objetivos condizentes com o objeto da contratação* e estrutura que comporte o cumprimento pessoal dos compromissos assumidos".[11]

*25.* Por exemplo: É irrazoável contratar instituição ambiental para realizar curso de *marketing*, ou instituição de engenharia para realizar curso de administração.

A razoabilidade impõe que uma instituição dedicada à engenharia seja contratada para prestar serviços na área de engenharia.

Quem é apto para prestar serviços em administração, venhamos e convenhamos, é uma instituição pertinente à Ciência da Administração. Em hipótese alguma uma instituição voltada à engenharia.

10. Decisão 346/1999, rel. Ministro Lincoln Magalhães da Rocha, em 9.6.1999, *DOU* 117-E, de 22.6.1999, *apud Informativo de Licitações e Contratos*, ago. 1999 (grifo acrescido).

11. Grifo acrescido.

### *6. Considerações finais*

*26.* Do exposto, com o propósito de construir interpretação para o inciso XIII do art. 24 da Lei 8.666/1993 consentânea aos fins e valores salientados na Constituição Federal, dessume-se, objetivamente, o seguinte:

*26.1* Em Direito Administrativo a regra é a obrigatoriedade de licitação pública e a exceção configura-se nas hipóteses de inexigibilidade e de dispensa.

As exceções, de acordo com regra fundamental de hermenêutica, devem ser interpretadas de modo restrito, compatibilizando-se com as disposições constitucionais.

*26.2* A dispensa de licitação para a contratação de instituição brasileira de ensino, pesquisa e desenvolvimento institucional, com inquestionável reputação ética e sem fins lucrativos, só se dará nas hipóteses em que:

(a) não existir duas ou mais "instituições qualificadas" aptas a satisfazer o reclame público (ocorre que se há mais de uma "instituição qualificada", não há desigualdade de fato entre elas que justifique o tratamento desigual);

(b) o contrato versar sobre ensino, pesquisa e desenvolvimento institucional;

(c) houver correlação lógica entre o ensino, a pesquisa e o desenvolvimento institucional, a atividade que se destina a virtual contratante e o objeto a ser contratado.

### *7. Referências bibliográficas*

ARISTÓTELES. *A Política.* 3ª ed., trad. de Mário Gama Cury, Brasília: Ed. Unb, 1997.

BANDEIRA DE MELLO, Celso Antônio. *O Conteúdo Jurídico do Princípio da Igualdade.* 3ª ed., São Paulo: Malheiros Editores, 1993.

CITADINI, Antônio Roque. *Comentários e Jurisprudência sobre a Lei de Licitações Públicas.* 3ª ed., São Paulo: Max Limonad, 1999.

DALLARI, Adílson Abreu. *Aspectos Jurídicos da Licitação.* 4ª ed., São Paulo: Saraiva, 1997.

Decisão 346/1999, rel. Min. Lincoln Magalhães da Rocha. Data: 9.6.1999, publicado no *DOU* 117-E, de 22.6.1999, *apud Informativo de Licitações e Contratos*, ago. 1999.

FERNANDES, Jorge Jacoby Ulisses. *Contratação Direta sem Licitação*. Brasília: Brasília Jurídica, 1995.

JUSTEN FILHO, Marçal. *Comentários à Lei de Licitações e Contratos Administrativos.* 5ª ed., São Paulo: Dialética, 1998.

MAXIMILIANO, Carlos. *Hermenêutica e Aplicação do Direito.* 13ª ed., Rio de Janeiro: Forense.

ZÊNITE. *Informativo de Licitação e Contrato.* Jan. 1996.

# POR UMA REVISÃO DA TEORIA DA APLICABILIDADE DAS NORMAS CONSTITUCIONAIS

SERGIO FERNANDO MORO

Juiz Federal em Cascavel, Paraná

*1. Considerações iniciais. 2. Concretização legislativa "v." concretização judicial da Constituição. 3. O mito da vedação da atuação judicial como legislador positivo. 4. Reserva de consistência e reserva do possível. 5. Mandado de injunção. 6. Conclusão.*

## *1. Considerações iniciais*

Há uma divisão básica no tratamento conferido por nossos Tribunais às normas constitucionais. O resultado do julgamento em casos constitucionais depende, pela técnica prevalente, da qualidade da norma invocada segundo classificação que leva em conta a linguagem do texto respectivo. Se a norma é reputada de "aplicabilidade imediata", os Tribunais resolvem o caso mediante aplicação da norma, atribuindo o direito à parte por ela beneficiada. Se a norma é reputada de "aplicabilidade mediata", os Tribunais recusam-se a decidir o caso sob a égide dessa norma, invocando a necessidade de regulação legislativa.

A classificação mais hábil das normas constitucionais segundo a linguagem empregada no texto data já de 1967, quando foi editada a obra *Aplicabilidade das Normas Constitucionais*, de José Afonso da Silva.[1] Desde então, surgiram outras variantes terminológicas, sem maiores conseqüências práticas.

Quer se defender que essa abordagem, que pode ser denominada de semântica, apenas oculta o verdadeiro problema, de repartição de competências entre Legislativo e Judiciário no que se refere à concretização das normas constitucionais e dos limites da função de controle atribuída ao último.[2]

1. Em breve síntese, o referido autor faz distinção entre normas que teriam aplicabilidade imediata, as de eficácia plena e as de eficácia contida, com a ressalva que estas últimas poderiam ser restringidas pelo legislador, e as que teriam aplicabilidade mediata, as de eficácia limitada, dependentes de regulação legislativa para aplicação ao mundo dos fatos, com a ressalva de que mesmo estas teriam a eficácia mínima de coibir a prática de atos que lhes fossem contrários.

2. Conforme, aliás, não escapou da percepção de Enrique Alonso García: "La problemática de la hipotética necesidad de ley de desarrollo para la entrada en vigor o 'captación' de fuerza jurídica de un precepto constitucional no es más que la exacerbación del auténtico problema de fondo de la justicia constitucional, problema que el TC tuvo que acometer desde su primera sentencia: la cons-

O que é pior, tal abordagem, ao limitar o controle do Judiciário, culmina por deixar sem resposta a "questão interpretativa", que assim pode ser sintetizada: "o que a atual Constituição, devidamente interpretada, realmente exige?".[3]

## 2. *Concretização legislativa "v." concretização judicial da Constituição*

O texto constitucional reveste-se de elevada abstração e abertura, não sendo nele, comumente, encontrado, como, aliás, é próprio em Lei Fundamental, regramentos minuciosos acerca das matérias por ele abarcadas.

Cumpre aos Poderes constituídos a tarefa de concretizar, ou seja, desenvolver e efetivar, ou, tornar realidade, os comandos constitucionais. Inexiste Constituição destituída da pretensão de efetivar-se e, por força do princípio da supremacia da Constituição, os Poderes constituídos encontram-se, desde logo, comprometidos com a concretização das normas constitucionais.

Considerando a maior legitimidade e responsabilidade democráticas dos legisladores, sujeitos a aprovação popular em sufrágios periódicos, cabe ao Legislativo primazia no papel de concretização da Constituição.

A primazia do Legislativo, contudo, foi objeto de restrições no século corrente, decorrentes da adoção, em vários países, dentre os quais o Brasil, de sistemas de controle judicial de constitucionalidade das leis.

Tal controle judicial, embora paradoxal em democracia, resulta da constatação, verificada principalmente após a Segunda Guerra Mundial, de que a democracia necessita ser protegida dela mesmo, ou, em outras palavras, de que a democracia pode gerar forças capazes de destruí-la internamente.[4]

Para imposição de limites à democracia ou, mais propriamente, ao princípio majoritário que governa a tomada de decisões em tal regime, recorreu-se, principalmente, à introdução de direitos fundamentais em Cartas Constitucionais e, diferentemente do que predominava nos regimes políticos do século anterior, atribuiu-se aos juízes ou a entidades que reúnem características próprias de Cortes de Justiça a função de controle da constitucionalidade das leis.

A atribuição desse poder sem paralelo aos juízes não afastou a primazia do Legislativo na formulação das políticas públicas. Limitações inerentes à atividade judicial são suficientes para garantir tal primazia, uma vez que é atribuído ao juiz, no exercício do controle de constitucionalidade, o ônus de demonstrar, através de argumentação racional, o desacerto da atividade legislativa em relação ao texto constitucional.

Acredita-se que esse específico limite já é suficiente para impedir abuso judicial ou o temido "governo de juízes", sendo desnecessário qualquer outro.

O conflito sugerido no título desse tópico, portanto, encontra a seguinte solução: prevalecerá a concretização judicial sobre a legislativa desde que se logre demonstrar o desacerto desta, o que passa pela solução da "questão interpretativa".

Isso é correto tanto quanto ao controle de ato legislativo quanto de omissão legislativa, pois um ou outro podem ser contrários às exigências constitucionais.

tante pretensión de dos poderes distintos, Tribunal Constitucional y Parlamento, de ser ellos los titulares de la especificación de los preceptos constitucionales. Tanto la ley como la sentencia constitucional 'desarrollan' la Constitución" (Enrique Alonso Garcia, *La Interpretación de la Constitución*, pp. 23-24).

3. O texto é de Ronald Dworkin (*O Império do Direito*, p. 44).

4. Interessante notar que Montesquieu, que reputava a "virtude" como o princípio próprio da democracia, ao elaborar sua teoria da separação dos poderes, já dizia surpreso: *"Quem o diria! A própria virtude tem necessidade de limites"* (*Do Espírito das Leis*, p. 156).

Com efeito, as Constituições contemporâneas, seguindo o modelo da Constituição da República de Weimar, de 1919, não se limitam, como as liberais do século XIX, a garantir posições jurídicas aos particulares contra agressões dos poderes públicos. Fugindo ao modelo "garantista", tributário do *status quo*, pretendem conformar amplos aspectos da vida social, seja através da formulação de fins e programas para os poderes públicos, seja através da constitucionalização de direitos a prestações estatais, que, para sua efetivação, exigem postura ativa por parte do Estado.

A abordagem "semântica" da questão da aplicabilidade das normas constitucionais compromete, desnecessariamente, o esquema aqui resumido. Sua conseqüência prática é impedir a concretização judicial de determinadas normas constitucionais, aquelas que forem classificadas como de "aplicabilidade mediata", como se o Judiciário abdicasse de sua responsabilidade de controle da atividade legislativa em relação a parte, às vezes substancial, da Constituição.

Os limites do controle judicial dependem em verdade da solução da "questão interpretativa", o que não se obtém mediante abdicação do controle. Não se trata de dividir entre tribunais e legislativo a função de concretização das normas constitucionais, mas verificar o que estas exigem para ser concretizadas, o que se faz através de interpretação.

### *3. O mito da vedação da atuação judicial como legislador positivo*

O esquema acima proposto também é prejudicado pela prevalência de certos dogmas nos Tribunais. Especificamente, o dogma da "vedação da atuação judicial como legislador positivo" tem impedido a concretização judicial de normas constitucionais classificadas como de "aplicabilidade mediata" e, o que talvez seja pior, de uma correta atuação jurisdicional em relação ao princípio da isonomia, impedindo o reparo de violação da Constituição nos casos denominados de "exclusão de benefício incompatível com o princípio da isonomia".

Faça-se justiça ao defensores do dogma, pois a Constituição não autoriza o juiz expressamente a suprir omissões legislativas. Ocorre que nela também inexiste autorização clara para invalidação de leis inconstitucionais, existindo apenas dispositivos que autorizam a declaração pelo juiz de que determinado ato normativo é inconstitucional. Saliente-se que a teoria constitucional mais avançada reconhece que, do reconhecimento da inconstitucionalidade, não decorre necessariamente a invalidação.

De todo modo, como a Carta Constitucional confere aos juízes a função de controle da atividade legislativa, implicitamente atribui os poderes necessários para o reparo, o que, no caso de omissão, implica na concretização judicial da norma constitucional, pelo menos para o caso concreto, independentemente da atividade legislativa. Repetindo Ronald Dworkin, "o objetivo da decisão judicial constitucional não é meramente nomear direitos, mas assegurá-los, e fazer isso no interesse daqueles que têm tais direitos".[5]

As restrições à atividade judicial em virtude do dogma fariam sentido caso houvesse diferença substancial entre o controle de constitucionalidade por ação e o controle de constitucionalidade por omissão. Ocorre que, em ambas as hipóteses, o juiz interfere no âmbito da atividade legislativa. O julgador, no exercício do controle de constitucionalidade, invade inevitavelmente área reservada ao legislador. Assim age, entretanto, para resguardar a supremacia da Constituição. Aliás, a intensidade da interferência parece ser maior no caso da invalidação do ato legislativo inconstitucional do que no do suprimento da omissão inconstitucional. No primeiro caso, o juiz estará sobrepondo

5. Ronald Dworkin, ob. cit., p. 465.

sua interpretação da Constituição à interpretação legislativa, dizendo que a lei, um ato positivo do legislador, é incompatível com a Carta Constitucional. No segundo, o juiz apenas atua supletivamente, censurando não uma ação do legislador, mas uma omissão, ou melhor, talvez apenas concretizando a Constituição, independentemente do legislador e no âmbito de suas atribuições específicas, ou seja, no julgamento de casos concretos. Se em um regime democrático são problemáticas decisões judiciais que invalidam decisões legislativas, menos problemáticas são decisões judiciais que suprem vazios legislativos.

O dogma da vedação à atuação judicial como "legislador positivo" não tem, portanto, base racional, não sendo, outrossim, decorrente de comando constitucional expresso. Admiti-lo por construção jurisprudencial vai de encontro ao princípio da supremacia da Constituição e ao princípio da efetividade deste decorrente, apenas representando abdicação indevida pelo Judiciário da função de controle atribuída pela Constituição.

Não se pode deixar de reconhecer que o dogma assume um papel relevante ao fornecer justificativa aparentemente "racional" para o Judiciário eximir-se da responsabilidade de concretizar determinadas normas constitucionais, principalmente daquelas que veiculam direitos a prestações materiais, sendo de se reconhecer que o Judiciário encontraria dificuldades para concretizar algumas delas.

Acredita-se, porém, que não se justifica o recurso a dogma destituído de racionalidade e que é responsabilidade do Judiciário enfrentar da melhor maneira as dificuldades na concretização da Constituição.

### *4. Reserva de consistência e reserva do possível*

Não se quer aqui defender que o Judiciário pode "realizar tudo" em matéria de concretização das normas constitucionais. Poder-se-ia falar que a concretização judicial da Constituição está sujeita ao limite da "reserva de consistência".[6] No controle judicial de ato legislativo, cumpre ao julgador demonstrar com argumentos convincentes o acerto de sua interpretação da Constituição e o desacerto daquela que levou à edição do ato legislativo. Em se tratando de concretização judicial à margem de vazio legislativo, o déficit democrático do julgador obrigará a demonstração de que o ato judicial resulta de correta interpretação do texto constitucional, sob pena de franquear-se a via do abuso.

Para concretização de determinadas normas constitucionais, especialmente daquelas que veiculam direitos a prestações materiais, cumprirá especial cautela ao julgador. O juiz não pode desenvolver ou efetivar direitos sem que existam meios materiais disponíveis para tanto. Doutro lado, o atendimento de determinada pretensão a prestações materiais pode esvaziar outras. Nessas hipóteses, pode-se falar no limite da "reserva do possível" como especial faceta da reserva de consistência.

Como limite relacionado à "questão interpretativa", não se trata de barreira intransponível à concretização das normas constitucionais. Basta, o que não se faz sem dificuldades e recorrendo a amplos dados empíricos, inclusive, de ciências não-jurídicas, verificar quais prestações são facticamente atendíveis, e em que grau, e quais não são.

Cumpre observar que mesmo a liberdade orçamentária do legislador, comumente colocada como obstáculo à concretização de direitos a prestações estatais, encontra limites na Constituição. Se o juiz entender, consistentemente, que a Constituição compreende direito fundamental dessa natureza, não se põe em questão à liberdade orçamentária do legislador. Aliás, a liberdade orçamentária não é colocada, em geral, como obstáculo para o reconhecimento de direi-

6. A expressão foi extraída de Peter Häberle (*Hermenêutica Constitucional...*, p. 42).

tos do contribuinte, sendo que a declaração de inconstitucionalidade de tributo também afeta o orçamento público.

O limite da reserva de consistência impedirá, é certo, o Judiciário de concretizar normas fundamentais que demandam a adoção de políticas públicas de certa complexidade. Faltaria ao Judiciário, por exemplo, capacitação para elaboração de política habitacional caso entendesse que a Constituição contempla direito à habitação. Não obstante, a extensão desse impedimento depende da prática judiciária. A criatividade poderá contribuir para o alargamento do controle judicial e o avanço na concretização da Constituição.

## *5. Mandado de injunção*

Se as críticas à abordagem semântica da questão da aplicabilidade das normas constitucionais estão corretas, então fica sem muito propósito a ação de mandado de injunção prevista em nossa Constituição (art. 5º, LXXI).

O mandado de injunção, apesar da interpretação nulificadora dada pelo Supremo Tribunal Federal, tem por propósito assegurar a fruição de direitos constitucionais cuja eficácia esteja comprometida pela falta de norma reguladora.

Poder-se-ia argumentar que a tese aqui exposta, de que todo juiz poderia, vencida a barreira de reserva da consistência, concretizar norma constitucional que veicule direito, não é consistente com a previsão de ação específica com tal desiderato.

Pode-se, contudo, defender que o mandado de injunção constitui apenas uma ação especial para tratamento do problema, sem excluir as vias ordinárias.

Observe-se que tratamento semelhante é conferido ao mandado de segurança, cabível quando da violação de direito líquido e certo. Este, na visão da doutrina e jurisprudência, significa apenas direito amparado em provas documentais. É pacífico que a previsão de tal ação especial, não exclui a utilização das vias ordinárias. Em outras palavras, mesmo que se disponha de direito líquido e certo, pode-se ingressar com ação ordinária ao invés de mandado de segurança.

Da mesma forma, o prejudicado por falta de concretização legislativa de direito fundamental pode optar entre impetrar mandado de injunção, a ser julgado originariamente pelo Supremo nos casos mais relevantes, ou propor ação ordinária na qual o juiz decidirá incidentalmente sobre a questão e com eficácia para o caso concreto.

Tal concepção acerca do papel do mandado de injunção não é excluída pelo texto constitucional positivo, tratando-se de possibilidade implícita em nosso sistema. É certo que não corresponde, provavelmente, aos desígnios do constituinte. No entanto, a interpretação tributária da *mens legislatoris* não tem prestígio entre nós.[7] Outrossim, tal concepção, além de contribuir para o acesso à justiça e a efetividade da Constituição, é a única compatível com o tratamento, aqui defendido, da concretização da Constituição como "questão interpretativa".

## *6. Conclusão*

O problema da concretização da Constituição não pode ser reduzido à questão semântica da classificação abstrata das normas constitucionais segundo a linguagem empregada no texto. Tal abordagem apenas oculta o verdadeiro problema da repartição de competência entre Legislativo e Judiciário cuja solução passa pela "questão interpretativa".

A concretização demanda respostas interpretativas, ou seja, a respeito do significado do texto constitucional.

7. Não se nega que a pesquisa histórica da elaboração da lei possa fornecer valiosos pontos de vista para a sua interpretação, embora sem a pretensão de vincular o intérprete.

Se ao resolver a "questão interpretativa", o juiz reconhecer a existência de determinado direito em nossa Constituição, cumprirá concretizá-lo, ou mais propriamente, torná-lo realidade. É o que se exige da autoridade judiciária.

A liberdade do legislador só se coloca caso a questão interpretativa seja resolvida negativamente, ou seja, caso o juiz conclua pela não-existência do direito reclamado na Constituição.

Os limites à concretização judicial são aqueles inerentes à atividade judicial, ou seja, através de argumentação jurídica, sendo esta limitada por princípios, tem o juiz o ônus de demonstrar o acerto de sua interpretação da Constituição. Superada com consistência essa barreira, a liberdade do legislador não tem lugar.

Conclui-se que a abordagem semântica da aplicabilidade das normas constitucionais está equivocada, bem como seus consectários como o dogma da "vedação da atuação judicial como legislador positivo", devendo ser abandonada e substituída por modelo que, conquanto ainda limite à atividade judicial de concretização das normas constitucionais, o que é necessário sob o risco de abuso, o faz através de imposições inerentes a toda interpretação do Direito.

Ronald Dworkin, ao criticar a teoria norte-americana da distinção dos direitos fundamentais em enumerados e não-enumerados, tece o seguinte comentário, que feitas as devidas adaptações, é bastante adequado ao tema em foco: "O que deve ser feito? Nós podemos finalmente, após duzentos anos, crescer e passar a levar a sério nossa atual Constituição, como várias outras nações, na crença de nos imitar, já fizeram. Nós podemos aceitar que nossa Constituição obriga, como uma questão de direito fundamental, que nossos juízes façam coletivamente o seu melhor para construir, examinar, e revisar, geração por geração, o esqueleto do tratamento livre e igual que as grandes cláusulas, em sua abstração majestosa, demandam. Nós iremos então abandonar a busca vazia por restrições mecânicas e semânticas e procurar restrições genuínas no único local que elas podem efetivamente ser encontradas: na boa argumentação".[8]

Sigamos o conselho e tomemos a sério as normas da Constituição Federal de 1988, bem como a responsabilidade do Judiciário em concretizá-las.

### *Referências bibliográficas*

ALONSO GARCÍA, Enrique. *La Interpretación de la Constitución*. Madri: Centro de Estudios Constitucionales, 1984.

DWORKIN, Ronald. *O Império do Direito*. São Paulo: Martins Fontes, 1999.

_____. *Freedom's Law: The Moral Reading of the American Constitution*. Cambridge: Harvard University Press, 1996.

HÄBERLE, Peter. *Hermenêutica Constitucional: A Sociedade Aberta dos Intérpretes da Constituição. Contribuição para a Interpretação Pluralista e "Procedimental" da Constituição*. Porto Alegre: Fabris, 1997.

MONTESQUIEU. *Do Espírito das Leis*, "Coleção Os Pensadores". São Paulo: Abril Cultural, 1979.

SILVA, José Afonso da. *Aplicabilidade das Normas Constitucionais*. 3ª ed. São Paulo: Ed. RT, 1998.

8. Ronald Dworkin, *Freedom's Law: The Moral Reading of the American Constitution*, pp. 81-82.

# O TRIBUNAL DE CONTAS E AS APOSENTADORIAS

José Luiz Levy

Assessor Jurídico Supervisor da Câmara Municipal de São Paulo em exercício junto ao Tribunal de Contas do Município de São Paulo

Ao Tribunal de Contas compete, nos termos constitucionais, o exame da legalidade das aposentadorias concedidas pela autoridade administrativa.

Portanto, logo que a aposentadoria é concedida, o processo respectivo deve necessariamente ser encaminhado à Corte de Contas, que verificará a sua adequação às normas legais e efetuará o registro correspondente.

O procedimento de apreciação das aposentadorias pelo Tribunal de Contas, apesar de aparentemente simples, encerra questões de grande complexidade constitucional, relativas à competência de cada órgão e ao relacionamento entre os Poderes, até hoje ainda não pacificadas.

A prática administrativa tem suscitado não poucas indagações e perplexidades, dentre as quais destaco: é indispensável o registro pelo Tribunal para a perfeição e plena eficácia da aposentadoria? Detém o Tribunal de Contas competência para anular ou alterar o ato concessório? Tem o aposentado direito à prévia e ampla defesa, na hipótese de cassação de sua aposentadoria em decorrência de decisão denegatória de registro? Qual é a autoridade coatora, na hipótese de ingresso de Mandado de Segurança contra aposentadoria já registrada? Está o Tribunal de Contas obrigado a registrar, uma a uma, todas as aposentadorias?

No presente trabalho, à luz da doutrina e jurisprudência pátrias, procurarei contribuir no esclarecimento dessas questões.

## *I — O Tribunal de Contas como órgão independente*

Como é sabido, no nosso regime constitucional, os Poderes Legislativo, Judiciário e Executivo não se confundem nem se subordinam, mas se harmonizam, cada qual desempenhando, além de sua função precípua — legislar, julgar ou administrar —, outras funções que a Constituição lhe outorga para uma mútua cooperação institucional.

Além de legislar, o Poder Legislativo tem, dentre outras atribuições, a de controle externo das atividades administrativas de todos os Poderes. Por tradição que data do medievo, o legislativo é o poder financeiro: a ele compete não só autorizar a cobrança de tributos e consentir nos gastos públicos, mas também tomar conta dos que usam do patrimônio em geral.[1]

Exerce esse controle externo em decorrência do princípio republicano que fundamenta e informa o nosso sistema constitucio-

1. Cf. Manoel Gonçalves Ferreira Filho, *Curso de Direito Constitucional*, 1992, p. 138.

nal: os bens, dinheiros e valores públicos são do povo, e em seu benefício devem ser aplicados.[2]

Como salienta Hely Lopes Meirelles, "o controle externo visa a comprovar a probidade da Administração e a regularidade da guarda e do emprego dos bens, valores e dinheiros públicos, assim como a fiel execução do orçamento. É por excelência, um controle político de legalidade contábil e financeira, o primeiro aspecto a cargo do Legislativo; o segundo, do Tribunal de Contas".[3]

Após prever que o controle externo, a cargo do Congresso, será exercido com o auxílio do Tribunal de Contas, o art. 71 da Constituição Federal passa a enumerar as atribuições específicas do mencionado Tribunal: apreciar as contas prestadas anualmente pelo Presidente da República, mediante parecer prévio (inciso I); julgar as contas dos administradores e demais responsáveis por dinheiros, bens e valores públicos da administração direta e indireta (II); apreciar, para fins de registro, a legalidade dos atos de admissão de pessoal, bem como a das concessões iniciais de aposentadorias, reformas e pensões (III); realizar, por iniciativa própria ou de órgãos do Poder Legislativo, inspeções e auditorias em quaisquer dos Poderes (IV); aplicar aos responsáveis, em caso de ilegalidade da despesa ou irregularidade de contas, as sanções previstas em lei (VIII); assinar prazo para que o órgão ou entidade adote as providências necessárias ao exato cumprimento da lei, se verificada ilegalidade (IX); sustar, se não atendido, a execução do ato impugnado, comunicando a decisão ao Poder Legislativo (X); etc. As decisões do Tribunal de que resulte imputação de débito ou multa terão eficácia de título executivo (art. 71, § 3º).

Da análise desses dispositivos, verifica-se que embora o Tribunal de Contas esteja inserido formalmente no Poder Legislativo, como órgão de auxílio, suas funções de co-participação no controle externo não se resumem à mera subordinação a este Poder.

Como bem assinalou o Ministro Celso de Mello, no MS 21.466-DF, "o regime de controle externo, institucionalizado pelo novo ordenamento constitucional, propicia, em função da própria competência fiscalizadora outorgada ao Tribunal de Contas da União, o exercício, por esse órgão estatal, de todos os poderes que se revelem inerentes e necessários à plena consecução dos fins que lhe foram cometidos".[4]

A maioria da doutrina pátria entende que o Tribunal de Contas, em razão de sua ampla competência constitucional, embora formalmente vinculado ao Legislativo, constitui órgão independente, exercendo funções que não se sujeitam à relação hierárquica com qualquer dos três poderes.

Com razão, afirma Odete Medauar que a Constituição, em artigo algum, utiliza a expressão "órgão auxiliar"; mas sim que o controle externo do Congresso Nacional será exercido "com o auxílio do Tribunal de Contas"; cuja natureza é de instituição estatal independente, sendo impossível considerá-lo subordinado ao Legislativo.[5]

Nesse sentido, Oswaldo Aranha Bandeira de Mello assevera que "na organização jurídica do Estado todos os órgãos são de igual importância no exercício das suas respectivas funções, cada uma imprescindível ao Estado de Direito. E de tal realce é a do Tribunal de Contas, que se encontra fora da concepção tríplice dos três poderes, e a quem cabe a fiscalização econômico-financeira de todos eles".[6]

Eduardo Botelho Lobo Gualazzi, por seu turno, salienta que "o Tribunal de Con-

2. Cf. Geraldo Ataliba, *República e Constituição*, Ed. RT, 1985, p. 50.

3. *Direito Administrativo Brasileiro*, Malheiros Editores, 1995, p. 604.

4. *RTJ* 153/151.

5. *Controle da Administração Pública*, Ed. RT, 1993, p. 141.

6. "Tribunais de Contas — Natureza. Alcance e efeitos de suas funções", *RDP* 73/181.

tas é o órgão administrativo que constitucional e legalmente exerce, em relação aos três poderes do Estado, competências técnico-específicas de controle administrativo externo, exclusivas, privativas e indelegáveis".[7]

E conclui com precisão Hely Lopes Meirelles: "inútil e ociosa se nos afigura a discussão sobre a qual dos Poderes pertence ou deve pertencer o Tribunal de Contas, pois, como órgão independente, não se subordina a nenhum deles, visto que a nenhum está hierarquizado, tanto assim que se auto-organiza e a todos controla".[8]

Com o fim de que os Ministros ou Conselheiro do Tribunal de Contas pudessem desempenhar com isenção essas atribuições independentes e relevantes, a Constituição da República, no art. 73, § 3º, assegurou-lhes a autonomia funcional, através das garantias e prerrogativas próprias da magistratura.

### *II — Da natureza administrativa da apreciação da aposentadoria*

Dentre as atribuições que exerce com independência, sem qualquer subordinação ao Legislativo, está a de apreciar a legalidade dos atos de concessão das aposentadorias.

Acertadamente afirma Wolgran Junqueira Freire que, com relação a essa função do Tribunal de Contas, "não coopera ele com o Congresso Nacional, como o faz em relação ao controle externo da fiscalização financeira e orçamentária. Decide, julga e define direitos, sem apelo ao Congresso Nacional".[9]

Por interessar-nos mais de perto, convém transcrever o texto do art. 71, inc. III, da Constituição Federal: "Art. 71. O controle externo, a cargo do Congresso Nacional, será exercido com o auxílio do Tribunal de Contas da União, ao qual compete: (...) III — *apreciar, para fins de registro, a legalidade* dos atos de admissão de pessoal, a qualquer título, na administração direta e indireta, incluídas as fundações instituídas e mantidas pelo Poder Público, excetuadas as nomeações para cargo de provimento em comissão, bem como a *das concessões de aposentadorias, reformas e pensões, ressalvadas as melhorias posteriores que não alterem o fundamento legal do ato concessório*" (grifo nosso).

Trata-se de apreciação que consiste em um verdadeiro julgamento administrativo, de competência exclusiva da Corte de Contas.

Pereira Lira, em antigo voto como Ministro do TCU, já distinguia, por um lado, "o campo de atuação do Tribunal como órgão auxiliar do Congresso", como auxiliar técnico no acompanhamento da execução orçamentária, e de outro lado, "a área, bem distinta, em que a Corte exercia uma competência privativa, proferindo julgados somente suscetíveis de revisão pela via judicial". Nessa última área, no seu entender, conforme texto inovador da Constituição de 1946, incluía-se a de "julgar a legalidade das aposentadorias, reformas e pensões".[10]

Pontes de Miranda, em seus Comentários à Constituição de 1946, já defendia na época que "a atribuição de julgamento da legalidade dos contratos e das aposentadorias, reformas e pensões é somente para eficácia administrativa. A inconstitucionalidade ou ilegalidade pode ser levada à apreciação do Poder Judiciário". E Seabra Fagundes, comentando a nova previsão constitucional, também esclarecia: "a atribuição que desempenha [O Tribunal de Contas] é materialmente administrativa (...) A intervenção para registro não diz definitivamente da ju-

7. *Regime Jurídico dos Tribunais de Contas*, Ed. RT, 1992, p. 187.

8. "Auditoria do Tribunal de Contas em Departamento de Despesa de Câmara Municipal", *RT* 532/35-46.

9. *Comentários à Constituição de 1988*, v. 2, Ed. Julex, 1989, p. 620.

10. "Registro sob reserva — Aposentadoria, reforma e pensões", *RDA* 82/232.

ridicidade do ato", prerrogativa do Poder Judiciário.[11]

Portanto, logo após a inclusão dessa atribuição inovadora, fixou-se o entendimento de que o julgamento das aposentadorias teria natureza administrativa e não jurisdicional.

É certo que houve, no passado, certa perplexidade quanto à natureza de outras decisões exaradas por esse órgão de controle externo, por exemplo quanto ao julgamento dos responsáveis pelos bens e dinheiros públicos, mas hoje em dia o tema já está pacificado na doutrina e na jurisprudência, no sentido de que nenhuma das tarefas ou atividades do Tribunal de Contas configura atividade jurisdicional.[12]

A nossa ordem constitucional adota o sistema da unicidade de jurisdição, de maneira que nenhuma lesão de direito poderá ser excluída da apreciação pelo Poder Judiciário (art. 5º, XXXV). Em conseqüência, ausente nas decisões do Tribunal de Contas, ainda que transitadas em julgado, o caráter de definitividade ou imutabilidade próprias da coisa julgada judicial.[13]

A apreciação do ato concessório da aposentadoria consiste, pois, em um julgamento administrativo, em uma verificação da sua legalidade do ato da Administração. Decidindo que o ato está conforme o Direito, o Tribunal de Contas efetuará o seu registro; caso contrário, o denegará.

### *III — Da não substitutividade das decisões do Tribunal*

Embora dotada de natureza administrativa, a decisão da Corte de Contas sobre o registro não substitui o ato concessório da aposentadoria, por não consistir em controle interno. Tampouco detém o caráter substitutivo da jurisdição judicial.

Víctor Nunes Leal, baseando-se em ensinamentos de Castro Nunes e Themístocles Cavalcanti, assevera não ser possível a confusão da Corte de Contas, órgão estranho à administração, com as instâncias administrativas que funcionam como órgãos subordinados do Poder Executivo.[14]

Conforme Súmula 473 do STF, como põe em relevo Hely Lopes Meirelles, a Administração tem competência para, através do controle interno, anular, revogar ou alterar seus próprios atos, em virtude do poder-dever de autotutela. "Esse controle é normalmente exercido pelos órgãos superiores sobre os inferiores (controle hierárquico próprio das chefias e corregedorias), com auxílio de órgãos incumbidos do julgamento de recursos (controle hierárquico impróprio), ou, ainda, de órgãos especializados em determinadas verificações (controle técnico de auditorias etc.), mas integrantes da mesma Administração, pelo quê se caracteriza como controle interno, pois que o externo é sempre atribuído a órgão estranho ao Executivo".[15]

Na atuação do controle interno, é possível a substituição do ato controlado pela decisão do órgão controlador, já que "o superior dispõe do poder de substituir ou corrigir o inferior, em matéria de competência comum".[16]

11. *Apud* Carlos Casimiro Costa, "Funções jurisdicionais e administrativas dos Tribunais de Contas", *RDA* 53/2955, 34.

12. Cretella Júnior, "Natureza das decisões do Tribunal de Contas", *RT* 631/14-23; Maria Sylvia Zanella Di Pietro, "Coisa julgada — Aplicabilidade a decisões do Tribunal de Contas da União", *Rev. TCU*, v. 27, n. 70/23-36, e A. J. Ferreira Custódio, "Eficácia das decisões dos Tribunais de Contas", *RT* 685/7-14. Dentre os julgados, citem-se *RT* 224/345, 253/330, 357/466; *RDA* 47/182, 48/307 e 63/215; *RTJ* 45/748 e 77/29.

13. Cf. A. C. Araújo Cintra, Ada P. Grinover e Cândido R. Dinamarco, *Teoria Geral do Processo*, Ed. RT, 1991, p. 119.

14. "Valor das decisões do Tribunal de Contas", *RDA* 12/418-431.

15. *Direito Administrativo Brasileiro*, cit., p. 575.

16. Lafayette Pondé, ob. cit., p. 44.

Contudo, sendo o Tribunal de Contas órgão de controle externo, estranho à Administração, não detém competência para substituir ou realizar qualquer alteração no ato concessório.

Na esteira desse princípio, o Supremo Tribunal Federal tem se manifestado reiteradamente no sentido de que o Tribunal de Contas "só tem uma alternativa: ou julga válida a aposentadoria voluntária nos termos em que foi concedida, ou a julga nula, por ilegal. O que não pode é determinar o registro da aposentadoria em termos diversos dos em que foi ela requerida e deferida".[17] E que "no desempenho dessa específica atribuição, não dispõe de competência para proceder a qualquer inovação no título jurídico de aposentação submetido a seu exame".[18]

Por outro lado, justamente por ser de natureza administrativa e não judicial, a decisão sobre o registro não se reveste da substitutividade própria da *res judicata*.

Como ensina Celso Ribeiro Bastos, "ao próprio particular (ou até mesmo a pessoas jurídicas de direito público), o Estado subtraiu a faculdade de exercício de seus direitos pelas próprias mãos. O lesado tem de comparecer diante do Poder Judiciário, o qual, tomando conhecimento da controvérsia, se substitui à própria vontade das partes que foram impotentes para se autocomporem".[19] E recorda a seguir a lição de Arruda Alvim, *in verbis*: "Evidentemente tem-se que distinguir a atividade jurisdicional da administrativa e legislativa. As duas últimas, especialmente a administrativa, consistem em atuação em conformidade com a lei, mas são nitidamente diversas da atividade jurisdicional, pois esta é atividade secundária ou substitutiva, ao passo que a administrativa é primária".[20]

Deve-se concluir, portanto, que as decisões da Corte de Contas não têm poderes para substituir, anular, retificar ou convalidar o ato concessório de aposentadoria, mas apenas "reconhecem, chancelam ou atestam aquilo que encontram (...), sem acrescer, subtrair ou alterar".[21]

## *IV — Da não obrigatoriedade imediata da decisão*

Certo que o Tribunal de Contas "é sobranceiro à própria administração", conforme voto de Castro Nunes no STF,[22] e que suas determinações "são obrigatórias para os órgãos da Administração".[23] Maria Sylvia Zanella Di Pietro entende que a decisão da Corte de Contas é "final para a administração" e "faz coisa julgada, não só no sentido assinalado para coisa julgada administrativa (preclusão da via administrativa, por não cabimento de qualquer recurso), mas também e principalmente no sentido de que ela deve ser necessariamente acatada pelo órgão administrativo controlado, sob pena de responsabilidade, com a única ressalva para a possibilidade de impugnação pela via judicial".[24]

O Ministro Rodrigues Alckmin, em voto no MS 19.973, assevera que a decisão quanto ao registro das aposentadorias "é definitiva na esfera da administração, insuscetível de subordinar-se à determinação outra do Presidente da República e irrevisível pelo Congresso Nacional".[25]

Contudo, tais afirmações devem ser entendidas *cum grano salis*, com certas ressalvas.

17. MS 20.038, *RTJ* 80/394; Recl. 3.825/190, *RT* 698/247.

18. MS 21.466, *RTJ* 153/151.

19. *Curso de Direito Constitucional*, Saraiva, 1992, p. 315.

20. *Curso de Direito Processual Civil*, v. 1, Ed. RT, p. 149.

21. Rodolfo de Camargo Mancuso, "Sobre a execução das decisões proferidas pelos Tribunais de Contas, especialmente a legitimação", *RT* 743/74.

22. *RDA* 7/212.

23. RE 74.663-SP, *RTJ* 65/500.

24. Ob. cit., pp. 31 e 35.

25. *RTJ* 77/29.

Primeiramente, importa distinguir as decisões que resultam na imputação de débito ou multa, com eficácia de título executivo (arts. 71, II e § 3º da CF), e as decisões relativas às aposentadorias (art. 71, III da CF).

Quanto a essas últimas, é preciso levar em conta que consistem em uma verificação de legalidade, de efeito meramente declaratório, e não constitutivo, condenatório ou mandamental, como leciona Rodolfo de Camargo Mancuso.[26]

Assim, limitam-se a eliminar ou resolver a incerteza do direito ou de uma relação jurídica, com o conseqüente registro dos atos examinados, caso se conclua pela legalidade ou, se detectada ilegalidade, pela denegação do registro. Não têm por fim determinar um comando imediato à Administração ou ao agente responsável, nem efetuar qualquer condenação.

Inegável que existe a obrigatoriedade de a Administração conformar os seus atos com as decisões do Tribunal de Contas, em face da específica competência constitucional deste órgão. A decisão deste órgão de controle externo, evidentemente, não traduz uma mera opinião ou simples aconselhamento. Terá efeitos impositivos — embora não imediatos —, não só para o agente que concedeu a aposentadoria como para a Administração como um todo, responsável última pelo ato concessório.

A Administração, como poder constitucional independente, caso não se convença da força jurídica dos argumentos esposados pelo Tribunal de Contas, tem o poder-dever de se valer dos remédios administrativos ou judiciais pertinentes, com o fim de reformar a decisão questionada e de fazer prevalecer o próprio entendimento sobre a matéria.

Tal convencimento da Administração, no mesmo sentido ou em sentido contrário ao do Tribunal de Contas, assume relevante importância na medida em que norteará a sua atuação não apenas no processo que sofreu glosa pelo Tribunal, mas em todos os processos de aposentadoria cujos servidores se encontrem em situação análoga ou similar.

Oportuna a manifestação do Ministro Marco Aurélio de Mello, do STF, no Conflito de Atribuições n. 40: "A concessão de aposentadoria ao servidor público, em sentido lato, insere-se na atribuição constitucional e legal de cada Poder competente para a nomeação (...) O pronunciamento da ilegalidade da aposentadoria impõe-se ordinariamente à observância do órgão ou entidade que a concedeu, pela força de convencimento jurídico das próprias decisões emanadas do Tribunal de Contas da União, órgão estatal constitucionalmente qualificado para o controle desse e de outros atos da Administração".[27]

Por outro lado, conforme já amplamente exposto, o Tribunal de Contas é órgão independente no exercício de suas funções, embora formalmente vinculado ao Poder Legislativo e partícipe, junto com esse Poder, do controle externo. O controle do Tribunal de Contas sobre os atos da Administração não é um controle vertical, onde há um órgão superior e outro inferior subordinado, mas é um "controle horizontal interorgânico", como leciona Jorge Silva Censio.[28] É um controle entre "órgãos constitucionais", os quais, assevera Anna Cândida da Cunha Ferraz, "não estão ligados entre si por relação hierárquica, mas que vêm estabelecidos na própria norma fundamental, em um mesmo nível de separação funcional; trata-se, destarte, de um controle interorgânico, horizontal".[29]

Eis por que a decisão da Corte de Contas, embora obrigue a Administração, não

26. Ob. cit., p. 77.

27. *RTJ* 149/323, p. 326.

28. "El control de la Administración", *RDP* 39/5-19, 9.

29. *Conflito entre Poderes*, Ed. RT, 1994, p. 152.

poderá ser simplesmente acatada como se fosse proferida por órgão hierarquicamente superior, ou como se dotada da força e da definitividade da coisa julgada judicial.

Entendo, pois, que assiste razão a Eros Roberto Grau, ao asseverar que as decisões sobre a legalidade das aposentadorias "não obrigam imediatamente a Administração"; sem embargo de poderem ensejar, caso desatendidas, a sustação do ato concessório pela Corte de Contas, com base no inciso X do art. 71 da Constituição.[30]

Porém, diferentemente do douto professor, que fundou a não obrigatoriedade imediata destas decisões no fato de o Tribunal de Contas ser mero órgão auxiliar do Legislativo — titular único do controle externo —, entendo serem outros os fundamentos da ausência de imediatidade.

Conforme já assinalado, os fundamentos da não obrigatoriedade imediata das decisões do Tribunal de Contas sobre as aposentadorias estariam no seu efeito meramente declaratório, bem como no princípio de independência entre os Poderes e conseqüente não subordinação hierárquica da Administração em relação à decisão do órgão de controle externo.

## *V — Das cautelas da Administração antes de acatar a decisão denegatória*

Na hipótese de ocorrer denegação de registro pela Corte de Contas, a Administração, antes de anular ou retificar o ato concessório, deverá tomar algumas cautelas, dentre as quais se destacam: a) verificar se o aposentado já apresentou defesa sobre as ilegalidades que motivaram a denegação; b) alterar o seu convencimento sobre a matéria ou recorrer ao Poder Judiciário para fazê-lo prevalecer — com a sua irrenunciável independência constitucional —, de sorte que, a final, venha adotar posicionamento coerente e uniforme sobre a matéria, extensível a todos os casos similares ou análogos.

Como se sabe, em virtude do restrito âmbito do exame que constitui o controle externo, o aposentado não é ordinariamente chamado a participar do processo respectivo.

O Pleno do STF na Suspensão de Segurança 514 (AgRg), entendeu que o Tribunal de Contas, no julgamento da legalidade das aposentadorias, não está jungido a um processo contraditório ou contencioso.[31] E o Ministro Octávio Gallotti, que com brilhantismo integrara o Tribunal de Contas da União, ao relatar no STF o MS 21.449-SP, v.u., em 27.9.1995, portanto na vigência da atual Constituição, asseverou, quanto ao princípio da ampla defesa: "ordinariamente do procedimento de registro não participa o administrado, não cabendo invocar o referido princípio".[32] Recordou o Ministro, na ocasião, a lição do Professor Sebastião Baptista Affonso: "O registro das concessões de pensões, como de aposentadorias e reformas, e ainda o dos atos de admissão de pessoal (art. 71, III, da Constituição) é uma atividade de auditoria, assinalada pelo caráter exaustivo do controle da legalidade. Desenrola-se, o respectivo procedimento, entre os órgãos de fiscalização e os de gestão, sem margem para a participação ativa de eventuais credores da Fazenda, que possam vir a sofrer efeitos das glosas ou correções impostas".

Esse posicionamento foi reiterado no RE 163.301-8-AM, julgado em 21.10.1997, em que o Relator, Ministro Sepúlveda Pertence, na esteira de parecer no mesmo sentido exarado pelo Procurador-Geral Aristides Junqueira no AGSS 514, *RTJ* 150/403, concluiu que "não parece razoável cogitar-se de inobservância do contraditório, vez que se trata aqui de procedimento unilateral do Tribunal de Contas na apreciação da

30. "Tribunal de Contas — Decisão — Eficácia", *RDA* 210/351-356.

31. *RTJ* 150/402.

32. *RTJ* 163/116.

legalidade, sem necessidade de intervenção do interessado".[33]

De acordo com a jurisprudência pátria, portanto, a fiscalização do Tribunal sobre as aposentadorias dirige-se sobre o ato concessório, a fim de verificar a conformidade com os princípios legais, e somente ao agente responsável, e não ao aposentado, é assegurada a ampla defesa.

Ora, de acordo com a Constituição em vigor, especialmente em seu art. 5º, inciso LV, injurídica a imposição ao administrado de qualquer restrição, gravame ou sanção, sem que se lhe abra a oportunidade de exercer a ampla defesa.[34]

A jurisprudência orienta-se tranqüilamente por esse diapasão.[35] Em razão do art. 5º, LV, da Constituição Federal, "a possibilidade da Administração anular seus próprios atos, de forma singular, só prevalece quando não conferiu direitos a terceiros; nesta última hipótese só poderá fazê-lo por meio regular, possibilitando aos beneficiados a ampla defesa".[36]

Em conseqüência, a Administração, antes de cassar ou alterar o ato concessório, está obrigada a assegurar ao aposentado o direito de defesa.

Deverá ainda, como poder independente que é, analisar detidamente a juridicidade da decisão denegatória do registro.

Discordando do entendimento da Corte de Contas, caso não seja mais admissível a interposição de recurso ou revisão administrativa, nos termos regimentais daquela Corte, necessitará a Administração recorrer ao Poder Judiciário, a fim de obter a sustação dos efeitos ou a anulação da decisão denegatória.

Se não recorrer à tutela jurisdicional, a não conformidade com a decisão do Tribunal transitada em julgado, entre outras conseqüências, poderá acarretar a responsabilização do agente público, inclusive através de tomada de contas especial (art. 189 do Regimento Interno do Tribunal de Contas da União, Resolução Administrativa 15, de 15.6.1993), uma vez que a decisão denegatória do registro é inequivocamente obrigatória e final na esfera administrativa.

Conforme todo o exposto, a Administração jamais pode ser considerada subordinada ou mera executora material da decisão do Tribunal de Contas quanto às aposentadorias. Incumbe-lhe, na hipótese de denegação do registro, proferir uma nova decisão independente, de sua inteira competência e responsabilidade.

Atualmente, conforme jurisprudência pacífica do STF, se a autoridade administrativa acolhe, antes do julgamento do Tribunal de Contas, recomendação ou determinação deste Tribunal para retificar o ato concessório, é ela quem deve ser considerada coatora, em mandado de segurança impetrado pelo aposentado. Entende o Pretório Excelso que não está a autoridade administrativa obrigada a cumprir, como mera executora, a diligência nessa hipótese. Somente quando já ocorreu o julgamento do registro é que o Tribunal de Contas passa a deter legitimidade passiva *ad causam*.[37]

Parece-me, *data venia*, que a autoridade administrativa deverá sempre ser a autoridade considerada como coatora, mesmo diante do julgamento pela denegação do registro, por ser ela a inteira responsável por alteração do ato concessório, mesmo que em decorrência de decisão do Tribunal de Contas.

33. *RT* 751/194.

34. Hely Lopes Meirelles, *Direito Administrativo Brasileiro*, cit., p. 590.

35. MS 28.861.0, TJSP, Pleno, v.u., Rel. Des. Nelson Schiesari, j. 13.3.1996.

36. TJSP, 2ª C.Dir.Púb., apelação cível 29.557-5, j. 30.6.1998, Rel. Vanderci Álvares. No mesmo sentido, *RT* 725/214. Em sentido inverso, quando "rematada ofensa ao ordenamento constitucional", RE 185.255-1-AL, Min. Sydney Sanches, j. 1.4.1997, *RT* 747/195.

37. MS 21.462-7-DF, *DJU* 29.4.1994; MS 21.683-2, *DJU* 16.12.1994; MS 21.466-DF, *RTJ* 153/151; MS 22.226-3-DF, *DJU* 16.12.1994 e MS 21.534-PE, *RF* 158/502.

De acordo com essa tese encontra-se Sérgio Ferraz, para quem os atos submetidos a controle não devem ser impetrados contra o órgão controlador, que não exara imediato comando, além de que será o órgão controlado quem disporá de uma forma eficaz de cumprir a prestação jurisdicional reclamada pelo impetrante.[38]

O prazo para o ingresso do mandado de segurança — o mesmo se diga da ação ordinária objetivando o mesmo fim — começará a ser contado a partir da publicação da aposentadoria ou da decisão da Administração que a altere, e não da data da sua apreciação pelo Tribunal de Contas. O STJ, em ação ordinária que visava alterar aposentadoria, já decidiu que "a partir da publicação do ato, pois, começa a correr a prescrição qüinqüenal da ação que tem por objeto alterá-lo, presente o princípio da *actio nata*, e não da decisão do Tribunal de Contas, que aprecia a sua legalidade e que não pode, nessa atividade fiscalizadora, modificar o seu fundamento.[39]

## *VI — Da aposentadoria como ato complexo*

Como se sabe, o ato complexo é um ato único, indiviso, embora resultante de um concurso de vontades de diferentes órgãos administrativos, e se aperfeiçoa com a manifestação do último órgão.[40] No ato complexo, as vontades dos órgãos se unem em uma só vontade para formar o ato; há identidade de conteúdo e de fins.[41]

Porém, em face da não substitutividade e da não obrigatoriedade imediata da decisão de registro do Tribunal de Contas, bem como da independência constitucional e ausência de subordinação hierárquica da Administração ao órgão de controle externo, injurídica a tese de que a apreciação da aposentadoria integra e aperfeiçoa o ato examinado.

Conforme se deduz até mesmo da simples leitura do art. 71, inciso III, da CF, quando a aposentadoria é submetida a registro pela Corte de Contas não se vislumbram vontades que se revestem do mesmo conteúdo, ou visando aos mesmos fins. Um é o ato da aposentadoria, que já se pressupõe perfeito e acabado, e outro é o ato de controle externo, realizado *a posteriori*, visando a objetivo completamente distinto.

Bem esclarece Lafayette Pondé: "o ato de controle não participa do ato controlado. É sempre um ato em confronto com este. Não há entre eles unificação de vontade nem de objetivos". Entende superada a doutrina que, no passado, via na colaboração do órgão de controle com o órgão controlado um ato complexo. Ressalta o autor existirem dois atos distintos, com diferentes efeitos jurídicos: "um a aposentadoria, ato decisório, de efeito externo, que desinveste o funcionário do serviço ativo e altera sua posição jurídica, o outro a aprovação, de efeito interno, sobre o decreto da aposentadoria, não sobre a relação funcional".[42]

No mesmo sentido, conclui Carlos Schmidt de Barros Jr., para quem "não parece integrar um ato complexo a manifestação de órgão de controle. O ato sujeito a exame de órgão de controle é distinto do ato deste. Um e outro distinguem-se, permanecem autônomos, pelo conteúdo e fins diversos que objetivam. Essa distinção procura Bielsa expressar quando explica que num caso há intervenção de ato de vontade (ato complexo), noutro, de ato de inteligência, um processo racional, não volitivo".[43]

38. *Mandado de Segurança*, Malheiros Editores, 1996, pp. 59 e ss.

39. STJ, 2ª T., REsp 1.560-RJ, Rel. Min. Carlos Velloso, j. 28.11.1990, *DJ*-I de 25.2.1991.

40. Cf. Hely Lopes Meirelles, *Direito Administrativo Brasileiro*, cit., p. 54.

41. Cf. Maria Sylvia Zanella Di Pietro, *Direito Administrativo*, 1999, p. 185.

42. "Controle dos atos da Administração Pública", *RDA* 212/41-47.

43. *Revista da Procuradoria-Geral do Estado* 1/46-53, 50.

Caio Tácito, nessa esteira, afirma: "o Tribunal não concede a aposentadoria, reforma ou pensão, nem tampouco lhes confirma ou ratifica a concessão. Apenas examina a legalidade do ato, para efeitos financeiros, registrando a despesa correspondente. (...) Não há, no sentido jurídico estrito, aprovação do ato da administração, mas, apenas, forma de controle da legalidade do ato acabado, cuja executoriedade fica suspensa até que se opere o julgamento do ente fiscalizador".[44]

Em seu *Curso de Direito Administrativo*, Themístocles Cavalcanti manifesta-se no sentido de que "a exigência de registro não torna o ato complexo porque o registro é ato de controle da legalidade",[45] posicionamento que reiterou quando Ministro do Supremo Tribunal Federal, no MS 15.164-BA.[46]

Ademais, de acordo com o direito brasileiro e italiano, "o ato administrativo complexo, após o seu aperfeiçoamento pode ser visto como única vontade da Administração, posto que é modalidade de ato administrativo unilateral".[47] Ora, o registro, sendo deferido por órgão independente de controle, jamais, a meu ver, poderá confluir com o ato da Administração, formando uma única vontade.

Mais adequado seria falar-se em *atos simples distintos*, e não em um único ato complexo. Em todo caso, apenas no tocante ao ato de registro, poder-se-ia reconhecer um *procedimento de registro*, através do qual é apreciada a legalidade da aposentadoria pela Corte de Contas. O *procedimento administrativo*, como é sabido, consiste em uma série de atos, com manifestações de vontades autônomas e finalidades próprias, tendentes a um provimento final. Nele "os atos seqüenciados possuem objetivos próprios e efeitos autônomos".[48]

Oportuno, nesse sentido, o Parecer da Subprocuradora-Geral Odília Ferreira da Luz Oliveira, acolhido pelo Procurador-Geral da República no MS n. 21.625-5-DF: "Não há, no caso, ato complexo (ou composto, na terminologia do Professor Oswaldo Aranha Bandeira de Mello). Isso porque o registro pelo Tribunal de Contas não integra a formação do ato de aposentadoria, nem é requisito de sua eficácia, mas simples forma de controle posterior (art. 71, inciso III, da Constituição da República). Desde a publicação, o ato administrativo de concessão de aposentadoria, que já completou o ciclo de formação, também produz todos os seus efeitos: o servidor afasta-se definitivamente do exercício das atribuições do cargo e passa a receber os proventos, independentemente de qualquer manifestação do Tribunal de Contas. Por isso, a concessão de aposentadoria é, desde logo, passível de controle jurisdicional, inclusive por mandado de segurança, que pressupõe ato eficaz, como é, desde a publicação, o ato em causa".[49]

É certo que há abundante jurisprudência considerando que a aposentadoria registrada pelo Tribunal de Contas configuraria ato complexo.[50] De acordo com essa orientação jurisprudencial posicionou-se no passado a Consultoria Geral da República,[51] bem como, recentemente, Sandra Julien Miranda, em alentada obra.[52]

Outros, reconhecendo tratar-se de tema polêmico, preferem não posicionar-se de-

44. "Revisão administrativa de atos julgados pelo Tribunal de Contas", *RDA* 53/216.

45. 8ª ed., n. 250.

46. *RTJ* 45/756.

47. Elival da Silva Ramos, "Do ato administrativo complexo no direito italiano e brasileiro", *Revista da Procuradoria-Geral do Estado de São Paulo* 32/173-177, 176.

48. Elival da Silva Ramos, ob. cit., p. 177.

49. *Revista do TCU*, v. 26, n. 63/263-270.

50. *RDA* 73/140, 80/149; *RTFR* 101/167; *RF* 210/183; *RT* 253/331, 342/189, 477/74, 657/141 e *RTJ* 77/29.

51. "Tribunal de Contas — Registro — Revisão", Saulo Ramos e Hermenito Dourado, *RDA* 170/197-212.

52. *Do Ato Administrativo Complexo*, Malheiros Editores, 1998.

finitivamente sobre a questão, como Arruda Alvim.[53]

Contudo, o Ministro Marco Aurélio de Mello, do Supremo Tribunal Federal, ao relatar o Conflito de Atribuições n. 40-DF, em 3.6.1993, adota, a meu ver, o posicionamento mais adequado:

"Ainda hoje não é pacífica a questão em torno da natureza jurídica do registro, se constitui ato que integra o ato de concessão de aposentadoria, para a formação de um ato único (ato complexo), ou se é autônomo de controle da legalidade, sem função integrativa, do qual depende a eficácia ou executoriedade definitiva do primeiro.

"Parece-nos mais acertada esta última posição, já sustentada por Francisco Campos em 1926, segundo a qual o registro pressupõe acabado, integrado e perfeito o ato administrativo — já dotado de uma executoriedade provisória — correspondendo a uma função de controle, que não colabora na formação do ato, sendo apenas condição de sua executoriedade definitiva ("Tribunal de Contas — Registro sob Protesto", in *Direito Constitucional*, v. II, 1956, p. 140). No mesmo sentido, entende Themístocles Cavalcanti que a exigência de registro não torna o ato complexo porque o registro é ato de controle da legalidade (voto no RMS n. 15.164-BA, *RTJ* 45/759)".[54]

Apenas ressalto que, no meu parecer, de acordo com o posicionamento acima mencionado da Procuradoria da República, não há que se falar em executoriedade provisória. A aposentadoria, logo que concedida pela Administração, reveste-se de plena perfeição e eficácia, produzindo todos os efeitos próprios do ato administrativo.

Não existe, *in casu* — assim como na hipótese de apreciação da legalidade dos atos de admissão de pessoal, nos termos do mesmo inciso III do art. 71 da CF — apenas "efeitos preliminares ou prodrômicos próprios do ato ainda não submetido a controle" de acordo com a classificação da doutrina,[55] mas verdadeira e plena eficácia, uma vez que o registro, por ser um controle externo independente, não configura aprovação, autorização, homologação ou qualquer outra *conditio juris* integrativa.

Flávio Bauer Novelli, autor que melhor tratou o tema da eficácia do ato administrativo entre nós, ao enumerar os atos que, por estarem sujeitos a controle, têm efeito meramente preliminar, menciona tão-somente aqueles sujeitos "a aprovação, homologação ou visto".[56] E a aposentadoria, em sentido jurídico estrito, não está sujeita a nenhum deles.

É preciso ter em conta que em face da tendência do Estado contemporâneo de generalização do controle a todas as atividades dos poderes[57] e em razão da significativa ampliação, pela Constituição de 1988, da esfera da competência fiscalizatória dos Tribunais de Contas, não parece razoável subordinar-se a plena eficácia dos atos administrativos ao efetivo controle por essa Corte. Tal entendimento implicaria cercear a plena eficácia de quase a totalidade dos atos administrativos.

Qual seria, então, a *mens legis* da expressão "para fins de registro", contida no inciso III do art. 71 da Constituição da República?

Entendo que o registro alberga dois objetivos.

O primeiro, conforme Celso Bastos e Ives Gandra Martins, seria "para que seja completado o processo orçamentário, no

53. *Mandado de Segurança e Direito Público*, Ed. RT, 1995, p. 287.

54. *RTJ* 149/323.

55. Massimo Severo Giannini, *Diritto Amministrativo*, v. II, Giuffrè, 1988, p. 711; Celso Antônio Bandeira de Mello, *Curso de Direito Administrativo*, Malheiros Editores, 1995, p. 201.

56. "Da eficácia do ato administrativo", *RDA* 60/16-26, 25.

57. Cf. Massimo Severo Giannini, ob. cit., v. I, p. 321.

universo administrativo",[58] ficando patente assim o término da missão de controle orçamentário, pela Corte de Contas, no tocante a esse item da despesa. Trata-se, quanto a essa atribuição, de exame posterior das contas, denominado de exame de tipo francês.[59]

O segundo objetivo seria o de conferir maior estabilidade à aposentadoria, pela importância de que ela se reveste no âmbito público. Coberta sob o manto da coisa julgada administrativa, a aposentadoria não poderia ser alterada unilateralmente, de forma eficaz, pelo órgão que a concedeu.

É o que estabelece a Súmula n. 6, do STF, "a revogação ou anulação, pelo Executivo, de aposentadoria, ou qualquer outro ato aprovado pelo Tribunal de Contas, não produz efeitos antes de aprovada por aquele Tribunal, ressalvada a competência revisora do Judiciário".

A Súmula fundou-se especialmente no MS 8.657-ES, relatado pelo Ministro Víctor Nunes Leal, sob o argumento, também de Castro Nunes e de Nelson Hungria, no sentido de se negar à Administração a possibilidade de afrontar decisões do órgão de controle externo: "o que ela não pode é anular os atos do Tribunal de Contas".[60]

Tal Súmula continua sendo aplicada em relação às aposentadorias, como reconheceu recentemente o STF, no MS 22.658-7.[61] A Administração poderá anular o ato concessório já registrado, mas, no entanto, a anulação somente surtirá efeitos após a concordância do Tribunal de Contas.

Não sendo o registro elemento integrante ou condição de eficácia da aposentadoria, não está obrigado o Tribunal a apreciar um a um os atos concessórios — ou os atos de admissão de pessoal —, mas poderá apreciá-los por amostragem.

58. *Comentários à Constituição do Brasil*, 4º v., t. II, Saraiva, 1997, p. 30.

59. Oswaldo Aranha Bandeira de Mello, ob. cit., p. 182.

60. *RTJ* 20/69.

61. *JSTF* 236/161.

Deverá, para tanto, fixar critérios gerais e objetivos de controle externo, de acordo com o que dispuser a sua Lei Orgânica e o seu Regimento Interno, efetuando posteriormente de maneira englobada os registros correspondentes.[62]

Esse entendimento, aliás, vai ao encontro da viabilidade prática do cumprimento da missão constitucional de registro de todas as admissões de pessoal e aposentadorias. A doutrina vem, torrencialmente, manifestando dúvida a respeito da possibilidade de o Tribunal de Contas ter infra-estrutura para apreciar o elevadíssimo número dos atos previstos no art. 71, inciso III, da Constituição, além de ressaltar tratar-se de atividade inclusive inconveniente, por absorver tempo exagerado no exame de despesas de pequeno porte, em desvio das funções prioritárias do Tribunal.[63]

## *VII — Conclusões*

O fato de não configurar a aposentadoria ato único com o registro (ato complexo), de acordo com todas as razões expostas no presente trabalho, traz várias conseqüências jurídicas importantes para o aposentado, para o Tribunal de Contas e para a Administração, algumas das quais gostaria de ressaltar.

### *a) Para o aposentado*

*1.* A aposentadoria do servidor já é ato perfeito e eficaz a partir de sua publicação,

62. A Lei Orgânica do Tribunal de Contas da União, Lei 8.443, de 16.7.1992, em seu art. 1º, inc. V, prevê que compete ao Tribunal "apreciar, para fins de registro, na forma estabelecida no Regimento Interno" a legalidade dos atos de admissão de pessoal e das concessões de aposentadorias.

63. Pinto Ferreira, *Comentários à Constituição Brasileira*, v. 2, Saraiva, 1992, p. 418; Odete Medauar, *Controle da Administração Pública*, Ed.

independentemente do seu registro pela Corte de Contas.

*2.* O aposentado tem direito ao exercício da prévia e ampla defesa, na hipótese de a Administração pretender cassar-lhe a aposentadoria, ainda que em decorrência de denegação de registro pelo Tribunal de Contas, sob pena de nulidade da cassação.

*3.* A cassação de aposentadoria já registrada pelo Tribunal de Contas somente surtirá efeito após a sua aprovação (da cassação) pelo Tribunal de Contas, conforme Súmula 6 do STF.

*4.* Na interposição de mandado de segurança contra alteração ou anulação do ato concessório já registrado, ou cujo registro foi denegado pela Corte de Contas, a autoridade coatora será sempre unicamente a Administração, não cabendo ao Tribunal integrar a lide como litisconsorte necessário.

*b) Para o Tribunal de Contas*

*1.* A decisão sobre a legalidade dos atos concessórios de aposentadoria, para fins de registro, é definitiva e obrigatória na esfera administrativa, revestindo-se da força de coisa julgada administrativa, embora não seja de obrigatoriedade imediata.

*2.* No procedimento de registro das concessões de aposentadorias, não há a necessidade de chamamento do aposentado para articular a sua defesa.

*3.* Não está a Corte de Contas obrigada, nos termos constitucionais, a apreciar um a um os atos concessórios de aposentadoria — ou de admissão de pessoal —, mas poderá apreciá-los englobadamente por amostragem, de acordo com critérios gerais e objetivos, previamente fixados.

*c) Para a Administração*

*1.* A anulação ou alteração dos atos concessórios será sempre de exclusiva competência e responsabilidade da Administração.

*2.* A Administração não está obrigada a acatar imediatamente, como mera executora, a decisão denegatória do registro do Tribunal, mas deverá proferir nova e própria decisão, após assegurar o cumprimento dos ditames constitucionais, inclusive o da ampla defesa.

*3.* Caso discorde do posicionamento do Tribunal de Contas, deverá, sob pena de responsabilização, recorrer às vias recursais ou revisionais perante aquela Corte, ou à tutela jurisdicional, a fim de fazer prevalecer o seu próprio entendimento, a ser adotado em todos os processos em situação análoga ou similar.

RT, 1993, p. 135; Wolgran Junqueira Freire, *Comentários à Constituição de 1988*, v. 2, Ed. Julex, 1989, p. 619; Vitor do Amaral Freire, "O Tribunal de Contas e sua Jurisdição", *Revista do Tribunal de Contas do Rio de Janeiro*, jun. 1982, p. 50.

# PROPOSIÇÃO REFERENTE A SERVIÇOS SOCIAIS AUTÔNOMOS DO ESTADO DO PARANÁ

RAFAEL IATAURO

Conselheiro do Tribunal de Contas do Estado do Paraná

*Proposição. 1. Histórico legal: 1.1 Definição legal; 1.2 Objetivos; 1.3 A Administração e o regime de pessoal dos serviços sociais autônomos; 1.4 A matéria licitacional e os serviços sociais autônomos; 1.5 O controle externo e a fiscalização dos serviços sociais autônomos paranaenses; 1.6 As receitas segundo a legislação das entidades; 1.7 O contrato de gestão e as entidades. Do Paranáeducação. 2. Considerações Gerais sobre o tema: 2.1 Natureza jurídica dos serviços sociais autônomos; 2.2 O regime de pessoal das entidades e admissão; 2.3 A matéria licitacional e a disciplina pelas entidades; 2.4 Controle; 2.5 O contrato de gestão; 2.6 Conclusão.*

## *Proposição*

Submeto, ao Tribunal Pleno, análise de entidades estaduais, denominadas em ato normativo criador de Serviços Sociais Autônomos, notadamente o Paranácidade e Ecoparaná e, secundariamente, o Paranáeducação, cuja constitucionalidade está sendo discutida no Poder Judiciário.

A criação de tais serviços, pela Administração Direta, não chega a se constituir em inovação, pois há exemplos fartos e doutrina ampla sobre a matéria.

Sucede que em tempos de reformas, como os atuais, agudiza-se a problemática relativa à descentralização administrativa e aos limites para tanto. Em outras palavras: até onde o Estado pode caminhar, na seara privada, sem ferir o que a própria Constituição concebeu?

Afigura-se claro, embora ainda persista muita poeira sobre a questão que, no mesmo compasso que a Reforma Administrativa permite a criação de novas figuras, destinadas a abstrair do Estado o papel de executor ou prestador direto de serviços, formula elementos tendentes a promover maior controle sobre seus atos e entidades.

Neste exato sentido, a maior higidez conferida ao art. 70, da EC 19/1998, no acompanhar do dinheiro público, inclusive quando este aporta na esfera privada.

Outro mecanismo é o tão propalado contrato de gestão, que deve ser inserido no contexto do controle. Note-se que essa mesma espécie atua como constritor de liberdade, para a parte desvinculada do setor público, impingindo, ao particular, princípios de ordem pública.

São pequenos exemplos, no contexto de um universo de transição, mas se prestam a atestar que a Constituição Federal não relega, em qualquer passagem, a importância da fiscalização. O objetivo, em última instância, é evitar o mau uso do dinheiro do povo.

Assim, o presente trabalho tem por escopo a dissecação das figuras estaduais, sempre sob a perspectiva do controle que incumbe ao Tribunal de Contas.

## *1. Histórico legal*

### *1.1 Definição legal*

Segundo o art. 1º da Lei 11.498/1996, o Paranácidade constitui-se em Pessoa Jurídica de Direito Privado, sob a forma de serviço autônomo, sem fins lucrativos, de interesse coletivo, com a finalidade de dar assistência institucional e técnica aos municípios e de captar e aplicar recursos financeiros no processo de desenvolvimento urbano e regional do Estado do Paraná.

Já a Ecoparaná, instituída sob a modalidade de Serviço Social Autônomo, pela Lei 12.515/1998, consiste em Pessoa Jurídica de Direito Privado sem fins lucrativos, de interesse coletivo, tendo por meta o planejamento, a promoção e o gerenciamento de projetos e ações relacionadas ao turismo, com ênfase ao turismo ecológico, como instrumento para proteção e preservação do meio ambiente, em cooperação com o Poder Público.

### *1.2 Objetivos*

Conforme previsão legal (Lei 11.498, art. 9º), o Paranácidade objetiva:

a) gerir o Fundo de Desenvolvimento Urbano;

b) promover o desenvolvimento urbano, regional e institucional dos Municípios;

c) constituir-se em instrumento de intermediação administrativo-financeira em relação às exigências das entidades de financiamento internas e externas e à capacidade financeira dos municípios;

d) financiar as intervenções, representadas por planos, projetos, programas e atividades, envolvendo despesas correntes e de capital, voltadas ao desenvolvimento urbano, regional e institucional das municipalidades, entre outros.[1]

O Ecoparaná, por sua vez, pelo art. 2º, da Lei 12.215/1998, tem por objetivo o desenvolvimento, de maneira geral, de projetos e ações relacionadas com o turismo ecológico, definido, na mesma lei (parágrafo único do art. 1º), como *a atividade turística que utiliza de forma sustentável áreas que integram o patrimônio natural e cultural, público e privado, incentiva sua conservação, e busca a formação de uma consciência ambientalista de preservação e interpretação do meio ambiente promovendo o bem-estar das populações envolvidas.*

### *1.3 A Administração e o regime de pessoal dos serviços sociais autônomos*

A direção superior do Paranácidade é composta de um Conselho de Administração, formado por um membro honorário, três membros natos e cinco membros efetivos e uma Diretoria Executiva, integrada por um Superintendente, um Diretor de Operações e um Diretor da Administração e Finanças (Lei 11.498/1996, art. 3º). Enquanto o cargo de Superintendente é exercido pelo Secretário de Desenvolvimento Urbano, gratuitamente (art. 8º, §§ 1º e 2º), as Diretorias de Administração, de Finanças e de Operações, o Procurador Jurídico, o Auditor e os Gerentes são *recrutados, contratados e remunerados* segundo o Plano de cargos e salários do Paranácidade (art. 8º, § 4º). Demais envolvidos nas áreas administrativas e técnicas são regidos pela CLT e ocupam

1. Lei 11.498/1996, art. 9º.

cargos de carreira, de provimento permanente, de assessoramento superior e de confiança, ou por terceiros, pessoas físicas ou jurídicas, mediante contrato próprio (art. 18).

A Ecoparaná, como a entidade anterior, tem um conselho de Administração e uma Diretoria Executiva (Lei 12.215/1998, art. 4º), na sua direção máxima. O Conselho de Administração é constituído por 14 membros, entre representantes do Poder Público, da sociedade civil e 3 membros eleitos pelos demais integrantes do Conselho (art. 5º), todos sem remuneração ou vantagem pelos serviços prestados. A Executiva, segundo o Estatuto do Serviço Social Autônomo Ecoparaná, aprovado pelo Decreto 4.735/1998, compõe-se de um Superintendente, um Coordenador Administrativo Financeiro, um Coordenador de Obras, um Coordenador de Operações, um Coordenador de Planejamento e um Coordenador de Relações (art. 23).

A contratação, a administração e a dispensa de recursos humanos, para todas as atividades dessa entidade — técnicas e administrativas — são executadas sob o regime da Consolidação das Leis do Trabalho — CLT, ou por terceiros, pessoas físicas ou jurídicas, concorde com a previsão no contrato de gestão, de conformidade com o arts. 9º, § 4º, II e 15 da Lei 12.215/1998.

O art. 32 do Estatuto do Ecoparaná, aprovado pelo Decreto 4.735/1998, repete a opção pelo regime CLT.

### *1.4 A matéria licitacional e os serviços sociais autônomos*

Em relação ao Paranácidade, pela previsão inserta no art. 15, III, cabe à Diretoria Executiva estabelecer processo de compra de materiais e serviços, mediante procedimentos licitatórios simplificados, observados os princípios inscritos nas Constituições e na legislação atinente, em especial a Lei 8.666, ou a que lhe vier suceder, publicando as normas em *Diário Oficial*. O Regulamento de Licitações e Contratos do Paranácidade foi publicado no *Diário Oficial do Estado* em 19.3.1997.

Disposição similar é encontrada na lei de criação do Ecoparaná que, ao se referir à elaboração do Contrato de Gestão, prevê a possibilidade de o instrumento *permitir à Diretoria Executiva estabelecer processo de compra de materiais e serviços, mediante procedimentos licitatórios simplificados* (art. 9º, § 4º, III).

### *1.5 O controle externo e a fiscalização dos serviços sociais autônomos paranaenses*

O controle e a fiscalização do Paranácidade estão previstos no § 2º do art. 15, e nos §§ 1º e 2º do art. 16, da Lei 11.498/1996:

"Art. 15. (...)

"§ 2º. A execução do Contrato de Gestão será supervisionada pela Secretaria de Estado do Desenvolvimento Urbano-SEDU e fiscalizada pela Assembléia Legislativa do Estado.

"Art. 16. As contas do Paranácidade deverão ser aprovadas, anualmente, pela Assembléia Legislativa.

"§ 1º. O Paranácidade encaminhará, anualmente, à Secretaria de Estado do Desenvolvimento Urbano — SEDU, que enviará à Assembléia Legislativa do Estado, até 31 de março de cada ano, relatório circunstanciado sobre a execução de seus planos, programas, projetos, atividades, produtos e serviços, expressos em Planos de Ação Estratégica, nos Planos anuais e plurianuais e nos correspondentes orçamentos, com a prestação de contas dos recursos nele aplicados, a avaliação do andamento do Contrato de gestão e as análises de desempenhos gerenciais cabíveis.

"§ 2º. Por deliberação do Conselho de Administração ou determinação do Superintendente serão processadas auditorias internas e externas nas operações da entidade."

As disposições relativas ao controle e à fiscalização do Ecoparaná, contidas no art. 13 e parágrafos da Lei 12.215/1998, são idênticas às imediatamente mencionadas.

### *1.6 As receitas segundo a legislação das entidades*

De acordo com o art. 17 da Lei 11.498/1996, as receitas do Paranácidade são compostas:

I — pela remuneração pelo gerenciamento do Fundo Estadual de Desenvolvimento Urbano — FDU, da seguinte forma:

a) pelos valores correspondentes às amortizações e juros dos créditos decorrentes do Programa Estadual de Apoio ao Desenvolvimento do Programa Estadual de Desenvolvimento Urbano — PEDU, dos empréstimos concedidos pelo Fundo Estadual de Desenvolvimento Urbano — FDU, conforme a Lei 8.917, de 15.12.1988 e dos que vierem a ser destinados ao Paranácidade;

b) pelos rendimentos provenientes da aplicação dos recursos do Paranácidade no mercado financeiro;

c) pelo produto resultante de juros e amortizações e aplicações de recursos do Paranácidade;

d) pelo produto resultante de operações de crédito interno e externo, integralizado para financiar intervenções representadas por planos, programas, projetos e atividades voltadas ao desenvolvimento urbano, regional e institucional; e) pelo aporte de recursos municipais, estaduais e federais, de qualquer natureza;

f) pelos recursos provenientes de ajuda e cooperação internacional e de acordos bilaterais entre governos;

g) por outras rendas eventuais;

II — pelas dotações orçamentárias que lhe destinar o Poder Público Estadual ou outras modalidades governamentais, na forma do Contrato de Gestão;

III — pelas subvenções sociais que lhe transferir o Poder Público, nos termos do Contrato de Gestão;

IV) pelos empréstimos, doações, legados, auxílios, contribuições e outras subvenções de entidades públicas ou particulares e de pessoas físicas ou jurídicas, nacionais, estrangeiras ou internacionais;

V) pelos recursos provenientes da venda de seus produtos e da prestação de serviços;

VI) pelos recursos provenientes de fundos especiais;

VII) por rendimentos de aplicação de seus ativos financeiros e outros pertinentes ao patrimônio sob a sua administração;

VIII) pelos recursos provenientes de acordos, convênios, ajustes ou contratos celebrados com entidades públicas ou privadas;

IX) por outros recursos que lhe venham a ser destinados.

As receitas da Ecoparaná estão previstas no art. 14 da Lei que a instituiu e são constituídas por:

I — dotações orçamentárias que lhe destinar o Poder Público Estadual ou outras entidades governamentais, na forma do Contrato de Gestão; II — subvenções sociais que lhe transferir o Poder Público Estadual, na forma do Contrato de Gestão;

III — empréstimos, doações, legados, auxílios, contribuições e outras subvenções de entidades públicas ou privadas e de pessoas físicas ou jurídicas, nacionais ou internacionais;

IV — recursos provenientes da venda de imóveis, móveis, produtos e da prestação de serviços;

V — recursos provenientes de fundos especiais;

VI — rendimentos de aplicações de seus ativos financeiros e outros pertinentes ao patrimônio sob sua administração;

VII — recursos provenientes de acordos, convênios, ajustes, contratos, participações e parcerias celebradas com entidades públicas ou privadas, nacionais e internacionais; e,

VIII — outros recursos que lhe venham a ser destinados.

*1.7 O contrato de gestão e as entidades*

A Lei 11.498/1996 autorizou a celebração de um contrato de gestão entre o Poder Público Estadual e o Paranácidade (art. 15), como instrumento técnico jurídico, formal, de direito civil, celebrado pelo Estado do Paraná, por seu Governador, com a interveniência das Secretarias de Estado da Fazenda e a do Desenvolvimento Urbano e o Paranácidade, por intermédio do seu Superintendente, com a finalidade de assegurar a sua plena autonomia técnica, administrativa e financeira, com a observância dos princípios da legalidade, impessoabilidade, moralidade, publicidade, razoabilidade e economicidade.

Nos incisos I e VI, do mesmo artigo, garantiu a possibilidade de:

"I — fixar, de modo objetivo, as responsabilidades, a execução e os prazos inerentes aos planos, programas, projetos e atividades a cargo do Paranácidade;

"II — permitir à Diretoria Executiva capacidade para contratar, administrar e dispensar recursos humanos, inclusive para as atividades de ensino e pesquisa geridas pelo Paranácidade, sob o regime da Consolidação das Leis do Trabalho (CLT), de forma a assegurar a preservação dos mais elevados e rigorosos padrões técnicos de seus planos, programas, projetos e atividades, bem como de seus produtos e serviços;

"III — permitir à Diretoria Executiva estabelecer processos de compra de materiais e serviços mediante procedimento licitatório simplificado, observados os princípios inscritos nas Constituições e na legislação atinente em vigor, em especial a Lei 8.666, ou a que lhe vier a suceder, publicando as normas em *Diário Oficial do Estado*;

"IV — instituir fundo rotativo de caixa, de caráter orçamentário e contábil, para arcar com despesas diversas de pronto pagamento, ligadas às atividades de ensino e pesquisa a cargo do Paranácidade;

"V — formar contrato de locação, para atender ao repasse, de que trata o art. 22 desta lei, nos termos da legislação em vigor;

"VI — fixar as condições de remuneração e de repasse das receitas financeiras da entidade."

Por seu lado, o art. 6º, do Estatuto Social da Entidade, aprovado pelo Decreto 2.304/1996, prevê que o Paranácidade, no cumprimento de sua missão institucional, compromissos, diretrizes e objetivos firmará Contrato de Gestão com o Poder Público, nos termos do art. 15 da Lei Estadual 11.498, de 30.7.1996.

A Lei 12.215, de 10.7.1998, que criou a Ecoparaná, além do contido no art. 3º, que estabelece a vinculação, por cooperação, à Secretaria de Estado do Esporte e Turismo — SEET, que se incumbirá de supervisionar a sua gestão e administração, observadas as orientações normativas que emitir, e em conformidade com o Contrato de Gestão que o Estado subscrever na forma da lei, dedicou título específico ao Contrato de Gestão, assim descrito:

"Título IV

"*Do Contrato de Gestão*

"Art. 9º. Fica o Poder Executivo autorizado a firmar Contrato de Gestão com a Ecoparaná.

"§ 1º. Contrato de Gestão, para os efeitos desta lei, é o instrumento técnico-jurídico, formal, de direito civil, celebrado entre o Governo do Estado do Paraná, com interveniência das Secretarias de Estado da Fazenda e do Esporte e Turismo, e a Ecoparaná, por intermédio de seus representantes legais.

"§ 2º. O Contrato de Gestão, elaborado de comum acordo com a Secretaria de Estado do Esporte e Turismo, órgão superior, e a Ecoparaná, discriminará as atribuições, responsabilidades e obrigações do Poder Público e da entidade, com vistas à formação de parceria entre as partes para o fomento e execução das atividades relacionadas nos arts. 1º e 2º desta lei.

"§ 3º. O Contrato de Gestão será firmado até 60 (sessenta) dias após a publicação desta lei.

"§ 4º. Na elaboração do Contrato de Gestão, deve ser assegurada a plena autonomia técnica, administrativa e financeira da entidade, com a observância dos princípios da legalidade, impessoalidade, moralidade, publicidade, razoabilidade e economicidade e, também, o seguinte:

"I — fixar, de modo objetivo, as metas a serem atingidas, a plena autonomia técnica inerentes aos planos, programas, projetos e atividades a cargo da entidade, bem como os critérios objetivos de avaliação de desempenho;

"II — permitir à Diretoria Executiva contratar, administrar e dispensar recursos humanos para todas as atividades da entidade, sob o regime da Consolidação das Leis do Trabalho — CLT, de forma a assegurar a preservação dos mais elevados e rigorosos padrões técnicos de seus planos, programas, projetos e atividades, bem como, de seus produtos e serviços;

"III — permitir à Diretoria Executiva estabelecer processo de compra de materiais e serviços, mediante procedimentos licitatórios simplificados;

"IV — fixar as condições de remuneração e de repasse de receitas financeiras da entidade.

"§ 5º. A Ecoparaná fará publicar, no prazo máximo de 90 (noventa) dias contados da assinatura do Contrato de Gestão, regulamento próprio contendo os procedimentos que adotará para contratação de obras e serviços, bem como compras com emprego de recursos provenientes do Poder Público.

"§ 6º. O Contrato de Gestão, que terá prazo de 20 anos, poderá ser modificado no curso de sua execução, de comum acordo entre as partes que o subscreverem, para incorporar ajustamentos aconselhados pela supervisão.

"Art. 10. A Ecoparaná fica declarada como entidade de interesse social e utilidade pública, para todos os efeitos legais, inclusive tributários.

"Art. 11. Poderão ser destinados recursos orçamentários e bens públicos necessários ao cumprimento do Contrato de Gestão.

"§ 1º. O Contrato de Gestão assegurará a liberação orçamentária integral necessária ao cumprimento de seus objetivos, e respectiva liberação financeira, de acordo com o cronograma financeiro aprovado para cada exercício, ressalvadas as hipóteses de inadimplência com o Poder Público ou descumprimento do Contrato de Gestão.

"§ 2º. Os bens de que trata este artigo serão destinados mediante permissão, concessão, cessão de uso ou doação, consoante cláusula expressa do Contrato de Gestão.

"Art. 12. A Administração Pública Estadual direta, autárquica e fundacional fica dispensada de processos licitatórios para celebrar contratos de prestação de serviços com a Ecoparaná para atividades contempladas no Contrato de Gestão."

*Do Paranáeducação*

Afora as entidades denominadas Paranácidade e Ecoparaná, foi fundada, também, a Paranáeducação, pela Lei 11.970, de 19.12.1997, de natureza privada, como serviço social autônomo, sem fins lucrativos, de interesse coletivo, com o fim de auxiliar na Gestão do Sistema Estadual de Educação, através da assistência institucional, técnico-científica, administrativa e pedagógica da aplicação de recursos orçamentários destinados pelo Governo do Estado, bem assim da captação e gerenciamento de recursos de entes públicos e particulares nacionais e internacionais.

A criação de tal entidade, contudo, foi objeto de questionamento judicial, através das seguintes ações, que se processam apensadas: a) ADIn 67.912-1, TJPR, proposta pelo Deputado José Maria Ferreira; b) ADIn 67.939-2, TJPR, proposta pelo Ministério Público do Estado do Paraná; c) ADIn 68.590-9, TJPR, proposta pela Associação de Pais e Professores. Em despacho aplicado no *DJ* 5.333, de 24.2.1999, proferida pelo Relator Desembargador Pacheco Rocha, o andamento das ações foi suspenso até o julgamento da ADIn 1.864-9, em trâmite perante o Supremo Tribunal Federal, proposta pela Confederação Nacional dos Trabalhadores em Educação — CNTE e Partido dos Trabalhadores — PT.

Tirante as partes comuns às três entidades, a Paranáeducação tem contornos específicos, diferenciados das demais, em razão de seu objeto, o gerenciamento do Sistema Educacional Estadual.

O Contrato de Gestão, segundo o inc. II, do § 1º do art. 15, da Lei 11.970/1997, permite à Diretoria Executiva contratar, administrar e dispensar recursos humanos, inclusive para as atividades de ensino e pesquisa geridas pelo Paranáeducação, sob o regime da Consolidação das Leis do Trabalho (CLT), de forma a assegurar a preservação dos mais elevados e rigorosos padrões técnicos de seus planos, programas, projetos e atividades, bem como de seus produtos e serviços.

Neste particular, parece que a lei, olvidando dos ditames constitucionais relativos ao concurso público dos servidores em geral (CF, art. 37, II) e, especificamente, daquele destinado ao pessoal do magistério, inserto no art. 206, IV, que determina o ingresso dos profissionais do ensino exclusivamente por concurso público de provas e títulos, permitiu outra forma de ingresso, contrária à Constituição Federal.

Tal aspecto, dentre outros, será devidamente apreciado pelo Poder Judiciário, eis que a matéria, como já informado, encontra-se *sub judice*.

## *2. Considerações gerais sobre o tema*

### *2.1 Natureza jurídica dos serviços sociais autônomos*

Basicamente, considerando que a Administração Pública subdivide-se em Direta e Indireta, em face da conformação das entidades visitadas, interessam algumas pessoas jurídicas que, à parte da divisão aposta, vinculam-se ao Estado, sem, no entanto, integrá-lo.

É o caso típico das denominadas *paraestatais*, conceito há muito utilizado pela doutrina e, em que pese a imprecisão do termo, em algumas leis também.

O sempre lembrado Professor Hely Lopes Meirelles fornece elaboração teórica, que vale transcrever: "Entidades Paraestatais: a paraestatal não é a estatal, nem é a particular; é o meio-termo entre o público e o privado. Tem personalidade privada, mas realiza atividades de interesse público".[2]

O mesmo autor inclui, na definição acostada, os serviços sociais autônomos.

Sobre esses, vale demarcar que são as chamadas pessoas de cooperação governamental que, pela sua vinculação com o Poder Público, pelo fato de produzirem benefícios de ordem pública, podem ser tidas como paraestatais.

Modernamente, pela transição que se observa no Estado, é plausível que surjam figuras, outrora desconhecidas na Administração.

As recentes Emendas Constitucionais só atestam tal raciocínio, até mesmo com a introdução de novas categorias jurídicas, a exemplo das organizações sociais, cujo objetivo é ampliar o processo de descentralização administrativa.

Diante do espírito do novo regramento, ou pelo menos das recentes tendências admi-

2. In Hely Lopes Meirelles, 11ª ed., Ed. RT 1985, p. 293.

nistrativas, mais voltadas à gestão de resultados, *destaca-se a criação de pessoas jurídicas vinculadas ao Estado, sem integrá-lo*. Com relação a estas, pronunciou-se o professor José Santos Carvalho Filho, com a propriedade que lhe é peculiar: "Não obstante, existem algumas outras pessoas jurídicas que, embora não integrando o sistema da Administração Indireta, cooperam com o governo, prestam inegáveis serviços de utilidade pública e se sujeitam a controle direto ou indireto do Poder Público. Em seu perfil existem, como não podia deixar de ser, alguns aspectos inerentes ao direito privado e outros que as deixam vinculadas ao Estado. A despeito da imprecisão do conceito, como vimos, poderíamos tranqüilamente enquadrá-las na categoria das entidades paraestatais".[3]

Os serviços sociais autônomos possuem, sempre, como objeto, determinada atividade social, voltada à prestação de serviço de utilidade pública. Apresentam, ainda, ausência de fins lucrativos, criação atrelada à lei autorizatória e recursos oriundos de contribuição parafiscal ou dotações orçamentárias.

Embora tais entidades conformem-se com as regras de direito privado, não se escusam ao cumprimento de normas administrativas, pela simples razão de que os recursos utilizados são de origem pública. Daí o dizer-se que estão sujeitas aos fins institucionais e à prestação de contas.

A composição de verbas com caráter parafiscal, por apresentar similaridade com os tributos, de recolhimento compulsório, caracteriza-se como dinheiro público.

Inobstante as considerações expostas, em nenhuma das entidades enfocadas consta receita oriunda de contribuição parafiscal, mas, tão-somente, aquela proveniente de subsídio direto. Mais uma razão, portanto, para se insistir na incidência de regras públicas.

O que importa asseverar, na verdade, é a natureza de paraestatal que os entes estudados apresentam, e que, apesar de não integrantes da administração, subordinam-se a preceitos publicísticos, conforme determina a Constituição.

Conseqüência direta de tal assertiva é que, independente do *nomem iuris* que as designe, ou a forma do arcabouço legislativo, o liame com o Poder Público determinará os princípios e regras a serem seguidos. Sobre tal, a oportuna manifestação da Professora Maria Sylvia Zanella Di Pietro: "Talvez por isso essas entidades não sejam integrantes da Administração Indireta. No entanto, pelo fato de administrarem verbas decorrentes de contribuições parafiscais e gozarem de uma série de privilégios próprios dos entes públicos, estão sujeitas a normas semelhantes às da Administração Pública, sob vários aspectos, em especial no que diz respeito à observância dos princípios da licitação, à exigência de processo seletivo para seleção de pessoal, à prestação de contas, à equiparação de seus empregados aos servidores públicos para fins criminais (art. 327 do Código Penal) e para fins de improbidade administrativa (Lei 8.429, de 2.6.1992)".[4]

Melhor conceituação será albergar as figuras analisadas no amplo conceito de paraestatal, sempre salientando a submissão às regras de Direito Público, inclusive aos princípios que marcam à Administração, capitulados no art. 37 da Lei Maior.

Dito isto, resta claro que o correto enquadramento é fundamental à análise, principalmente no afã de evitar que, sob o manto do direito privado, criem-se figuras que manipulam recursos públicos, sem a rigidez condizente com as normas que regem a despesa pública.

Em última instância, o que se busca é evitar o desperdício e a dilapidação do patrimônio público.

3. In *Direito Administrativo*, 4ª ed., RJ, Lumen Juris, 1999, p. 345.

4. In *Direito Administrativo Público*, 10ª ed., SP, Atlas, 1999, p. 309.

Destarte, nada obsta que a Administração crie paraestatais, com formas próprias ou peculiares, atendendo às suas finalidades. Mas, se a natureza jurídica de paraestatal confere certa liberdade administrativa, de outra sorte, pela constituição oriunda de capital público, vincula aos diversos regramentos que regem o setor público, como se verá ao longo do presente estudo.

*2.2 O regime de pessoal das entidades e admissão*

A legislação fornece, às entidades enfocadas, guarida para a contratação direta de pessoal, sob a égide da CLT, e de terceiros, pessoas físicas ou jurídicas.

O regime afeto à CLT é uma das prerrogativas da Administração indireta e entidades em colaboração com o Poder Público, no qual se comportam pessoas de direito público e privado.

A possibilidade de escolha do regime é fator superado pela jurisprudência que, pacificamente, admite a coexistência do estatuto com as normas trabalhistas. Assim, haverá liame de ligação com a Administração de natureza contratual e estatutária. Esta regra, aliás, é consoante à Reforma Administrativa, já que deixou de ser obrigatória a adoção de regime jurídico único.

Alerte-se, todavia, que o art. 37, da Constituição Federal, pertence à categoria das normas generalizantes, que se aplicam tanto à administração direta quanto à indireta e demais entidades vinculadas ao Poder Público. Dali extrai-se a obrigatoriedade de concurso público para ingresso nos Quadros da Administração, quer se trate de cargo ou emprego público, o primeiro estatutário e o segundo celetista. O mesmo artigo determinou, em seu inc. II, que a investidura em cargo ou emprego público depende de concurso.

A doutrina dominante, desde o início da vigência da Carta de 1988, já alertava para a exigência do certame, a teor do art. 37, alcançando as empresas públicas, sociedades de economia mista, inclusive fundações governamentais de direito privado.

É orientação dada pela jurisprudência, exarada pelo Supremo Tribunal Federal, em decisão consubstanciada em mandado de segurança, de 21.322-1, publicado no *DJU*, de 23.9.1993: "Cargos e empregos públicos. Administração Pública direta, indireta e fundacional. Acessibilidade. Concurso público".

Sobre a matéria, convém transcrever excerto do voto do Ministro Paulo Affonso Martins de Oliveira, do Tribunal de Contas da União (processo 006.655/89-0, *DOU* 6.6.1990): "Os entes paraestatais, mesmo aqueles que visem objetivos estritamente econômicos, não poderão realizar contratações de pessoal sem o prévio concurso público (...)".

Depreende-se, sem qualquer esforço, que a determinação do certame público é inafastável pela via ordinária, posto que advém diretamente da Constituição Federal.

Mesmo pessoas jurídicas de direito privado, não integrantes da Administração, como os Serviços Sociais Autônomos, sujeitam-se ao comando constitucional versado. Vale insistir: a origem pública dos recursos e os privilégios que atingem tais entes, justificam a rigidez da norma de ingresso.

A Emenda 19/1998, embora tenha alterado a redação do inc. II do art. 37, continua a prescrever a realização de concurso. O único ponto que sofreu modificação foi a permissão de regulamentar-se os procedimentos da concorrência funcional, considerando-se a natureza do cargo ou emprego.

De resto, a previsão legal deve ser aplicada ao Paranácidade, Ecoparaná e Paranáeducação, qualquer que seja a formatação jurídica delineada ou a nomenclatura utilizada. É que a simples composição das verbas justifica o enquadramento. Ademais, seus empregados são equiparados aos servidores para fins criminais, incluindo-se improbidade administrativa.

Quanto à contratação de terceiros, devem ser observados os princípios licitatórios, conforme análise em tópico próprio.

### *2.3 A matéria licitacional e a disciplina pelas entidades*

A legislação de criação das entidades constitucionais, sob a forma de serviço social autônomo, autoriza o estabelecimento de procedimentos licitatórios simplificados.

O Paranácidade, *verbi gratia*, utilizando-se desse permissivo e do constante no art. 119, da Lei 8.666/1993 — que possibilita às sociedades de economia mista, empresa pública e fundações públicas e demais entidades controladas direta ou indiretamente pela União, Estados, Distrito Federal e Municípios, mais a administração indireta, estabelecer estatuto próprio — editou seu Regulamento de Licitações e Contratos.

Essa normatização, entretanto, não atendeu aos ditames legais.

É que as soluções encontradas não estão em consonância com os preceitos da Lei 8.666/1993. O dispositivo autoriza a edição de regulamentos próprios das empresas nele mencionadas, inclusive aquelas sujeitas ao controle direto ou indireto do Estado, já que *a aplicação do regime da licitação e contratação administrativas não se vincula à estrutura jurídica, mas depende da gestão de recursos públicos.*[5]

A flagrante ilegalidade do diploma regulamentador das licitações do Paranácidade revela-se com o estabelecimento, por exemplo, de modalidades licitacionais simplificadas, prática vedada pela atual legislação.

É que as espécies licitacionais integram a estrutura do instituto, razão pela qual são inalteráveis, como se demonstrará adiante.

Para melhor compreensão, verifique-se o quadro comparativo/exemplificativo:

| **Lei 8.666/1993** | **Regulamento do PARANÁCIDADE** |
|---|---|
| Art. 22. São modalidades de licitação:<br>I — concorrência;<br>II — tomada de preços;<br>III — convite;<br>IV — concurso;<br>V — leilão.<br>§ 1º. **Concorrência** é a modalidade de licitação entre quaisquer interessados que, na fase inicial de habilitação preliminar, comprovem possuir os requisitos mínimos de qualificação exigidos no edital para a execução de seu objeto.<br>§ 2º. **Tomada de preços** é a modalidade de licitação entre interessados devidamente cadastrados ou que atenderem a todas as condições exigidas para cadastramento até o terceiro dia anterior à data do recebimento das propostas observada a necessária qualificação.<br>§ 3º. **Convite** é a modalidade de licitação entre interessados do ramo pertinente ao seu objeto, cadastrados ou não, escolhidos e convidados em número mínimo de 3 (três) pela unidade administrativa, a qual fixará, em | Art. 14. São modalidades de licitação:<br>I — convocação geral;<br>II — pedido de cotação de preços;<br>III — concurso; e<br>IV — leilão.<br>§ 1º. **Convocação** geral é a modalidade de licitação entre quaisquer interessados que, na fase inicial de habilitação preliminar, comprovem possuir os requisitos mínimos de qualificação exigidos no edital, para a execução de seu objeto.<br>§ 2º. **Pedido de cotação** de preços é a modalidade de licitação entre, no mínimo 3 (três) interessados do ramo pertinente ao seu objeto, cadastrados ou não, convidados pelo Paranácidade.<br>§ 3º. **Concurso** é a modalidade de licitação entre quaisquer interessados para esco- |

5. In *Comentários à Lei de Licitações e Contratos Administrativos*, Marçal Justen Filho, Aide, p. 17.

| Lei 8.666/1993 | Regulamento do PARANÁCIDADE |
|---|---|
| local apropriado, cópia do instrumento convocatório e o estenderá aos demais cadastrados na correspondente especialidade que manifestarem seu interesse com antecedência de até 24 (vinte e quatro) horas da apresentação das propostas.<br>§ 4º. **Concurso** é a modalidade de licitação entre quaisquer interessados para escolhas de trabalho técnico, científico ou artístico, mediante a instituição de prêmios ou remuneração aos vencedores, conforme critérios constantes do edital publicado na imprensa oficial com antecedência mínima de 45 (quarenta e cinco) dias.<br>§ 5º. **Leilão** é a modalidade de licitação entre quaisquer interessados para a venda de bens móveis inservíveis para a administração ou de produtos legalmente apreendidos ou penhorados, a quem oferecer maior lance, igual ou superior ao da avaliação.<br>§ 6º. (...)<br>§ 7º. (...)<br>§ 8º. É vedada a criação de outras modalidades de licitação ou a combinação das referidas neste artigo.<br>§ 9º. (...). | lha de trabalho técnico, científico ou artístico mediante a instituição de prêmios ou remuneração aos vencedores, conforme critérios constantes do edital.<br>§ 4º. **Leilão** é a forma de licitação para a alienação de bens mediante pregão público por leiloeiro oficial.<br>§ 5º. (...). |

A flagrante contrariedade legal, na parte referente às modalidades licitacionais simplificadas, se verifica, em primeiro lugar, porque um "regulamento" não pode invadir as reservas da lei, embaraçar suas disposições ou o seu espírito. Tampouco pode revogá-la. Pode esclarecê-la, conforme ensino magistral de Hely Lopes Meirelles.

A lei prevê, outrossim, expressamente, a impossibilidade da fixação ou da combinação de formas licitacionais (Lei 8.666/1993, art. 22, § 8º).

É que os modelos de licitação fazem parte da estrutura procedimental da lei nacional, não podendo, portanto, as demais entidades federativas ou quaisquer empresas por elas controladas, criarem outras "modalidades", além de concorrência, tomada de preços, convite, leilão e concurso.

A propósito, a lição de Marçal Justen Filho, ao comentar o art. 1º da Lei 8.666/1993:

"Observe-se, primeiramente, que o vocábulo 'modalidades' não foi utilizado apenas a propósito de 'licitação'. O texto constitucional alude a licitação e contratação, em todas as suas modalidades. Depois, o conceito de modalidades de licitação não pode ser definido a partir da classificação e da terminologia da lei ordinária. Rigorosamente pode-se reputar que 'modalidades de licitação', na Constituição, abrange aquilo que a lei ordinária possa denominar de 'modalidades'; mas também os 'tipos'; as espécies etc.

"Portanto, é fora de dúvida que as demais entidades federativas não poderão instituir novas 'modalidades' além de concorrência, tomada de preços, convite, leilão e concurso. Isso significa, como decorrência inafastável, que a estrutura procedimental consagrada na Lei 8.666/1993 não admite alteração pela lei local. Se a lei pretendesse instituir uma 'concorrência' com procedimento diverso daquela constante em lei federal, estaria frustrado o imperativo constitucional."[6]

Aliás, é bom que se esclareça que não se exigia, no passado, sob a égide do Decreto-lei 2.300/1986, licitação formal nas entidades paraestatais. Por conveniência, mal se recomendava a adoção de métodos seletivos simplificados para as contratações. Presentemente, contudo, tal prática está completamente abolida pela doutrina, que assim se manifesta: "(...) impondo-se, apenas, alertar para o fato de que, no estatuto revogado, era admitido que os regulamentos das entidades vinculadas adotassem 'procedimentos seletivos simplificados'; o que a nova lei proíbe quando veda tanto a 'criação de outras modalidades de licitação ou a combinação das referidas neste artigo' (art. 22, § 8º) quanto diz 'a utilização de outros tipos de licitação não previstos neste artigo' (art. 45, § 5º)".[7]

Logo, é fácil verificar que o regulamento ora adotado está em desacordo com a legislação, devendo ser adequado aos ditames da Lei 8.666/1993. E sua adequação deve acontecer porque este ente de cooperação — o serviço social autônomo — fica sujeito às determinações da Lei 8.666/1993.

É este, por sinal, o entendimento prevalente no Tribunal de Contas da União:

"Decisão 047/1995-TCU — 1ª Câmara

"Decisão: A Primeira Câmara, diante das razões expostas pelo relator, DECIDE:

"8.1 (...)

"8.2 deixar assente que, mesmo na vigência da Lei 8.666/1993, o entendimento desta Corte fixa-se no sentido da submissão dos serviços sociais autônomos aos ditames do Estatuto das Licitações e Contratos Administrativos".

Registre-se, ainda, que além da contrariedade estabelecida em relação à Lei 8.666/1993, o texto estadual está evidentemente inquinado pela inconstitucionalidade, eis que a competência estadual é suplementar, cabendo à União, através de lei nacional, legislar sobre normas gerais de licitação, *ex-vi* do art. 22, XXVII, da Constituição Federal.

### *2.4 Controle*

A legislação instituidora das pessoas jurídicas em foco destaca algumas formas de controle, notadamente o interno, exercido pela própria Administração, através de auditoria, ficando o externo somente a cargo da Assembléia Legislativa, não havendo menção ao Tribunal de Contas.

A Carta Federal, no entanto, no que concerne à fiscalização, determina o duplo sistema de controle, tanto interno, quanto externo; este último exercido com o auxílio dos Tribunais de Contas.

E a fiscalização e correção de atos ilegais são poder-dever que incumbe aos órgãos, segundo o comando da Lei Maior. Não há renúncia a tal, ao menos sem que se incorra em inconstitucionalidade.

Importa asseverar, também, que tudo o que envolva finanças públicas, no seu mais amplo aspecto conceitual, encontra-se sujeito ao controle. A própria Emenda Constitucional 19/1998 ampliou a abrangência do parágrafo único do art. 70, determinando que estão obrigadas à prestação de contas inclusive as *pessoas jurídicas privadas* que tenham recebido ou manipulado recursos públicos, a qualquer título.

Como se depreende, a nova regra passou a incluir até entidades não integrantes da Administração, bastando, para tanto, que

6. In *Comentários à Lei de Licitação e Contratos Administrativos*, Aide.

7. Jesse Torres Pereira Júnior, in *Comentários à Lei das Licitações e Contratações da Administração Pública*, Renovar, 1994, p. 623.

tenham utilizado, arrecadado, guardado, gerenciado, administrado dinheiros, bens ou valores públicos. Tudo com o intuito de preservar o erário.

Deveras, sob qualquer ângulo que se analise, não há como se elidir a fiscalização do Tribunal de Contas.

Reiteradas vezes a doutrina vem se pronunciando que até mesmo entes paraestatais, como é o caso presente, não se furtam ao duplo controle, porque neles se reconhece o traço característico do manuseio de recursos públicos, ainda que sob a forma de contribuição.

Vale realçar que o Tribunal de Contas da União, conforme disposição da Lei Federal 2.613, de 23.9.1955, fiscaliza os denominados serviços sociais autônomos, ainda que não sejam subsidiados por recursos públicos.

Mas não é apenas isto. Até antes da Emenda 19/1998, a doutrina era unânime ao afirmar que as paraestatais, embora possam apresentar personalidade de direito privado, devem sujeitar-se ao mínimo de regras públicas, destacando-se a fiscalização pelo Tribunal de Contas.

A propósito, a Professora Maria Sylvia Zanella Di Pietro, ao tratar de entidades paralelas ao Estado, incluindo *serviços sociais autônomos, entidades de apoio* (fundações, associações e cooperativas) e as chamadas *organizações sociais*, limpa o debate: "Em todas elas estão presentes os mesmos traços comuns: são entidades privadas, instituídas por particulares; desempenham serviços não exclusivos do Estado, porém em colaboração com ele; recebem algum tipo de incentivo do poder público; por esta razão, sujeitam-se a controle pela Administração Pública e pelo Tribunal de Contas. Seu regime jurídico é predominante de direito privado, porém parcialmente derrogado por normas de direito público. Esse é o real sentido da expressão *entidade paraestatal*".[8]

8. In *Direito Administrativo Público*, 10ª ed., SP, Atlas, 1999, p. 307.

Ainda com respeito ao TCU, o pleno daquela Corte firmou entendimento no sentido de que mesmo organizações sociais e seus respectivos contratos de gestão, devem prestar contas anuais (Decisão 592/1998-TCU, Plenário).

O fundamento dessa decisão é a ampla utilização de recursos públicos, por tais entidades, apesar de não integrantes da Administração. Fácil ver que a mesma razão de decidir é de todo aplicável aos entes examinados, cuja receita é primordialmente composta de verbas públicas.

É de se reafirmar, igualmente, a inconteste incidência do regramento constitucional, que determina o controle externo, com auxílio do Tribunal de Contas, no caso vertente.

A simples ausência de comando específico nas normas instituidoras, em nada afeta a imposição constitucional. Até pelo princípio da hierarquia, o próprio art. 70 da Emenda 19/1998, arrima essa exigência.

Assim, afora o controle interno, já preordenado e definido em regras próprias, o gestor deverá pautar-se pela Constituição Federal, seguindo os trâmites processuais específicos, sujeitando-se à prestação de contas, nos termos da legislação estadual e demais normas que regulam o Tribunal de Contas.

### *2.5 O contrato de gestão*

A política mundial, modernamente aplicada à Administração Pública — acentuada no Brasil nos meandros da elaboração da Constituição de 1988 — recomenda a despublicização de parte das ações desenvolvidas pelo Poder Público.

É a retirada da máquina estatal daquelas funções, que podem e devem ser mantidas e desenvolvidas pela iniciativa privada, no afã dessa tendência.

O Estado do Paraná criou entidades que trabalham e se mantêm com recursos públicos, mas que procuram evadir-se de regras que regem a Administração Pública — concurso público, licitações públicas, fiscalização pelo Tribunal de Contas — através de disposições de lei, cujo cerne, a idéia, o conteúdo, é inegavelmente institucional. Ou seja: criou-se uma estrutura privada às expensas de recursos públicos.

A Emenda Constitucional 19/1998 contemplou a criação dos chamados "contratos de gestão", cuja natureza é de verdadeiro acordo de gerenciamento, o que se ajusta ao espírito da terceirização, veiculado pela Reforma Administrativa.

O próprio § 8º, do art. 37, todavia, responsável pela introdução da novidade, aponta para a necessidade de lei específica, disciplinando tais contratos, o que, por óbvio, lhe frustra a eficácia plena.

Em nível federal a matéria está veiculada pelo comando da Lei 9.637/1998, que qualifica "organizações sociais", as quais, a seu turno, podem celebrar contratos de gestão com o poder público.

Tais organizações, definidas como entidades privadas, sem fins lucrativos, são destinadas ao exercício de atividades dirigidas ao ensino, à pesquisa científica, ao desenvolvimento tecnológico, à proteção e preservação do meio ambiente, à cultura e à saúde.

Dentro do mesmo modelo de administração gerencial, encontram-se as denominadas agências executivas, reguladas pela Lei Federal 9.649/1998. Trata-se de qualificação a ser concedida, por decreto presidencial específico, a *autarquias* e *fundações públicas* que, a partir disso, poderão celebrar contrato de gestão com o Poder Público.

Ora, não se imagine livre a utilização do citado contrato. Basta ver que a Administração Federal já possui duas leis disciplinando a matéria.

Torna-se meridianamente claro que as demais pessoas de direito público, a exemplo da União, devem regular a temática, para, a partir daí, utilizarem-se do instrumento de acordo.

O manuseio indiscriminado dessa espécie legal incide não apenas no desvirtuamento dos propósitos da Reforma Administrativa, como pode redundar, também, em inconstitucionalidade. Este último vício derivaria da escolha imprópria de entidades que, ao teor de definições legais, não poderiam figurar como contratadas.

Observe-se, por calhar, o escrito no Ministério da Administração Federal e Reforma do Estado, publicado nos *Cadernos MARE da Reforma do Estado*: "O contrato de gestão é um compromisso institucional, firmado entre o Estado, por intermédio de seus ministérios, e uma entidade pública estatal, a ser qualificada como Agência Executiva, ou uma entidade não estatal, qualificada como Organização Social".

Antes mesmo da alteração constitucional, que previu expressamente os contratos de gestão, essa espécie era utilizada entre a Administração Direta e Indireta, a fim de se estabelecer determinadas metas, em troca de algum benefício público.

Sucedeu, contudo, que o Tribunal de Contas da União entendeu pela impugnação desses contratos, que, antes da Emenda 19, careciam de suporte legal.

A matéria, pelo que já se viu, não é de fácil aproximação e deve, ainda, constituir-se em objeto de algumas batalhas jurídicas, pois a Carta Federal, embora tenha tornado viável a utilização do contrato visitado, deixou à lei o seu lineamento.

Alocando-se o tema sob a ótica do Estado-membro, cabe lembrar que a Constituição Estadual não apresenta dispositivo similar à Federal, sequer há legislação específica delimitadora de conteúdos mínimos.

No caso do Paranácidade, releva notar que o conjunto normativo que o rege é anterior à Emenda 19/1998, o que, de plano, lhe retiraria o suporte para realizar contratos de gestão, outrora constantemente fulminados pela ausência de base legal.

No entanto, mesmo a superveniência de nova ordem constitucional não habilitaria tais contratos. É que faltaria, para tanto, legislação específica em nível estadual.

Este fato se dá exatamente em função da carência de elementos suficientes, presentes na norma constitucional federal, para produção de efeitos concretos. Em outras palavras: falta eficácia à regra jurídica para atuar de pronto. Sua executoriedade fica adstrita à edição de lei reguladora, como sucedeu na esfera federal.

De tudo, resultam, no mínimo, sérias dúvidas sobre o contrato de gestão, na Administração estadual, que, à falta de disciplina específica, não encontra suporte na Constituição Federal.

### *2.6 Conclusão*

Do que pôde ser verificado, constata-se, de fato, que a Administração Pública atravessa fase de dinamização de suas atividades, sua estrutura e, em última análise, de redefinição de seu papel.

Surgem, como ressaltado, novas figuras ligadas à Administração.

As inovações analisadas cingem-se aos Serviços Sociais Autônomos, criados no âmbito da Administração Estadual, como entes de colaboração, em síntese, responsáveis pela administração de recursos públicos, execução das políticas de desenvolvimento urbano, educacionais e de turismo ecológico, constituindo-se em destinatários de recursos orçamentários para o desenvolvimento dessas atividades.

Não se pode negar a possibilidade de criação desses novos organismos, notadamente à par da Emenda Constitucional 19/1998.

Acontece, porém, que a legislação existente, relativa ao Paranácidade, Ecoparaná e Paranáeducação, não se coaduna com as disposições constitucionais.

Sem dúvida, há um evidente descompasso entre a normatização dessas entidades e a própria Constituição Federal, pelo que se impõe urgente readequação legislativa. E, até que isso ocorra, ou que haja pronunciamento judicial (especificamente em relação ao Paranáeducação), tais entidades não podem permanecer à margem do controle externo, atribuído, por força constitucional, aos Tribunais de Contas (CF, art.70, parágrafo único c/c art. 71).

A previsão, contida na legislação estadual instituidora das entidades, em relação ao controle e fiscalização, somente prevê o encaminhamento anual de relatório à autoridade supervisora. Esta, por sua vez, enviará à Assembléia Legislativa, até 31 de março de cada ano, expediente circunstanciado sobre a execução de seus planos anuais e plurianuais e nos correspondentes orçamentos, com a prestação de contas dos recursos neles aplicados e avaliação de contrato de gestão.

A alteração havida na Constituição Federal, via Emenda 19, porém, não deixou qualquer interrogação quanto ao aspecto do controle externo; muito pelo contrário, seu texto veio mais rígido no acompanhar de verbas públicas.

Da redação do art. 70, dessume-se *que ficam obrigadas a prestar contas, inclusive, as pessoas jurídicas privadas que tenham recebido ou manipulado recursos públicos, a qualquer título*.

E assim o é porque mesmo que essas pessoas de cooperação, como preferem alguns autores, sejam mantidas por contribuições parafiscais, não deixa de haver a caracterização como recurso público.

Sucede, todavia, que o Paranácidade, por exemplo, sequer apresenta tal espécie de verba, constituindo-se majoritariamente de transferências orçamentárias. Com muito mais razão, então, a pretensa ausência de controle, sobre ser inconstitucional, é ilegal e enquadra-se em conduta tipificada pela Lei 8.429/1992 — Lei da Probidade Administrativa.

E não se argumente que não cabe ao Poder Executivo o descumprimento de lei.

Neste caso, existe a opção entre a obediência à Constituição ou à lei ordinária. Por óbvio deve prevalecer a atenção aos ditames da Lei Maior, pela evidente inconstitucionalidade do texto estadual.

É bom que se ressalte que, por vezes, o atendimento da Constituição autoriza e redunda no descumprimento de legislação infraconstitucional, sem que hajam sanções para o Chefe do Executivo, pois essa conduta decorre do denominado poder-dever, ínsito aos agentes políticos.

Nesse sentido, conclui Elival da Silva Ramos:[9] "Já o Poder Executivo, especialmente nos sistemas, como o nosso, que agasalham a sanção de nulidade, tem o poder-dever de descumprir a lei inconstitucional. Essa faculdade, todavia, apresenta certos limites, devendo ser exercitada pelo chefe do Poder, em decisão consistentemente fundamentada e em sintonia com a orientação do Tribunal incumbido de dar a última palavra em matéria de constitucionalidade".

E a tese que prevalece no Supremo Tribunal Federal é a de que é permitido o descumprimento de lei manifestamente inconstitucional (*RTJ* 96/508).

Como resumo desta exposição conclui-se que, independentemente da roupagem ou da rotulação que se dê às novas figuras que estão sendo albergadas pela Administração Pública, é incontestável que devem se submeter à fiscalização do Tribunal de Contas, pois para elas são carreados recursos públicos. Indiscutivelmente.

Como alerta, assinale-se que todos os entes dessa natureza ensejam revisão urgente de seu arcabouço legislativo, com o fito de evitar futuros transtornos para a Administração.

Em conclusão, submeto ao Egrégio Plenário a aprovação da presente proposição, com a fixação do prazo de 20 dias para que todos os órgãos, constituídos sob a modalidade de serviço social autônomo, encaminhem, às Inspetorias de Controle Externo respectivas, as prestações de contas dos exercícios financeiros, desde a data de sua criação.

Em caso de descumprimento desta decisão, o Tribunal de Contas deverá tomar as seguintes medidas:

a) Remeter comunicação ao Ministério Público, requerendo a adoção das medidas cabíveis, inclusive a responsabilização criminal dos agentes públicos, na tipificação penal existente, e em especial na Lei 8.429/1992.

b) Encaminhar cópia da presente, aos legitimados, solicitando propositura de ação direta de inconstitucionalidade, tanto em face da Carta Estadual (CE, art. 111, I a VI), quanto da Carta Federal (CF, art. 103, I a IX), em relação às Leis ns. 12.215, de 10.6.1998 (Ecoparaná) e 11.498, de 30.6.1996 (Paranácidade).

Tribunal de Contas, 1 de julho de 1999.

9. In *A Inconstitucionalidade das Leis, Vício e Sanção*, Saraiva, p. 247.

# A PROCESSUALIDADE DAS LICENÇAS AMBIENTAIS COMO GARANTIA DOS ADMINISTRADOS[1]

DERLY BARRETO E SILVA FILHO

Procurador do Estado de São Paulo.
Diretor do Instituto Brasileiro de Advocacia Pública

*I — Noção de processualidade. II — A processualidade administrativa. III — A processualidade das licenças ambientais — O princípio do devido processo legal ambiental e seus corolários como garantia dos administrados. IV — Conclusão. V — Bibliografia.*

## *I — Noção de processualidade*

Poderia parecer exagero afirmar que a processualidade é uma qualidade inerente à formação de todos os atos estatais.

Não, contudo, nos Estados Democráticos de Direito, como o brasileiro, em que os agentes públicos (legisladores, administradores e juízes) não são livres para agir, porque exercem atividade estatal — isto é, *função*[2] —, encontrando-se, pois, coarctados aos fins estabelecidos pela Constituição. Conseqüentemente, como não manifestam o *seu* querer pessoal, nada mais consentâneo que o direito prescreva um *iter* formativo da vontade que exprimem, que há por nome *processo*.

É como ensina Carlos Ari Sundfeld, *in verbis*: "A formação do querer do Estado não pode ser disciplinada de modo idêntico ao dos particulares. Uma vontade submetida a fins (a do Estado) e outra livre (a dos particulares) são instrumentadas diversamente. A livre tem seu canal de expressão: o indivíduo. A vontade funcional é canalizada no processo, do qual o agente é apenas um elemento. Não houvesse processo para a formação da vontade funcional, ela seria idêntica à da vontade livre: centrada no agente".[3]

Além disso, a processualidade encontra outra justificativa. Como os atos estatais se impõem aos particulares independentemente do seu consentimento, interferindo na sua esfera jurídica e constituindo-os, unilateralmente, em obrigações, esse poder político decerto descambaria em arbítrio se os

1. Tese apresentada e aprovada no XXI Congresso Nacional de Procuradores de Estado, realizado no Rio de Janeiro, entre os dias 5 e 9.11.1995.

2. Existe *função*, segundo Celso Antônio Bandeira de Mello, "quando alguém está investido no dever de satisfazer dadas finalidades em prol do *interesse de outrem*, necessitando, para tanto, manejar os poderes requeridos para supri-las" (*Curso de Direito Administrativo*, 6ª ed., p. 21).

3. *Fundamentos de Direito Público*, p. 92.

interessados não tivessem a oportunidade de influir nas decisões do Estado, expondo seus motivos, suas convicções, seus interesses.[4]

A contrapartida desse poder extroverso é, exatamente, a processualidade, o *modus faciendi* dos atos estatais, o meio através do qual os interessados *participam* da produção das decisões públicas. A processualidade, assim, se resume no modo normal de atuar do Estado Democrático de Direito.[5]

## *II — A processualidade administrativa*

Do que se expôs, observa-se que o conceito tradicional e restrito de processo — entendido como sucessão de atos cujo objetivo fundamental é a solução de um conflito de interesses juridicamente qualificado — está superado.

O termo *processo*, denotando a seqüência de atos que se desenvolvem progressivamente, com vistas à produção de um determinado ato estatal,[6] não é monopólio da função jurisdicional. Aplica-se a todas as funções estatais, a todos os setores do ordenamento jurídico público. Portanto, como afirma Alberto Xavier, "a cada uma das funções do Estado corresponde um tipo de processo através do qual ela se desenvolve".[7]

Fala-se, então, não só de processo judicial, mas, também, de *processo* legislativo — como "*conjunto de atos* (iniciativa, emenda, votação, sanção, veto) *realizados pelos órgãos legislativos visando à formação das leis constitucionais, complementares e ordinárias, resoluções e decretos legislativos*"[8] — e de processo administrativo — como sucessão ordenada de atos e formalidades tendentes à formação da vontade funcional da Administração Pública, manifestada através de atos administrativos.[9]

Com efeito, da mesma forma que não se cogita de sentença sem propositura da ação, citação do réu, apresentação de contestação, produção de provas, oferecimento de alegações finais etc., não se concebe lei senão quando tenha sido apresentado, discutido, votado e sancionado (ou vetado) um projeto. Igualmente a nomeação de um servidor público, que é precedida da publicação de edital de concurso público, da abertura de inscrições, da expedição de relação nominal dos candidatos cujas inscrições foram

4. Carlos Ari Sundfeld, in ob. cit., p. 93.

5. Carlos Ari Sundfeld, "A importância do procedimento administrativo", in *RDP* 84/67, out.-dez. 1987.

6. Agustín A. Gordillo, *Tratado de Derecho Administrativo*, t. 2, Parte General, pp. XVII-1.

7. *Do Procedimento Administrativo*, p. 26. Neste mesmo sentido, Odete Medauar salienta: "A resistência ao uso do vocábulo 'processo' no campo da Administração Pública, explicada pelo receio de confusão com o processo jurisdicional, deixa de ter consistência no momento em que se acolhe a processualidade ampla, isto é, a processualidade associada ao exercício de qualquer poder estatal. Em decorrência, há processo jurisdicional, processo legislativo, processo administrativo; ou seja, o processo recebe a adjetivação provinda do poder ou função de que é instrumento. A adjetivação, dessa forma, permite especificar a que âmbito de atividade estatal se refere determinado processo" (*A Processualidade no Direito Administrativo*, p. 41).

8. José Afonso da Silva, *Curso de Direito Constitucional Positivo*, 10ª ed., p. 496. Cf. Seção VIII do Capítulo I do Título IV da CF/1988.

9. Terminologicamente, o legislador constituinte, reconhecendo a processualidade da atividade administrativa, adotou, com acerto, tanto a expressão "processo administrativo" quanto o termo "processo", como se observa da leitura dos seguintes dispositivos da Constituição Federal: art. 5º, LV ("aos litigantes, em *processo* judicial ou *administrativo*, e aos acusados em geral são assegurados o contraditório e ampla defesa, com os meios e recursos a ela inerentes") e LXXII, *b* ("conceder-se-á *habeas data*: (...) b) para a retificação de dados, quando não se prefira fazê-lo por *processo* sigiloso, judicial ou *administrativo*"); art. 37, XXI ("ressalvados os casos especificados na legislação, as obras, serviços, compras e alienações serão contratados mediante *processo* de licitação pública..."); e art. 41, § 1º ("O servidor público estável só perderá o cargo em virtude de sentença judicial transitada em julgado ou mediante *processo administrativo* em que lhe seja assegurada ampla defesa").

deferidas, da realização de provas, da classificação dos habilitados etc.

Na seara da Administração Pública, a processualidade sobreleva em importância, porque é através do processo administrativo que a lei (ordem estática) se converte em ato administrativo (ordem dinâmica).

A processualidade, assim, é que assegura a concretização da lei em ato administrativo,[10] permitindo submeter a controle o dinamismo da função administrativa e possibilitando a participação dos administrados no estágio de formação dos atos da Administração Pública.[11]

## *III — A processualidade das licenças ambientais — O princípio do devido processo legal ambiental e seus corolários como garantia dos administrados*

Antes de adentrar o tema, mister se faz conceituar licença.

Licença é ato administrativo vinculado que faculta o *exercício* de certa atividade, uma vez preenchidos os requisitos legalmente estabelecidos.[12]

Exemplo típico desse provimento são as licenças urbanísticas, por meio das quais se possibilita o início da construção, ante a apresentação de projeto comprovando a observância dos requisitos exigidos pela lei.

No tocante ao direito ambiental, as licenças ganham outro matiz, em função do bem jurídico envolvido: o meio ambiente.

Preceitua o *caput* do art. 225 da CF que *todos têm direito ao meio ambiente ecologicamente equilibrado, bem de uso comum do povo e essencial à sadia qualidade de vida, impondo-se ao Poder Público e à coletividade o dever de defendê-lo e preservá-lo para as presentes e futuras gerações.*

Meio ambiente, como se vê, é bem jurídico que não se encontra na esfera de disponibilidade de ninguém, nem do Estado, nem dos administrados.[13]

É como Humberto Quiroga Lavié, com grande maestria, demonstra: "El ambiente público o dominio público ambiental no es un derecho real de dominio, como una potestad *uti singuli* en favor de nadie: ni de los particulares ni del Estado. Más que dominio humano es dominio del orden natural que requiere protección social: el uso social o individual del dominio público ambiental es un reflejo condicionado a los mandatos del orden natural. La sociedad, en el ejercicio de sus derechos públicos subjetivos, más que disponer, debe impedir, proteger, controlar. Ése es el carácter jurídico de los derechos públicos subjetivos ambientales: más deberes frente al orden natural que derechos sobre dicho orden. Los derechos surgen frente al Estado para evitar la depredación del orden ambiental. Con esto

10. De fato, porque a vontade que a Administração exprime é a vontade da lei (materializada). Como esta não se transforma automaticamente em ato administrativo, um trâmite obrigatório (o processo administrativo) se interpõe.

11. Carlos Ari Sundfeld, "A importância...", cit., p. 66.

12. Neste sentido: Hely Lopes Meirelles, *Direito Administrativo Brasileiro*, 17ª ed., p. 170; Oswaldo Aranha Bandeira de Mello, *Princípios Gerais de Direito Administrativo*, v. I, 1ª ed., p. 508; Celso Antônio Bandeira de Mello, ob. cit., p. 236; Lúcia Valle Figueiredo, *Curso de Direito Administrativo*, 2ª ed., p. 99; Maria Sylvia Zanella Di Pietro, *Direito Administrativo*, 3ª ed., p. 173; e Diogo de Figueiredo Moreira Neto, *Curso de Direito Administrativo*, 10ª ed., pp. 296 e 297.

Esclareça-se, desde já, que licença não é, puramente, ato declaratório nem ato constitutivo de direito; insere-se entre os atos administrativos *constitutivos-formais*. Ela "não é constitutiva quanto ao gozo de direito, porém o é quanto ao seu exercício. Este — esclarece Oswaldo Aranha Bandeira de Mello — só pode licitamente ser levado a efeito depois de licenciada a atividade de que alguém tinha o gozo do direito. Por isso — conclui o saudoso mestre — se diz que é constitutiva apenas sob o aspecto formal" (ob. cit., p. 509).

13. José Afonso da Silva, *Direito Ambiental Constitucional*, p. 31.

trasformamos el manejo de los conceptos *uti singuli/uti universalis* sobre los bienes públicos: en ningún caso hay *uti singuli*, es decir, un derecho subjetivo que pueda invocarse sobre el ambiente; sólo habrá derechos *uti universalis*, como reflejos del orden natural para lograr el mantenimiento del equilibrio ambiental".[14]

Além de ser bem jurídico de uso comum do povo, meio ambiente é direito difuso, que, como tal, se caracteriza pelas seguintes notas: indeterminabilidade,[15] indivisibilidade[16] e indisponibilidade.[17]

Pois bem. A licença ambiental se insere nesse contexto visando a controlar *preventivamente* atividades que sejam potencialmente causadoras de significativo impacto ambiental[18] e a assegurar a incolumidade do direito (difuso) ao meio ambiente ecologicamente equilibrado (cf. art. 10, *caput*, da Lei n. 6.938/1981). Difere das licenças em geral, porque tem por objeto não só facultar o exercício de certa atividade, uma vez demonstrado pelo interessado o atendimento das exigências legais, mas, também, controlar tal atividade, antes mesmo do seu início (a licença, assim, é ato de controle prévio). Desta forma, em Direito Ambiental, o licenciamento constitui um importante instrumento de preservação do meio ambiente.[19]

Para atender a esses desígnios, a licença ambiental há de ser examinada sob a ótica da processualidade. De fato, porque o Direito estabelece um *iter* pelo qual a Administração Pública, considerando os fins constitucionais de controle e preservação ambiental, poderá facultar o exercício de certa atividade, uma vez demonstrado pelo proponente do projeto o preenchimento dos requisitos legais. Licença, em si, é conclusão, resultado, ato final do que se pode chamar de processo administrativo licenciatório.

Entendido como processo, o licenciamento ambiental é um encadeamento de atos que progressivamente se desenvolvem em várias fases, suscitando a observância de uma série de princípios, tudo com vistas à emissão de um ato administrativo de outorga (a *licença ambiental*, propriamente dita).

São fases do processo de licenciamento a *deflagratória*, na qual o interessado requer a outorga de uma licença; a *instrutória*,

14. *Los Derechos Públicos Subjetivos y la Participación Social*, pp. 192 e 193.

15. O meio ambiente se refere a um número indeterminado ou dificilmente determinável de indivíduos, não existindo entre eles qualquer vínculo jurídico que os congregue (Rodolfo de Camargo Mancuso, *Interesses Difusos*, 3ª ed., pp. 74 e 75).

16. O meio ambiente é direito de todos e de cada um, de cada um e de todos, não se podendo cindir entre os indivíduos (Lúcia Valle Figueiredo, *Direitos Difusos e Coletivos*, p. 15).

17. Como o direito ao meio ambiente encontra-se diluído por toda coletividade, não há um titular identificável que detenha poderes jurídicos para dele dispor, dando-lhe uma destinação segundo a sua vontade ou o seu interesse (Celso Ribeiro Bastos, "A tutela dos interesses difusos no direito Constitucional brasileiro", in *Revista da Procuradoria-Geral do Estado de São Paulo* 41/120, jun. 1994).

18. Saliente-se, a propósito, que o fato de a licença ambiental ser um ato de controle prévio de atividades potencialmente causadoras de significativo impacto sobre o meio ambiente não implica vulneração do princípio constitucional da propriedade privada. Muito pelo contrário, eis que o art. 5º, XXIII, da CF, prescreve que "a propriedade atenderá a sua função social". Logo, na seara ambiental, o exercício do direito de propriedade há de se fazer em consonância com os princípios e preceitos constitucionais de preservação do meio ambiente (cf., p. ex., o art. 186, II, da CF).

Assim, não obstante o particular ser, em princípio, titular de um direito relativamente à exploração e uso de um bem ambiental localizado em sua propriedade, o exercício desse direito depende do preenchimento de requisitos legalmente estabelecidos em vista do princípio constitucional da preservação ambiental; condiciona-se, em última instância, à obtenção da competente licença (José Afonso da Silva, *Direito Ambiental Constitucional*, p. 193).

19. Aliás, segundo o art. 9º, IV, da Lei n. 6.938/1981, o licenciamento ambiental é um dos instrumentos da Política Nacional do Meio Ambiente.

que compreende a colheita dos elementos que irão subsidiar a decisão administrativa;[20] e a *decisória*, em que se emite um provimento deferitório ou não do pedido de licença.

Cumpridas essas fases, atendido estará o *procedimento do devido processo legal*, mas não o devido processo legal ambiental em seu sentido material, compreendido como o conjunto de garantias que propiciam aos administrados a efetiva tutela do meio ambiente ante a Administração Pública.[21]

O devido processo legal ambiental em sentido substancial, visto pelo enfoque dos administrados — e não do proponente do projeto — suscita a observância de uma série de princípios, dentre os quais releva mencionar:[22]

*a) Princípio da publicidade*

Regra básica do poder democrático, a publicidade contrapõe-se ao segredo administrativo, vezo característico dos Estados autoritários. No processo licenciatório, assegura aos administrados o mais amplo conhecimento dos atos componentes do procedimento.

Aplica-se ao pedido de licença (art. 10, § 1º, da Lei 6.938/1981), ao estudo prévio de impacto ambiental (art. 225, § 1º, IV, da CF), ao relatório de impacto ambiental (art. 11 da Resolução CONAMA 1/1986) e, também, a quaisquer outros atos e fatos que se sucederem ao longo do processo licenciatório.

Justifica-se como exigência do Estado Democrático de Direito e como elemento indispensável ao exercício do direito ao meio ambiente.

De fato. A Administração *Pública* há de ser transparente. Não houvesse publicidade dos atos e fatos do processo licenciatório, seria impossível a defesa e a preservação ambiental por parte dos administrados, pois eles não teriam conhecimento, *a priori*, das atividades potencialmente causadoras de significativa degradação do meio ambiente.

O princípio da publicidade encontra-se insculpido no *caput* do art. 37 e em diversos dispositivos da CF, sendo de se destacar o art. 5º, XXXIII, cuja redação é a seguinte: "todos têm direito a receber dos órgãos públicos informações de seu interesse particular, ou de interesse coletivo ou geral, que serão prestadas no prazo da lei, sob pena de responsabilidade (...)".

No capítulo sobre o meio ambiente, a CF exige que, para instalação de obra ou atividade potencialmente causadora de significativa degradação do meio ambiente, seja feito estudo prévio de impacto ambiental, a que se dará *publicidade* (art. 225, § 1º, IV).[23]

20. O Estudo de Impacto Ambiental (EIA) e o Relatório de Impacto Ambiental (RIMA) são elaborados nesta fase. O primeiro "tem por objeto avaliar as proporções das possíveis alterações que um empreendimento, público ou privado, pode ocasionar ao meio ambiente" (José Afonso da Silva, *Direito Ambiental Constitucional*, p. 196). O RIMA, por sua vez, deve refletir as conclusões do EIA (vide, a propósito, os incs. I a VIII do art. 9º da Resolução CONAMA 1/1986, que dispõem sobre o conteúdo mínimo do RIMA).

21. Em direito ambiental, o direito dos administrados apresenta duas dimensões, como ensinam J. J. Gomes Canotilho e Vital Moreira: "é, desde logo, um *direito negativo*, ou seja, um direito à abstenção, por parte do Estado e de terceiros, de acções ambientalmente nocivas (...). Por outro lado, trata-se de um direito positivo a uma acção do Estado (...), no sentido de defender o ambiente e de controlar as acções poluidoras deste, impondo-lhe as correspondentes obrigações políticas, legislativas, administrativas e penais" (*Constituição da República Portuguesa Anotada*, 3ª ed. revista, p. 348).

22. Por oportuno, cabe trazer à colação o art. 4º da Constituição do Estado de São Paulo, cujo texto dispõe que: "Nos procedimentos administrativos, qualquer que seja o objeto, observar-se-ão, entre outros requisitos de validade, a igualdade entre os administrados e o devido processo legal, especialmente quanto à exigência da publicidade, do contraditório, da ampla defesa e do despacho ou decisão motivados".

23. A Constituição do Estado de São Paulo, por seu turno, prescreve que a licença ambiental

Por fim, cabe ressaltar que, no âmbito da Administração Pública, a única exceção à regra da publicidade está capitulada no art. 5º, XXXIII, *in fine*, da CF, que restringe o direito à informação na hipótese de sigilo imprescindível à segurança da sociedade e do Estado.

*b) Princípio da acessibilidade aos autos do processo*

Consectário do princípio da publicidade, a acessibilidade aos autos do processo impõe o dever administrativo de facultar o exame e a reprodução da documentação constante do expediente a todos os *interessados*.[24]

A fim de facilitar esse acesso e evitar embaraços desnecessários à normal tramitação do licenciamento ambiental — o que, em tese, pode acontecer, considerando-se a natureza difusa do direito ambiental, que envolve número indeterminado de sujeitos interessados —, poder-se-ia cogitar, por exemplo, da *criação de autos "paralelos"* — contendo cópia de todos os atos processuais, que ficariam à disposição permanente dos administrados, nos centros de documentação ou bibliotecas estatais — e da *fixação de prazos para vista dos interessados*.

*c) Princípio do formalismo*

Já foi dito que o processo administrativo visa à formação da vontade funcional da Administração Pública, manifestada através de atos administrativos. Para tanto, o ordenamento jurídico prescreve certos trâmites de observância obrigatória.

Em direito ambiental, como estão envolvidos interesses não só do proponente do projeto, mas também, e principalmente, da coletividade, são impostas formalidades obrigatórias na tramitação do pedido de licença ambiental.[25]

Só para exemplificar, o legislador impôs ao Poder Público, ao lado do dever de licenciar, o de só fazê-lo mediante Estudo de Impacto Ambiental (EIA), sempre que as atividades e os empreendimentos (públicos ou privados) sejam potencialmente causadores de significativa degradação do meio ambiente.

Como se observa, a realização do EIA é uma fase indeclinável do processo de licenciamento, de modo que a licença não pode ser outorgada à sua revelia ou com ful-

para a execução e a exploração de recursos naturais de qualquer espécie, quando potencialmente causadoras de significativa degradação do meio ambiente, será sempre precedida da aprovação de estudo prévio de impacto ambiental e respectivo relatório a que se dará *publicidade*, garantida a realização de audiências *públicas* (art. 192, § 2º).

24. Com propriedade, Maria Sylvia Zanella Di Pietro lembra que "o direito de acesso não pode ser exercido abusivamente, sob pena de tumultuar o andamento dos serviços públicos administrativos; para exercer esse direito, deve a pessoa demonstrar qual o seu interesse individual, se for o caso, ou qual o interesse coletivo que pretende defender" (ob. cit., p. 347).

25. Tais formalidades são impostas em função do princípio constitucional da preservação ambiental, segundo o qual as atividades incidentes sobre o meio ambiente devem evitar danos e não apenas reparar, quando possível, os seus efeitos deletérios, sendo melhor prevenir do que remediar degradações ambientais. Conseqüentemente, o cumprimento estrito das formalidades é um fator relevantíssimo de condicionamento e de segurança ambiental, e também de controle administrativo, na medida em que, prescrevendo o Direito seqüências comportamentais obrigatórias, os administrados podem constatar a exatidão das várias etapas e diagnosticar o momento e alcance de qualquer desvio (Marco Aurélio Greco, *Dinâmica da Tributação e Procedimento*, p. 98). Neste mesmo sentido, Celso Antônio Bandeira de Mello escreve: "Uma vez que a 'vontade' administrativa do Estado é formada na seqüência que se denomina 'procedimento administrativo', discipliná-lo é o meio idôneo para mantê-lo sob controle. Assim, antes que desemboque em sua conclusão final — antes, pois, de se fazer eventualmente gravosa a alguém — pode-se zelar por seu correto e prudente encaminhamento" (ob. cit., p. 274).

cro em Estudo de Impacto Ambiental irregular. Em sendo expedida, rende ensejo à invalidação, pela postergação de formalidade essencial.[26]

De outro lado, quando se trata da intervenção (participação) dos administrados no processo licenciatório, não há que se cogitar de rigorismo de formas, até porque isto significaria um estorvo à aplicação efetiva do *caput* do art. 225 da CF, cujo comando enuncia o dever da coletividade de defender e de preservar o meio ambiente.

Com efeito, na medida em que se instituem formas rígidas, muitos administrados poderiam ver trancada uma via de manifestação democrática.

*d) Princípio da motivação*

Pedra de toque da função administrativa, a motivação, segundo Lúcia Valle Figueiredo, "atende às duas faces do *due process of law*: a formal — porque está expressa no texto constitucional básico [no art. 93, IX]; e a substancial — sem a motivação não há possibilidade de aferição da legalidade ou ilegalidade declarada, da justiça ou da injustiça de uma decisão administrativa".[27] É uma imposição não só do art. 93, IX, mas também do art. 1º, II, da CF, porque ela é reclamada, "quer como afirmação do direito político dos cidadãos ao esclarecimento do 'porquê' das ações de quem gere negócios que lhe dizem respeito por serem titulares últimos do poder, quer como direito individual a não se assujeitarem a decisões arbitrárias, pois só têm que se conformar as que forem ajustadas às leis".[28]

Motivação significa fundamentação, justificação, requisito de ordem formal do ato, princípio que obriga o agente público a enunciar os fundamentos de fato e de direito, bem como a "*relação de pertinência lógica* entre os fatos ocorridos e o ato praticado".[29]

Por conseguinte, a autoridade administrativa, ao expedir a licença ambiental, deve expor não só o fundamento legal que habilita a sua ação, mas também as circunstâncias sobre as quais se estriba, além da relação de pertinência lógica entre seu supedâneo fático e o ato praticado.[30]

Da mesma forma, "se o EIA aponta uma série de alternativas e opções (entre elas, em certos casos, a de não licenciamento) e a Administração prefere uma que não seja, ambientalmente falando, a 'ótima'; assim não pode fazê-lo sem a devida motivação",[31] isto é, sem a enunciação de razões técnicas, lógicas e jurídicas.

A motivação também é exigida quando os administrados intervêm no processo licenciatório, requerendo alguma providência administrativa. Nesta hipótese, é defeso à Administração Pública simplesmente despachar "indefiro" ou "arquive-se"; ela há de apreciar o pedido e *motivar* o que vier a ser decidido.

Finalmente, a motivação assegura o efetivo contraste, pelo Poder Judiciário, do ato de outorga das licenças ambientais com

26. A invalidação, no caso, será derivada, porque, nos processos administrativos, "os atos previstos como anteriores são condições indispensáveis à produção dos subseqüentes, de tal modo que estes últimos não podem validamente ser expedidos sem antes completar-se a fase precedente" (Celso Antônio Bandeira de Mello, ob. cit., p. 239). Portanto, o vício do EIA contamina, por derivação, a licença.

27. Ob. cit., p. 47.

28. Celso Antônio Bandeira de Mello, ob. cit., p. 57.

29. Idem, pp. 207 e 208.

30. O dever de justificar o ato de outorga de licença é imposto até mesmo se se entender que o administrador público não está vinculado ao Estudo de Impacto Ambiental. Com isso, aliás, se permite saber se houve ponderação dos elementos produzidos no processo licenciatório.

31. Édis Milaré e Antonio Herman V. Benjamin, *Estudo de Impacto Ambiental: Teoria, Prática e Legislação*, p. 83.

os princípios e preceitos constitucionais e legais referentes ao meio ambiente, porque, explicitados e conhecidos os fundamentos de fato e de direito que levaram à sua edição, permite-se verificar, com transparência, a sua conformidade ou não com aqueles mesmos princípios e preceitos.

*e) Princípio da participação coletiva*

A participação coletiva no processo formativo das decisões da Administração Pública é um imperativo do regime político brasileiro. Logo, se deve ser *democrática* a vontade administrativa,[32] o processo de licenciamento ambiental há de ser permeado da participação dos administrados.[33]

Em direito ambiental, além de ser um postulado democrático, a participação coletiva é uma exigência que decorre da natureza difusa do bem jurídico envolvido.

Conseqüentemente, se o meio ambiente não se encontra na esfera de disponibilidade de ninguém, nem do Estado nem dos particulares, se a higidez ambiental é direito de todos, se é dever da coletividade defender e preservar o meio ambiente, nada mais lógico poderem os administrados participar do processo licenciatório, que resultará num ato cujos efeitos irão afetá-los.[34]

Para que essa participação se faça efetiva e não apenas nominal, é necessário assegurar aos administrados uma série de faculdades processuais, inerentes ao contraditório e à ampla defesa (cf. art. 5º, LV, da CF), tais como o direito de produzir provas (documentais, periciais, testemunhais etc.), o de fiscalizar a idoneidade da equipe técnica incumbida de elaborar o Estudo de Impacto Ambiental e de indicar especialistas;[35] o de ser informado;[36] o de recorrer do ato de outorga da licença e dos demais atos decisórios etc.[37]

De todo o *iter* formativo das licenças ambientais, a fase da audiência pública[38] —

32. V. art. 1º, II e parágrafo único, da CF.

33. Com muita percuciência, J. J. Gomes Canotilho salienta que a participação dos administrados na formação das decisões administrativas "é um *factor de democratização*, não só porque assegura um 'pedaço de participação' dos cidadãos nas tarefas constitucionais, mas também porque, através da *adesão* e do *consenso* dos interessados, se evitam formas autoritárias de poder. Se quiséssemos resumir estas idéias, dir-se-ia que o estudo das estruturas de procedimento e de processo constitucionais corresponde ao interesse destas estruturas como categorias jurídicas gerais (plano teorético-jurídico), como elementos de legitimação (plano teorético-político) e como dimensões necessárias do princípio do Estado de direito e do princípio democrático (plano jurídico-constitucional)" (*Direito Constitucional*, 5ª ed., p. 1.035).

34. Na órbita do Estado de São Paulo, o princípio da participação coletiva no processo licenciatório ambiental tem assento no art. 191 da Constituição de 1989, que prescreve: "O Estado e os Municípios providenciarão, *com a participação da coletividade*, a preservação, conservação, defesa, recuperação e melhoria do meio ambiente natural, artificial e do trabalho, atendidas as peculiaridades regionais e locais e em harmonia com o desenvolvimento social e econômico" (grifou-se).

35. Édis Milaré e Antonio Herman V. Benjamin, ob. cit., pp. 120 e 121.

36. Neste sentido, Clémerson Merlin Clève, ao tratar da participação da cidadania na tomada de decisão de caráter administrativo. Diz ele: "Não há possibilidade de participação sem informação. É o direito à informação (e bem assim o direito de certidão) que pode assegurar a consciente participação popular. Sem informação correta, sem um aparato institucional transparente, qualquer tipo de participação pode se transformar em mera cooptação legitimadora" (*Temas de Direito Constitucional e de Teoria do Direito*, p. 29).

37. Não se deve olvidar que, nos processos administrativos, são praticados atos relativamente autônomos; cada um deles, pois, é passível de recurso, "embora o ato final só se torne perfeito após a prática do último ato formativo" (Hely Lopes Meirelles, ob. cit., p. 154).

38. A audiência pública tem por finalidade expor aos interessados o conteúdo do produto em análise e do seu referido relatório de impacto ambiental (RIMA), dirimindo dúvidas e recolhendo

realizada quando do Estudo de Impacto Ambiental –,[39] é a mais significativa expressão do princípio da participação coletiva, porque é nela que se opera a oitiva *formal* dos administrados acerca da legalidade, da conveniência e da oportunidade do licenciamento ambiental solicitado.

## *IV — Conclusão*

De tudo quanto foi exposto, verifica-se que a processualidade das licenças ambientais, além de ser um dever administrativo, é uma garantia dos administrados, porque lhes propícia a tutela do meio ambiente ante a Administração Pública, através de um amplo controle da legalidade, da conveniência e da oportunidade *ainda no estágio de formação das decisões licenciatórias.*

Desenvolvendo-se em fases, o processo de licenciamento ambiental — visto pelo enfoque dos administrados e não do proponente do projeto — suscita, ainda, a observância de uma série de princípios, que consubstanciam a cláusula do devido processo legal ambiental em sentido material. São eles: *a) princípio da publicidade* (que assegura aos administrados amplo conhecimento tanto do teor do pedido da licença quanto de todos os atos e fatos que se sucederem ao longo do processo licenciatório); *b) princípio da acessibilidade aos autos do processo* (que impõe o dever administrativo de facultar o exame e reprodução da documentação constante do expediente a todos os interessados); *c) princípio do formalismo* (que não cogita de rigorismo de formas quando da intervenção dos administrados no processo licenciatório, mas estabelece formalidades essenciais na tramitação do pedido de licença ambiental); *d) princípio da motivação* (que obriga o administrador público a justificar não só o ato de outorga da licença ambiental, mas quaisquer decisões, nomeadamente aquelas referentes aos requerimentos dos administrados); e *e) princípio da participação coletiva* (que enseja a intervenção qualificada dos administrados no processo de tomada da decisão ambiental).

Finalmente, deve ser salientado que o fato de a relação jurídica estabelecida no processo licenciatório ambiental ser *multipolar* — envolvendo número indeterminado de sujeitos — implica o alargamento da noção de legitimação para efeito de postulação administrativa. Destarte, qualquer administrado *interessado* pode manejar o instrumental processual administrativo para a tutela do meio ambiente.

dos presentes críticas e sugestões a respeito (art. 1º da Resolução CONAMA 9/1987).

39. Cf. art. 192, § 2º, *in fine*, da Constituição do Estado de São Paulo.

## *V — Bibliografia*


BANDEIRA DE MELLO, Celso Antônio. *Curso de Direito Administrativo*, 6ª ed., São Paulo, Malheiros Editores, 1995.

_____. *Discricionariedade e Controle Jurisdicional*, 2ª ed., São Paulo, Malheiros Editores, 1993.

BANDEIRA DE MELLO, Oswaldo Aranha. *Princípios Gerais de Direito Administrativo*, v. I, 1ª ed., Rio de Janeiro, Forense, 1969.

BASTOS, Celso Ribeiro. *Curso de Direito Constitucional*, 15ª ed., São Paulo, Saraiva, 1994.

_____. "A tutela dos interesses difusos no Direito Constitucional brasileiro", in *Revista da Procuradoria-Geral do Estado de São Paulo* 41/107 a 122, jun. 1994.

BENJAMIN, Antonio Herman V. e MILARÉ, Édis. *Estudo Prévio de Impacto Ambiental: Teoria, Prática e Legislação*, São Paulo, Ed. RT, 1993.

BOTTALLO, Eduardo Domingos. *Procedimento Administrativo Tributário*, São Paulo, Ed. RT, 1977.

BREWER-CARÍAS, Allan Randolph. *Principios del Procedimiento Administrativo*, Madrid, Editorial Civitas, 1990.

CLÈVE, Clémerson Merlin. *Temas de Direito Constitucional*, São Paulo, Editora Acadêmica, 1993.

DALLARI, Adílson Abreu. "Administração Pública no Estado de Direito", in *Revista Trimestral de Direito Público* 5/33 a 41, 1994.

DI PIETRO, Maria Sylvia Zanella. *Direito Administrativo*, 3ª ed., São Paulo, Atlas, 1992.

DINAMARCO, Cândido Rangel. *A Instrumentalidade do Processo*, 3ª ed., São Paulo, Malheiros Editores, 1993.

FERRAZ, Sérgio. "Processo administrativo e Constituição de 1988", in *Revista Trimestral de Direito Público* 1/84 a 87, 1993.

FERREIRA, Pinto. *Comentários à Constituição Brasileira*, 1º v., São Paulo, Saraiva, 1989.

_____. *Comentários à Constituição Brasileira*, 3º v., São Paulo, Saraiva, 1992.

_____. *Curso de Direito Constitucional*, 6ª ed., São Paulo, Saraiva, 1993.

FIGUEIREDO, Lúcia Valle. *Curso de Direito Administrativo*, 2ª ed., São Paulo, Malheiros Editores, 1995.

_____. *Direitos Difusos e Coletivos*, São Paulo, Ed. RT, 1989.

_____. *Disciplina Urbanística da Propriedade*, São Paulo, Ed. RT, 1980.

_____. "Licenças urbanísticas", in *Revista de Direito Público* 90.

_____. "Processo e procedimento administrativo", in *Perspectivas de Direito Público: Estudos em Homenagem a Miguel Seabra Fagundes*, coord. Cármen Lúcia Antunes Rocha, Belo Horizonte, Del Rey, 1995.

FRANCO SOBRINHO, Manoel de Oliveira. *Introdução ao Direito Processual Administrativo*, São Paulo, Ed. RT, 1971.

GOMES CANOTILHO, José Joaquim. *Direito Constitucional*, 5ª ed., Coimbra, Livraria Almedina, 1991.

_____. e MOREIRA, Vital. *Constituição da República Portuguesa Anotada*, 3ª ed., Coimbra Editora, 1993.

GORDILLO, Agustín A. *Tratado de Derecho Administrativo*, t. II, Parte General, Buenos Aires, Ediciones Macchi, 1991.

GRECO, Marco Aurélio. *Dinâmica da Tributação e Procedimento*, São Paulo, Ed. RT, 1979.

LAVIÉ, Humberto Quiroga. *Los Derechos Públicos Subjetivos y la Participación Social*, Buenos Aires, Ediciones Depalma, 1985.

MACHADO, Paulo Affonso Leme. *Direito Ambiental Brasileiro*, 5ª ed., São Paulo, Malheiros Editores, 1995.

MANCUSO, Rodolfo de Camargo. *Interesses Difusos*, 3ª ed., São Paulo, Ed. RT, 1994.

MARINONI, Luiz Guilherme. *Novas Linhas do Processo Civil*, São Paulo, Ed. RT, 1993.

MEDAUAR, Odete. *A Processualidade no Direito Administrativo*, São Paulo, Ed. RT, 1993.

MEIRELLES, Hely Lopes. *Direito Administrativo Brasileiro*, 17ª ed., São Paulo, Malheiros Editores, 1992.

MIRANDA, Jorge. "A Constituição e o Direito do Ambiente", in *Direito do Ambiente*, coord. Diogo Freitas do Amaral e Marta Tavares de Almeida, comunicações apresentadas no curso realizado no Instituto Nacional de Administração (17 a 28.5.1993), Portugal, Instituto Nacional de Administração, 1994.

MOREIRA NETO, Diogo de Figueiredo. *Curso de Direito Administrativo*, 10ª ed., Rio de Janeiro, Forense, 1994.

MUKAI, Toshio. *Direito Ambiental*, 2ª ed., Rio de Janeiro, Forense Universitária, 1994.

NERY JÚNIOR, Nelson. *Princípios do Processo Civil na Constituição Federal*, 2ª ed., São Paulo, Ed. RT, 1995.

PFEIFFER, Roberto Augusto Castellanos. *A Publicidade e o Direito de Acesso a Informações no Licenciamento Ambiental*, trabalho inédito, s/d.

PRATA, Ana. *A Tutela Constitucional da Autonomia Privada*, Coimbra, Livraria Almedina, 1982.

ROCHA, Cármen Lúcia Antunes. *Princípios Constitucionais da Administração Pública*, Belo Horizonte, Del Rey, 1994.

SILVA, José Afonso da. *Curso de Direito Constitucional Positivo*, 10ª ed., São Paulo, Malheiros Editores, 1995.

_____. *Direito Ambiental Constitucional*, São Paulo, Malheiros Editores, 1994.

SILVA FILHO, Derly Barreto e. "Controle jurisdicional dos atos políticos do Poder Executivo", in *Cadernos de Direito Constitucional e Ciência Política* 7/11 a 23, abr.-jun. 1994.

SUNDFELD, Carlos Ari. *Direito Administrativo Ordenador*, São Paulo, Malheiros Editores, 1993.

_____. *Fundamentos de Direito Público*, São Paulo, Malheiros Editores, 1992.

_____. "A importância do procedimento administrativo", in *Revista de Direito Público* 84/64 a 74, out.-dez. 1987.

_____. "Licenças e autorizações no Direito Administrativo", in *Revista Trimestral de Direito Público* 3/66 a 72, 1993.

TAVARES, José. *Administração Pública e Direito Administrativo: para o seu estudo e compreensão*, Coimbra, Livraria Almedina, 1992.

XAVIER, Alberto. *Do Procedimento Administrativo*, São Paulo, Bushatsky, 1976.

# FUNÇÃO ADMINISTRATIVA E LACUNAS DA LEI

MARCIO AUGUSTO DE VASCONCELOS DINIZ

Professor do Curso de Direito da Universidade de Fortaleza.
Procurador do Município de Fortaleza

"Minhas palavras anteriores
foram tão-só tocar, Senhor,
vossas idéias,
que, interpretando-as,
podem ir mais longe"
(William Shakespeare, *Macbeth*, cena VI, algures na Escócia).

## *I — Introdução*

A administração pública tem sua razão de ser na satisfação das necessidades públicas. O administrador, todavia, não pode exercer suas atividades da maneira como melhor lhe aprouver, pelo contrário, deve fazê-lo através da observância de determinadas regras e princípios.

Justamente por essas razões, bem afirmou Michel Stassinopoulos[1] que a atividade administrativa não pode ser desenvolvida *contra legem* ou *praeter legem*, mas apenas *secundum legem*.

Mesmo o reconhecimento de uma esfera de discricionariedade ao administrador, em determinadas situações, não afasta a necessidade de prévia autorização legal para que sua decisão, dentre várias opções, seja tomada. Até mesmo porque o fim de suas atividades é predeterminado por lei...

1. Stassinopoulos, 1954/69.

É indiscutível o entendimento segundo o qual "atribuição primordial da Administração Pública é oferecer utilidades aos administrados, não se justificando sua presença senão para prestar serviços à coletividade".[2]

Levando-se em consideração o princípio da legalidade, noção basilar do Direito Administrativo, como admitir que o administrador público, em algumas ocasiões, adote medidas que visem satisfazer determinadas necessidades públicas sem prévia lei ou outra norma jurídica que o habilite para tanto?

Se o sentido e o fim das medidas necessárias à concretização dos direitos fundamentais é predeterminado por lei (princípio da reserva de lei para concretização dos direitos fundamentais),[3] como poderá a administração pública concretizar, na prática,

2. Meirelles, 1992/294.
3. Canotilho, 1989/303.

esses direitos que garantem ao cidadão um *status positivus socialis*?

Trata-se, aqui, de um problema de lacunas no Direito Administrativo?

Há, no sistema jurídico, meios para solucionar esse problema?

Estas as questões pretendidas solucionar através da presente exposição.

## *II — O princípio da legalidade no direito administrativo*

O princípio da legalidade é o princípio basilar do Estado de Direito. Em seu mais amplo sentido, constitui-se na formulação jurídica do princípio político da primazia da lei como expressão da vontade geral do titular da soberania, i.e., o povo, o qual se faz representar nos parlamentos: ninguém será obrigado a fazer ou a deixar de fazer alguma coisa, senão em virtude de lei (Constituição Federal, art. 5º, inc. II).

O princípio da legalidade, ao subordinar a atividade administrativa à lei,[4] constitui-se na mais importante coluna sobre a qual assenta todo o Direito Administrativo.

O Prof. Celso Antônio Bandeira de Mello, ao debruçar-se sobre a matéria, sintetiza, com clareza, sua nota essencial: "Para avaliar corretamente o princípio da legalidade e captar-lhe o sentido profundo, cumpre atentar para o fato de que ele é a *tradução* jurídica de um propósito político: o de submeter os exercentes do poder em concreto — o administrativo — a um quadro normativo que embargue favoritismo, perseguições ou desmando. Pretende-se através da norma geral, abstrata e por isso mesmo impessoal, a lei, editada pois pelo Poder Legislativo — que é o colégio representativo de todas as tendências (inclusive minoritárias) do corpo social — garantir que a atuação do executivo nada mais seja senão a concretização desta vontade geral".[5]

4. Bandeira de Mello, 1993/24.

5. Bandeira de Mello, 1993/47-48.

Enquanto ao particular é lícito fazer tudo o que a lei não proíbe, o administrador, gestor da coisa pública, só pode fazer o que a lei autoriza. Não basta, aqui, mera ausência de oposição da lei para a prática de determinado ato: faz-se necessário, outrossim, que a lei autorize a sua prática.[6]

O administrador público, porque vinculado em toda a sua atividade funcional às prescrições legais, delas não pode se afastar ou desviar, sob pena de estar praticando atos eivados de invalidade e sujeitar-se à responsabilidade disciplinar, civil e criminal, de acordo com o caso.[7]

Não poderá, assim, sem previsão legal anterior que lhe outorgue a necessária competência, conceder direitos, criar obrigações ou impor restrições aos administrados,[8] até mesmo porque o interesse público que lhe toca prosseguir (conceito esse intimamente vinculado ao de legalidade) está previamente definido em lei.

Desempenha, assim, o princípio da legalidade no Direito Administrativo, uma função de garantia individual e segurança jurídica, frente às intromissões do Poder Público na liberdade e propriedade dos cidadãos.[9]

Diante desse quadro, afirma Rogério Soares, toda administração é uma administração legal. O agente público jamais poderá escolher o fim dos seus atos, que lhe é previamente fornecido por uma norma.[10]

6. Meirelles, 1992/82 ss.; Bandeira de Mello, 1993/24 ss., 47; Figueiredo, 1994/32 ss.; Cirne Lima, 1987/22; Alessi, 1970/183 ss.; Vedel, 1976/266 ss.; García de Enterría, 1991/365 ss.

7. Meirelles, 1992/82.

8. Di Pietro, 1991/58-59.

9. Forsthoff, 1969/164; Larenz, 1990/165 ss.

10. Soares, 1972/53. Tal afirmação é válida inclusive para o exercício do "poder discricionário", haja vista que até mesmo a discricionariedade administrativa não prescinde de lei através da qual seja fixado o espaço de conformação do administrador — a competência e a finalidade. Vinculação e discricionariedade, nesse particular, são duas formas de realização e concretização do princípio da

Sob um prisma negativo, o princípio da legalidade traduz-se na impossibilidade de poder a administração desrespeitar uma prescrição normativa anterior, emanada do legislativo ou mesmo de uma autoridade administrativa superior.

De outro turno, sob um aspecto positivo, implica a noção de competência, vale dizer, "um preceito fixa a um órgão público as suas atribuições donde decorre a necessidade de seu exercício e estabelece, em maior ou menor grau de precisão, as suas competências, ou seja, os poderes de que fica a dispor".[11]

Daí por que não se determina apenas o que a Administração Púbica não deve fazer no que pertine às limitações à propriedade e à liberdade, mas também as medidas que ela pode e deve adotar na busca da satisfação das necessidades coletivas.

Vale transcrever, aqui, porque oportunas, as palavras de Adolf Merkl quanto ao tema aqui tratado: "En su concepción más radical, el principio de legalidad de la administración no significa otra cosa sino que toda la administración habrá de realizarse basándose en las leyes (...) Sólo este principio de legalidad puede considerarse como principio de legalidad de la administración, porque él es que convierte a la ley en condición de cada de una las acciones administrativas y, por lo tanto, de la administración en su conjunto".[12]

O princípio da legalidade, quanto ao aspecto histórico, sofreu significativas transformações no que se refere ao seu conteúdo.

No estado policial a administração da coisa pública era completamente vinculada ao Rei. Era a vontade deste que fixava o fundamento de toda a atividade administrativa que, justamente em virtude dessa subordinação, não conhecia limites.

legalidade no direito administrativo. Cf. Bandeira de Mello, 1992/9 ss.; Baracho, 1977/114 ss.; Díez, 1956/50-51; Stassinopoulos, 1954/144-145.

11. Soares, 1972/53.

12. Merkl, 1935/221.

A partir do século XVIII, com a eclosão da Revolução Francesa, instaurou-se o Estado de Direito, de cunho liberal. A administração pública, nesse momento histórico, ficara submetida à lei aprovada pelo parlamento — que, segundo o contratualismo então dominante, representava a vontade geral — e nesta teria limites negativos à sua atuação.

A doutrina da separação dos poderes,[13] ao instituir o sistema de freios e contrapesos, transformou-se num dogma político do século XVIII. Do monarca subtraiu-se a potestade divina e transferiu-se para a lei o poder de definir quais eram os direitos e garantias individuais. Da lei — e somente dela — partiam os direitos e não desses últimos é que ela se originava. A lei passou a ser a medida de todas as coisas. Não mais o monarca.

O princípio da legalidade, por essa época, aparece como uma forma de proteção dos direitos e garantias individuais frente ao poder do Estado. O executivo, onde restou confinada a monarquia, poderia cuidar da gestão da coisa pública nos precisos limites fixados em lei.

A administração pública deveria agir segundo as determinações do Rei e poderia adotar todas as medidas por ele ordenadas, à exceção daquelas expressamente proibidas pelas leis votadas no parlamento.

A partir da segunda metade do século XIX, o liberalismo-individualista do século XVIII entrou em crise e o Estado começou a ser questionado pelos movimentos sociais, destacando-se, nessa fase histórica, o movimento operário.

No século XX, o surgimento de Estados totalitários viria a modificar a concepção do princípio da legalidade.

A administração pública continuaria submetida à lei, mas o conceito de "lei" não

13. A qual teve como exponentes maiores Locke e Montesquieu e foi complementada pela doutrina norte-americana.

mais seria a vontade geral votada nos parlamentos, a expressão jurídica da soberania popular, e sim todo e qualquer ato normativo editado pelos detentores do poder, inclusive do poder executivo, o qual passou a legislar com base em decretos-leis.

A administração pública não mais estava submetida ao legislativo, mas ao governo. A proteção aos direitos e garantias individuais ficaria em plano secundário e cederia lugar à garantia da supremacia do Estado frente aos cidadãos.[14]

O sistema jurídico da Alemanha nazista é um exemplo perfeito de tais afirmações. A administração pública estava submetida não à Constituição ou às leis, mas ao *fuhrerprinzip*, que lhes fornecia conteúdo e ditava como seriam exercidas as atividades do executivo.

A partir da segunda metade do século XX, após a Segunda Grande Guerra Mundial, o Estado social de direito viria a superar o Estado Liberal.

As concepções positivistas de Direito e Estado, que levaram às últimas conseqüências a falaciosa equiparação da lei do Direito legislado e deste ao Estado, viriam a ser repensadas; o Direito natural ressurgiria das cinzas e propiciaria as bases de profundas transformações, tanto na sociedade como no Direito, no qual se tentava (re)encontrar um conteúdo axiológico.

O Estado deixaria de ser um mero aparato de repressão para tornar-se propulsor de mudanças sociais derivadas de prestações positivas a seu cargo, fruto da positividade de regras e princípios que, material e processualmente, garantissem os direitos fundamentais do homem.[15]

Com base na compreensão da existência de direitos fundamentais invioláveis e irrenunciáveis reconheceu-se a dignidade da pessoa humana como valor superior do Estado e com o qual há de conformar toda a sua atividade.

14. Freitas do Amaral, 1985.

15. Bonavides, 1993/179 ss.

Esses direitos fundamentais, como parece claro, delimitam e proporcionam os critérios e objetivos do agir estatal, de tal sorte que neles se vislumbram os limites do exercício das funções públicas.[16]

Diante desse quadro, a "força dirigente dos direitos fundamentais", na esfera da administração pública, importa a vinculação desta não apenas à lei em sentido formal, mas a todas as normas que integram o sistema jurídico, principalmente as regras e princípios constitucionais.[17]

De tal forma que o exercício da função administrativa não mais pode ser visto apenas a partir de um *negativum*, mas também através de um prisma positivo: não se trata apenas de limitar juridicamente as ingerências administrativas à liberdade e à propriedade dos cidadãos, mas sim de exercer o poder de cobrar a adoção de medidas de caráter prestacional em favor da coletividade.

Mesmo com as mutações conceituais do sentido jurídico do princípio da legalidade na evolução histórico-política do Estado, a administração pública continua vinculada à lei, em sentido formal, expressão mais significativa do princípio democrático; lei esta que se constitui tanto no limite como no fundamento do exercício da função administrativa.

De tal sorte que a atividade administrativa, porque infralegal, além de não poder contrariar as leis, deve também nelas encontrar o seu fundamento (no sentido de que a administração pública somente pode atuar quando esteja expressamente autorizada por lei; sem tal autorização, inexiste potestade administrativa).[18]

16. Canotilho, 1989/460 ss.; Doehring, 1986/107 ss.

17. Canotilho, 1989/460 ss.; Freitas do Amaral, 1985/982-983.

18. Canotilho, 1989/300 ss.; Freitas do Amaral, 1985/984; Coutinho de Abreu, 1987/131 ss.; García Macho, 1988/111 ss.; Baño Leon, 1991/175 ss.

Em linhas gerais, essas são as noções fundamentais acerca do princípio da legalidade no Direito Administrativo.

### *III — O problema das lacunas da lei*

O Direito, fenômeno social, é instrumento vital para a convivência humana. Tanto o homem (e o mundo que o circunda) como a sua própria convivência com seus pares são a matéria-prima do fenômeno jurídico.

Sendo o direito uma criação humana, a sua dimensão existencial — o que ele foi, está sendo e será — depende de um ato de vontade do homem em um dado momento histórico-social e da forma como ele hermeneuticamente compreenda os seus componentes fáticos e axiológicos.[19]

O tridimensionalismo jurídico de Miguel Reale dá a medida exata desse caráter histórico-dialético do Direito.

Da tensão entre fato e valor ("implicação-polaridade") resulta o momento normativo, relação dialética que não desaparece no momento da criação da norma jurídica, mas, pelo contrário, continuará se renovando todas as vezes em que ela for aplicada, de acordo com as novas tensões entre fato e valor que, no devir histórico, modificam o seu sentido.[20]

Essa historicidade aponta para o dinamismo do direito e revela a sua capacidade de adaptação ao progresso e evolução da sociedade. No momento de sua aplicação, como bem doutrina Arnaldo Vasconcelos, "os fatos e os valores originais são trazidos à compatibilização com os fatos e os valores do momento presente", o que implica uma atualização de seu significado, condizente com a realidade histórica daquele momento específico.[21]

Ressai clara, destarte, a conclusão de que todo o sistema de direito legislado não pode contemplar ou abranger todas as hipóteses fáticas possíveis de relações humanas intersubjetivas, pelo só fato de que são infinitamente diversas as situações imprevisíveis no momento de sua elaboração.

O cientista do Direito deve ter a humildade de reconhecer que a lei, porque impotente para regular juridicamente a totalidade das relações humanas, não pode impedir o avanço da dinâmica histórico-social.[22]

Muitas destas relações sociais, em diversas ocasiões, a despeito de uma deficiência do sistema legal, reclama uma solução que deve ser extraída do próprio ordenamento jurídico, considerado em sua plenitude lógica.

Esse descompasso entre o direito estatuído e a realidade social nem sempre foi aceito pelos teóricos.

O movimento que culminou nas codificações — França, 1804; Alemanha, 1900, *v.g.* — criou o dogma da completude do ordenamento jurídico, a partir da concepção de que todo Direito provém do Estado.[23]

O exagerado culto à lei, do qual a Escola da Exegese foi a maior exponente, pregava uma auto-suficiência da obra do legislador: para cada caso, uma regra. A segurança jurídica, neste particular, prevalecia sobre a justiça.[24]

A partir do século XIX, com o desenvolvimento das investigações sociológicas, as antigas concepções legalistas seriam abaladas pela constatação de que o Direito é um fenômeno social e não apenas criação do Estado.[25]

19. Castanheira Neves, 1967/23.

20. Reale, 1986/67 ss., 1992/XV, 200-209, 219; Vasconcelos, 1993/190, 233.

21. Vasconcelos, 1993/16-20; Wieacker, 1980/524 ss.

22. Ascoli, 1991/34-35; Engisch, 1988/286-287.

23. Bobbio, 1989/119 ss.; Larenz, 1989/445 ss.

24. Bobbio, 1989/120-121.

25. Bobbio, 1989/124 ss.; Vasconcelos, 1993/165 ss., 207-208, 219-220; Wieacker, 1980/669 ss.; Larenz, 1989/69 ss.; Neves, 1993/2-6.

O problema da completude/incompletude do ordenamento jurídico passou a ser visualizado a partir de posturas teóricas e metodológicas as mais diversas.

Se, por um lado, as críticas à concepção legalista do direito se multiplicavam a partir da afirmação de que o sistema legal era necessariamente lacunoso devido às transformações sociais (Gény, Erlich, Kantorowicz), por outro, não faltaram teorias em socorro do dogma da completude — esta não mais seria um postulado axiomático, mas sim uma exigência de ordem e certeza.[26]

Para Bobbio, o efeito dessa batalha teórico-ideológica foi a passagem de uma fase dogmática a uma fase crítica, em relação ao problema da completude.[27]

Admitida, porém, a existência de lacunas, qual o conceito que lhes deve ser atribuído?

A questão que se põe, em caráter preliminar, traz consigo uma perspectiva sociológico-jurídica. Se o Direito é um "processo de adaptação social",[28] uma técnica de "compartição de liberdade"[29] e, levando em consideração (a) a multiplicidade, constantemente renovada, de relações humanas intersubjetivas, (b) os possíveis conflitos de interesse que delas podem decorrer e (c) a finitude lógica do Direito legislado, como poderá vir a ser extraída uma solução para esses possíveis conflitos de interesse se o sistema legal não dispõe de uma regra expressa que a forneça?[30]

Inobstante sejam diversas as soluções apresentadas para o problema das lacunas, por parte daqueles que se ocuparam do tema, o desenvolvimento de suas teorias, como se pode perceber, parte das relações entre sociedade e Direito.[31]

Assim, admitir-se a existência de lacunas implica reconhecer que determinadas relações humanas intersubjetivas estariam, pelo menos a princípio, normativamente indeterminadas.[32]

Admitidas tais premissas, indaga-se: lacunosas seriam as leis ou, pelo contrário, lacunoso seria o Direito? Em outras palavras: as lacunas existiriam no sistema legal (parte) ou no sistema jurídico (todo)?

Diversos autores negaram a existência de lacunas no ordenamento jurídico, a partir de posturas teóricas as mais diversas.

Karl Bergbohn descartou, completamente, a lacunosidade do Direito, a partir da teoria do "espaço jurídico vazio": toda a ação humana que não fosse por ele regulada estaria afeta ao livre comportamento do homem, sendo, pois, juridicamente irrelevante.[33]

Já Ernst Zittelman e Donato Donati adotaram posicionamento oposto. A partir da "norma geral exclusiva" conceberam, cada um a seu modo, a completude do ordenamento jurídico com base na afirmação de que as normas que o compõem regulam exaustivamente a totalidade dos comportamentos humanos. A lei poderia faltar, o Direito não.

26. Wieacker, 1989/69 ss.; Larenz, 1989/69 ss.

27. Bobbio, 1989/128.

28. Pontes de Miranda, 1970/IX (Prefácio), 9 ss.; 1972/245.

29. Vasconcelos, 1993/11-12.

30. Não se está afirmando, neste particular, que o imenso campo da licitude — presente no infinito número de relações humanas intersubjetivas — seria juridicamente apenas a partir da existência de conflitos de interesse.

Pretende-se concluir apenas que a ausência de uma regra legal específica para solucioná-los é constatada antes da aplicação de normas jurídicas *implícitas* (cf. infra) na solução dos casos não previstos pelo legislador.

Dito de outra forma: a constatação de lacunas é um fenômeno que se verifica não na criação das regras legais, mas na aplicação do Direito a casos por elas não previstos. O que parece óbvio.

31. Pernigotti, 1973/257-258.

32. Vernengo, 1988/381-383; Larenz, 1989/450-451; Engisch, 1988/276-279; Perelman 1988/65; Díez-Picazo, 1987/279-280.

33. Bobbio, 1989/128-132.

A "norma geral exclusiva" significaria, como o próprio nome diz, a exclusão de limitações para todos os casos e situações não regulamentados por normas específicas: tudo o que não fosse obrigatório ou proibido, seria lícito.[34]

Norberto Bobbio, a seu turno, acresce à teoria da "norma geral exclusiva", a "norma geral inclusiva", com o que pretende esgotar as hipóteses possíveis de fechamento do sistema.

Se a "norma geral exclusiva" regula os casos não compreendidos nas normas particulares de maneira oposta (tudo o que não fosse obrigatório ou proibido, seria lícito: *argumentum a contrario*), a "norma geral inclusiva" regularia, de maneira idêntica, os casos não compreendidos nas normas particulares que a estes se assemelhassem (*argumentum a simili*).

A decisão acerca da semelhança ou não dos casos — regulamentados e não regulamentados — caberia ao intérprete. Sob essa perspectiva, a incompletude do ordenamento jurídico — e, por conseguinte, a existência de lacunas — dar-se-ia não no sentido de falta de uma norma a ser aplicada, mas da ausência de critérios válidos para decidir qual norma deverá ser aplicada.[35]

Hans Kelsen rejeita a existência de lacunas no ordenamento jurídico, tal como são concebidas pela teoria jurídica tradicional. Aceita-as apenas como ficção.

Reputa errônea a teoria acerca da existência das lacunas porque, "quando a ordem jurídica não estatui qualquer dever de um indivíduo de realizar determinada conduta, permite essa conduta".[36]

Entende que, na verdade, o objetivo de tal construção teórica é evitar a atribuição de competência legislativa aos juízes e estabelecer limites à criação judicial do Direito.[37]

Pretende-se, a partir de tal ficção, evitar que a "concepção ético-política" do juiz tome o lugar da "concepção ético-política" do legislador, de tal sorte que um juiz "(...) que não se sente facilmente inclinado a tomar sobre si a responsabilidade de uma criação do Direito *ex novo*, só muito excepcionalmente aceitará a existência de uma lacuna no Direito e, por isso, só raramente fará uso do poder, que lhe é conferido, de assumir o lugar do legislador".[38]

É de se notar que o pensamento de Kelsen acerca das lacunas gira em torno do postulado segundo o qual "o que não é regulado ou proibido, é permitido". O problema da criação judicial do Direito e seus reflexos no trato do problema das lacunas é analisado, no sistema kelseniano, a partir de duas premissas: a concepção escalonada do ordenamento jurídico (*stufenbau*)[39] e o seu entendimento de que o Direito a aplicar forma "(...) uma moldura dentro da qual exis-

34. Bobbio, 1989/132 ss.

35. Bobbio, 1989/139.

36. Kelsen, 1984/338-339. Esse princípio geral de fechamento ou clausura não é inferido a partir da idéia de um espaço jurídico vazio, mas do entendimento inicialmente por ele concebido de que o ordenamento jurídico é bastante em si mesmo, i.e., contém a possibilidade de solução para todos os possíveis conflitos. Essa "conduta permitida", todavia, guarda relação com o que ele denomina "liberdade jurídica negativa" ou "conduta negativamente regulada" (1984/35-37) e não com o princípio da licitude.

Mais tarde, Kelsen viria a admitir implicitamente a existência de lacunas no ordenamento jurídico (tal como por ele concebido — 1984/71-74).

Mesmo assim, ao formular sua concepção de sistema fechado, Kelsen não se preocupou em analisar o problema das lacunas a partir de uma perspectiva *ontológica* — como o fez Cossio —, mas através de uma postura epistemológica: a plenitude lógica do ordenamento jurídico seria apenas um postulado axiomático *a priori*, a partir do qual o cientista do direito pudesse concebê-lo como um todo fechado — Cf. Diniz, 1989/39 ss., 63. V., ainda: Alchourrón y Bulygin, 1987/179 ss.; Amselek, 1988/283 ss.; Huberlant, 1968/32 ss.; Klug, 1968/92 ss.

37. Kelsen, 1984/340-341.

38. Kelsen, 1984/341-342.

39. Kelsen, 1984/309-374.

tem várias possibilidades de aplicação".[40] Contentemo-nos, aqui, apenas como o "princípio da clausura".

Como se viu, o problema das lacunas surgiu a partir de uma nova perspectiva a respeito da sociedade, do Direito e do Estado.

A redução do campo da juridicidade à esfera da legalidade, fruto das concepções da Escola da Exegese, demonstrou-se impotente para abranger a riqueza da vida social. A lei se revelou pequena demais para conter todo o Direito, pela só constatação de que o campo da licitude é infinitamente superior aos precisos e bem definidos limites da legalidade.[41]

Da plenitude ou totalidade lógica do Direito não se pode fugir; não há conduta humana que não seja por ele regulada.[42]

Isto significa que, inexistindo no sistema jurídico uma norma èxplícita para regular determinada relação humana intersubjetiva, existirá, com certeza, uma norma implícita. Aqui, o princípio da licitude possui grande relevância, já que intimamente ligado à questão da liberdade humana, como bem nota Arnaldo Vasconcelos. Em suma: a lei é lacunosa, o Direito não.[43]

Através do recurso ao princípio da licitude, a questão das lacunas da lei se transforma num pseudoproblema.

A sua aplicação tem o mérito de compatibilizar dois valores fundamentais em torno dos quais gira a idéia de Direito: a segurança, ao preservar e colocar em seus devidos termos a concepção da plenitude lógica do ordenamento jurídico e a justiça, porque "(...) propicia a fertilização do organismo jurídico pela interferência do povo no processo de renovação e criação do Direito".[44]

40. Kelsen, 1984/466-469.

41. Vasconcelos, 1993/208.

42. Vasconcelos, 1993/29.

43. Vasconcelos, 1993/30-31, 38-42, 165-174. V., ainda: Díez-Picazo, 1987/280-281.

44. Vasconcelos, 1993/39.

Colocada a questão nestes termos, pode-se concluir que a constatação de lacunas no sistema de Direito legislado é uma operação que não se reduz a um mero processo lógico, nem se fundamenta apenas em critérios puramente formais.[45]

Se, como visto, o problema das lacunas se manifesta no momento da aplicação do Direito, é fácil inferir que sua constatação é indissociável de um processo interpretativo: depende de um julgamento de valor e de uma postura hermenêutica frente às questões de fato e de direito que se põem diante do intérprete-aplicador, atitude essa que deve logicamente preceder o momento integrativo.

## *IV — O problema das lacunas no Direito Administrativo*

O princípio da legalidade no Direito Administrativo, como se viu, condiciona a atividade do administrador público aos preceitos legais.

A atividade administrativa, dessa forma, é infralegal, de tal sorte que, enquanto ao particular é lícito fazer tudo o que a lei não proíbe, o agente público só pode fazer o que ela autoriza.

Ao desempenho da função administrativa não é suficiente a mera ausência de oposição da lei. Pelo contrário, é necessário prévia autorização legal.

Decorre daí a noção de competência no Direito Administrativo, nas palavras de Celso Antônio Bandeira de Mello: "Um conjunto de poderes preordenados a finalidades específicas. Consistem em meios deferidos pela regra de direito ao agente para que os utilize endereçados ao alvo certo, ou seja, àquele que corresponde dita competência. (...) É a norma legal que elege a competência certa para alvejar esta ou aquela finalida-

45. Van de Kerchove/Ost, 1988/86-89.

de e o ato expressivo da competência em questão há de confrontar-se por inteiro ao destino nela insculpido".[46]

A lei, portanto, fornece o fim e fixa os limites do poder que ela própria outorga ao agente administrativo.[47] De tal tal sorte que, de acordo com García de Enterría, "sem uma atribuição legal prévia de potestades, a administração, simplesmente, não pode atuar".[48]

A competência do administrador público, destarte, não é um atributo de ordem subjetiva, mas de ordem puramente objetiva: uma quantidade de poder perfeitamente delimitada pela lei.

Diante de uma tal concepção de competência no Direito Administrativo, emanação direta do princípio da legalidade, como deverá proceder o administrador público, principalmente na concretização dos direitos fundamentais dos administrados, à míngua de lei expressa que sirva de suporte do ato que pretende praticar?[49]

As considerações anteriormente feitas autorizam a conclusão de que o sistema de normas legais no campo do Direito Público pode apresentar um descompasso com a realidade. A questão que se põe, neste passo, é como compatibilizar a solução desses problemas com a primazia do princípio da legalidade.

Entende Henri Buch que o administrador público exerce suas funções dentro de um campo limitado pelas decisões políticas do legislador e por sua execução, na exata medida de seus limites.[50]

Partindo das noções de legalidade e oportunidade da ação administrativa, o professor da Universidade de Bruxelas afirma que as lacunas no Direito Administrativo nascerão apenas na medida em que os poderes atribuídos à administração pública não lhe permitam agir da forma como ela entenda.[51]

De tal maneira que as lacunas no Direito Administrativo são, na realidade, um impedimento à ação administrativa: falta competência ao administrador para que o mesmo venha a agir de uma determinada maneira.[52]

O ponto nodal da questão reside no fato de que para o publicista belga, as lacunas do Direito Administrativo não são aferidas a partir de critérios meramente formais, negativos, que se relacionam com ausência de lei específica.

Pelo contrário, suas conclusões são tomadas com base em critérios finalísticos, haja vista que, de acordo com suas próprias afirmações, as lacunas no Direito Administrativo resultam de dois fatores: (a) a fixação, pelo poder executivo, de medidas que devem ser adotadas para satisfação de um interesse coletivo e (b) a existência de normas, constitucionais ou legais, que, pelo menos a princípio, impedem a concretização prática das medidas pretendidas adotar.[53]

Segundo García de Enterría, o caráter do ato administrativo, como expressão necessária de um poder, é aquele que o liga diretamente à legalidade; não há exercício de poder sem uma norma prévia e específica que o autorize e o preveja; "*lege silente*, a administração carece de poderes, pois não tem outros que os que a lei lhe atribui".[54]

Não obstante, busca compatibilizar a necessária rigidez do princípio da legalidade com as exigências que, dia a dia, se põem diante do administrador, especialmente aquelas relacionadas com a projeção dos direitos fundamentais na esfera pública.

Socorre-se, assim, da doutrina dos *poderes implícitos* que "(...) podem inferir-se por interpretação das normas mais do que seu texto direto", poderes esses que, "(...)

46. Bandeira de Mello, 1989/59; Meirelles, 1992/134.
47. Figueiredo, 1994/107; Merkl, 1935/211.
48. García de Enterría, 1991/377.
49. Figueiredo, 1994/35.
50. Buch, 1968/453.
51. Buch, 1968/455.
52. Buch, 1968/457.
53. Buch, 1968/456-457.
54. García de Enterría, 1991/384, 471.

são em definitivo poderes efetivamente atribuídos à administração pelo ordenamento, embora não pelo componente escrito do mesmo".[55]

Esse entendimento nada mais é do que uma aplicação da teoria acerca das possíveis divergências entre a lei e o seu espírito, que permite sua interpretação/aplicação em sintonia com os valores considerados fundamentais na totalidade do sistema sócio-jurídico.

A propósito, doutrina Hely Lopes Meirelles, ao discorrer sobre o tema: "a analogia admissível no campo do Direito Público é a que permite aplicar o texto da norma administrativa à espécie não prevista, mas compreendida no seu espírito".[56]

Um exemplo prático poderá ilustrar a argumentação até aqui desenvolvida. A Lei federal 7.037, de 5.10.1982, deu nova redação ao art. 100, da Lei federal 4.024, de 20.12.1961, relativo à transferência de alunos, de qualquer nível, de uma para outra instituição de ensino.

De acordo com a nova regulamentação, será concedida transferência, em qualquer época do ano e independentemente da existência de vaga:

1. para instituições vinculadas a qualquer sistema de ensino, quando se tratar de servidor público federal ou membro das Forças Armadas, inclusive seus dependentes, quando requerida *em razão de comprovada remoção ou transferência de ofício que acarrete mudança de residência* para o município onde se situe a instituição recebedora ou para localidade próxima desta, observadas as normas estabelecidas pelo Conselho Federal de Educação;[57]

2. para instituições vinculadas ao sistema estadual, quando se tratar de servidor público estadual, e seus dependentes, se requerida na condição prevista no inciso anterior, respeitadas as normas expedidas pelos conselhos estaduais de educação.

Note-se bem que a lei se refere, apenas, à transferência, quando requerida "em razão de comprovada remoção ou transferência de ofício que acarrete mudança de residência para o município onde se situe a instituição recebedora ou para localidade próxima desta".

É silente no que se refere ao provimento inicial do cargo, vale dizer, quando um aluno da Universidade Federal do Ceará, por ter logrado aprovação em concurso público em outra (Recife, por exemplo), vai assumir o cargo e pretende requerer a transferência.

Uma estrita aplicação do princípio da legalidade implicaria uma resposta negativa à pretensão do aluno, porque a lei não contemplou a hipótese de provimento inicial em cargo público. Todavia, uma interpretação que atenda mais à finalidade, ao espírito da lei do que à sua fria letra.

A interpretação jurídica, como é sabido, é a determinação do sentido e do alcance de uma determinada norma de Direito.

Trata-se de um ato de vontade através do qual, após a utilização de métodos hermenêuticos adequados e específicos para a compreensão do sentido e alcance da norma interpretada, obter-se-á *um critério jurídico* para a solução da *quaestio* apresentada, i.e., para a aplicação da norma ao caso concreto.

Não é aqui o lugar apropriado para digressões teóricas acerca do objeto e dos métodos de interpretação do Direito, embora a

55. García de Enterría, 1991/384-385; Figueiredo, 1994/35 ss. A doutrina dos problemas implícitos (*implied powers*) origina-se do Direito Público norte-americano. Poderes implícitos significam aqueles poderes não outorgados expressamente por lei, mas cuja existência, inferida a partir da intenção da norma (constitucional ou legal) que os conferiu, não se pode desconhecer, haja vista que são necessários e adequados para tornar efetivos e eficazes todos os poderes expressamente conferidos — Cf. Black, 1992/1170; Lockhart, Kamisar, Choper e Shiffrin, 1990/148 ss.

56. Meirelles, 1992/40.

57. V., ainda, o art. 99, da Lei federal 8.112/1990.

solução do problema também envolva esse aspecto da teoria jurídica.

Bastará, aqui, afirmar que o processo de concretização (*konkretisierung*) do Direito requer uma boa — ou pelo menos razoável — interpretação da norma — ou das normas — que se aplica(m) à situação de fato analisada.

Isto quer dizer que a solução dos problemas jurídicos os mais diversos não deve ignorar os momentos hermenêuticos da *interpretação* e da *metodologia* jurídicas, nos quais ressai a importância dos valores historicamente determinados, que condicionam a pré-compreensão jurídico-social das questões que se colocam em cada problema jurídico concreto: há de se buscar, como momento prévio à aplicação do Direito, *uma unidade sistemática* entre o ato de interpretar, o objeto interpretado e o conteúdo da interpretação.

A solução do problema específico aqui proposto poderia ser alcançada através da busca do *telos* que orienta a lei posta em destaque e não, como já se disse, através de uma fria aplicação do seu teor literal.

Daí por que, no presente caso, resssairia, dentre os diversos métodos hermenêuticos conhecidos — sem prejuízo de uma abordagem completa de todos eles —, um método de interpretação finalística das regras pertinentes à transferência de alunos de uma instituição de ensino para outra.

Faz-se necessário, como ponto de partida fundamental, determinar um sentido às normas interpretadas através de uma perspectiva metodológica que se justifique pelos fins práticos pretendidos alcançar, tanto pelo legislador como pelo aplicador, no momento histórico-prático da concreção.

Trata-se, aqui, de atribuir um sentido teleologicamente funcional à lei interpretada, mediante uma práxis hermenêutica comprometida com a sua finalidade, que privilegie antes a intenção prática[58] que se pretende alcançar através dela do que uma literal exegese de suas proposições nominais.

A compatibilização entre a segurança e a justiça é uma das mais difíceis tarefas do intérprete-aplicador do Direito.

Se, por um lado, o pressuposto fundamental de racionalidade jurídica implica um sentido geral de *ordem*, vale dizer, se dentre os mais diversos sentidos possíveis da norma deve-se preferir o que melhor satisfaça a exigência de coerência sistemática interna, diante das diversas opções axiológicas que se abrem ao intérprete, por outro lado, este deverá, seguramente, optar pelo sentido que se compatibilize com a própria *razão de ser* ou *objetivo prático* a que ela se destina.

A racionalidade interna poderá ser vislumbrada a partir de uma concordância prática, obtida mediante critérios de proporcionalidade na aplicação das normas interpretadas.

O recurso à clareza do texto legal (*in claris cessat interpretatio*) constituir-se-ia num argumento cômodo, ao qual se recorre freqüentemente para escapar da discussão acerca das verdadeiras questões de interpretação e da necessidade de se justificar, concretamente, o sentido pragmático pelo qual se optou.[59]

Afirmar, literalmente, que uma determinada norma se aplica a todos os casos possíveis, pelo seu só sentido literal, é desconhecer que o direito é uma criação humana e que o próprio legislador não dispõe de um critério seguro para, na definição das hipóteses de incidência, dos suportes fáticos, incluir ou excluir todos os casos no sentido literal de sua obra, porque simplesmente não pode prevê-los.[60]

Ressai, aqui, a insuficiência do método literal de interpretação, que, sob uma perspectiva intra-sistemática, deve ser aperfeiçoado pelo método finalístico.

58. Os valores que lhe subjazem e os fins a que se destina.

59. Van de Kerchove, 1986/229.

60. Hart, 1986/137 ss.

Ora, na situação de fato posta em relevo, a aplicação do princípio da isonomia está a implicar uma igualdade de tratamento, isto é, que sejam tratados da mesma maneira os casos que, em sua essência, são semelhantes.

Traduzindo em termos práticos: a mesma solução aos alunos que tiveram que se transferir de uma instituição de ensino para outra, por força de remoção ou transferência *ex officio*, deles próprio ou de seus pais, deve ser aplicada aos alunos que, por provimento inicial, ingressarão no serviço público em outra localidade.

Aqui, tanto a isonomia como a finalidade das disposições legais que regem a matéria apontam para tal solução.

Trata-se, aqui, de uma lacuna no Direito Administrativo? A resposta negativa se impõe, já que o intérprete-aplicador poderia solucionar o aparente vácuo normativo de acordo com a solução apontada.

Na verdade, o problema das lacunas no Direito Administrativo traz consigo o eterno problema que preside a criação e a aplicação do Direito: compatibilizar os valores segurança e justiça.

A legalidade, ainda, é uma garantia do cidadão, frente às intromissões indevidas do poder público, especialmente do exercício da função administrativa, em sua liberdade e propriedade.

Apenas com base em lei terá o agente público competência para adotar as medidas que visem salvaguardar as necessidades coletivas, sob pena de invalidade de seus atos. Qualquer tentativa de deixar ao administrador um juízo valorativo pleno, uma liberdade na escolha dos fins de seus atos será perigosa. O poder absoluto, se não contido, é motivo de preocupação.

Ilustram tal assertiva as palavras de William Shakespeare, em *Hamlet*: "Sim, tivesse eu o poder (...) a paz universal subverteria; lançará em confusão a Terra inteira".

Mesmo assim, embora confiada ao legislador a tarefa de definir os fins e os limites da atividade administrativa, percebe-se claramente que, na atualidade, esse encargo não tem sido desempenhado a contento.

Todavia, essa discricionariedade do legislador, principalmente após a evolução da doutrina constitucionalista, vem sofrendo constantes tentativas de conformação jurídica.

A recente construção teórica acerca da inconstitucionalidade por omissão se reveste de fundamental importância para limitar juridicamente a liberdade de conformação do legislador, através da determinação objetiva, pela jurisprudência, do dever constitucional de legislar acerca de matérias relevantes para a comunidade.

A técnica fixada pelo Tribunal Constitucional Alemão, ao atribuir eficácia a determinados preceitos constitucionais sem a intervenção do legislador, sob o fundamento de que este quedou inerte quanto às exigências constitucionais de ação, predeterminadas pela "força dirigente" dos direitos fundamentais, revela a constante preocupação de o constitucionalismo moderno instituir em forma de concretização dos preceitos constitucionais relativos às necessidades coletivas.[61]

Contudo, ainda é forte a presença do axioma da separação das funções estatais em departamentos estanques, por mais que a doutrina insista em afirmar que o poder é uno e indivisível e que os direitos fundamentais se constituem no vetor para o desempenho desse poder.

A processualização dos instrumentos e garantias para fiscalização da inconstitucionalidade por omissão é ainda insuficiente para garantir a participação do cidadão na arena política. Até mesmo na própria Alemanha, considerações de política jurídica distinguem o dever constitucional de legislar, que pode ser suprido, da "exigência constitucional insuprível". Afeta ao juízo político do legislador.[62]

61. Mendes, 1990/54 ss.; Mendes, 1992.

62. Mendes, 1990/54 ss.

Na própria esfera administrativa a matéria ainda não se encontra plenamente sistematizada.

Mesmo assim, aos Juízes e Tribunais está confiado o honroso encargo de, através de decisões, fundamentadas no próprio sistema jurídico — e não apenas no sistema legal —, encontrar a solução para questões de tamanho relevo e que, dia-a-dia, demandam solução.

### *Bibliografia*


ALCHOURRÓN, Carlos E. e BULYGIN, Eugenio. *Introducción a la Metodología de las Ciencias Jurídicas y Sociales*, Buenos Aires, Editorial Astrea, 1987.

ALESSI, Renato. *Instituciones de Derecho Administrativo*, t. I, trad. Buenaventura Pellise-Prats, Barcelona, Bosch Casa Editorial, 1970.

AMSELEK. Paul. "A propos de la théorie kelsénienne de l'absence de lacunes dans le Droit", in *Archives de Philosophie du Droit*, t. 33, "La Philosophie du Droit aujourd'hui", Paris, Sirey, 1988.

ASCOLLI, Max. *La Interpretazioni delle Leggi*, Milano, Giuffrè Editore, 1991.

BANDEIRA DE MELLO, Celso Antônio. "Legalidade, motivo e motivação do ato administrativo", in *Revista de Direito Público* 90, a. 22, Ed. RT, abr.-jun. 1989.

——————. *Curso de Direito Administrativo*, 4ª ed., São Paulo, Malheiros Editores, 1993.

BAÑO LEON, José Maria. *Los Límites Constitucionales de la Potestad Reglamentaria*, Madrid, Editorial Civitas, 1991.

BARACHO, José Alfredo de Oliveira. "Hermenêutica Constitucional", in *Revista de Informação Legislativa* 53, Brasília, Senado Federal, Subsecretaria de Edições Técnicas, jan.-mar. 1977.

BLACK'S LAW DICTIONARY, editado por Henry Campell Black, 6ª ed., 6ª reimpr., Saint Paul, West Publishing Co., 1992.

BOBBIO, Noberto. *Teoria do Ordenamento Jurídico*, trad. Cláudio de Cicco e Maria Celeste C. J. Santos, Pólis/Ed. UnB, São Paulo/Brasília, 1989.

BONAVIDES, Paulo. *Do Estado Liberal ao Estado Social*, 5ª ed., revista e ampliada, Belo Horizonte, Del Rey, 1993.

BUCH, Henri. "Les lacunes en Droit Administratif", in *Problème des Lacunes en Droit*, estudos publicados por Chaim Perelman, Bruxelas, Établisséments Émile Bruylant, 1968.

CASTANHEIRA NEVES, Antonio. "Justiça e Direito", separata do v. LI do *Boletim da Faculdade de Direito da Universidade de Coimbra*, Coimbra, 1976.

CANOTILHO, José Joaquim Gomes. *Direito Constitucional*, 4ª ed., Coimbra, Livraria Almedina, 1976.

CIRNE LIMA, Ruy. *Princípios de Direito Administrativo*, 6ª ed. São Paulo, Ed. RT, 1987.

COUTINHO DE ABREU, Jorge Manuel. *Sobre os Regulamentos Administrativos e o Princípio da Legalidade*, Coimbra, Livraria Almedina, 1987.

DI PIETRO, Maria Sylvia Zanella. *Direito Administrativo*, 2ª ed., São Paulo, Atlas, 1991.

DIEZ, Manuel Maria. *El Acto Administrativo*, Buenos Aires, Tipografia Argentina, 1956.

DÍEZ-PICAZO, Luis. *Experiencias Jurídicas y Teoría del Derecho*, Barcelona, Ariel, 1987.

DINIZ, Maria Helena. *As Lacunas no Direito*, 2ª ed., São Paulo, Saraiva, 1989.

DOEHRING, Karl. "Estudo social, estudo de Derecho y orden democrática", in *El Estudo Social*, Wolfgang Abendroth *et alli*, trad. José Puente Egido, Madrid, Centro de Estudios Constitucionales, 1986.

ENGISCH, Karl. *Introdução ao Pensamento Jurídico*, 6ª ed., trad. João Baptista Machado, Lisboa, Fundação Calouste Gulbenkian, 1988.

FIGUEIREDO, Lúcia Valle. *Curso de Direito Administrativo*, São Paulo, Malheiros Editores, 1994.

FREITAS DO AMARAL, Diogo. *Princípio da Legalidade*, Pólis, Enciclopédia Verbo da Sociedade e do Estado, Lisboa, São Paulo, Editorial Verbo, 1985.

FORSTHOFF, Ernst. *Traité de Droit Administratif Allemand*, trad. Michel Fromont, Bruxelas, Établisséments Émile Bruylant, 1969.

GARCÍA DE ENTERRÍA, Eduardo e FERNANDEZ, Tomás-Ramón. *Curso de Direito Administrativo*, trad. Arnaldo Setti, São Paulo, Ed. RT, 1991.

GARCÍA MACHO, Ricardo. *Reserva de Ley y Potestad Reglamentaria*, Barcelona, Ariel, 1988.

HART, Herbert L. A. *O Conceito de Direito*, trad. A. Ribeiro Mendes, Lisboa, Fundação Calouste Gulbenkian, 1986.

HUBERLANT, Charles. "Les mécanismes instituées pour combler les lacunes de la loi", in *Le Problème de Lacunes en Droit*, estudos publicados por Chaim Perelman, Bruxelas, Établisséments Émile Bruylant, 1968.

KELSEN, Hans. *Teoria Pura do Direito*, 6ª ed., trad. João Baptista Machado, Coimbra, Arménio Amado Editor, 1984.

KLUG, Ulrich. "Observations sur le problème des lacunes en Droit", in *Le Problème des Lacunes en Droit*, estudos publicados por Chaim Perelman, Bruxelas, Établisséments Émile Bruylant, 1968.

LARENZ, Karl. *Metodologia da Ciência do Direito*, 2ª ed., trad. José Lamego, Lisboa, Fundação Calouste Gulbenkian, 1989.

——————. *Derecho Justo — Fundamentos de Ética Jurídica*, trad. Luis Díez-Picazo, Madri, Editorial Civitas, 1990.

LOCKHART, William B.; KAMISAR, Yale; CHOPER, Jesse H.; SHINFFRIN, Steven H. *The American Constitution — Cases/Comments/ Questions*, 6ª ed., Saint Paul, West Publishing Co., American Casebook Series, 1986.

MEIRELLES, Hely Lopes. *Direito Administrativo Brasileiro*, 17ª ed., atual. Eurico de Andrade Azevedo *et alli*, São Paulo, Malheiros Editores, 1992.

MENDES, Gilmar Ferreira. *Controle de Constitucionalidade — Aspectos Jurídicos e Políticos*, São Paulo, Saraiva, 1990.

——————. "O apelo ao legislador — *Appellentscheidung* — na práxis da Corte Constituinte Federal Alemã", in *Cadernos de Direito Constitucional e Ciência Política* 1, São Paulo, Ed. RT, a. 1, out.-dez. 1992.

MERKL, Adolf. *Teoría General del Derecho Administrativo*, Madri, Editorial Revista de Derecho Privado, 1935.

NEVES, Marcelo da Costa Pinto. "Do pluralismo jurídico à miscelânea social: o problema da falta de identidade da(s) esfera(s) de juridicidade na modernidade periférica e suas implicações na América Latina", trabalho apresentado ao II Encontro Internacional de Direito Alternativo, Florianópolis/SC, 1993.

PERELMAN, Chaim. *La Lógica Jurídica y la Nueva Retórica*, trad. Luiz Díez-Picazo, Madri, Editorial Civitas, 1988.

PERNIGOTTI, Ugo. "Lacune dell'ordinamento", in *Enciclopedia del Diritto*, v. XXIII, Milão, Giuffrè Editore, 1973.

PONTES DE MIRANDA, Francisco Cavalcanti. *Tratado de Direito Privado*, t. I, 3ª ed., Parte Geral, Rio de Janeiro, Editor Borsói, 1970.

——————. *Sistema de Ciência Positiva do Direito*, t. II, 2ª ed., Rio de Janeiro, Editor Borsói, 1972.

REALE, Miguel, *Teoria Tridimensional do Direito*, 4ª ed. revista e ampliada, São Paulo, Saraiva, 1986.

——————. *Direito como Experiência — Introdução à Epistemologia Jurídica*, 2ª ed., São Paulo, Saraiva, 1992.

SOARES, Rogério Ehrhardt. *Direito Administrativo* (notas de aula de Direito Administrativo, ministradas no Curso de Direito da Faculdade de Coimbra), Coimbra, 1972.

STASSINOPOULOS, Michel. *Traité des Actes Administratifs*, Athènes, Librairie de Recueil Sirey, 1954.

VAN DE KERCHOVE, Michel. "La théorie des actes de langage et la théorie de l'interprétation juridique", in *Théorie de Actes de Langage, Étique et Droit*, publicado sob a direção de Paul Amselek, Paris, Presses Universitaires de France, 1986.

——————, e OST, François. *Le Système Juridique entre Ordre e Désordre*, Paris, Presses Universitaires de France, 1988.

VASCONCELOS, Arnaldo. *Teoria da Norma Jurídica*, 3ª ed. revista, São Paulo, Malheiros Editores, 1993.

VEDEL, Georges. *Droit Administratif*, 6ª ed., Paris, Presses Universitaires de France, 1976.

VERNENGO, Roberto José. *Curso de Teoría General del Derecho*, 2ª ed., Buenos Aires, Depalma, 1988.

WIEACKER, Franz. *História do Direito Privado Moderno*, trad. A. M. Botelho, Espanha, Lisboa, Fundação Calouste Gulbenkian, 1980.

# AS CONSEQÜÊNCIAS DA PRESTAÇÃO DE SERVIÇOS À ADMINISTRAÇÃO PÚBLICA, APÓS O FIM DO PRAZO CONTRATUAL

ALEXANDRE SANTOS DE ARAGÃO

Professor de Direito Administrativo do Centro de Estudos Jurídicos do Sindicato dos Procuradores da Fazenda Nacional. Procurador do Estado do Rio de Janeiro

*I — Introdução. II — A natureza jurídica dos serviços prestados e a obrigação da Administração Pública em ressarci-los. III — O "quantum" do ressarcimento. IV — O pagamento deverá ser feito mediante termo de ajuste de contas. V — Imprescindibilidade da apuração de eventuais responsabilidades funcionais. VI — Conclusão.*

## *I — Introdução*

A situação que será tratada é de grande incidência prática. Ocorre sempre que a Administração Pública não toma as providências necessárias para que, chegando a termo um contrato de prestação de serviços de trato continuado, já exista um novo contrato assinado, evitando-se, assim, solução de continuidade na prestação dos serviços.

Muitas vezes, seja por negligência ou lentidão da própria Administração, seja por fatos alheios à sua esfera (*v.g.*, liminar suspensiva do curso de licitação), encerra-se o contrato em vigor, sem que a licitação, os procedimentos prévios à contratação direta (art. 26, parágrafo único, Lei 8.666/1993), ou mesmo a formalização da prorrogação do prazo contratual (art. 57, II, Lei 8.666/1993) tenham sido concluídos. Nestes casos, freqüentemente, a Administração Pública permite, ou mesmo solicita, que a empresa cujo contrato extinguiu-se continue prestando-os.

É sobre a natureza jurídica e o *quantum* do ressarcimento de serviços prestados sem a devida cobertura contratual que se deitará o foco do presente estudo.

## *II — A natureza jurídica dos serviços prestados e a obrigação da Administração Pública em ressarci-los*

Extintos contratos administrativos, sem que a contratada deixe de continuar prestando os serviços originariamente contratados, é óbvio que o faz com o assentimento, tácito que seja, não formalizado, da Administração Pública.

Constata-se, então, que, apenas impropriamente, poder-se-ia dizer que os serviços foram prestados "sem cobertura contratual", sendo mais apropriado referir-se a serviços prestados "sem cobertura contratual *válida*".

Se há consentimento, há contrato, que, entretanto, será nulo, seja por vício de forma (contrato oral ou tácito), seja pela não precedência de licitação ou dos procedimentos estabelecidos para as hipóteses de contratação direta ou prorrogação do contrato.

Ressalte-se que a caracterização do contrato como nulo ou inexistente não tem qualquer relevância na seara do Direito Administrativo, já que, "em razão da formalidade obrigatória e da presunção de legalidade, o ato inexistente se assimila ao ato inválido".[1] Mesmo no Direito Privado, a distinção não alteraria os efeitos do enriquecimento sem causa, a serem adiante analisados.

Pois bem: diante de um contrato nulo, o art. 59, parágrafo único da Lei 8.666/1993, contemplando, no âmbito dos contratos administrativos, o princípio da vedação do enriquecimento sem causa, dispôs que "a nulidade não exonera a Administração do dever de indenizar o contratado pelo que este houver executado até a data em que ela for declarada, e por outros prejuízos regularmente comprovados, contanto que não lhe seja imputável, promovendo-se a responsabilidade de quem lhe deu causa".

Com efeito, já pelos princípios da Teoria Geral do Direito, aplicáveis a todos os seus ramos, não se permitiria ao Estado enriquecer-se à custa de serviços prestados sem nenhuma contrapartida.

A respeito, Ulpiano já dizia: "in quid quod factus sit locupletior, aequissimum erit in dari in repe titionem; nec enim debet ex alieno damno esse locuples".

Esse princípio universal de direito, que nos legou o direito romano, "deve ser admitido de maneira geral, como sanção da regra de eqüidade de que não é permitido a ninguém enriquecer injustamente à custa de outrem: "jure naturae aequum est, neminem cum alterius detrimento et injuria locupletatiorem fieri".[2]

No âmbito do Direito Administrativo, e especialmente quanto aos serviços prestados em virtude de contratos administrativos nulos ou inexistentes, a doutrina é uníssona na aplicação do aludido princípio geral de direito: "Mas mesmo no caso de contrato nulo, pode tornar-se devido o pagamento dos trabalhos realizados ou dos fornecimentos feitos à Administração, uma vez que tal pagamento não se funda em *obrigação contratual*, e sim no dever moral de indenizar toda a obra, serviço ou material recebido e auferido pelo Poder Público, ainda que sem contrato ou com *contrato nulo*, porque o Estado não pode tirar proveito da atividade do particular sem a correspondente indenização".[3]

"A responsabilidade não é contratual, mas sim extracontratual, eis que conseqüente à anulação do ato, portanto, decorre de *fato administrativo*".[4]

Vê-se, portanto, que a Administração Pública deve ressarcir os serviços prestados após o termo do prazo contratual, não sendo esta obrigação, todavia, de caráter contratual, mas, sim, extracontratual, proveniente da vedação do enriquecimento sem causa, distinção que, adianta-se, será de grande importância para a definição do *quantum* a ser ressarcido (cf. próximo item).

Oportuno lembrar que sequer seria cogitável a celebração de um novo contrato com efeitos pretéritos para legitimar a prestação de serviços já consumada, uma vez que dos próprios sistemas orçamentários e

1. Diogo de Figueiredo Moreira Neto, *Curso de Direito Administrativo*, 9ª ed., Forense, p. 155.

2. J. M. Carvalho Santos, *Código Civil Brasileiro Interpretado*, v. XII, 7ª ed., Livraria Freitas Bastos, p. 383.

3. Hely Lopes Meirelles, *Licitação e Contrato Administrativo*, 10ª ed., Ed. RT, p. 232 (os grifos são do próprio autor).

4. Lúcia Valle Figueiredo, *Curso de Direito Administrativo*, Malheiros Editores, 1994, p. 336 (os grifos são da autora).

de realização de despesas da Lei 8.666/1993 e da Lei 4.320/1964 extrai-se a vedação à atribuição de efeitos pretéritos aos contratos administrativos.

Se antes do advento da Lei 8.666/1993, esta já era a única orientação possível, *a fortiori* agora, face aos eloqüentes vetos presidenciais apostos aos §§ 2º e 3º do art. 61 do respectivo projeto de lei, que admitiam, em casos excepcionalíssimos, contratos administrativos com efeitos retroativos.

### *III — O "quantum" do ressarcimento*

Fixada a obrigação do Estado em ressarcir o prestador de serviços, cabe delimitá-la quantitativamente, definindo quais elementos indenizatórios deve contemplar.

Destaca-se, que este ponto pouco ou quase nada tem sido abordado pela doutrina e jurisprudência, administrativa ou judicial, sendo a praxe administrativa no sentido de ressarcir o particular sem maiores questionamentos, com o pagamento dos preços ajustados no contrato já extinto.

Entendemos, no entanto, que a Administração Pública deve ao prestador de serviços apenas os danos emergentes, ou seja, o preço de custo, com os acréscimos legais, excluídos eventuais lucros cessantes, lucros estes que auferiria em situação de normalidade jurídica, isto é, se a obrigação da Administração Pública em efetuar o pagamento adviesse de contrato, não do enriquecimento sem causa (cf. item II supra).

As condições necessárias à verificação do enriquecimento sem causa são: o enriquecimento de alguém, *o empobrecimento de outrem* e a ausência de justa causa para ambos. No caso do enriquecimento ser superior ao empobrecimento, o ressarcimento se conterá nos limites deste, ou seja, do prejuízo efetivamente havido, não alcançando a integralidade do valor do enriquecimento da parte que se locupletou. Vê-se, portanto, que o que é ilícito não é se enriquecer sem justa causa, mas, sim, enriquecer-se sem justa causa, à custa do empobrecimento de outrem.

A tese ora defendida já tem sido há tempos reiterada pelos Mestres da Teoria Geral do Direito, como se infere do seguinte excerto do eminente Cunha Gonçalves, invocado por J. M. Carvalho Santos: "(...) a própria palavra 'restituição' mostra que a indenização deve ser limitada aos *danos emergentes*. Se o proveito de um fôr superior ao prejuízo do outro, não poderá este reclamar a importância total dêsse proveito, porque a diferença não constitui o *seu detrimento*".[5]

É exatamente esta a hipótese ora tratada, em que a Administração Pública tem um locupletamento maior que o empobrecimento do prestador de serviços, deixando de pagar pelos serviços prestados o preço de custo mais o lucro próprio da atividade empresarial, ao passo que o prestador deixou de auferi-los, tendo, porém, como prejuízo, como detrimento, apenas o valor do preço de custo, devendo, por via de conseqüência, o ressarcimento, oriundo não de contrato, mas do enriquecimento sem causa, compreender apenas o preço de custo, sem a inclusão de qualquer lucro.

O Direito Positivo, ao tratar das indenizações e seus componentes, corrobora este entendimento. O art. 1.059 do Código Civil, que trata das obrigações pecuniárias em sub-rogação, isto é, advindas do inadimplemento de obrigações, originariamente de dar, fazer ou não fazer, faz alusão aos lucros cessantes, mas o art. 1.061, do mesmo Código, disciplinador das obrigações *ab ovo* pecuniárias, como é a da Administração Pública na hipótese ora tratada, dispõe que as perdas e danos consistem apenas no valor originário acrescido dos juros de mora, custas e eventual pena convencional.

O art. 1.061 do Código Civil deixa claro, portanto, que o inadimplemento das obrigações pecuniárias não acarreta lucros ces-

5. Ob. e v. cits., p. 389.

santes, tendo entendido o Legislador que estes já estariam abrangidos pelos juros de mora.

Explicitamente neste sentido, o inolvidável Clóvis Beviláqua: "Quando o pagamento consiste em dinheiro, a estimação do dano emergente da execução já se acha previamente estabelecida. Não há que fazer a substituição em dinheiro da prestação devida. Falta avaliar os *lucros cessantes. O Código os determina pelos juros de mora e pelas custas*".[6]

Expondo a subsunção das obrigações do enriquecimento sem causa ao art. 1.061, Código Civil, mais uma vez brilhantemente, J. M. Carvalho Santos: "Cumpre advertir que o dano, exigido para o enriquecimento ilícito, nada tem de comum com o dano exigido nos casos de indenização dos atos ilícitos. Assim, por exemplo, quando se fala em indenização dos danos motivados por dolo ou culpa de alguém, entende-se que o culpado fica responsável pelo ressarcimento dos prejuízos resultantes do ato, abrangendo todas as conseqüências prejudiciais dele resultantes, ainda que não constituam diminuição do patrimônio. Ao invés, quando se fala em obrigação com apoio no enriquecimento ilícito, não pode entrar no conceito do dano outro critério senão o desfalque, ou perda material, bem como o esforço e energia dispendidas (...).

"Como adverte Cunha Gonçalves, e já havíamos explicado ainda há pouco, 'a própria palavra restituição mostra que a indenização deve ser limitada aos *danos emergentes*. Se o proveito de um fôr superior ao prejuízo do outro, não poderá este reclamar a importância total dêsse proveito, porque a diferença não constitui o *seu detrimento*'."[7]

A Lei 8.666/1993, em seu art. 59, leva à mesma assertiva. A ver: a) ao dizer que o contrato nulo não produz efeitos (*caput*) e ao determinar que o Estado ressarça os serviços prestados sem cobertura contratual válida (parágrafo único), deixa indene de dúvidas a afirmação segundo a qual esta obrigação, originariamente pecuniária, não é de índole contratual (cf. item I supra); b) confirmando a tese, refere-se apenas a "prejuízos", termo equivalente a danos emergentes e excludente dos lucros cessantes (cf. De Plácido e Silva, in *Vocabulário Jurídico*, v. III, 2ª ed., Forense, p. 425).

*Data venia*, contrário ao bom senso, seria o entendimento segundo o qual o ressarcimento por serviços prestados sem a existência de um contrato administrativo válido abrangesse também os lucros cessantes, devendo o Estado pagar o mesmo valor que desembolsara em virtude do anterior cumprimento do contrato, este, sim, válido. Estaríamos, na prática, ao adotar esse entendimento, igualando uma situação jurídica legítima a outra, atentatória dos princípios da Administração Pública, notadamente o da obrigatoriedade de licitação (art. 37, *caput* e inc. XXI, CF).

Com esteio nos fundamentos expostos, assim pronunciou-se O. A. Bandeira de Mello em sede jurisprudencial: "Não obstante procedentes as objeções do Município, através do procurador da Prefeitura, da nulidade do contrato de valor de Cr$ 100.000,00 e da irregularidade da suplementação da verba, não pode êle locupletar-se à custa alheia, e lhe cumpre pagar o serviço feito em proveito da Câmara. Mas *como é nulo o contrato, só deve pagar o custo dêsse serviço, jamais o lucro que dêle auferiria a emprêsa jornalística na sua prestação*. Por isso, embora confirmasse a sentença na sua tese jurídica, a reformaria nos têrmos em que a aplicou. Condenaria o Município de Moji das Cruzes a pagar, tão-somente, a importância correspondente ao custo do serviço prestado, o que se apuraria em execução, acrescido dos juros da mora e custas em proporção".[8]

6. *Código Civil dos EUB*, v. II, Ed. Rio Estácio de Sá, ed. histórica, comentários ao art. 1.061 (os grifos são nossos).

7. Ob. e v. cits., pp. 385 e 389 (os grifos são nossos).

8. *RDA* 54/119 (os grifos são nossos).

No mesmo sentido, Rodrigues Alckmin: "Reconhecida a nulidade do contrato, certo é que *a quem contratou, irregularmente, com a Administração Pública, não toca o direito de reclamar os esperados lucros*, ou cláusula penal, ou perdas e danos pelo inadimplemento, verbas que, somente se válido o contrato, seriam de pretender. Tem o contratante, porém, o direito de obter remuneração pelos serviços prestados, para que não haja injusto enriquecimento da Administração".[9]

O valor de custo dos serviços deverá ser apurado em liquidação, em quaisquer das espécies admitidas em Processo Civil, notadamente a feita por artigos, a ser levada a cabo pela Administração Pública, a qual poderá, valendo-se, por exemplo, de pareceres técnicos que afiram qual é a margem de lucro normal naquele ramo de atividade, descontar a percentagem respectiva do valor constante do contrato formal e válido anteriormente celebrado.

Em nada alteraria essas conclusões, o fato de o prestador de serviços estar ou não de boa-fé, ou seja, é irrelevante que esteja ciente ou não dos vícios que inquinam o contrato administrativo.

É evidente em casos tais a má-fé do prestador de serviços, que, até em razão do princípio da obrigatoriedade da Lei (art. 3º, Lei de Introdução ao Código Civil), é sabedor da inadmissibilidade dos contratos administrativos verbais ou tácitos e da exigência de prévia licitação ou regular prorrogação do prazo contratual. Não poderá, portanto, o empresário argüir a sua boa-fé e o caráter essencialmente lucrativo de sua atividade. É inadmissível facultar ao particular, ainda que tenha o beneplácito de agentes públicos, a adoção de atitude sabidamente ilegal para que aufira lucro. O caráter inegavelmente lucrativo de sua atividade não pode chegar ao extremo de assegurar-lhe o lucro mesmo que esteja sendo exercida irregularmente. Veja-se a respeito a melhor doutrina e jurisprudência.

"A ausência de forma escrita acarreta a nulidade do contrato, que não produzirá efeito algum (excetuada a hipótese acima referida). A gravidade da conseqüência também se destina a reprimir atuações indevidas e ilícitas. *O terceiro não poderá argüir boa-fé ou ignorância da regra legal. Se aceder com contratação verbal, arcará com as conseqüências.*"[10]

"Mas se, no campo do Direito Civil, a validade dos contratos não depende de nenhum formalismo, salvo nos casos expressos em lei, já perante o Direito Administrativo tal não ocorre. O formalismo aí é imperativo e inseparável do conteúdo do contrato.

"Por isso *não é lícito a quem contrata com o Poder Público alegar a ignorância da lei e as formalidades imprescindíveis para o ato de que participa,* impondo-se a observância de todas as cautelas."[11]

"Aos contratos administrativos alude a Constituição de 1988: no art. 22, XXVII, para submetê-los a normas gerais federais, e no art. 37, XXI, para exigir o prévio processo licitatório, tendo se tornado, assim, um instituto de assento constitucional.

"Há, portanto, disciplina adequada do contrato administrativo, que retira sua cogência da própria Lei Maior: são as normas de Direito Administrativo, que é o direito comum do Direito Público, tanto quanto o Direito Civil é o direito comum do Direito Privado, com expressão, hoje, a nível infraconstitucional, no Decreto-lei 2.300, de 21.11.1986.

"É necessário bem compreender que essas normas não se dirigem exclusivamente ao administrador público, como, por exemplo, as de Direito Financeiro, que não tocam a substância da obrigação assumida pelo Estado face ao contratante particular.

9. *RDA* 54/119 (os grifos são nossos).

10. Marçal Justen Filho, *Comentários à Lei de Licitações*, Aide, 1993, p. 351 (os grifos são nossos).

11. TJSP, *RDA* 48/267 (os grifos são nossos).

Ao contrário, por serem normas de direito comum, dirigem-se à Administração e ao administrado por igual, de sorte que uma invalidade que nelas tenha fundamento, toca a substância da obrigação assumida pelo Estado. Ambos os contratantes se sujeitam, assim, à disciplina jurídica estabelecida para os contratos administrativos.

"Ora, se como preceitua o art. 44, do Decreto-lei 2.300/1986: 'Os contratos administrativos de que trata este decreto-lei regulam-se pelas suas cláusulas e pelos preceitos de direito público, aplicando-se-lhes, supletivamente, disposições de direito privado' e, o art. 50, parágrafo único: 'É nulo e de nenhum efeito o contrato verbal com a Administração, salvo o de pequenas compras e de pronto pagamento', há que se tomar com muita cautela qualquer presunção de boa-fé, atribuída ao administrado."[12]

Uma observação merece ser feita quanto ao momento que deve ser levado em conta pela Administração Pública para o cálculo do preço de custo dos serviços prestados pelo prestador de serviços.

A Administração Pública deverá ressarcir os preços de custo vigentes à época do pagamento, não levando em conta os da época da prestação dos serviços, razão pela qual sequer se há de falar em correção monetária dos valores a serem ressarcidos.

É o que preleciona J. M. Carvalho Santos: "Para determinar-se o montante dêsse valor, deve-se, em princípio, e salvo disposição legal em contrário, ter em vista não o momento em que a obrigação de restituir teve nascimento, mas àquele da propositura da ação de *in rem verso*, que, ao invés do que ocorre com a ação *negotiorum gestorum contratia*, não é, em geral, dada senão até a concorrência do que o patrimônio do devedor se encontra ainda enriquecido nesta última época".[13]

*O quantum* do ressarcimento deverá, no entanto, ser acrescido de juros de mora de seis por cento ao ano (*ex vi* arts. 1.061 c/c 1.063, Código Civil), a serem contados do término da prestação dos serviços.

### *IV — O pagamento deverá ser feito mediante termo de ajuste de contas*

O termo de ajuste de contas, instrumento adequado para a solução extrajudicial de pendências pecuniárias entre a Administração Pública e administrados, é o meio hábil para se efetuar o ressarcimento delimitado no item anterior.

A lavratura do termo de ajuste de contas, em casos como o analisado, é exigência da Lei federal 4.320/1964 (arts. 60 a 64) e, no caso do Estado do Rio de Janeiro, da Lei Fluminense 287 (arts. 90 a 95). O pagamento da despesa deve ser precedido da sua liquidação, que deve constar de documento escrito (art. 63, § 2º, I, Lei 4.320/1964 e art. 90, § 2º, I, Lei Fluminense 287/1990) e possuir o respectivo empenho.

O termo de ajuste deverá conter a descrição e atestação minuciosa dos serviços prestados sem cobertura contratual válida e a quitação sem ressalvas a ser dada pelo prestador de serviços.

Lembra-se, outrossim, que, como observa Marcos Juruena Villela Souto, "a legislação do Estado do Rio de Janeiro exige autorização governamental para celebração de tais ajustes".[14] A celebração de tais termos deverá, portanto, seguir as formalidades estabelecidas na legislação específica de cada entidade administrativa.

### *V — Imprescindibilidade da apuração de eventuais responsabilidades funcionais*

A celebração de contrato verbal ou tácito, sem prévia licitação, contratação dire-

12. Visto dado pelo Procurador do Estado do Rio de Janeiro Diogo de Figueiredo Moreira Neto ao Ofício 01/91-AM.

13. Ob. e v. cits., p. 389.

14. Decreto 3.149/1980, art. 48, § 2º, *apud Licitações e Contratos Administrativos*, Ed. Esplanada, 1993, p. 202.

ta ou regular prorrogação do prazo contratual, além de causa da nulidade do contrato, constitui violação dos deveres funcionais daqueles agentes administrativos que, omissiva ou comissivamente, concorreram para a ocorrência da irregularidade. Tais responsabilidades devem ser apuradas em procedimento administrativo disciplinar, instaurado com este objetivo específico, sob pena de responsabilização também dos que se omitirem nesta apuração.

O eventual argumento de falta de verbas não ilide essa responsabilidade, já que, se o orçamento não destinou verbas para a celebração de dado contrato, foi porque o Poder Político teve outra opção financeira, não cabendo ao administrador, revertendo esta decisão política tomada em conjunto pelo Chefe do Poder Executivo e pelo Poder Legislativo, permitir a prestação de serviços sem a legítima cobertura contratual. Se a verba é pouca, não pode o administrador, em uma falsa solução, contratar verbalmente empresa para permanecer prestando serviços à Administração Pública após o término do prazo contratual.

Corroborando este entendimento, a melhor Jurisprudência Administrativa: "Percebe-se que a determinação expressa da lei é no sentido da formalização do contrato, da necessária cobertura orçamentária e do cumprimento do rito financeiro que conduza à liquidação e pagamento da despesa. Transgredidos esses comandos, devem ser apuradas responsabilidades sob pena de se sacrificar o conteúdo da norma (...).

"Se, no entanto, não for punido o servidor que descumpriu a lei, uma situação que deveria ser excepcionalíssima torna-se rotina, burlando o sistema vigente de controle.

"Assim, parece-me que qualquer ajuste de contas dessa espécie deverá ser concomitante à apuração da responsabilidade."[15]

A emergência, normalmente alegada pelos administradores para justificar estes contratos verbais ou tácitos, como bem notou o ex-Procurador-Chefe junto ao Tribunal de Contas do Município do Rio de Janeiro, Fernando Antonio Correa de Araújo, a respeito de situação análoga, na maioria das vezes não passa de falta de planejamento: "Na prática, a situação de 'emergência' muitas vezes decorre da falta de planejamento administrativo ou de previsão para necessidades perfeitamente previsíveis. Isto tem sido constantemente detectado por nós nestes anos de trato com o assunto".[16]

A nosso ver, não é qualquer "emergência" que pode representar escusa para a responsabilização funcional dos agentes que permitem ou mesmo solicitam a prestação irregular de serviços à Administração Pública, mas apenas circunstâncias excepcionais, que constituam verdadeira força maior ou caso fortuito em seus contornos clássicos.

Irretocável, no ponto, as afirmações de Amilcar Motta: "Penso que, efetivamente, inteira razão assiste ao órgão jurídico consulente.

"Tal como ele, entendo que o termo de ajuste de contas não pode ser convertido numa panacéia milagrosa, nem transformado numa sanatória geral dos erros ou das omissões dos agentes do Poder Público, do mesmo modo como o seu emprego não pode ser desvirtuado na prática diuturna da Administração.

"Bem ao revés disto, entendo que a sua utilização deve ficar restrita àqueles casos em que, por motivos de força maior, houver se verificado, concretamente, a impossibilidade prática da formalização, do instrumento que for cabível na espécie.

"Note-se: não basta a simples conveniência do administrador, nem é suficiente que haja se verificado a mera dificuldade

15. Parecer da Procuradoria-Geral do Estado do Rio de Janeiro, constante do Ofício 23/90-EV, de lavra do Procurador Enilton Vieira.

16. Citado por Jessé Torres Pereira Júnior, *Comentários à Nova Lei das Licitações Públicas*, Renovar, 1993, p. 129.

em poder instrumentar adequadamente o negócio jurídico subjacente, nesse ou naquele caso específico. É preciso mais. É preciso que a impossibilidade seja não apenas superveniente, como, também, irresistível quanto aos efeitos e imprevisível quanto às suas causas e origens.

"Em suma, faz-se mister que o fato assuma os contornos clássicos da força maior — tal como se acham descritos na literatura jurídica especializada — para que a exclusão possa ser então admitida, em razão da sua anormalidade."[17]

## *VI — Conclusão*

Por todo o exposto, concluímos que:[18]

a) a Administração Pública, enriquecida sem causa, deve ressarcir os serviços prestados pelo prestador de serviços sem cobertura contratual válida;

b) o ressarcimento deverá consistir no valor de custo dos serviços, apurado em liquidação a ser procedida pela Administração Pública, acrescido de juros de mora de seis por cento ao ano a contar do fim da prestação dos serviços, *excluídos quaisquer lucros* que o prestador de serviços auferiria se estivesse em situação regular, não se podendo, portanto, ressarcir pelo pagamento dos valores anteriormente pactuados em contratos válidos, nos quais estavam, naturalmente, embutidos lucros;

c) não é cabível correção monetária em virtude de o valor de custo aludido na letra "b" supra já ser o vigente no momento do pagamento a ser efetuado;

d) o pagamento deverá ser instrumentalizado por Termo de Ajuste de Contas;

e) a responsabilidade funcional dos agentes administrativos que, omissiva ou comissivamente, cooperaram para que se verificasse a prestação de serviços sem cobertura contratual válida deve ser apurada, instaurando-se processo administrativo disciplinar com esse objetivo específico, sob pena de responsabilidade também dos que se omitirem nesta apuração.

f) apenas a força maior ou o caso fortuito pode escusar a responsabilidade dos agentes referidos na letra "e" supra.

17. Ofícios ns. 28/90-AM e 01/91-AM, da Procuradoria-Geral do Estado do Rio de Janeiro.

18. A tese ora exposta foi acolhida em sede administrativa, no âmbito da Procuradoria-Geral do Estado do Rio de Janeiro, através do Parecer 04/94-ASA, de lavra do autor, aprovado pelo Procurador-Chefe da Procuradoria Administrativa, Diogo de Figueiredo Moreira Neto, e pelo então Procurador-Geral do Estado, Marcos Felicius Ayrosa Fernandino de Moraes.

# REVISTA TRIMESTRAL DE DIREITO PÚBLICO

***DOUTRINA:*** AS GARANTIAS INSTITUCIONAIS DOS DIREITOS HUMANOS – Fábio Konder Comparato • ARBITRAGEM E CONTRATO ADMINISTRATIVO – Eros Roberto Grau • NATUREZA JURÍDICA DO PEDÁGIO: TAXA? PREÇO? – Celso Antônio Bandeira de Mello • A LEGALIDADE DA COBRANÇA DE REMUNERAÇÃO, PELO MUNICÍPIO, PELA UTILIZAÇÃO DO SUBSOLO – Toshio Mukai e Alberto J. Marques • VERTENTES HERMENÊUTICAS DE RISCO – José Sérgio Monte Alegre • O NOVO REGRAMENTO DA PROPAGANDA ELEITORAL – Edilson Pereira Nobre Júnior • A CONTRATAÇÃO DE EMPRESAS PARA SUPORTE DA FUNÇÃO REGULADORA E A "INDELEGABILIDADE DO PODER DE POLÍCIA" – Floriano de Azevedo Marques Neto • CLASSIFICAÇÃO DOS ATOS ADMINISTRATIVOS INVÁLIDOS NO DIREITO ADMINISTRATIVO BRASILEIRO – Vladimir da Rocha França • O EDITAL E OS "ESCLARECIMENTOS RELATIVOS À LICITAÇÃO" (LEI 8.666/1993, ART. 40, INC. VIII) – Egon Bockmann Moreira • ***PARECERES:*** PRIVATIZAÇÃO PARCIAL DA CEMIG – ACORDO DE ACIONISTAS – IMPOSSIBILIDADE DE O CONTROLE SOCIETÁRIO SER COMPARTILHADO ENTRE O ESTADO DE MINAS GERAIS E O ACIONISTA ESTRANGEIRO – Lúcia Valle Figueiredo • UNIVERSIDADE MUNICIPAL – AUTARQUIA – TUTELA ADMINISTRATIVA – AUTONOMIA UNIVERSITÁRIA – COMPETÊNCIA PARA LEGISLAR SOBRE OS CRITÉRIOS DE ESCOLHA DO REITOR – Adílson Abreu Dallari • CONSIDERAÇÕES A RESPEITO DA "OUTORGA ONEROSA" (SOLO CRIADO) NO PROJETO DE LEI N. 5.788, DE 1990 – Marcelo Figueiredo • VENDA DE CRÉDITOS DE TITULARIDADE DE AUTARQUIA E CONCEITO DE OPERAÇÃO DE CRÉDITO NA LEI DE RESPONSABILIDADE FISCAL – LEGALIDADE DO DESCONTO DO VALOR DE FACE DOS CRÉDITOS A SEREM ALIENADOS – Maurício Portugal Ribeiro • ***ESTUDOS E COMENTÁRIOS:*** TUTELA MANDAMENTAL-INIBITÓRIA EM MATÉRIA TRIBUTÁRIA À LUZ DO PROJETO DE "CÓDIGO DE DEFESA DO CONTRIBUINTE" – Antônio Souza Prudente • A GARANTIA DO DEVIDO PROCESSO LEGAL NOS SISTEMAS DE PROTEÇÃO DOS DIREITOS HUMANOS INTERNACIONAL E NACIONAL – Nelson Saule Júnior • SEPARAÇÃO DE PODERES, MAIORIA DEMOCRÁTICA E LEGITIMIDADE DO CONTROLE DE CONSTITUCIONALIDADE – Ana Paula de Barcellos • LIMITES À CONTRATAÇÃO DIRETA DE INSTITUIÇÕES DE ENSINO, PESQUISA E DESENVOLVIMENTO INSTITUCIONAL – Joel de Menezes Niebuhr • POR UMA REVISÃO DA TEORIA DA APLICABILIDADE DAS NORMAS CONSTITUCIONAIS – Sérgio Fernando Moro • O TRIBUNAL DE CONTAS E AS APOSENTADORIAS – José Luiz Levy • PROPOSIÇÃO REFERENTE A SERVIÇOS SOCIAIS AUTÔNOMOS DO ESTADO DO PARANÁ – Rafael Iatauro • A PROCESSUALIDADE DAS LICENÇAS AMBIENTAIS COMO GARANTIA DOS ADMINISTRADOS – Derly Barreto e Silva Filho • FUNÇÃO ADMINISTRATIVA E LACUNAS DA LEI – Marcio Augusto de Vasconcelos Diniz • AS CONSEQÜÊNCIAS DA PRESTAÇÃO DE SERVIÇOS À ADMINISTRAÇÃO PÚBLICA, APÓS O FIM DO PRAZO CONTRATUAL – Alexandre Santos de Aragão

MALHEIROS EDITORES